# 조선 전기 한일관계와
# 博多·對馬

# 조선 전기 한일관계와 博多·對馬

佐伯弘次 지음

손승철·김강일 편역

景仁文化社

# 책머리에

후쿠오카는 저자 사에키 코치(佐伯弘次)교수의 말대로 한일관계의 길목이다. 이 책은 그 길목에 있는 구주대학의 사에키교수가 일본중세사 내지는 중세한일관계사를 20년간 연구하면서 쓴, 19개의 논문을 한데 모아서 번역한 것이다. 내용은 저자의 서문에서도 구체적으로 밝혔듯이 14-16세기, 조선전기의 한일관계가 일본의 어느 지역의 누가, 어떤 사람들이 어떠한 형태로 관계를 했는가를 역사적으로 규명한 것이다. 즉 일본의 對馬島와 博多지역이 중심이 되었는데, 대마도에서는 대마도 영주였던 宗氏와 민중들이, 그리고 博多에서는 宗金, 道安 등 다양한 유형의 博多貿易商人들이 조선과 통교를 했다. 또 이들의 안내를 받아 조선사절이 대마도와 博多를 왕래했다. 사에키교수는 이들의 관계형태를 한일양국의 많은 사료를 대조해 가면서 실증적으로 중세 한일관계의 다양한 양상을 한폭의 그림처럼 묘사해 나갔다.

일본도 마찬가지지만, 한국에서의 한일관계사 연구도 2000년대에 들어서 활기를 더해가고 있다. 물론 일본역사교과서 왜곡에 대한 국민적 관심이 높아지면서, 연구에 활기를 띄어가는 것도 사실이지만, 한국이 더욱 世界化해 가기 위해서는 우리의 역사속에 내재된 世界化의 遺傳因子를 밝히는 일에 우선을 두어야 한다. 그러한 의미에서 역자는 한일관계사료를 집대성하는 일과 일본에서의 한일관계사연구를 소개하는 일에 주력해왔다. 그 일환으로 일본학자의 연구를 국내학계에 소개하는 일을 계속하고 있으며, 이번에 구주지역의 대표적인 학자 중의 한사람인 사에키교수의 연구를 소개하게 되었다.

　역자와 사에키교수와의 만남은 20여년 전이다. 1991년 동경대학 사료편찬소에 연구교수로 유학하던 시절 <조선왕조실록강독회>에 참석하면서부터 교류를 시작했다. 그 후 3차례 일본과학재단의 공동연구에 같이 참여하였고, 그로 인해 중국의 福建省과 일본 오키나와 답사를 함께 했다. 2002년에는 <한일관계사학회>의 <한일관계사연구의 회고와 전망>, 2007년에는 <海東諸國紀의 世界>의 심포지엄을 위해 춘천을 방문하기도 했다.

　역자의 경험에 의하면 한일 양국 학자 간에는 연구주제나 접근방법, 연구내용과 목적 등에 관해 많은 의견차이가 있다. 그러나 의견의 차이가 있다고 해서, 그것이 잘못된 것은 아니다. 공통점은 공통점대로, 차이점은 차이점대로 상대를 인정하고, 상호이해와 인식을 심화해 갈 때, 양 민족의 역사적 경험을 공유해 갈 수 있을 것이다. 이러한 점에서 상호간에 중세이후 지난 천 년간의 역사적 경험만 共有하더라도, 반목과 왜곡의 역사로부터 한일관계의 새시대·새천년을 향한 共存·共生의 역사를 이끌어 낼 수 있을 것이다. 이러한 이유가 일본 학자들의 견해를 한국에 소개하는 것이며, 이러한 작업을 계속해 나가야 한다고 생각한다.

　이 책의 체제와 내용에 대해서는 저자서문으로 대신한다. 이 논문들을 번역하여 한권의 책으로 엮는 데는 많은 노력이 필요했다. 번역에는 몇 가지 원칙을 적용했다. 국한문 혼용으로 하되, 일본에서 통용되고 있는 인명·지명·고유명사 등은 저자가 사용한 용어를 그대로 직역했다. 예를 들면 <日韓> <日朝> 일본사료 원문 등 많은데, 독자들의 양해를 구한다.

　끝으로 이 책의 출판을 허락해 준 사에키교수와 <경인한일관계 연구총서>의 발간에 전폭적인 지원을 아끼지 않는 한정희사장과 출판에 애써준 신학태팀장·김지선님에게 감사드린다.

2010년 5월
손승철·김강일

# 저자서문

이 책은 중세(11세기~16세기)의 일본과 한반도와의 関係史를 博多·対馬라고 하는 일본의 두 개의 교류거점을 축으로 검토한 것이다.

제1장 제1절은 15세기를 중심으로 한 東아시아세계의 동향에 대하여 그 중심이었던 中国에서가 아니고 日本에서 본 世界는 어떻게 보였을까 하는 문제의식에서 검토한 것이며 본서의 총론에 해당된다. 제2절에서는 일본 중세정치사와 일조관계가 긴밀하게 연동하고 있던 구체적인 사례로서, 1440년 室町幕府가 행한 少弐嘉頼의 사면사건을 분석했다. 개별사건에 대한 검토이지만 일조관계가 일본의 정치사에 직접적인 영향을 끼쳤다는 것을 밝히는 사례이다.

제2장『中世日朝關係와 博多』에서는 고대·중세에 일본의 대표적인 貿易港이었던 博多를 다룬 논고들로 구성했다. 중세후기(14세기~16세기)의 博多는 日明·日朝·日琉関係에서 중요한 貿易港으로서의 위치를 차지해 왔다. 그러나 중세후기를 통해 균등하게 각국과 관계가 있었던 것은 아니고, 시기와 상대국 등에 의해 차이가 있었다. 이 때문에 博多商人과 동아시아제국과의 관계에 대해 시간축 속에서 세밀하게 분석할 필요가 있다.

제2장에서는 15세기부터 16세기에 걸쳐서 동아시아와의 무역에서 활약했던 대표적인 무역상인에 대해 검토했다. 이 중세후기(14세기~16세기)의 博多貿易商人論이 이 책의 주제중의 하나이다. 구체적으로는 제1절에서 博多貿易商人의 유형, 제2절·제3절에서 中世日朝貿易에서 활약했던 宗金, 제4절에서는 道安, 제5절에서는 道安이후의 상인에 대해, 그들의 朝鮮通交의 실태와 무역의 방법에 대해 검토했다. 이 시기의 博多貿

易商人의 활동을 검토해 보면, 日朝関係만이 아니라, 동아시아적 스케일에서 생각해 볼 필요성을 통감하게 된다. 그 외에 제6절에서는 중세 博多를 찾아 온 外国使節들의 博多観察에 대해서도 검토했다.

제3장 「中世日朝関係와 対馬」는 한반도와 아주 가까우면서도 中世日朝関係에서 중요한 역할을 했던 対馬와 그 領主·民衆의 존재형태에 대해 검토했다.

일본에서의 中世対外関係史研究, 특히 中世日朝関係史研究는 오늘날 대단히 활발하다. 그러나 日朝関係에서 중요한 위치에 있었던 対馬의 領主들이나 民衆에 대해서는 개괄적으로 검토되었을 뿐 전문적인 연구는 많지 않다. 여기에 일본 중세대외관계사연구의 가야 할 길이 있다고 생각한다.

또 中世日朝関係史의 기본사료는 『朝鮮王朝実録』나 『海東諸国紀』 등의 朝鮮側史料이다. 한편 対馬에 많이 남아있는 中世文書는 일본의 日朝関係史料를 대표하는 것이어서 이것을 가능한 한 사용하려고 노력했다. 이렇게 朝鮮側史料와 日本側史料를 함께 쓰고 서로 검증하는 것은 交流史研究에서 당연한 일이다.

제1절과 제2절은 통상적인 개설이다. 제3절은 中世日朝関係를 지탱하고 있는 海民의 동향, 제4절은 倭寇의 統括者인 早田氏 활동의 시대적 추이, 제5절은 朝鮮—対馬—北部九州라고 하는 交易루트상에서 활동했던 対馬의 廻船商人들, 제6절은 対馬의 북단에서 朝鮮通交를 행하다가 通交権을 상실한 후에는 조선통교의 감시역할을 했던 大浦宗氏, 제7절은 16세기 후반에 있었던 후기왜구의 활동과 対馬宗氏의 대응, 8절은 対馬에 남아있는 被虜人伝承등에 대해서 논했다.

제4장 「사료와 연구사」에서는 史料論과 中世日朝関係史의 연구사에 대한 논고를 수록했다. 제1절에서는 근년에 일본에서 주목되고 있는 『琉球国図』와 申叔舟 『海東諸國紀』 수록지도와의 관계를 탐구했다. 제2절에서는 日朝関係史研究의 중요사료인 対馬宗家文書 중에서 中世史料

에 대해 소개했다. 제3절에서는 1980년대 이후 일본에서의 中世日朝関係史研究의 동향에 대해 정리했다.

 이상의 논고는 1985년부터 2006년까지 약20년간 집필한 것이다. 그 사이에 나의 문제관심도 일본학계의 연구동향도 많이 변했다. 그러나 각각의 논고가 문제관심분야나 연구동향의 변화를 말해주는 의미가 있다고 생각해서, 굳이 발표 당시의 것을 그대로 게재했다.

 이 책이 한국에서 간행되게 된 것은 나로서는 더할나위 없는 기쁨이다. 본서를 번역해주고 간행에 힘써준 孫承喆先生과 金剛一님에게 謝意를 표한다.

2010年 4月 20日

佐伯 弘次

# 목 차

## 제4장 사료와 연구사

# 제1장

# 총 론

# 제1절 일본의 입장에서 본 동아시아 세계의 변용

## 머리말

　동아시아 세계론은 중국을 중심으로 한 지역세계론이지만, 주변국의 관점에서 이 세계를 보면 틀림없이 중심에서 본 세계의 모습과는 다른 점이 보인다. 주변의 여러 국가에서 바라봄으로써 동아시아 세계의 구조와 실태가 보다 선명하게 보이지 않을까? 또한 일본과 중국 역대 왕조와의 관계는 한반도 국가와 중국과의 관계, 그 이외의 주변 여러 국가와 중국과의 관계를 비교하면 동아시아 세계 속에서 일본의 위치도 보다 명료해질 것이다.

　고대 이래 일본과 중국은 밀접한 관계였지만, 5세기 무렵 倭 5王의 책봉 다음에 일본 국왕이 중국으로부터 책봉된 것은 14세기 후반의 「日本國王 良懷」(九州 南朝의 征西將軍 宮懷良親王) 또는 15세기 초의 일본국왕 足利義滿이다. 따라서 천년 가까이 일본과 중국의 책봉 – 조공관계는 단절되어 있던 것이 된다. 일본이 오랫동안 중국의 정치·문화와 경제적인 영향을 받아왔다고는 해도 중국왕조의 교대에 항상 지대한 영향을 받아 왔던 한반도 국가와는 큰 차이가 있을 것이다.

　14세기 중반의 前期倭寇, 1523년의 寧波의 난, 16세기말의 임진왜란(文祿·慶長の役) 등 일본은 종종 중국대륙과 한반도의 평화와 질서를 위협했다. 해적·爭亂·전쟁이라는 충격을 준 일본은 동아시아 세계의 우등생이라고 말 할 수는 결코 없을 것이다. 이러한 일본의 시각으로 동아시아 세계를 본다면 어떻게 보일까?

　15세기~16세기 전반 명에 의하여 동아시아의 통교관계가 새로이 형성된 시기를 중심으로 일본과 명·조선·류큐(琉球)·동남아시아 여러 국가와의 관계를 검토하고 싶다. 그리고 大中華와 小中華1)가 복잡하게 교차하는 정치·외교 중심의 동아시아 세계와 경제 중심의 환중국해 세계의 이중구조를 고찰해 보고 싶다.

일본과 동아시아 세계의 관계를 생각할 경우에 교섭(線)이 아니라 교류(面)가 중요하다는 점이 지적되고 있다.2) 맞는 말이기는 하지만, 15세기~16세기 전반의 국제관계를 보면 한 국가와 국가의 관계도 중요하며, 線의 관계를 기초로 面의 관계가 구축된다는 측면이 있었다. 이 글에서는 그와 같은 국가 대 국가의 관계도 동아시아 세계 국제관계의 중요한 요소라는 인식을 바탕으로 고찰해 나가기로 하겠다.


## 1. 日明관계의 추이와 통교단절기의 여러가지 문제

1368년 명의 건국은 몽골이 제압하고 있던 동아시아 세계를 크게 변용시켰다. 14세기 후반의 명과 일본국왕 良懷와의 복잡다단했던 교섭을 거쳐서 1401년에 足利義滿이 명과 통교하고, 일본은 국제적 화이질서 속으로 들어갔다.3) 義滿에게는 사실상 처음 통교가 아니었지만, 명의 정변을 거친 후 足利義滿은 永樂帝로부터 일본국왕으로 책봉되었다. 이렇게 해서 일본은 중국을 중심으로 하는 동아시아 세계의 일원이 되며, 일본과 명 사이에는 빈번한 교섭이 일어나게 되었다.

足利義滿이 명에 조공하고 책봉을 받는 계기가 되었던 것은 筑紫商客

---

1) 편의상 「大中華」라는 것은 중국을 중심으로 하는 中華世界를, 「小中華」라는 것은 주변 국가들이 형성한, 또는 인식하고 있던 자국을 중심으로 하는 국제관계 내지는 국제관을 의미하는 경우에 사용한다.
2) 村井章介, 『アジアのなかの中世日本』 序章, 校倉書房, 1988년.
3) 田中健夫, 『中世對外關係史』 第2章, 東京大學出版會, 1975년.

(博多商人이라고 함) 肥富가 應永 초기 명에서 귀국한 후 義滿에게「兩國通信之利」를 설명했기 때문이라고 한다.[4]「兩國通信之利」라는 것은 일본과 명과의 통교의 이익이라는 말인데, 이「利」가 정치적인 이익이었는지 경제적인 이익이었는지는『善隣國寶記』에 기술되어 있지 않다.『善隣國寶記』에는「應永初, 筑紫商客肥富自大明歸, 陳兩國通信之利」라고 적혀 있다. 이 시간적인 관계가 맞다면, 肥富는 應永 초기(應永 원년은 1394년, 1401년은 應永 8년)에 명에서 귀국한 것이 된다. 應永 원년에서 7년 사이에 일본에서 명으로 사신을 파견했다는 사료는 없으며, 肥富는 日明關係가 공식적으로 열리기 이전에 명과 밀무역을 하고 있던 博多상인이라고 생각된다. 肥富가 이러한 博多무역상인이고, 더군다나 1401년 제1차 遣明船의 副使로 파견되었다는 점에서 肥富는 원나라 때와는 달리 명이 국가 간의 통교관계 외에는 인정하지 않는다는 점을 인식하고, 국가간의 외교관계(朝貢·冊封)를 맺는 것이 일본 또는 足利義滿에게 경제적인 이익을 가져다주고, 당시 유행하고 있던 唐物熱도 만족시킬 수 있다고 설득했던 것이 아닐까?

義滿이 명과 통교(朝貢)한 것에 관해서는 동시대 이후 많은 비판이 있었다.[5] 가장 정리된 비판은『善隣國寶記』의 편찬자인 瑞溪周鳳의 비판이다.[6] 즉 周鳳은 ①명이 일본의 將相(장군·대신)을 왕(일본국왕)이라고 한 것은 推尊의 義(우러러 존경하다)에 따른 것이며 반드시 나쁜 것은 아니다. ②表(외교문서) 속에서 스스로 왕이라고 칭한 것은 명의 封(책봉)을 받아들인 것이며 좋지 않다. ③臣이라는 글자를 사용한 것은 좋지 않다. ④명에 보내는 表 끝에 명의 연호를 쓴 것은 오히려 좋지 않다고 기술하고 있다. ①에 대하여는 명이 義滿을 일본국왕으로 임명한 것은 推尊의 義에 따른

4)『善隣國寶記』卷中의 卷末(田中健夫編,『譯注日本史料 善隣國寶記·新訂續善隣國寶記』, 集英社, 1995년 이하,『善隣國寶記』의 인용은 본서에 의한다.)
5) 田中健夫, 前揭著書 第2章 2.
6)『善隣國寶記』卷中.

것이 아니며, 잘못된 인식을 하고 있다. 시대가 약간 내려오지만, 周鳳은 義滿의 외교자세에 비판적이었다. 그밖에도 三寶院滿濟와 管領經驗者인 斯波義將도「唐使와 대면하는 일은 故鹿苑院殿(足利義滿)의 지시가 있었던 것 같습니다. 그때 道將入道(斯波義將) 등이 은밀히 이야기 했고, 나의 눈으로 보아도 마찬가지 였습니다」라고 하며 義滿을 비판하고 있으며,7) 義滿 시대에서 조차 義滿 주변에 많은 비판자가 있었음을 알 수 있다.

이처럼 明에 조공했던 義滿에 대한 비판이 명백하게 드러나는 것은 아들 足利義持의 시기이다. 義持는 1411년 遣明使와 함께 일본에 왔던 명나라 사신을 추방했고, 일명관계는 단절에 이르는 것이다. 1418년과 1419년 2회에 걸쳐서 永樂帝는 呂淵을 일본에 파견하여 조공재개를 요구했지만 義持는 이를 거부하였다. 같은 시기에 조선이 단행한 應永의 外寇(己亥東征)도 있어서 일명관계는 긴장하였다.

이 시기의 명과 일본 측의 문서가 남아 있다.8) 應永 26년(1419) 7월 20일 足利義持書(諭大明使者)에서는 명의 使者에 대하여 ①「우리나라는 개국 이래 모든 일은 여러 신들에게 물었고, 신이 허락하지 않으면 비록 작은 일이라도 감히 스스로 시행하지 않았다. 최근 우리 先君께서 좌우에 현혹되어 肥官(富?)을 자세히 알지 못하고 口辯의 허물을 자행하여 함부로 外國船과 通信하였다. 이후 신과 인간이 화목하지 못하고 세상(雨暘)이 질서를 잃었으며 先君께서도 역시 殂落(죽음)하고 말았다 임종할 때(易簀之際) 先君께서는 여러 신에게 書册으로 맹세하고 오래도록 외국과의 통교를 단절하였다. 누가 감히 先君의 가르침(告命)을 어기고 여리 신의 憲章을 어기겠는가?」라고 서술하고 있다. 일본에서는 무슨 일이든 여러 신에게 묻고, 그 의지에 따라 여러가지 일을 결정한다. 先君(足利義滿)은 肥富에게 유혹되어 멋대로 외국(明)과 외교관계를 맺었다. 그 후 신과 인간이 조화되지 않고,

---

7) 『滿濟准后日記』永享 6년 5월 12일조, 田中, 前揭著書 65쪽.
8) 「善隣國寶記」卷中 應永 26年의 관계문서.

天候가 불순해지고, 선군은 죽고 말았다. 임종에 즈음하여 선군은 起請文으로 여러 신에게 맹세하고, 오랫동안 외국과의 관계를 단절하였다. 누가 선군의 가르침을 어기고, 여러 신의 법도를 어길 수 있겠는가? 라고 서술하고 있는 것이다. 여기서 義滿이 임종에 즈음하여 여러 신에게 맹세하고, 외국과의 관계를 단절했다는 것은 사실이 아니며, 아마도 義持의 창작일 것이다.

다른 1통의 足利義持書에 의하면, ②「先君께서 병에 걸리셨다. 점을 쳐보니 여러 신을 숭상하고 精禱함에 분주하였다. 더욱이 신이 인간에게 依託하여 말하기를, 우리나라는 예로부터 외국(外邦)에게 신하임을 칭한 적이 없다. 요즘 전대의 聖王이 행한 것을 변경하여 달력과 인장을 받고 이를 거절하지 않았다. 이것이 바로 병을 부른 이유이다. 이에 先君께서 크게 두려워하여 明神에게 맹세하기를 이제부터 외국의 使命을 받지 않겠다고 하고, 자손이 반드시 이것을 지키도록 타일렀다.」라고 되어 있다. 이것은 足利義滿이 병에 걸렸을 때 원인을 점쳐보니 「여러 신이 빌미가 되었다」고 나왔다. 더욱이 神이 인간에게 의탁하여 「일본은 외국에게 신하임을 칭한 적이 없다. 요즘 전대의 聖王이 행한 것을 변경하여 명으로부터 달력과 인장을 받고, 이것을 거절하지 않았다. 이것이 義滿이 병에 걸린 이유이다」라고 서술하고 있다. 이 때문에 義滿은 크게 두려워하며 明神에게 「이제부터 외국의 使命은 받지 않겠다」고 맹세하고, 이것을 반드시 지키도록 자손에게 타일렀다는 것이다. 여기에서는 義滿의 발병 원인이 신의 앙화이며, 그 근본적인 원인은 義滿이 明에게 신하를 칭하고 明으로부터 달력과 도장을 받은 사실, 요컨대 明의 책봉을 받은 것이 원인이라고 한다. 이같은 인과관계도 사실이 아니라고 생각되지만, 명과의 외교관계 수립(조공 – 책봉)이 일본의 여러 신의 노여움을 샀다는 설정도 ①과 같다. 이러한 인식은 義滿이 아니라 義持와 그 측근들이 가지고 있던 인식일 것이다.

같은 책에 의하면, 明의 永樂帝는 일본으로부터 使者가 오지 않았기 때문에 일본에 군대를 보내 토벌하는 것이므로, 일본에 대하여 「高深城池」하라(성은 높게, 연못은 깊게 하라)고 국서에 적었음을 알 수 있다. 이에 대하여 義持는 ③「옛날 元軍이 침공했고, 수군이 백만이었다. 모두 헛되이 바다에 빠져 죽었는데 무슨 까닭인가? 사람의 힘이 아니라 실로 神兵의 陰功으로 방어한 것이다.」라고 하면서, 일본은 城을 높게 할 필요도 없고, 연못을 깊게 할 필요도 없으며, 길을 청소하여 明의 군대를 맞이할 뿐이라고 역으로 도발하고 있다. 義持는 일본 원정에 실패한 元軍을 증거로 들이대며 일본 측의 승리는 사람의 힘에 의한 것이 아니라 「神兵」이 일본을 방어했다고 주장했던 것이다.

①~③에서 공통된 점은 「諸神」「靈神」「明神」「神兵」이라는 일본 신들의 존재이다. 義持가 明과의 외교관계(조공)를 단절하고 永樂帝의 도발에 대항했던 배경에는 일본형 내셔널리즘이면서 몽골침략과 應永外寇로 고조되었던 神國思想이 있었다. 외교관계에서 중국적인 華夷構造를 역전시키는 논리로써 이 사상이 채용되었던 것이다. 이것은 몽골침략을 전후하여 元과 외교교섭을 벌이던 일본(조정) 측의 발상과 매우 비슷하며,9) 중세의 顯密主義라는 국제의식10)에서 유래하는 것으로 보인다. 더욱이 일명관계가 부활했던 1434년의 시점에서도 滿濟는 足利義教가 明의 「天書」에 拜禮할 것인지 여부에 대하여 「天書에 배례하는 일을 神이 어떻게 하라고 할 것인지」라고 神의 의지를 걱정하고 있으며,11) 神國思想을 쉽게 떨쳐버리지는 못했다.

이처럼 足利義持의 시기에는 일명관계가 재개되지 않았으며, 국교재개는 足利義教 시기인 1432년의 일이었다(제9차 遣明船). 1410년의 제8차 遣明船 이후 20년 이상 통교단절기가 있었던 것이다. 이것은 明의 국제적 화이질서가 동아시아 전체를 덮을 만큼 관철된 것은 아니며, 명에 의하여

---

9) 文永 7年 正月 日 日本國太政官牒(蒙古國中書省宛) (『國史大系 本朝文集』).
10) 村井健夫, 前揭書 34쪽.
11) 『滿濟准后日記』 永享 6년 6월 3일조.

재편되고 안정화되었다고 일컬어지는 동아시아 세계도 주변국의 입장에서
볼 경우에 결코 안정적·고정적인 것은 아니었음을 말해 주고 있다.


## 2. 朝日關係와 그 특질


초기의 조일관계는 왜구문제를 중심으로 전개되었다. 조선의 왜구 회유
책으로 다수의 일본인이 조선과 통교하고 무역에 나섰다. 그 중심은 對馬·
壹岐·松浦·博多를 중심으로 하는 북부 큐슈지역의 다이묘(大名)·영주·상
인들이었다. 최근의 중세 조일관계사 연구의 초점은 僞使問題이며, 15세기
중기 이후의 僞使가 특히 주목을 받고 있다.[12] 『海東諸國紀』에 보이는
200명에 가까운 일본인 통교자는 서일본 일대부터 信濃國까지 분포되어
있는데, 사실은 그 대부분이 僞使였으며,[13] 조일관계의 실태가 근본적으로
다시 문제가 되고 있다.

조일관계의 특질은 「放射狀」 「多元的」으로 표현되는 것처럼 일본으로
부터의 일방적인 통교에 있었다. 일본국왕(무로마치殿)과 조선국왕 사이에
는 외교관계가 성립하지만, 쌍방의 사신 파견은 조선쪽이 報聘·回禮·通信
과 왜구금압 요구라는 외교중심이었던 것에 비하여 일본 측은 求請(물품요
구)이 중심이었으며 기본적인 외교자세에 커다란 차이가 있었다. 일반적인

12) 長節子, 『中世國境海域の倭と朝鮮』 第2, 吉川弘文館, 2002년 ; 同, 「朝鮮前
   期朝日關係の虛像と實像-세조王代瑞祥祝賀使を中心として-」(『年報朝
   鮮學』 8호, 2002년) ; 橋本雄, 『中世日本の國際關係-東アジア通交圈と僞使問
   題-』, 吉川弘文館, 2005년 ; 伊藤幸司, 「日朝關係における僞使の時代」(『日
   韓歷史共同硏究報告書第2分科篇』, 日韓歷史共同硏究委員會, 2005년) 등.
13) 長節子, 「朝鮮前期朝日關係の虛像と實像」, 佐伯弘次·水野哲雄·三村講介·荒
   木和憲·岡松仁·岩成俊策·大塚俊司·松尾弘毅·八木直樹, 「『海東諸國紀』, 日本
   人通交者の個別的檢討」(『東アジアと日本ー交流と變容』 3号, 九州大學21世
   紀COEプログラム, 2006년).

일본인 통교자와 조선국왕 사이에는 대부분의 경우 외교상의 상하관계가
형성되어 있었다. 일본에서는 중세 일본인의 조선관에 대하여 高橋公明씨
와 村井章介씨 사이에 논쟁이 있었다.14) 한국에서는 조선왕조는 처음부터
小中華意識이 있었으며,15) 또한 조선국왕과 일본국왕(足利將軍)은 敵禮關
係이고, 조선국왕과 장군 이외의 諸氏의 관계는 羈縻關係에 있었다는 견
해가 일반적이다.16)

논자에 따라서, 또한 나라에 따라서 이해가 일치하지 않는 셈인데, 의례
나 외교문서 등에서 상징되는 외교관계와 대외관이 반드시 일치하는 것은
아니며, 또한 국가와 국가 사이에서도 반드시 쌍방향의 공통인식을 갖지 않
는다. 따라서 쌍방이 자국을 우위로 하는 인식을 갖고 있어도 그것이 반드
시 양국의 관계를 악화시키는 요인이 되는 것은 아닐 것이다.

조선은 명과의 책봉관계를 전제로 하여 일본국왕과 교린관계를 맺고 있
었지만, 한편에서는 앞에서 언급한 것처럼 일본 각지의 통교자들과 외교상
의 상하관계를 형성하고 있었다. 그 遣使 – 回賜의 관계는 명의 조공시스템
과 비슷한 점이 있었다. 조선은 일본인 통교자가 증가하여 경제적인 부담이
늘어났기 때문에 浦所의 제한과 受圖書 제도·對馬島主 文引제도·歲遣船
定約 등 15세기 전반에 통교통제를 행하고 있었다.17)

고려 말·조선 전기에는 왜구에게 붙잡힌 被擄人 송환이 조일 양국의 중
요한 외교문제가 되었다. 대개의 경우 고려·조선에서 사절을 파견함으로써
西國의 여러 다이묘와 영주들이 피로인을 송환하고 외교·무역관계를 강화
하는 일이 많았다. 고려·조선의 사절이 일본에서 피로인을 매입하여 귀환하

14) 다수의 논고가 있지만, 논쟁의 경위에 대하여는 村井章介, 「中世人の朝鮮觀を
    めぐる論爭」(『歷史學硏究』 576号, 1988년)을 참조.
15) 河宇鳳, 「朝鮮後期對外認識の推移」(『歷史學硏究』 678号, 1995년).
16) 関德基, 『前近代東アジアのなかの韓日關係』 第1部, 早稻田大學出版部, 1994
    년 ; 孫承喆, 『近世の朝鮮と日本交隣關係の虛と實』 第2章, 明石書店, 1998년.
17) 中村榮孝, 『日本と朝鮮』 第2, 至文堂, 1966年.

는 일도 있었다. 또한『조선왕조실록』에 따르면 조선 전기에 일본에서 한반
도로 도망쳐 돌아온 피로인도 많이 있었다. 그 중에는 중국인도 있었다. 중
국인의 경우 조선에서 遼東으로 보내는 것이 일반적이었다. 세종 원년
(1419) 정월에 왜구의 포로가 되었던 漢人 金得觀 일행 2명이 조선의 경상
도 진주에 도착하여, 「왜적이 전함을 만들고 있다. 반드시 3월에 중국 연안
을 습격할 것이다」라고 진술하였다.[18] 이 金得觀의 처리를 둘러싸고 조선
정부 내에서 논쟁이 벌어졌을 때, 朴信은 「득관이 만약 돌아가게 되면, 중
국조정에서 반드시 우리나라가 왜국과 땅이 가까와서 서로 통하는 줄 알것
이니, 머물러 두는 것만 같지 못합니다」라고 하며 得觀을 명에 돌려보내서
는 안 된다고 주장하고 있다.[19] 논란 끝에 金得觀은 요동으로 보냈지만,
「得觀이 만약 명으로 돌아가면 명은 반드시 조선과 일본의 섬[20]이 지리적
으로 가깝고, 교제하고 있는 사실을 알 것이다」라는 말은 조선 관리의 본심
일 것이다. 일본이 명에 조공을 단절했고, 영락제가 노여워하고 있다는 것
을 알고 있던 朴信은 조선과 일본인 통교자의 관계가 명에 알려지는 것을
경계했던 것이다. 결국 조선쪽의 일본에 대한 정책에는 명의 국제적 화이질
서에 합치되는 일본국왕과의 외교관계와, 그것과 걸맞지 않는 일본인 통교
자와의 외교관계라는 이중성이 있었다.

## 3. 일본과 류큐(琉球)관계와 그 특질

명의 海禁政策과 적극적인 국가적 무역정책으로 류큐는 일약 아시아의

---

18)『세종실록』원년 정월 무오조.
19) 同 원년 정월 경신조.
20) 전왕 태종이 「倭島近國境」이라고 발언한 것에서 (『세종실록』원년 정월 병인조),
   「倭島」는 한반도에 가까운 對馬·壹岐·북부 九州의 섬 들을 가리키고 있다고 생
   각된다.

중계무역 거점이 되었다. 15세기 초기부터 류큐의 선박은 빈번하게 일본에 도항하게 되었다.[21] 당초의 목적지는 畿內였으며, 통교 대상은 일본국왕(足利氏)이었다. 당시 양국을 왕래했던 외교문서를 검토해 보면 일본국왕과 류큐 국왕(世主) 사이에는 상하관계가 성립되어 있었다.[22] 류큐 선박은 도항할 때마다 일본국왕에게 1000貫文을 헌상하고 있었다. 류큐의 대일무역 이윤은 이 헌상금을 상회했던 것으로 생각할 수 있다.

15세기 중엽에 무역상의 트러블이 일어나고, 류큐 선박은 畿內에 그다지 내항하지 않게 되었다.[23] 이와 함께 보조를 맞추듯이 일본 상인이 류큐에 빈번하게 도항하게 되었다. 15세기 중반 이후의 하카다(博多)상인과 1470년 이후의 사카이(堺)상인이 대표적이다. 이러한 일본의 무역상인들에 의하여 朝鮮 - 對馬 - 博多 - 薩摩 - 琉球라는 교역라인이 형성되었다.[24]

류큐 선박의 일본 내항과 거의 같은 시기에 구항(舊港)과 자바 등의 南蠻船(동남아시아 선박)이 일본이나 조선으로 내항하게 되었다.[25] 대표적인 기항지는 薩摩·博多·兵庫·小濱 등이었다. 琉球船·南蠻船이 동남아시아·남아시아의 향료·약재·목재 등의 물자를 일본으로 가져왔다. 琉球船은 중국의 문물도 가져왔다. 명과의 관계가 단절된 시기에 밀무역을 제외하면 류큐무역이 중국산 물품을 가져오는 고속도로의 역할을 수행하였고, 일본인의 唐物熱을 충족시켰다고 생각할 수 있다. 이렇게 해서 일본으로 들어온 남해산 물자는 조선무역의 주요한 수출품이 되었으며, 일본인 통교자들이 대량으로 조선에 가져갔다. 아시아의 교역권이 급속하게 확대되고, 이것이 일본과 조선이라는 극동지역에도 널리 미치게 되었던 것이다.

---

21) 小葉田淳, 『中世南島通交貿易史の硏究』 第1篇, 刀江書店, 1968년(1939년 原刊).
22) 佐伯弘次, 「室町前期の日琉關係と外交文書」(『九州史學』 111호, 1994년).
23) 小葉田, 前揭著書.
24) 田中健夫, 『中世海外交涉史の硏究』 第2, 東京大學出版會, 1959년.
25) 秋山謙藏, 『日支交涉史話』 12, 內外書籍 ; 1935년, 小葉田, 前揭著書 第3篇 第2章.

## 4. 환중국해 지역의 확대와 동아시아 세계

중세 후기의 지역공간으로서, 内海를 둘러싼 지역이라는 시각에서 환일본해 지역과 환중국해 지역이라는 두개의 광역지역이 주장되고 있다.[26] 전자는 기본적으로 후자에 포섭되는 것으로 생각하지만, 동중국해에서 남중국해에 이르는 지역을 환중국해 지역으로 파악하는 견해는 매력적이다. 전술한 것처럼, 15세기의 류큐 선박 내항과 보조를 맞추어 南蠻船(동남아시아 항구도시국가의 무역선)이 일본과 조선으로 내항하게 된다. 이것도 류큐에 의한 중계무역의 성행으로 아시아의 해역 경제권이 보다 광범위해진 영향일 것이다. 경제권으로서의 환중국해 지역이 일본까지 영역을 확대한 것으로 이해할 수도 있다.

한편, 명을 중심으로 하는 중화세계는, 명의 건국 직후 洪武帝는 安南·占城·자바·「西洋諸國」·고려·일본 등으로 사신을 파견하여 건국을 알리고 조공을 독촉하였다. 永樂帝는 즉위 직후인 1402년에 고려·안남·샴·자바·류큐·일본·수마트라·점성 등 여러 나라에 사신을 파견하여 즉위를 전하고 조공을 독촉하고 있다.[27] 이러한 조공 요구에 응하여 많은 나라가 조공을 하였다. 특히 일본·류큐·점성·자바·샴·안남 등의 나라가 조공했는데, 영락제 때에는 더욱 많은 남해 제국이 조공에 응했다.[28]

이러한 나라를 살펴보면 고려·일본이라는 현재의 동아시아 제국 뿐만 아니라 베트남·타이·인도네시아 등의 동남아시아 국가가 많이 포함되어 있는 것이 특색이다. 요컨대 중국을 중심으로 하는 정치외교권으로서의 중화세계와 경제권으로서의 환중국해 지역은 전혀 다른 요소에 의하여 성립한 지역세계이지만, 실제로는 상당히 중복되는 지역이었다고 말할 수 있다. 중화

---

26) 村井, 前揭著書 第1部 Ⅲ.
27) 佐久間重男, 『日明關係史の研究』 第1編 第1章·第2章, 吉川弘文館, 1992년.
28) 鄭樑生, 『明日關係史の研究』 表 1「海外諸國入貢一覽表」, 雄山閣出版, 1985년.

세계와 환중국해 지역은 영역적으로는 비슷한 것이었다. 그렇게 생각하면 정치·외교와 경제는 이 지역세계를 성립시킨 두개의 요소라고 파악할 수도 있다.

　명·조선·류큐 및 일본의 관계를 더듬어 가면, 대략적으로는 명의 화이질서가 동아시아 세계 전체의 기조를 이루는 것처럼 보이지만, 주변국의 입장에서 볼 경우 반드시 그와 같은 질서가 관철되지 않은 것은 일명관계의 추이에 잘 나타나 있다. 주변국의 동지 관계도 복잡하고, 일본과 류큐처럼 상하관계가 설정되어 있는 관계도 있었다. 가령 중국을 중심으로 하는 동아시아 세계를 大中華世界로 규정하면 주변국가들에게도 자국과 그 주변지역 사이에 小中華世界가 형성되어 있었다.29) 이 시기의 小中華는 17세기의 명청교체(華夷變態)를 커다란 계기로 하여, 中華觀의 공유·탈취라는 형태로 조선·일본 등에서 형성된 小中華 의식과는 역시 성격을 달리하였고, 자존의식과 내셔널리즘이라는 성격이 강했다.

　15~16세기 전반의 동아시아 세계는 大中華와 小中華의 세계 및 세계관이 교차하고, 해당국 간의 동지관계나 상대국에 대한 인식도 결코 쌍방향이 아니며, 또한 大中華라는 틀을 넘어서 경제적 교류가 밀접했던 지역이었다고 일단 생각해 두고 싶다.

---

29) 濱下武志, 『朝貢システムと近代アジア』, 岩波書店, 1997년 ; 同, 「東アジア史に 見る華夷秩序」(同編, 『東アジア世界の地域ネットワーク』, 山川出版社, 1999년).

# 제2절 1440년(세종22) 少貳嘉賴 사면과 그 배경

## 머리말

足利義敎 장군 때에는 義敎에 의한 전제정치가 행해졌다. 그 단적인 결과가 家督에 대한 개입과 토벌이라는 구실로 守護大名을 억압한 것과 公家의 견책·出仕 정지였다. 永享期의 북부 큐슈에서는 鎌倉期 이래 筑前守護家인 少貳氏와 筑前 진출을 노리는 山口의 大內氏가 격렬하게 대립과 항쟁을 계속하였다.[1] 양자의 대립은 국제적으로도 알려졌고, 조선쪽의 사료에도 「父子相繼, 常々戰鬪」「世爲仇讎」라고 기록되어 있을 정도였다.[2] 永享期 후반은 무로마치幕府의 지지를 받은 大內持世가 우세하였고, 筑前을 쫓겨난 少貳嘉賴는 對馬 宗氏의 비호를 받고 있었다. 그런데 永享 12년 2월 15일, 少貳嘉賴는 大內持世의 신청으로 무로마치幕府로부터 사면되었다. 少貳嘉賴의 사면은 한편으로는 足利義敎의 守護 통제책의 일환으로 파악할 수도 있다. 그러나 관계사료를 수집하고 그 경과를 상세하게 검토하면 단지 장군 권력의 전제화라고 단언할 수 없는 복잡한 배경이 있음을 알 수 있다. 이 무로마치 시대 정치사의 한 장면을 국내정세와 함께 당시의 국제관계도 시야에 넣고 검토하려는 것이 이 글의 과제이다.

또한 이 少貳嘉賴 사면에 대하여는 이전에 약간 검토한 적이 있는데,[3]

---

1) 拙稿,「大內氏の筑前國支配 − 義弘期から政弘期まで − 」(川添昭二編,『九州中世史研究』1집, 文獻出版, 1978년).
2)『세종실록』18년(1436) 12월 정해조 (『中國·朝鮮の史籍における日本史料集成李朝實錄之部』(二). 본고에서 인용한「조선왕조실록」은 전부 본서에 의한다).

그 후 새로운 사료가 간행되어 재검토 할 필요가 생겼다. 이 기회에 전면적
으로 원고를 고치고 싶다.


## 1. 少貳嘉賴의 사면

> <sup>(少貳)</sup>
> 嘉賴事, 頻被申之間, 被免訖, 自今以後成水魚之思, 相互每事致談合, 可
> 被抽忠節, 但嘉賴猶有別心之儀者, 可加治罰之旨, 各被仰之, 早可有存知之
> 由, 所被仰下也, 仍執達如件,
>
> 　　永享十二年二月二十五日　　　　　　　　　　　　　　　　<sup>(細川持之)</sup>
> 　　　　　　　　　　　　　　　　　　　　　　　　　　　　右京大夫
>
> 　　大內修理大夫殿<sup>(持世)</sup>4)

　　수신인이 大內持世이고, 管領 細川持之가 바치는 將軍家의 御敎書이
다. 내용은 ①少貳嘉賴를 거듭 말하기 때문에 사면한다. ②이제부터는 水
魚之思를 이루어 상호 매사에 담합하고 충절을 다 해야 할 것 ③만약 嘉賴
에게 「別心之儀」가 있다면 벌로 다스리겠다는 것을 전하고 있다. 少貳嘉
賴의 사면을 「頻被申」한 것이 大內持世라는 것은 다른 사료에 「嘉賴事,
大內修理大夫持世頻執申間, 被免訖」이라고 기록되어 있는 것을 보아도
명백하다.5) 본 문서와 같은 내용이 같은 날짜로 志賀民部大輔·阿蘇大宮
司 등에게도 전달되었다.6) 그 결과 永享 12년 2월 29일 九州奉行이었던

---

3) 拙稿, 「永享 12年 少貳嘉賴 『御免』をめぐって」(『大宰府研究會會報』 26호
　　1978년).
4) 『大日本古文書 蜷川家文書之一』 28-(四) 細川持之奉書案. 또한 본 문서를 포
　　함한 少貳嘉賴赦免關係史料는 『大宰府·太宰府天滿宮史料』 13권에 수록되어
　　있다.
5) 阿蘇文書 永享 12年 2月 25日 室町將軍家御敎書·志賀文書 永享 12年 2月
　　25日 室町將軍家御敎書·「碩田叢史」 所收文書 永享 12年 2月 25日 室町將
　　軍家御敎書 (모두 『大宰府·太宰府天滿宮史料』 13권에 수록).

무로마치막부 奉行人 飯尾爲行·飯尾貞連 2명이 九州사절로서 京都를 출발했다.[7] 3월 하순에는 九州의 守護·國人에게 少貳嘉賴의 사면이 전달되었다. 豊後守護 大友親隆은 3월 24일에 이 사실을 遵行하고, 3월 말에 豊後·肥後의 國人들이 請文을 제출하였다.[8]

그러면 이같은 일련의 과정에서 이해할 수 없는 점은 大內持世가「仇讎」인 少貳嘉賴의 사면을 스스로 여러 번 신청한 사실이다. 永享期의 북부 九州 정치사의 전개로 보자면 매우 이해할 수 없는 행동이라고 할 수 있다. 이 사건에 대하여는 萬里小路時房의 일기인『建內記』에도 기록되어 있다.

筑紫御敵[少貳·菊池歟]御免事及御沙汰, 大內可和睦被等之由被仰出之, 是敵陣依御退治難堪忍之間, 高麗盜人連續衰微難治之由, 今度渡朝高麗人等歎申, 仍及此御沙汰, 今日被下上使奉行飯尾加賀守爲行·同大和守貞連兩人也, 進發畢[9]

이 사료에서는 앞에서 본 蜷川家文書 등의 少貳嘉賴 사면 과정과 다른 경과를 기록하고 있다. 즉 少貳嘉賴의「御退治」로 인하여, 패배한 少貳氏는 견디기 어려웠기 때문에「高麗盜人」즉 왜구가 되어 조선을 습격했다. 이 때문에 조선이「衰微難治」가 되자 이번에 來日한 조선인이 막부에 호소했기 때문에「此御沙汰」=少貳嘉賴 사면에 이르렀다는 것이다.『建內

6) 주 5) 참조.
7)『齋藤基恒日記』(續史料大成) 永享 12年 2月條,『師鄕記』(史料纂集) 永享 12年 2月 29日條.
8) 阿蘇文書(永享 12) 3月 24日 大友親隆書狀·志賀文書(永享 12年) 3月 27日 志賀親賀請文·阿蘇文書 永享 12年 3月 30日 阿蘇惟忠請文(모두『大宰府·太宰府天滿宮史料』13권에 수록). 또한 이때 九州探題 澁川萬壽丸이 將軍家 御敎書를 遵行했던 날이 6월 25일이라는 것은 당시 九州探題의 위치를 알아야 하며 주의를 요한다(阿蘇文書 (永享 12年) 6月 25日 澁川万壽丸鎭書狀,『大宰府·太宰府天滿宮史料』13권).
9)『建內記』永享 12年 2月 29日條.

記』에서는 大內持世의 신청이 아니라 당시 일본에 체류 중이던 조선사절의 요청에 의한 것이라고 하고 있다. 이 2개의 해석을 통일적으로 파악하기 위하여 이 당시 조선사절의 활동과 大內持世의 동향 쌍방에 대하여 검토하지 않으면 안 된다.

## 2. 1439년(세종21)의 일본통신사

당시의 조일관계는 왜구문제가 일단락되고, 세종시대의 통교 통제제도가 확립된 시기에 해당한다. 세종 21년(1439, 永享 11) 4월 高得宗이 일본통신사에 임명되어,[10] 조선에서 일본으로 파견되었다. <표1>은 그 관계연표이다. 高得宗은 7월 12일에 세종의 서찰을 받고 즉시 출발했다고 생각된다. 『세종실록』과 『善隣國寶記』에 있는 세종의 문서에 따르면, 이 일본통신사 파견의 목적은 「聊表遲悰」[11] 또는 「聊兼慶賀, 以達遲悰」[12]이라고 되어 있을 뿐, 매우 추상적인 표현에 그치고 있다. 오히려 일본통신사를 결정하기 1개월 전에 李藝가 한 진술이[13] 통신사 파견의 목적을 잘 말해 주고 있다. 李藝는 계축년(1433, 永享 5)의 조선사절이 일본에서 해적에게 습격당했을 때 大內氏가 구해준 일을 감사하기 위하여 大內氏에게 통신사를 파견해야 한다고 진술하고, 다시 「국왕과 통신한다고 하고, 겸하여 大內殿에게 가서 통신하는 것이 어떻겠습니까」라고 했다. 足利氏에 대한 통신을 구실로 大內氏에게 치사를 하는 것이 좋겠다고 말하고 있는 것이다. 세종 21년의

---

10) 『세종실록』 21년 4월 병오조. 官人으로서의 高得宗에 대하여는 高橋公明, 「濟州島出身の官僚高得宗について」(『名古屋大學文學部硏究論集』 史學 36, 1990년)이 있다.

11) 『세종실록』 21년 7월 정사조.

12) 『善隣國寶記』 永享 11년(『續群書類從』 30집 上)

13) 『세종실록』 21년 3월 신미조.

일본통신사를 파견하게 된 발단은 이와 같은 李藝의 신청이라고 생각된다.

<표 1. 세종 21년 일본통신사 관계 연표>

| 年 月 日 | 記 事 |
|---|---|
| 21년(1439, 永享 11) | |
| 3월 23일 | 李藝, 일본 大內殿에게 통신할 것을 청함(세종실록) |
| | 高得宗을 일본통신사로 삼음(세종실록) |
| 4월 29일 | 高得宗, 휴직을 청함(세종실록) |
| 7월 11일 | 조선국왕서계 「兼慶賀, 以達遐悰」(善隣國寶記) |
| 〃 | 일본 도착(세종실록) |
| | 長門國 赤間關에서 大內持世와 대면(세종실록) |
| 秋 | 무로마치殿 參禮, 書契와 方物을 바침(陰凉軒日錄) |
| 12월 26일 | |
| 22년(1440, 永享 12) | |
| 1월 10일 | 足利義敎와 대면(建內記) |
| 1월 12일 | 五山一見을 분부함(陰凉軒日錄) |
| 1월 26일 | 御坊泉水一見을 분부함(陰凉軒日錄) |
| 1월 28일 | 相國寺 入寺(陰凉軒日錄) |
| 1월 29일 | 相國寺 入寺(陰凉軒日錄) |
| 2월 19일 | 귀국차 殿中에서 足利義敎에게 작별을 청함(陰凉軒日錄) |
| | 足利義敎書契(善隣國寶記) |
| 2월 25일 | 少貳嘉賴 사면 |
| 5월 25일 | 高得宗 일행 일본에서 귀국(세종실록) |

이 해 7월 12일 이후에 한양을 출발한 일본통신사 일행은 가을에 일본에 도착한다. 주목해야 할 점은 일행이 長門國 赤間關에서 大內持世와 대면하고[14] 세종의 의지를 전달[15]한 것이다. 이때 大內持世는 세종의 서계를 받았다고 생각되지만 서계는 현존하지 않는다. 아마도 앞뒤의 사료에서 高得宗은 大內持世에 대하여 ①永享 5년의 통신사 구조에 대하여 禮를 표하

14) 『세종실록』 22년 8월 경오삭조의 大內持世書契에 「持出於赤間關, 与使臣高公晤對」라고 되어 있다.

15) 『세종실록』 22년 5월 병인조의 大內持世書契에 「特差通信使高公, 与我殿下修好之次, 見論及殿旨」라고 되어 있다.

고, ②당시 증가하고 있던 僞使의 금단을 청하고, ③大內氏의 少貳氏 토벌 또는 對馬 토벌로 인하여 少貳氏가 왜구화되지 않도록, 요컨대 少貳氏와 對馬에 압박을 가하지 않도록 의뢰하였다고 생각할 수 있다. ①에 대하여 는 앞에서 언급한 李藝의 신청에 있고, ②에 대하여는 같은 李藝의 上奏16) 에 「志佐殿・佐志殿・薩摩州・石見州・大友殿 등지에서 받은 세계와 문인으 로서 위로한 것은 청하건데 별도로 大內殿에게 사절을 보내어 적당히 국단 하소서」이라고 기록된 것에서 추정할 수 있다.

③에 대하여는 세종 18년(1436)의 기사17)에 이미 「이 때에 이르러 소이 전이 싸움에 패하여 대마도로 달아나서, 島主 宗貞盛과 함께 사신을 보내 어 와서 쌀과 소금을 청구한 지가 여러 번이었는데, 국가에서는 이를 곤란 하게 여기었다. 또 대내전이 내년 봄에 군사를 일으켜 와서 대마도를 토벌 하겠다.」 「지금 소이전이 형세가 궁하고 힘이 다하여 대마도에 도망해 왔는 데, 이미 근본되는 영지를 잃어버리고 곤궁한 지경에 이르렀으니, 어찌 능 히 크게 군사를 일으켜 쳐들어올 수가 있겠는가. 그들이 식량이 떨어져 살 수가 없어서, 해변 지방에 쳐들어 와서 약탈하는 것은 있을 수 있으니 이것 이 염려된다」라고 되어 있다. 少貳氏가 大內氏에 패배하여 對馬로 도망간 결과, 조선으로의 사신 파견이 증가한 것, 大內氏가 對馬島를 공격한다고 칭한 것, 少貳氏가 근거지를 잃고 곤궁하게 되어 조선 연안을 습격할 가능 성이 있는 것을 지적하고 있다. 다만 당시의 조일관계에서 조선쪽이 가장 주목하고 있던 것은 왜구의 증가가 아니며, 일본에서 오는 통교자의 증대로 인하여 그 접대비용이 증가함에 따라 재정이 파탄나게 될 염려가 있는 것이 었다. 일본에서 오는 통교자는 만 명에 가까웠고, 「국가에서 곡진하게 불쌍 히 여기고 무휼하노라, 日月의 오래고 짧은 것도 계산하지 아니하고 넉넉하 게 식량을 주었으므로, 일년에 지출해 준 것이 거의 10만 석이나 되었소. 그

---

16) 『세종실록』 21년 4월 을미조.
17) 『세종실록』 18년 12월 정해조.

때문에 연해변의 국고에 저축한 것이 거의 다하였으니…… 사람 수가 부당하게 많아서 가지고 오는 데 시끄럽고 驛站이 조잔해지며, 우마가 넘어져 죽는 등 그 폐해가 무궁하였는데, …… 이제는 일년 동안에 나오는 인수가 매우 많아서 연해변 국고의 양미가 부족하여서 실로 계속하기 어려우므로…」의 상황이었다.18) 통교자 격증의 원인이 對馬島의 失火·기근으로 인한 곤궁,19) 僞使의 증가, 그리고 少貳氏 및 그 가신단의 對馬 체류에 의한 少貳氏와 對馬의 곤궁화였다. 실제로 少貳氏를 보호했던 宗氏 일족은 종종 조선에 대하여 식량·군량을 요구하고 있다. 따라서 少貳氏의 對馬 체류의 원인을 만든 大內氏에 대하여 통신사가 少貳氏 토벌의 중지를 요청했던 것은 충분히 추정할 수 있는 일이다.

일본통신사 일행은 12월 26일에 무로마치幕府로 가서 書契와 方物을 바쳤다. 다음해 永享 12년 정월 10일에 장군 足利義敎와 대면하고 京都의 명소를 구경한 후 2월 19일에 足利義敎와 대면하고 작별을 고했다. 같은 해 5월에 한양으로 귀환했다. 따라서 1월 10일 또는 2월 19일의 대면 때 통신사가 足利義敎에게 少貳嘉賴의 사면을 요청했던 것으로 생각할 수 있다. 이 외교공작이 성공하여 2월 15일에 少貳嘉賴가 사면된 것은 앞에서 말한 그대로 이다. 『建內記』는 이상과 같은 조선통신사의 외교공작의 일부를 기록한 것이다.

## 3. 大內持世의 동향

다음으로 大內持世가 왜 少貳嘉賴의 사면에 분주했었는지 검토해 보자. 田中義成씨는 『足利時代史』20) 중에서 이 사건에 대하여 「이것은 분명히

---

18) 『세종실록』 21년 10월 병신조.
19) 『세종실록』 19년 정월 병신조.

大內氏가 억지로 은혜를 베풀어서 大友·少貳 두 가문을 흥하게 하고, 자기의 보호국인 상태로 만든 것이다,라고 기술하고 있다. 이 당시 大友持直은 사면되지 않기[21] 때문에 「大友·少貳 두 가문」이라는 말은 잘못인데, 大內持世가 少貳嘉賴에게 은혜를 입혔다는 인간적인 해석을 하고 있다. 나도 예전에 이 사건에 대하여 논했을 때 「少貳氏의 사면은 大內氏의 입장에서 당연히 불리하기는 했지만, 그것보다도 대외교섭의 매력 쪽이 컸다」고 이해하였다.[22] 少貳氏와의 긴장관계보다 조선과의 교섭을 중시했기 때문이라고 해석했던 것이다. 그러나 이 두 가지의 해석은 모두 틀렸다는 것이 그 후 간행된 『蜷川家文書』 중의 사료에서 판명되었다.

『蜷川家文書』에 연도 미상의 「大內敎弘條書案」[23]이라는 사료가 있다. 이 사료는 寬正 6년 6월 29일 이후 머지않은 시기에 大內氏 측의 敎弘 또는 政弘이 少貳敎賴의 筑前國에 대한 소송에 대하여 반론한 陳狀的 문서라고 생각 할 수 있다. 전부 5개조의 문서인데, 제2조를 인용하겠다.

> 筑前國事, 普代知行也, 但永享十一年修理大夫持世, 別而被仰出之旨有テ, 可上洛仕之由, 被仰下之時, 上洛ナクテハ不叶之間, 言上ノ樣ハ, 九州事御大儀之間, サラハ少貳ヲ御免アレ, 彼仁ト申談テ, 可致參洛之由申時, 永享十二年二月二十五日, 少貳嘉賴ヲ御免ノ御敎書被成了, 仍則致參洛也, 委曲被御文言ニ見了,

이 사료에서는 大內持世에게 「別而被仰出之旨」가 足利義敎로부터 있었고, 京都로 올라가도록 하명한 것이 발단이 되었다. 장군의 이같은 京都

---

20) 明治書院 1923년. 또한 講談社學術文庫 1979년.
21) 예를 들면, 志賀文書 永享 12년 2월 25일 무로마치將軍家御敎書 (『大宰府·太宰府天滿宮史料』 13권)에서는 少貳嘉賴의 赦免을 서술한 후,「而於道瑛·持直·親重其外殘党等者, 尋究落所, 不廻時日, 可被加治罰」이라고 하였다.
22) 주 3) 논문.
23) 『大日本古文書 蜷川家文書之一』 54호 敎弘[大內敎弘] 條書案.

상경 명령에 대하여 大內持世는 「九州의 일은 大儀인데, 그렇다면 少貳를 사면하고 京都로 올라가겠다」하겠다고 장군에게 이야기하였다. 大內持世는 막부의 追討를 받아 對馬에 체류하고 있는 少貳嘉賴가 사면되고, 嘉賴와 협의한 뒤에 京都로 올라가겠다는 주장을 하고 있는 것이다. 少貳嘉賴의 사면으로 북부 九州 특히 筑前에서 少貳氏와의 긴장관계를 일단 해소한 뒤에 京都로 상경하겠다는 것이다. 그 결과 永享 12년 2월 25일에 少貳嘉賴 사면의 교서가 막부로부터 내려왔다. 이것이 앞에서 인용한 『蜷川家文書』의 무로마치將軍家御教書이다.[24) 그 결과 大內持世는 永享 12년에 京都로 상경하였다.[25)

이 사료에서 大內持世는 자신의 의사와는 달리 조선과의 관계를 중요시했기 때문에 少貳嘉賴 사면을 요구했던 것은 아니며, 적극적으로 사면을 추진했던 이유가 존재했음이 판명되었다. 그러한 상황을 만든 계기는 足利義教에 의한 大內持世의 京都 상경 명령이며, 少貳嘉賴의 사면으로 북부 九州의 긴장상황을 해소하는 것이 京都 상경의 전제가 되었던 것이다.

다음으로 이 사건에서 하나의 중요한 계기가 되었던 大內持世의 京都 상경에 대하여 검토해 보자. 大內持世는 永享 4년에 大內氏의 家督을 계승하고, 永享 5년 4월 8일에 적대적이던 大內持盛을 토벌했으며, 같은 해 8월 19일에 筑前國 秋月城에서 少貳萬貞 부자를 토벌하고, 永享 8년 6월 11일에 大友持直이 농성하는 豊後 姬嶽城을 함락시켰고, 다음해 9년 정월 周防으로 귀국했다.[26) 그러나 그 후에도 永享 10년부터 11년에 걸쳐서 肥前의 千葉胤鎭 追討를 위하여 肥前으로 출진하였다. 이러한 상황 아래서

---

24) 이 永享 12년 2월 25일 무로마치將軍家御教書 초안이 蜷川家文書에 남아 있는 것은, 발급자 측인 무로마치幕府 관계자의 집에 전래된 것이 아니라, 54号文書 大內教弘條書案의 具書=관계서류로서 大內氏 측으로부터 초안이 막부에 제출되었기 때문일 것이다.

25) 주 23) 大內教弘條書案에 「以此分, 永享十二年持世上洛之處」라고 되어 있다.

26) 주 1) 논문 참조.

장군 足利義敎로부터 京都 상경 명령이 나온 것이다. 그런데 『建內記』永享 11년 6월 18일 조에 「一, 大內가 時宜를 어긴 것인가? 安藝國의 所領한 곳을 分賜한 安藝의 小早川은 지금 성씨(名字)를 망각했다. 大內는 그 후 參洛하지 않았는데 게으른 탓인가? 云云」이라는 기사가 있다. 당초 大內持世는 京都 상경 명령에 따르지 않아 무로마치幕府로부터 安藝國 所領 한 곳을 몰수당했던 것이다. 이 일 때문에 大內持世에 대한 京都 상경 명령은 永享 11년 초기라는 것이 판명되었으며, 大內持世에 의한 少貳嘉賴 사면 요청은 당초에는 義敎가 却下했던 것으로 추정된다.

그러면 장군 足利義敎는 왜 永享 11년 大內持世에게 京都 상경 명령을 내렸던 것일까? 이것도 검토하지 않으면 안 된다. 무로마치期는 전란과 농민봉기의 시대라고도 하며, 각지에서 전란과 농민봉기가 빈발했다. 永享 말년의 국내상황을 보면,[27] 畿內에서는 大和에서 越智氏와 箸尾氏의 반란이 일어나고, 막부는 여러 大名을 大和에 파견하여 越智維通 일당을 토벌하도록 하였다. 關東에서는 關東公方 足利持氏와 무로마치幕府의 관계가 악화되어 永享 10년에서 11년에 걸쳐 永享의 亂이 일어난다. 게다가 永享 9년 7월에는 義敎의 동생 大覺寺 義昭가 어디론가 행방을 감추었고, 다음해 10년 7월에는 大和에서 반란을 일으켰다. 이러한 각지의 쟁난 속에서 九州에 在陣 중이던 中國 國人에 대하여도 京都 상경 명령이 내려졌다.

　一. 九州永々在陣之處, 重而被仰出候畢, 不便雖被思召候, 就大和國事御
　用候, 相催軍勢等, 不日可有參洛之由, 被仰出候也, 恐々
　　永享八
　　二月十二日
　　小早川美作守殿
　　武田伊豆守殿[28]

---

27) 『史料綜覽』 卷8.
28) 「足利將軍御內書幷奉書留」92호 細川持之害狀(『室町幕府關係引付史料の硏

이 사료는 大和國에 관한 御用, 즉 越智氏 일당을 토벌하기 위하여 安藝의 小早川·武田 양씨에게 군세를 재촉하여 京都로 상경하도록 명령한 문서이다. 그밖에 九州에 在陣한 적이 있는 毛利氏[29]·平賀氏[30]도 大和에 出陣해 있고, 奉公衆을 중심으로 하는 中國 國人의 大和 투입이 이 시기에 광범위하게 이루어졌다는 것을 보여주고 있다. 毛利豊元은 그동안의 정세를 다음과 같이 기록하고 있다.[31] ①조부 備中守는 老軀에도 불구하고 足利義教의 명에 따라 大內持世에게 협력하기 위하여 九州에 세 번 出陣하였고, 九州 二獄陣中에서 죽었다. ②같은 해에 父 凞元이 중병에 걸렸기 때문에 차남 小輔次郎이 九州에 出陣했다. ③九州에서 귀국했을 무렵 大覺寺 義昭의 「謀叛」 소식을 들었기 때문에 凞元은 즉시 京都로 올라가서 참고 견디고 있었는데, 장군으로부터 大和出陣을 하명받았으므로 京都에서 곧장 大和로 出陣하여 3년 동안 충절을 다 했다. 義教期 무렵에 奉公衆의 거듭되는 奉公의 실태를 알 수 있는 사료이지만, 毛利氏의 九州 在陣에서 京都 상경, 다시 大和로 出陣하는 상황이 명료하다. 毛利氏의 경우 京都 상경의 계기는 永享 9년 7월 大覺寺 義昭의 행방불명이었다. 이 것이 앞의 小早川·武田 양씨의 계기와 다른 점이다.

따라서 永享 11년 초기의 大內持世 京都 상경 명령의 배경에는 국내 각지의 잦은 반란, 특히 大和의 越智氏·箸尾氏 일당의 반란과 大覺寺 義昭의 반란이 직접적인 계기라고 할 수 있다. 게다가 守護의 在京 원칙도 또 하나의 요인이 된다.

이상과 같은 무로마치막부와 大內持世를 둘러싼 국내의 상황과 2절에서

---

究』 昭和63年度科學硏究費補助金硏究成果報告書  硏究代表者桑山浩然, 1989년)
29) 『大日本古文書 毛利家文書之一』 29号寬正七年三月日毛利豊元雜掌申狀.
30) 『大日本古文書 平賀家文書』 三二号, 永享八年七月五日將軍家御教書·同三三号, 永享十年三月四日將軍家御教書 등.
31) 주 29)와 같음.

검토했던 조선에 의한 일본통신사 파견을 통일적으로 파악하면 다음과 같
이 될 것이다. 大內持世에게 있어서 少貳嘉賴의 사면은 京都 상경 명령에
응하기 위한 불가결의 전제조건이었다. 그 요구가 실현되지 않고 막부로부
터 견책을 받았을 때 조선의 일본통신사가 건너왔다. 赤間關에서 일행과
대면했던 大內持世는 조선쪽의 요구 중 하나가 자신들의 무로마치幕府에
대한 요구와 합치한다는 것을 알았다. 이리하여 少貳嘉賴 사면은 大內持
世 루트와 통신사 루트의 양쪽에서 행해졌으며, 그 결과 실현되었다. 게다
가 추측을 더하자면, 통신사가 大內持世와 대면한 결과, 大內持世에 의하
여 조선쪽의 무로마치幕府에 대한 요구가 少貳嘉賴 사면이라는 방향으로
변형된, 또는 大內持世에 의하여 이 사실만이 강조되었을 가능성도 있다.

어쨌든 永享 12년 2월 29일, 막부 奉行人 2명이 上使의 자격으로 京都
를 출발했다. 같은 해 3월 6일 大內持世는 阿蘇惟忠에게 「아울러서 우리
는 교토로 올라가려고 사모마쯔(下松)라는 곳까지 갔는데, 上使가 내려오는
동안에 머물도록 하라는 지시를 받았다. 그리하여 그 포구에서 그들 두 사
람을 기다렸다.」고 말했다.[32] 持世는 2월 25일의 少貳嘉賴 사면 정보를 즉
각 입수하여 京都 상경을 실행했던 것이다.


## 맺음말

마지막으로 결론을 기술하며 끝맺고 싶다.

1. 永享 12년 少貳嘉賴 사면 공작은 조선의 일본통신사와 大內持世의
쌍방에 의하여 이루어졌다.

2. 조선사절에 의한 공작은 당시의 조일관계를 반영하여, 왜구의 재발 방

---

32) 阿蘇文書(永享 12年) 三月六日大內持世書狀(『大宰府·太宰府天滿宮史料』
   13권 수록).

지와 일본인 통교자의 억제를 목적으로 한다고 생각된다. 또한 이 공작은
大內持世의 지시를 받았을 가능성도 있다.

3. 大內持世에 의한 공작은 大和와 關東의 반란, 大覺寺 義昭의 반란이
라는 당시의 상황을 배경으로 장군 足利義敎가 持世에게 京都 상경 명령
을 내린 것이 직접적인 계기이다.

4. 少貳嘉賴의 사면은 조선사절에 의한 외교교섭과 大內持世에 의한 정
치공작이 이를테면 제휴함으로써 실현되었다. 守護 계급 무사의 任免이 국
제적 계기와 국내적 계기의 쌍방에 의하여 이루어진 매우 주목할만한 사례
라고 할 수 있다.

# 제2장

# 중세 한일관계와 博多

# 제1절 무로마치 시대 하카타 무역상인의 여러 유형

## 머리말

고대에서 중세를 통하여 하카타(博多)는 동아시아를 향한 창구였다. 특히 11세기 중반을 정점으로 했던 日宋貿易의 전개로 하카타는 도시화되었고, 무역·외교의 중요한 거점이 되었다. 그 후 송·원·명으로 이어지는 중국과의 무역에서 하카타는 언제나 중요한 무역항으로 자리매김하였다. 또한 고려·조선과 류큐·동아시아의 여러 나라와도 교류가 있었고, 특히 조선·류큐와의 관계가 밀접하였다.

무역도시 하카타의 전성기는 언제였을까 하는 문제설정에 갑자기 대답하는 것은 어렵다. 하카타에서 가장 많이 출토되는 무역도자기는 송대의 陶器이며, 고고학적으로 본 하카타에서 도자기무역의 전성기는 11세기 중반에서 13세기 전반이 된다. 그러나 무역도자기의 출토량 자체가 무역량 전체를 직접적으로 반영한 것인지 여부를 판단하는 것은 꽤나 어려운 문제이다.[1] 또한 자치도시의 형성을 중세도시 하카타의 발전의 최종단계라고 가정하면 16세기 후반이 하카타의 전성기에 해당한다. 그러나 자치도시로서 하카타의 존재가 가장 명확해지는 16세기 후반에는 중국 海商에 의한 무역과 南蠻貿易은 각지로 분산되는 경향이 있으며, 하카타는 무역항으로서의 지위를 저하시켜 갔다. 또한 거듭되는 전쟁으로 인하여 하카타는 수 차례에 걸쳐서 궤멸적인 타격을 받았다.[2] 자치도시로서 하카타의 전성기는 결코 무역도시로서의

---

1) 佐伯弘次, 「博多」(『岩波講座日本通史 中世 4』, 岩波書店, 1994년).
2) 佐伯弘次, 「中世博多の火災と燒土層」(『法哈嵯嗟~ 』3, 1994년).

전성기가 아니며, 오히려 파괴와 쇠퇴의 시대라는 경향이 강하다.

그 예로서 15세기 무렵, 즉 무로마치 시대를 들 수 있다. 이 시대의 하카타에서는 明 뿐만 아니라 조선·류큐·동남아시아 여러 나라와의 무역이 활발하게 행해졌다.[3] 지역적으로 보면 교류범위가 가장 넓었고, 당시의 하카타는 환중국해 세계의 일대 무역항이라고 할 수 있다. 무역의 양적인 문제는 별론으로 하고, 무역 상대국과 교류범위에 주목하면 이 시대에 무역이 가장 광범위하게 행해졌다고 할 수 있다.

이상과 같은 인식을 바탕으로, 이하에서는 무로마치 시대의 하카타 무역상인에 대하여 전형적인 상인을 예로 들면서 그 유형화를 시도해 보고 싶다. 단, 그것은 문헌사료상 명백한 범위 안에서 유형화한 것으로 미리 양해를 구하고 싶다.

## 1. 明 무역형

첫 번째 유형은 日明貿易 만으로 활동의 흔적을 볼 수 있는 하카타 무역상인이다. 여기에는 이미 다수의 무역상인이 검출되고 있지만,[4] 전형적인 사례로서 肥富·奧堂 일족·神屋 일족을 예로 들 수 있다.

### 1) 肥富

肥富(こいずみ)는 足利義滿이 日明무역을 개시하는 계기를 만든 하카타상인이며, 제1차 遣明船의 副使가 되어 明에 건너갔던 일로 유명하다.

---

3) 田中健夫, 『中世海外交渉史の硏究』, 東京大學出版會, 1959년.
4) 小葉田淳, 『中世日支通交貿易史の硏究』, 刀江書院, 1969년.

肥富에 관한 주요 사료는 端溪周鳳의 『善隣國寶記』5)이며, 하카타에는 관련사료가 남아 있지 않다. 『善隣國寶記』卷中跋에 있는 肥富 관계 기사를 인용하겠다.

> 應永初, 筑紫商客肥富自大明歸, 陳兩國通信之利, 於是大將軍
> 源朝臣義滿, 便以肥富爲使者, 始通信書, 獻方物
> [逆苟院藏也]

應永 초기(應永 원년은 1394년) 「筑紫商客」인 肥富는 명에서 귀국하여 장군 足利義滿에게 「兩國通信之利」를 설명했다. 이 때문에 義滿은 肥富를 使者로 삼아 처음으로 명에 信書를 보내고 方物을 헌상하였다. 肥富가 遣明副使의 자격으로 명에 파견되는 것은 應永 8년(1401)이다. 「筑紫商客」은 큐슈상인이라는 의미인데, 일반적으로는 하카타상인으로 해석되고 있다. 당시 明과 교통하면서 장군에게 무역의 이익을 말하고, 사신으로서 明으로 건너간 것은 하카타 상인다운 활동이다.

여기에서 문제가 되는 것은 應永 초기에 명에서 돌아왔다는 기사이다. 日明교섭의 시작은 明의 洪武帝와 征西將軍 宮懷良親王(明측 사료에는 일본국왕 良懷)과의 교섭이다. 懷良은 洪武帝로부터 「日本國王」에 책봉되었다고 생각되는데, 두 사람의 관계는 원만하게 진전되지 않았으며, 洪武 19년(1386)의 林賢사건으로 관계가 단절되었다. 그 사이에 足利義滿도 明에 사신을 보냈지만 表가 없다는 이유로 거절당했다. 明과 일본의 사료를 보는 한, 應永 초기에 일본인이 明에 사신을 보내거나, 일본상인이 도항하였다는 기사는 없다. 다시 말해서 應永 초기에 하카타상인 肥富의 渡明·귀국은 밀무역이었다고 생각하지 않을 수 없다. 원래 肥富는 하카타의 밀무역 상인이었고, 그 실적을 義滿으로부터 평가받아 정식으로 遣明副使에 발탁된 사람이었을 것이다.

---

5) 田中健夫編, 『譯注日本史料 善隣國寶記·新訂續善隣國寶記』, 集英社, 1995년.

## 2) 奧堂氏

제12차 遣明船(1468년 入明)에 대하여는 「戊子入明記」라는 기초사료가
남아 있다. 이에 따르면 日明무역에 참가했던 「客商」의 千貫文衆에 奧堂
右馬大夫·奧堂五郎次郎이 같은 五百貫文衆에 奧堂右馬大夫가 있다. 奧
堂右馬大夫는 千貫文衆과 五百貫文衆의 양쪽을 겸한 대무역상인이었다.
奧堂氏에 대하여는 家文書로서 筥崎宮油座文書寫[6]가 남아 있다. 이 문서
에 의하면 奧堂氏는 하카타에 方1町의 대지와 1町 5反의 밭을 가진 하카
타상인이었고, 筥崎宮油座에 속하는 油神人으로서 油座의 政所도 맡았던
油商人이었다.[7] 奧堂氏가 日明무역에 투자했던 자금은 筥崎宮油座神人·
政所로서의 상업활동으로 축적한 것이다. 하카타에서 日明무역상인의 존재
형태를 알 수 있는 사례는 매우 드물다.

## 3) 神屋氏

초기의 하카타 日明무역상인을 대표하는 인물이 肥富이며, 중기의 日明
무역상인을 대표하는 인물이 奧堂이라면 후기를 대표하는 인물은 神屋 일
족이다. 天文 8년(1539)의 제18차 遣明船의 總船頭는 하카타의 神屋主計
였으며, 일족인 神屋彦左衛門·神屋太郎左衛門(主計의 아들)들도 무역에
관계하고, 최후의 제19차 遣明船에는 神屋新九郎이 관여하였다.[8] 神屋主
計의 실명은 湖心碩鼎의 「頤賢錄」에서 「運安」인 것으로 판명되었다.[9] 이

---

6) 川添昭二, 「福岡市箱崎八幡宮所藏 『御油座文書寫』 『筥崎神宮文書』 『石灯籠
    銘文』」(『九州史學』 7号, 1958년) ; 筥崎宮編, 『筥崎宮史料』, 筥崎宮, 1970년.
7) 長沼賢海, 『日本海事史硏究』, 九州大學出版會, 1976년 ; 佐伯弘次, 「中世の
    奧堂と綱場 - 日明貿易商人が住んだ町 - 」(『博多硏究會誌』 6호, 1998년).
8) 주 4) 小葉回, 前揭書.

실명은 당시의 筑前守護 代杉興運에서 한 글자를 받았을 가능성이 있다. 그 추정이 정확하다면 하카타무역상인과 大內氏 및 그 가신과의 깊은 결탁을 지적할 수 있다.

主計의 일족인 神屋壽禎은 石見大森銀山을 발견하고, 은의 제련에 성공했던 사람으로 널리 알려졌으며, 그의 후손 孫神屋宗任湛은 근세 초기의 豪商으로 유명하다.


## 2. 조선 무역형

무로마치 시대의 조선무역에 종사했던 하카타상인은 다수 존재한다. 무역의 빈도만으로 보자면 약 1세기 반 동안에 19회 100척 밖에 파견되지 않았던 日明무역과 비교할 수 없을 정도로 하카타상인은 빈번하게 조선과 통교했다.

신숙주의『海東諸國紀』(1471년 성립)에서 조일무역에만 관계했던 하카타상인을 들어보면 司正 林左衛門(道安의 아들)·護軍 宗家茂(宗金의 아들)·司果 信盈(藤安吉의 사위)·布永重家 등이 있다. 布永重家는 조선의 표류민을 송환하는 것으로 조선과 통교했던 자로서 확고한 통교권을 가졌던 것은 아니었다. 그 외 3명은 모두 受職人이며, 예전의 통교권 보유자의 一家라는 공통점이 있다. 15세기 중반에는 조선과 전혀 무관한 자가 새롭게 통교권을 획득하는 것이 곤란해졌기 때문에 아버지의 통교권을 계승 내지 확대하는 것으로 통교권을 확보하는 것이 일반적이었음을 보여주고 있다.

다수 검출되고 있는 하카타 조일무역상인 중에서 이채를 띠는 인물이『海東諸國紀』에 보이는 藤氏 일족이다.[10] 藤安吉의 父는 조선으로 건너가 漢

---

9) 橋本雄,「丹波國氷上郡佐治莊高源寺所藏文書」(『東京大學日本史學研究室紀要』3号, 1999년).

城(서울)의 객관에서 죽었고, 漢城의 동쪽 외곽에 묻혔다. 安吉의 母는 安吉에게 명하여 조선에 向化(귀화)시켜서 아버지의 무덤을 지키게 하였다. 安吉은「卒中樞」라는 관직에 임명되었다. 安吉이 죽자 동생 茂村이 向化(귀화)하여「副司果」에 임명되었다. 먼저 司果가 되었던 信盈은 藤安吉의 사위로서 文明 원년(1469)에 조선으로 건너가「司果」의 관직을 받고 受職人이 되었다. 또한「安吉母時時遣船, 称藤氏母」라고 기록되어 있듯이, 藤安吉의 母는「藤氏母」라고 칭하며 종종 조선에 사선을 파견하였다.『조선왕조실록』에는 藤氏母의 遣使 기록이 자주 보인다. 이 藤氏 일족의 조선무역의 실태는 사선파견·向化受職·受職人化의 세 가지 형태가 있으며, 그것들이 긴밀하게 결합하여 통교가 이루어졌다는 점에 특색이 있다.

하카타 조일무역상인은 受圖書人 또는 세견선 정약자로서 조선에 사선을 파견하는 타입과 受職人으로서 직접 조선으로 건너가 무역을 하는 타입의 두 형태가 일반적이며, 向化倭가 된 자는 거의 없었다. 이 점에서 藤氏 일족은 예외적이다. 또한 이 시기의 수직인은 쓰시마·이키·하카타에 분포하고 있었는데, 쓰시마·이키 수직인의 대부분이 舊倭寇 세력이며, 더욱이 向化倭로 된 자가 있었던 것에 비하여 하카타의 수직인은 상인(町人)이라는 점이 크게 다르다. 수직인으로서의 藤氏 일족이 상인이라는 점은 하카타 수직인의 유형이지만, 向化倭가 되었던 점에서는 오히려 쓰시마·이키의 舊倭寇 세력에 가깝다고 할 수 있다. 즉 하카타수직인과 쓰시마·이키수직인의 중간적 위치에 있었다고 할 수 있다.

藤氏 일족은 하카타와 漢城의 두 곳에 무역거점을 가지고, 向化倭가 된 藤安吉·茂村 형제는 漢城에서 博多 藤氏의 무역을 보완하는 역할을 담당했다고 생각된다. 지금 한가지 특징적인 것은, 藤氏母가 빈번하게 조선과 통교하고 있음에도 불구하고 受圖書人과 歲遣船 정약자가 된 흔적이 없는

---

10) 藤氏 일족의 조선통교에 관해서는 有光友學,「中世後期における貿易商人の動向」(靜岡大學人文學部,『人文論集』21, 1971년)이 있다.

점이다. 요컨대 藤氏母는 정식으로 조선통교권을 갖지 않은 채 빈번하게 조선과 통교하고, 또한 조선으로부터 이것이 용인되고 있었다는 점이 당시의 조선통교자로서 지극히 이례적이다. 남편이 조선에서 죽었고 그 묘가 한성에 있었던 점, 아울러서 자식이 조선에 向化하여 受職人化 하였다는 점이 조선으로부터 예외적으로 우대받은 이유라고 생각할 수 있다.

## 3. 朝鮮 – 明 무역형

조선무역을 행했던 하카타상인 중에는 日明무역에 참가했던 사실을 알 수 있는 인물이 있다. 본래는 다수가 존재했다고 생각되지만, 사료상으로는 많이 검출되지 않는다. 그 대표는 宗金[11]과 그 일족이다. 宗金은 무로마치 시대의 하카타무역상인을 대표함과 동시에 무로마치 중기의 일본 무역상인을 대표하는 존재이기도 하다. 宗金이 외교·무역의 무대 전면에 등장하는 계기는 應永 26년(1419) 應永의 外寇와 이듬해 宋希璟의 來日이었다. 이것은 하카타상인과 九州探題 澁川氏의 조선통교에서 공통된 특징이다. 宗金의 조선통교권은 受圖書人化를 계기로 크게 강화되는데, 당시의 환중국해 세계에서 교역의 활발화를 배경으로 하여 일본·중국·동남아시아산 물자를 조선에 수출 존재이기그 중에서도 주요 수출품은 일본산 광산물이었다. 이에 비하여 주요 수입품은 조선산 섬유제품이었다. 또한 宗金의 무역에는 조선으로의 사선 파견 뿐만 아니라 조선통신사를 이용한 무역 등 다양한 형태가 있었던 것으로 되어 있다.

---

11) 有光保茂,「博多商人宗金とその家系」(『史淵』 16집, 1937년) ; 田中健夫,「日鮮貿易における博多商人の活動」(同,『中世海外交渉史の研究』 東京大學出版會, 1959년) ; 有光友學 주 10)논문, 佐伯弘次「室町期の博多商人宗金と東アジア」(『史淵』 136집, 1999년). 이하 宗金에 관한 기술은 주로 이들 연구에 의한다.

한편 宗金은 日明무역과도 깊이 관여하였고, 日明무역상인으로서 명나라에 갔던 것이 판명되었다. 永享 원년(1429)에 宗金은 日本國王使로서 조선으로 건너갔는데, 그 본래의 목적은 足利義敎의 日明무역 재개 교섭에 있었다고 생각된다. 宗金의 아들 宗性春은 제12차 遣明船의 士官으로 명나라에 갔으며, 文明 7년(1475)에는 足利義政의 명을 받들어 조선으로 건너가서 新勘合給付의 알선을 의뢰했다. 宗金의 손자 宗茂信도 遣明船의 總船主에 임명되었다. 宗金 일족은 3대에 걸쳐 조선무역과 명무역 양쪽에 깊이 관여하였고, 또한 일명무역과 관련된 외교에도 깊이 관여하였다. 이러한 활동은 무로마치 초기에 활동했던 肥富의 계보를 이은 것으로 자리매김할 수 있다.

宗金은 京都와의 왕복을 반복하고 있었음이 단편적인 사료에서 살펴볼 수 있다. 이것은 宗金이 하카타와 畿內를 연결하는 廻船商人이었다는 것을 의미하는 것으로 생각되며, 해외무역에서 입수한 수입품을 畿內로 가져가고, 공예품과 구리 등의 광산물을 畿內로부터 瀨戶內海 지역에서 입수했을 것이다. 宗金의 무역활동은 국내에서 廻船商人으로서의 활동과 긴밀하게 연결되어 있었다고 생각할 수 있다.


## 4. 조선 – 류큐 무역형


宗金이 畿內 – 하카타 – 조선·명이라는 루트 위에서 활동했던 무역상인이었음에 대하여, 류큐 – 하카타 – 조선이라는 루트 위에서 활동했던 하카타 상인이 있었다, 그 대표가 道安과 佐藤信重이다.

## 1) 道安

道安에 대하여 『海東諸國紀』 筑前州條는 다음과 같이 기록하고 있다.

> 護軍道安
> 曾爲琉球國使聘於我, 因是往來, 乙亥年來受圖書, 丁丑年
> 來受職, 大友殿管下,

이 기록에 의하면 道安은 류큐국사로 조선에 내빙함으로써 조선과 왕래하게 되었다. 을해년(1455)에 내조하여 圖書를 받았고, 정축년(1457)에도 역시 내조하여 조선의 관직을 수직했다. 하카타를 본거지로 하여 류큐 - 하카타 - 조선이라는 루트 위에서 활동했던, 당시로서는 스케일이 큰 무역상인이었다.

조선과의 관계에서 말하자면 류큐국사로서 내조했던 것이 통교의 계기가 되었다. 그 공적으로 조선으로부터 圖書를 받아 受圖書人이 되고 조선통교권을 획득하였다. 게다가 스스로 도해하여 受職人도 되었다. 요컨대 受圖書人이면서 受職人이기도 한 이중의 통교권을 획득했던 것이다. 이것은 宗金의 아들 宗家茂가 受圖書人과 受職人을 겸했던 것과 유사한 패턴이다. 『海東諸國紀』에 의하면 道安의 아들 林沙也文(林左衛門 ?)도 수직하였고, 道安의 집안에서도 중층적인 통교권에 기초하는 무역이 행해졌다. 다만 『조선왕조실록』에 의하는 한 道安와 그의 아들 達의 통교는 宗金처럼 활발하지는 않았다.

琉球國使로서는 眞使로서의 통교 외에 僞使로서의 통교도 행하고 있으며,[12] 여러 관계를 유효하게 이용하여 무역을 확대했던 상황을 알 수 있다. 또 道安이 일본과 류큐의 지도를 조선에 헌상했던 것도 잘 알려져 있다.

---

12) 橋本雄, 「朝鮮への「琉球國王使と書契·割符制 - 十五世紀の僞使問題と博多商人 - 」『古文書硏究』 44·45 합병호, 1997년).

## 2) 佐藤信重

『海東諸國紀』 筑前州條는 信重에 대하여 다음과 같이 기록하고 있다.

信重
丙子年遺使來朝, 書称筑前州冷泉津藤原佐藤四郎信重, 約歲
遣一船, 辛卯冬以琉球國王使來, 受中樞府同知事, 博多富商
定清女婿, 大友殿管下,

信重은 丙子年(1456)에 조선으로 사신을 보냈다. 그 書契에는 「筑前州
冷泉津藤原佐藤四郎信重」이라고 칭했다. 조선과의 사이에 연간 1선의 歲
遣船 定約을 맺었다. 辛卯年(1471) 겨울, 류큐국왕사로서 조선에 來朝하고
「中樞府同知事」를 受職하였다. 하카타의 富商 定清의 사위라는 것이다.
하카타 富商 定清도 조선과 통교했던 조선무역상인이다.[13]『海東諸國紀』
에는 信重의 형의 아들인 「筑前州筥崎津奇住兵衛次郎直吉」이 조선표류
민을 송환했던 내용이 기록되어 있다. 信重의 주위에는 조선무역을 희망하
는 하카타상인이 다수 존재하고 있었던 것이다.

信重은 道安과 마찬가지로 이중의 조선통교권을 획득하고, 게다가 류큐
국왕사로서 조선에 來朝했는데, 歲遣船定約(1船)을 한 후에는 受職人化하
는 패턴도 道安와 비슷하다. 단, 道安의 경우 류큐국왕사가 된 것이 조선통
교권 획득의 계기가 되었음에 비하여, 信重의 경우는 이미 통교의 실적이
있고나서 류큐국왕사가 된 점이 다르다. 또한 信重의 류큐국왕사는 割符制
를 창출하기 위한 僞使였다는 지적도 있다.[14]

---

13) 有光友學, 주 10) 논문.
14) 橋本雄, 주 12) 논문.

## 맺음말

이상으로 무로마치 시대 하카타의 무역상인을 네 개의 패턴으로 유형화하였다. 이들 유형 가운데 어느 것이 가장 전형적이었는지를 드러내는 것은 어렵다. 가장 많이 검출되는 것은 2의 조선무역상인인데, 1의 明무역에 참가했던 하카타상인도 사료에서 검출되는 이상으로 존재했던 것은 틀림없다. 이 1, 2의 유형을 하카타무역상인의 기본적인 두 가지 유형으로 하고, 3의 조선－명무역형을 그 복합적인 형태로 자리매김하고, 4의 조선－류큐형은 2를 변형·확대한 것으로 자리매김하고 싶다.

하카타 무역상인을 검토하는 경우, 국내에서 존재 형태를 명백하게 하는 것도 중요하다. 하카타에 중세상인사료가 거의 남아 있지 않기 때문에 그 존재 형태를 규명하는 일은 대단히 곤란하다. 그러한 상황 아래서 日明무역상인 奧堂氏가 油座상인임을 판명하고, 조일·日明무역상인인 宗金이 廻船商人으로 추정되는 것은 대단히 중요하다고 생각된다. 앞으로 하카타상인의 무역 실태를 검토함과 동시에 하카타에서 존재 형태의 규명이 진전되기를 기대한다.

# 제2절 무로마치 시대의 博多상인 宗金과 동아시아

## 머리말

무로마치 시대의 博多상인 宗金은 조일무역과 日明무역에서 활약했던 무역상인으로 유명하며, 그 당시 일본의 무역상인을 대표하는 인물 중 한 사람이다. 그 때문에 전쟁 이전부터 많은 연구가 축적되어 있다.

전쟁 전에 博多 무역상인 宗金을 해외사료 속에서 발굴하고 처음으로 논문을 쓴 연구자는 有光保茂씨였다.[1] 有光保茂씨는 주로 『조선왕조실록』에서 宗金과 그 가계를 고찰하고, 宗金과 그의 자손들이 조일·일명외교상 중대한 역할을 담당했다는 것, 또 견명선의 파견에 깊이 관여했다는 사실을 밝혔다. 宗金에 관한 구체적인 사실관계는 이 글에 거의 망라적으로 제시되어 있다. 이전부터 부분적으로 주목하고 있던 宗金을 본격적으로 검토하고, 동아시아 속에서 자리매김했던 선구적인 연구이다.

전후에 豊田武씨는 『日本商人史 中世編』[2]에서 博多 무역상인의 대표로 宗金 일족을 예로 들고 있다. 또한 중세 博多 무역상인의 동향과 博多가 가지는 貿易史上의 의미를 검토했던 田中健夫씨는 博多 무역상인의 대표적 인물로서 宗金을 예로 들고 검토하였다.[3] 먼저 『敎言卿記』에 소견이

---

1) 有光保茂, 「博多商人宗金とその家系」(『史淵』 16집, 1937년)
2) 豊田武, 『日本商人史 中世篇』, 東京堂, 1949년. 그리고 『豊田武著作集 第3권』에 再錄.
3) 田中健夫, 「日鮮貿易における博多商人の活動」(同, 『中世海外交涉史の硏究』, 東京大學出版會, 1959년, 초판은 1953년)

있는 「圓福寺僧 宗金」과 『老松堂日本行錄』에 나오는 「石城僧 宗金」은
동일 인물일 가능성이 있음을 지적하고, 宗金의 생애를 應永 27년(1420)을
경계로 하여 그 이전을 「僧侶로서의 宗金의 시대」, 그 이후 享德 3년
(1454) 8월의 사망까지를 「상인으로서의 宗金의 시대」로 시기를 구분하고,
후자를 「商倭 시대」와 「石城管事 시대」의 둘로 구분하였다. 그리고 宗金
의 조선무역의 유형에 5가지 형태가 있음을 제시하고, 圖書에만 의존했던
九州諸氏의 무역과 비교하면 그 양이 훨씬 더 많았던 것을 지적하였다. 이
같은 지적들 중에 圓福寺僧 宗金과 石城僧 宗金이 동일인이라는 주장은
上田純一씨가 제기하면서 연구가 깊어지고 있다.[4]

　中村榮孝씨는 무로마치 시대의 조일관계에서 宗金의 사적에 대하여 지
적하고 있다.[5] 특히 九州探題의 쇠락으로 受圖書人이 보급되어 갈 무렵의
이른 예로서 宗金을 자리매김하고 있는 점은 주목된다. 무로마치 시대 北
九州 諸氏의 조선무역을 검토한 田村洋幸씨는 세종 5년(1423)에서 세종 8
년에 걸쳐 무역의 확산이 진행되고, 九州探題 澁川氏를 대신하여 宗金과
같은 중소 통교자가 늘어나고 있는 점을 지적하고 있다.[6] 『海東諸國紀』에
나오는 일본의 조선통교자를 모두 검토했던 有光有學씨는 宗金 일족을 受
職人의 유형으로 파악하였다.[7] 有光保茂씨가 작성했던 宗金의 가계도를
일부 증보하고, 다시 무역의 실태를 검토하여 「宗金 일족은 한 집안이 조
일·일명 양국의 무역에 다각적으로 참가하고, 당시의 최고급품과 대단히 많
은 종류의 품목과 수량을 취급하는 국제적인 해외무역 가문이었다」고 결론

---

4) 上田純一, 「妙樂寺と博多商人－應永の外冠をめぐって－」(地方史硏究協議會
　編, 『異國と九州』, 雄山閣出版, 1992년). 그리고 나는 円福寺僧宗金과 博多의
　宗金을 동일인이라고 증명하기에는 아직 사료적으로 불충분하다고 생각하고 있다.
5) 中村榮孝, 『日鮮關係史の硏究』上·中·下 (吉川弘文館, 1965~69년)
6) 田村洋幸, 『中世日朝貿易の硏究』 본론 제4장, 三和書房, 1967년.
7) 有光有學, 「中世後期における貿易商人の動向」(靜岡大學人文學部人文學科
　硏究報告, 『人文論集』 21, 1970년).

지었다. 수직인은 조선으로부터 관직을 받은 자를 의미하는 것인데, 이것을 조선통교자 계층의 하나로 이해하는 것은 반드시 타당하지는 않다. 그러나 宗金 자신이 수도서인이었고 수직인이 되지는 않았지만 결론 자체는 수긍할 수 있다.

이상의 연구를 토대로 필자도 「石城管事」라고 칭했던 宗金과 도시 博多의 관계를 검토하고, 宗金은 무로마치 시기에 大友氏領 博多 息濱의 代官이었다고 추정하였다.[8]

이상과 같은 연구에 따라 宗金과 조선·명과의 관계와 무역의 실태는 거의 밝혀진 듯하지만, 좀 더 검토해야 할 문제도 남아 있다. 宗金의 조선무역과 외교교섭의 실상은 종래의 연구를 토대로 더욱 심도있는 연구가 이루어져야 하며, 일명무역의 시기에 대하여는 다시 검토할 필요가 있다. 지금까지 밝혀진 역사적 사실을 포함하여, 宗金과 동아시아의 관계를 필자 나름의 시각으로 해석해 보고 싶다.

## 1. 宗金의 조선통교 개시와 受圖書人化

### 1) 宗金의 조선통교 개시 계기

圓福寺僧 宗金과 石城僧 宗金이 동일인이 아니라면, 宗金이 문헌상 처음으로 등장하는 것은 應永 26년(1419) 應永의 外寇 때이다. 이 해 6월 조선군에 의한 對馬 공격, 즉 應永의 外寇(己亥東征)가 일어나는데, 九州探

---

8) 佐伯弘次, 「中世都市博多と「石城管事」宗金」(『史淵』 133집, 1996년). 또한 이와는 달리 佐伯弘次編, 「博多宗金關係年表」(平成7年度科學硏究費補助金 (一般研究C) 研究成果報告書 『中世都市博多と日朝關係』 代表 佐伯弘次, 1996년)이 있다.

題 澁川氏는 博多의「居僧」宗金을 京都에 파견하여 이 사실을 무로마치 막부에 보고하도록 했다.9) 宗金은 장군 足利義持의 측근인 陳外郞(宗壽)에게 이 사실을 보고하고, 陳外郞은 義持에게 보고하였다. 宗金의 활동은 처음부터 九州探題 및 무로마치막부와 밀접했다. 이때 宗金이 왜 이처럼 중대한 일을 막부에 전달하는 사자가 되었는지가 문제이다. 이때의 宗金은 단순한 九州探題의 使僧이 아니며, 宗金은 이미 이전부터 畿內와 博多를 왕래하는 僧形의 廻船상인이었고, 九州探題가 畿內와 교역활동을 하는 宗金을 使者로 이용했던 것으로 해석하고 싶다. 다음해 應永 27년(1420)의 조선사절 宋希璟이 일본에 왔을 때 宗金은 博多에서 송희경을 대접했고, 일행이 상경할 때는 직접 배를 타고 이들을 호송했던 것은 유명한 사실이다.10)

宗金이 조선과 처음으로 통교한 것은 세종 2년(1420) 11월이다.「石城商倭宗金」은 九州探題 澁川義俊과 그의 가신 板倉宗壽·板倉滿景 일행과 동시에 조선에 사자를 파견하고 土宜를 헌상하였다.11) 石城商倭라는 것은 博多상인을 의미한다. 이것은 마침 송희경의 귀국 직후이며, 송희경이 일본에 왔을 때 宗金의 공적이 조선무역으로 발전 진출하는 계기가 되었다는 有光保茂씨의 이해는 타당할 것이다.12) 단, 應永의 外寇 이후의 조일교섭

---

9) 宋希璟著·村井章介校注,『老松堂日本行錄』拔語 (岩波文庫, 1987년) 185쪽. 이 점은 주 1) 有光保茂 논문 204쪽에 지적.
10)『老松堂日本行錄』, 주 1) 有光保茂 논문 205~207쪽.
11)『세종실록』 2년(1420)11월 기축조 (『中國·朝鮮の史籍における日本史料集成 李朝實錄之部』(1), 國書刊行會, 본고에서『조선왕조실록』의 인용은 거의 본서 (1)(2)에 의한다)
12) 주 1) 有光保茂 논문 208쪽. 그리고 宋希璟은 귀국 후, 통신사로 일본에 갔을 때 覇家台(博多)에 사는「惟臥仇羅」가 京都까지 수행하며 사절을 위하여 공적이 있다는 것을 말하고, 恩賞을 주도록 국왕에게 상주한 결과「惟畝仇羅」에게 綿布 6匹이 급여되었다(『세종실록』 3년(1421) 정월 병자조).『老松堂日本行錄』에서 확인할 수 있는 博多부터의 수행자로는 禪僧無涯亮·宗金·「表三甫羅」(兵衛三郞 ?) 3명이 있지만, 모두「惟臥仇羅」와는 음이 일치하지 않는다. 博多의「惟臥仇羅」가 어떠한 인물이었는지는 분명하지 않다. 宗金이 조선정부로부터 후하게 대접받았던

에서 宗金의 공로가 가장 컸다는 평가는 과대평가이다.

　田中健夫씨는 앞에서 서술한 것처럼 상인으로서의 宗金을 商倭時代와 石城管事時代로 시기구분 하였다. 나는 조선통교권의 유무에 따라 宗金의 조선통교를 2시기로 구분하고 싶다. 宗金의 조선통교 제1기는 受圖書 이전기(1420년 11월~1425년 10월)이며, 제2기는 受圖書人이었던 시기 (1425년 10월~1450년)이다. 먼저 제1기의 조선통교를 일람표로 만들면 표1과 같다.

〈표 1. 宗金의 조선통교 (제1기)〉

| 서기 | 년월일 | 내용 | 헌상품 | 회사품 | 비고 |
|---|---|---|---|---|---|
| 1420 | 세종2·11·기축 | 遣人來遺土宜 | 土宜 | 綿布7070필 | 세종3·1·기사 |
| 1421 | 3·6·을축 | | 土宜 | 綿布50필 | 3·6·정사 |
| 1421 | 3·11·기해 | | 土宜 | | |
| 1425 | 7·1·정축 | | 鏤金酒旋子, 鑞鐵 | 正布190필 | |
| 1425 | 7·10·무인 | | 土宜 | | |

　이상과 같이 제1기의 연 6년 동안 5회의 통교가 있었다. 모두 자신이 도항한 것은 아니며 使者를 파견하는 使送倭人으로서의 활동이다. 빈도로는 1년간 0.83회의 통교이다. 특히 통교 초기의 실질 1년 동안 3회의 통교가 있는 것이 주목된다. 또한 九州探題 澁川氏와 그의 가신이 동시에 통교한 것이 많고, 특히 板倉滿景과의 동시 통교가 많다. 澁川氏와 그의 일족·가신의 조선무역을 실질적으로 담당했던 것이 博多 무역상인이었다는 것은 이미 지적하였지만,13) 宗金도 그 가운데 한 사람이었을 가능성이 높다.

---

　　것은 「惟臥仇羅」와 같은 이유라고 생각된다.
13) 川添昭二, 『對外關係の史的展開』, 文獻出版, 1996년, 198~199쪽.

## 2. 宗金의 受圖書人化

세종 7년(1425) 10월 조선에 사신을 파견했던 宗金은 같은 달 통교의 증명이 되는 圖書를 조선으로부터 받았다.[14] 이리하여 宗金은 受圖書人이 되며, 정식으로 조선통교권을 획득하였다. 이와 같은 宗金의 受圖書人化가 조일관계에서 受圖書人이 보급되는 빠른 예로 자리매김할 수 있다는 것은 앞에서 서술한 그대로이다. 宗金이 受圖書人이 된 배경에 대하여 中村榮孝씨는 九州探題의 세력의 동요를 들고 있다.[15] 이 문제를 지금 다시 검토해 보겠다.

宗金이 조선에 圖書를 求請하고 受圖書人이 되었던 것은 확고한 조선통교권을 획득하기 위해서였다. 그 이전의 통교는 九州探題 관계자와 동시에 통교하는 일이 많았으며, 무역면에서도 그들의 무역을 담당하고 있었던 탓에 그랬던 것으로 추정할 수 있다. 그러나 실제로는 제도상 九州探題와 밀접한 관계를 만들지 않으면 안 되는 이유가 있었다. 조일관계는 태종 때부터 세종대에 걸쳐서 일본인 통교자를 제한·통제하는 방향으로 나아갔는데, 그 중에 書契에 의한 통제가 있었다. 조선은 세종 원년(1419) 겨울, 九州의 통교자로 조선에 사신을 파견하는 자는 반드시 九州探題의 書契를 받아 오도록 정하고, 이듬해에 對馬의 통교자는 島主 宗氏의 書契를 받아 오도록 정했다.[16] 따라서 宗金의 조선통교 제1기는 九州探題가 書契를 가지고 조선통교를 통제하던 바로 그 시기이며, 宗金이 조선과 통교하기 위해서는 九州探題에게 접근하지 않을 수 없었던 것이다.

그러면 宗金은 어째서 1425년(應永 32) 10월에 圖書를 조선에 求請했는

---

14) 『세종실록』 7년(1425) 10월 계미조.
15) 『日鮮關係史の硏究』 상권, 536쪽.
16) 앞의 책, 450~454쪽.

지 검토해 보겠다. 宗金이 受圖書人이 된 계기는 일반적으로 九州探題의
위세의 동요 내지는 조일무역에서 九州探題의 위치가 쇠락했기 때문이
라고 한다. 무역상인 宗金이 영속성이 강한 통교권을 지향하는 것은 당
연하고, 때마침 조일관계에서 授圖書 제도가 자리를 잡아가고 있었으며,
이미 板倉滿景이 受圖書人이 된 사실은 宗金이 圖書 획득을 의도했던
중요한 이유였다고 생각 할 수 있다. 그러나 그것이 왜 應永 32년 10월이
었는지 문제이다. 종래 九州探題 涉川氏의 몰락은 應永 30년설과 應永
32년설이 있었는데, 本多美穗씨의 연구로 應永 32년설이 옳고, 涉川義俊
의 몰락은 應永 32년 7월 무렵이라는 사실이 밝혀졌다.17) 따라서 宗金의
圖書 求請은 그 직후가 되는 것이다. 九州探題와 가까운 宗金이 서계를
발급할 수 있는 探題의 몰락을 목전에 두었을 때 생각했던 것은 探題의
권위에 의존하지 않는 통교권의 획득이었을 것이다. 가장 현실적인 방법
은 갓 등장한 圖書의 입수였다. 송희경이 일본에 왔을 때 융숭하게 대접
했던 일은 조선정부가 알고 있었으며, 宗金은 圖書를 획득 할 수 있었다.
宗金이 受圖書人이 된 직접적인 계기는 中村榮孝씨와 같은 결론이 되는
데, 조일관계에서 중요한 역할을 담당했던 九州探題의 몰락이라고 생각하
고 싶다.


## 3. 受圖書人 宗金의 조선통교

다음으로 受圖書人이 된 宗金의 조선통교에 대하여 검토해 보겠다.
宗金의 조선통교로서는 제2기에 해당한다. 먼저 통교의 실태를 일람표로
만들어 보자.

---

17) 本多美穗, 「室町時代における少貳氏の動向」(『九州史學』 91호, 1988년)

### 〈표 2. 宗金의 조선통교(제2기)〉

| 서기 | 연월일 | 내용 | 헌상품 | 회사품 | 비고 |
|---|---|---|---|---|---|
| 1426 | 세종8·11·삭 | 謝賜圖書 | 摺扇·樟腦·大刀 등 | 丁布240필 | |
| 1426 | 8·12·계유 | 使人獻土宜 | 土宜 | 丁布80필 | |
| 1428 | 10· 2·갑인 | 致書 | 扇子·犀角·沈香 등 | 丁布216필 | |
| 1428 | 10· 7·갑인 | 宗金使送 | | | 別幅에 圖書가 없어서 물리침 |
| 1428 | 10· 7·갑자 | 致書禮曹 | 土物 | 綿布20필·正布115필·소주 15병 | 국왕 훙거를 알림 |
| 1428 | 10· 9·갑오 | 遣人獻土物 | 土物 | 正布67필 | |
| 1428 | 10·12·신묘 | 致書禮曹 | 土物 | 正布147필·田犬2雙 | |
| 1429 | 11· 6·무자 | 遣人獻土物 | 土物 | 正布85필 | |
| 1429 | 11· 7·갑술 | 遣人獻土物 | 土物 | 正布200필 | |
| 1429 | 11· 9·무오 | 遣人來獻土物 | 土物 | | |
| 1429 | 11·11·신유 | 致書禮曹 | 土宜 | 正布70필 | 朴瑞生을 보냄 |
| 1429 | 11·12·기해 | 遣人獻土物 | 土物 | 正布168필 | 日本國王所遺 |
| 1430 | 12·12·정묘삭 | 遣人遺土物 | 土物 | 正布10필·綿紬20필 | |
| 1431 | 13· 2·병오 | 使送五人來遺土宜 | 土宜 | | 日本國王使와 동행 |
| 1431 | 13·10·병오 | 遣人獻土物 | 土物 | 正布51필 | |
| 1432 | 14· 5·경진 | 致書禮曹 | 土物 | 正布15필 | 日本國王使와 동행 |
| 1433 | 15· 6·임인 | 使人獻土宜 | 土宜 | | |
| 1434 | 16·12·을유 | 來獻土宜 | 土宜 | | |
| 1435 | 17· 9·갑신 | 所送人等來獻土宜 | 土宜 | | |

| 1437 | 19·12·병오 | 獻六郎二郎<br>等九人來獻<br>土宜 | 土宜 | | |
| 1439 | 21· 3·갑자 | 遣多羅時羅<br>等九人獻土<br>物 | 土物 | | |
| 1442 | 24·10·을묘 | 遣其子來獻<br>土物 | 土物 | | |
| 1444 | 26· 6·정유 | 招撫官 護送 | 土宜 | 正布40필 등 | 禮曹復書 |
| 1446 | 28· 9·을유 | 遣人獻土物 | 土物 | | |
| 1447 | 29· 5·을미 | 遣人進香, 致<br>書禮曹 | 土物 | | 세종, 宗金과 引見 |
| 1450 | 문종원·11·병진 | 來獻土物 | 土物 | 大藏經 | 大藏經을 청함 |

<표 2>와 같이 제2기의 1426년(應永 33)에서 1450년(寶德 2)까지 25년
동안 宗金은 합계 26회의 조선통교를 행하고 있다. 평균적으로 1년에 약 1
회의 통교이다. 그밖에 宗金의 아들 家茂가 통교한 것도 있으며,18) 이것도
宗金의 통교를 보완하는 것으로 파악하면 통교빈도는 더욱 높아진다. 受圖
書人이 됨으로써 통교권이 강화되었던 사실이 실제의 통교에서도 판명된
다. 또한 거의가 使送人을 파견하는 使送倭人으로서의 활동인데, 때로는
일본국왕사로서, 또는 진향 등을 목적으로 자신이 도해했던 적이 있고, 통
교의 내용도 다양화된 것을 알 수 있다.


## 4. 宗金의 조선무역의 특질

다음으로 宗金의 조선무역의 내용에 대하여 검토해 보겠다.

───────────

18)『세종실록』15년(1433) 10월 신미조, 같은 해 11월 갑신조, 18년(1436) 3월 정묘삭조.

### 1) 통교의 형태

宗金의 통교 형태로서는 使人 파견과 직접도항이 있다. <표 1·2>를 보면 거의 모든 통교가 使人 파견이며, 宗金의 조선통교의 기본은 使送倭人으로서의 통교였음을 알 수 있다. 使人으로서는 子弟와 그밖의 인물로 나누어지며, 자제로는 表阿古羅(兵衛五郞)이, 그밖의 인물로는 六郞二郞과 多羅時羅(太郞四郞 ?) 2명이 검출된다. 상경 인원수는 사료에서 판명되는 한으로는 5명에서 9명이다.

직접도항은 1429년(永享 1), 1434년(永享 6), 1447년(文安 4), 1450년(寶德 2)의 4회가 검출된다. 1429년의 도항은 宗金 자신이 일본국왕사로 渡海하면서, 다른 한편으로는 遣使를 하는 이중의 통교를 행하고 있다. 직접 도항은 특히 만년에 많은데, 일본국왕사로서의 도항 이외에는 명나라 포로의 송환이나 進香, 大藏經 求請이 목적으로 되어 있다. 또 만년에 2회 도항한 것은 壹岐의 受職人 藤九郞이 宗金에 관하여 禮曹官人에게 했던 말 중에 「종금이 이르기를, '아들 3인이 모두 조선국에 알현했는데, 유독 末子만이 아직 알현하지 못해, 장차 도서를 末子에게 줄 것이니, 조선국에 가서 알현하라'고 면전에서 당부하고 죽었다」[19]라고 한 부분과 부합된다. 여기서 자신의 통교권을 子弟에게 계승시키려는 宗金의 의도가 지적되어 있는 것이 주목된다. 앞에서 언급한 이유 외에 일족의 통교권 확보라는 목적이 있었음을 쉽게 추측할 수 있다.

---

19) 『세조실록』 원년(1455) 7월 정유조. 다만 宗金의 圖書는 1455년(康正 元)에 이미 통교의 실적이 있는 家茂에게 계승되었으며(『海東諸國紀』), 末子에는 전해지지 않았다.

## 2) 수출품

宗金의 조선에 대한 獻上品은 대부분의 경우「土宜」「土物」이며 구체적인 내용을 알 수 없는 것이 많지만, 예외적으로 3회분은 내용이 판명되었다.

### ① 세종 7년(1425년) 정월 정축조의 헌상품

鏤金酒旋子는 鑞鐵을 헌상하였다. 鏤金酒旋子는 금으로 장식한 酒器라고 생각된다. 일본제 공예품이다. 鑞鐵은 광산물인 銀이다.

### ② 세종 8년(1426) 11월 경인삭조의 헌상품

전년 10월에 圖書를 수급한 답례로 宗金은 摺扇 100本·장뇌 5근·大刀 10자루·犀角 1頭·鬱金 20근·구리 200근·藿香 20근·유황 1000근을 헌상하였다. 摺扇과 大刀는 일본산 공예품, 구리와 유황은 일본산 광산물이다. 양적으로는 광산물이 가장 많다. 장뇌는 應永 28년(1421)에 九州探題였던 澁川道鎭이 조선으로 보냈던 것이 일본에서 처음 보인다. 이것은 중국산 樟腦인데「남해-중국-일본」사이에 위치하면서 중계무역에서 활약했던 琉球船에 의하여 중국산 樟腦가 九州에 전래되고, 다시 조선으로 수출되었던 것으로 생각할 수 있다.[20] 藿香은 약재이며 중국산 또는 동남아시아산이라고 한다. 犀角은 동남아시아산 물소의 뿔로 약재, 鬱金도 동남아시아산 식물이며 약재와 黃色 염료·향료로 사용된다.

### ③ 세종 10년(1428) 2월 갑인조의 헌상품

宗金은 예전에 사자가 조선에서 후하게 환대받은 것을 언급하고, 또 黑

---

20) 山田憲太郎, 『香料日本のにおい』, 法政大學出版局, 1978년, 148~149쪽.

細麻布의 惠贈을 의뢰하여, 扇子·犀角·沈香·朱折扶·蘇木·硫黃·隴香·大刀·土黃·銅·甘草·巴戟 등을 헌상하였다. 이른바 黑細麻布의 댓가이다. 구체적인 수량은 불분명하다.

扇子·犀角·硫黃·大刀·銅은 ②와 동일하다. 沈香은 인도에서 동남아시아에 걸쳐서 생산되는 香木이며 약용으로 사용되었다. 朱折扶는 아마 朱折敷의 잘못이라고 생각되며,21) 붉은색을 칠한 일본제 折敷(角盆)이다. 蘇木은 동남아시아에서 생산되는 식물로서 홍색 염료로 사용되었다. 隴香은 불분명한데, 명칭으로 봐서 남해산 향료인지도 모르겠다. 土黃은 한방약재로 생각된다. 甘草는 중국에서 동남아시아에 걸쳐 생산되는 식물이며 약재로 사용한다. 巴戟은 정식으로는 巴戟天이라는 중국산 식물이며, 마찬가지로 약재이다. 약간 불분명한 물품이 있는데, 기본적인 구성은 ②와 변함이 없다.

이상 3회의 물품의 특징을 정리하면 일본산 공예품, 일본산 광산물, 동남아시아산 약재·향료·염료, 중국산 약재로 크게 구별된다. 중심이 되는 것은 일본산 물품인데, 특히 광산물이 양적으로 많은 것이 특색이다. 또한 동남아시아 및 중국산의 여러 가지 물품을 포함하고 있고, 당시의 博多에서 이러한 물품들을 입수할 수 있었다는 것을 나타내고 있다. 당시의 아시아에서 교역의 확장을 반영한 헌상품이다. 특히 1425년에서부터 28년까지는 日明무역이 단절된 시기에 해당한다. 이 시기에 중국산 물자가 일본에서 조선으로 수출되고 있었던 것은 琉球의 중계무역에 의하여 초래되었다고 생각하지 않을 수 없다.

구리·주석·유황 등의 광산물은 중세 후기에 활발하게 조선으로 수출되었다.22) 이것들을 조선에 가져온 것은 국내의 여러 지역과 계층의 인물이며, 국내에서 광산물 생산이 활발했을 뿐만 아니라, 유통도 활발했다는 것을 말

---

21) 扶와 敷는 한국어에서도 음이 같으며, 『세종실록』 6년(1424) 6월 己未條의 澁川義俊 헌상품 중에도 「朱折敷二十片」이라고 보인다.
22) 小葉田淳, 『金銀貿易史の硏究』, 法政大學出版局, 1976년.

해 주고 있다. 세종 10년(1428) 정월의 조선통교 때 宗金은 對馬의 早田左衛門太郎·板倉滿景과 함께 2만 8천근이라는 막대한 양의 구리를 무역항으로 들여왔고, 조선정부는 이것을 綿紬 2천 8백필과 교환하도록 했다.[23] 이것은 같은 해 2월 조선에 헌상했던 구리와는 별도의 물건이며, 사선 파견에 부수했던 宗金의 무역활동이라고 자리매김할 수 있다. 세종 29년(1447)에 宗金은 조선에 대하여 「私物」을 전부 한양으로 옮기고 무역을 청했으며, 허락받았다.[24] 宗金의 무역활동의 중심은 헌상 – 회사라는 의례적인 무역에 있던 것이 아니라, 여기에 부수했던 구리 등 私物의 무역이 오히려 중요한 것이었다고 생각된다. 따라서 土宜·土物의 헌상 만이 기록에 나오는 경우에도 대규모의 무역활동을 행했다고 추정할 수 있다.

1433년(永享 5)에 일본으로 건너 온 조선사절 李藝는 京都에서 귀국하는 길에 尾道에 기항했고, 「博多倭人」의 구리 4천여근을 배에 실었다.[25] 이 사실에서 博多상인이 중국산 구리의 유통에 깊이 관여하고 있었던 것이 판명되었다. 宗金의 구리무역의 배경에는 이처럼 瀨戶內 – 博多 간의 구리 유통에 博多상인들의 참여가 있었던 것이다.

### 3) 수입품

宗金의 헌상품에 대한 조선의 回賜는 <표 1·2>와 같이 주로 綿布·正布(麻布)·綿紬 등의 섬유제품이었다. 또한 최후의 통교에서는 大藏經을 求請하여 3천 8백권의 대장경을 받았다. 일개 상인이 대장경을 받은 것은 당시로서는 이례적인 일이었다. 그밖에 소주·田犬도 받았다. 이것들을 일람표로 만들면 표 3과 같다.

---

23) 『세종실록』 10년(1428) 정월 무신조.
24) 앞의 책, 29년(1447) 윤4월 경신조.
25) 앞의 책, 16년(1434) 정월 경인조.

<표 3. 宗金의 조선 수입품(回賜品)>

| 품명 | 1기 | 2기 | 합계 |
|------|------|--------|--------|
| 綿布 | 120필 | 30필 | 150필 |
| 正布 | 190필 | 1509필 | 1699필 |
| 綿紬 |  | 50필 | 50필 |
| 소주 |  | 15병 | 15병 |
| 田犬 |  | 2쌍 | 2쌍 |
| 大藏經 |  | 3800권 | 3800권 |

조선에서 九州探題에게 보낸 회사품은 1423년(세종 5·應永 30)을 경계로 綿布에서 正布로 변화해 가는 것으로 되어 있다.[26] 宗金의 경우도 같은 경향을 보이고 있다. 宗金 일행 3명의 1회의 구리무역만으로 2800필의 綿紬를 획득했으며, 그 양은 회사품 중에서 섬유제품의 총계를 능가하는 것이었다. 따라서 수출품과 마찬가지로 정식의 헌상 – 회사무역보다 여기에 부수했던 무역의 양이 훨씬 더 많았다고 추정할 수 있다.

## 5. 조선통신사 접대와 일본 정보의 전달

### 1) 조선통신사의 접대·호송

宗金이 조선통교를 행하는 계기가 되었던 것이 조선통신사 宋希璟의 접대·호송이었다. 통신사는 반드시 博多를 경유하기 때문에 宗金에게 있어서 통교권을 보다 강화하기 위해서도 통신사의 접대는 중요했다.

宗金이 송희경에게 베풀었던 접대의 실상과 京都까지 호송했던 방법은 『老松堂日本行錄』과 여러 선학들의 연구[27]에 상세하기 때문에 생략한다.

---

26) 주 13) 川添著書, 211~212쪽.

1426년(세종 8) 12월, 조선의 예조는 博多상인 平方行吉과 宗金에 관하여, 「지성으로 본국을 사모해서, 사신이 왕래할 적에 마음을 다해서 후하게 대접했다」라고 하였다.[28] 이때 도항했던 平方行吉의 아들 二郎古羅(二郎五郎)과 宗金의 아들 表阿古羅(兵衛五郎)에게는 衣二襲을 특별히 하사하였다. 宗金은 송희경 뿐만 아니라 그밖의 조선사절도 博多에서 접대하였을 것이다.

1429년(세종 11)의 통신사 朴瑞生의 귀국 때 통시사선의 승조원 2명이 병에 걸렸다. 朴瑞生은 그들의 송환을 宗金에게 외뢰했으므로, 宗金은 輕艦을 띄워 2명을 조선으로 보냈다.[29] 宗金은 이때 土宜를 바치고 正布 70필의 회사를 받았다. 1433년(세종 15)에는 回禮使를 호송한 공적으로 宗金의 아들은 綿紬 20필을 하사받았다.[30] 1444년(세종 26)에는 博多에서 大內殿에 당도했던 조선의 招撫官 康勸善을 두텁게 館待하고, 귀국할 때에는 사람을 파견하여 호송하도록 했다.[31] 이때도 宗金은 예물을 바치고 正布 40필·白細綿紬 10필·白細綿布 10필·黑細麻布 5필을 하사받았다. 모두 田中建夫氏가 지적한 「朝鮮使의 호송에 편승하는 무역」이다.[32] 조선통신사의 접대·호송이 어떠한 목적으로 이루어졌는지 명백하다.

## 2) 조선통신사와의 무역

1443년(嘉吉 3)에 來日했던 조선통신사에 관하여 당시의 일본측 기록은 「近來者爲商賣所入來也」,「非如先々商賣之料也」라고 기록하고 있다.[33]

---

27) 주 1) 有光保茂 논문 외.
28) 『세종실록』 8년(1426) 12월 계해조.
29) 앞의 책, 11년(1429) 11월 신유조.
30) 앞의 책, 15년(1433) 10월 신미조.
31) 앞의 책, 26년(1444) 6월 정유조.
32) 田中健夫, 주 3) 논문.

명목상은 조문과 장군의 취임 축하를 위한 외교사절이었지만, 실제로는 경
제적인 성격이 강하다고 인식되었음을 알 수 있다.

1433년(永享 5)에 來日했던 李藝의 활동은 바로 이러한 실상을 말해 주
고 있다.[34] 博多에 도착한 李藝는 구면인 일본인의 綿紬를 배에 싣고 출발
했다. 그 綿紬는 광활하고 고가였기 때문에 조선에서 가져온 명주는 가치가
없어졌고, 예정했던 光絹과 漆을 사는 것이 불가능했다. 또한 京都에서 돌
아오는 도중에 李藝는 尾道에서 博多 왜인의 구리 4천여근을 실었다. 구면
인 일본인도 博多 왜인과 마찬가지로 博多상인이었다고 생각할 수 있다.
博多상인은 조선사절과 제휴하여 자신의 수입품을 일본에서 판매시키고,
중국산 구리를 조선에 수출하려고 하였다. 자신의 무역행위를 조선사절에
게 대행시키고 있는 것이다. 博多상인이 조선사절을 경제적으로 받아들였
다고 할 수 있다. 이때의 博多상인이 누구였는지는 불분명하지만, 宗金의
조선사절 접대·호송의 실적으로 보면 宗金도 마찬가지의 행위를 했을 가능
성이 있다.

## 3) 宗金이 가져 온 일본정보와 被虜人

宗金이 조선에 가져온 것은 헌상품 만이 아니었다. 일본 국내에 관한 정
보도 조선에 의도적으로 전달하였다. 이하에서 이것을 검토해 보겠다.

### ① 일본국왕(무로마치殿)의 교대

1428년(세종 10·正長 元) 7월 宗金은 예조에 致書하여「국왕이 서거했
는데 그 동생이 뒤를 이었다」라고 보고하였다.[35] 국왕이란 무로마치殿을

---

33)『康富記』嘉吉 3년 5월 6일조, 같은 해 6월 19일조.
34)『세종실록』16년(1434) 정월 경인조.

말하며, 구체적으로는 足利義持를 가리킨다. 義持는 正長 원년 정월 18일에 죽었다. 다음날 동생 義圓이 추첨을 통해 후계자로 선정되었고, 3월 12일 에 환속하여 義宣(후에 義教로 개명) 이라고 이름을 지었다. 장군이 되는 것은 다음해 永享 원년(1429) 3월 15일이다.

일본국왕 足利義持의 죽음을 처음으로 조선에 전달한 것은 對馬의 早田左衛門太郎이다.[36] 그해 5월이었다. 다음으로 이 정보를 전달했던 인물은 7월의 宗金이며, 세 번째가 8월의 小早川淨嘉(則平)이고,[37] 네 번째가 10월의 少貳滿貞이었다.[38] 對馬 및 博多·大宰府의 관계자가 차례로 무로마치殿 교대 정보를 조선에 전달했던 것이다. 국왕의 죽음과 교대는 일본과 양호한 교린관계를 지향하는 조선으로서는 특히 중요한 정보였다고 생각할 수 있다.

### ② 조선통신사 파견에 관한 의견

일본국왕의 교대 정보를 입수한 조선은 전 국왕의 죽음 애도하고 신 국왕의 취임을 축하하는 통신사 파견을 기획하였다. 이에 대하여 제일 먼저 반응한 것이 早田左衛門太郎이다. 左衛門太郎은 그 해 8월 조선에 서계를 보내어 일본에서는 아직 전쟁이 수습되지 않았으며, 통행이 곤란하기 때문에 통신사 파견을 잠시 정지하는 편이 좋겠다고 제언하고, 세종도 이에 따랐다.[39] 이어서 그해 12월에 宗金은 「날씨가 춥고 바다길이 멀고 파도가 높기」 때문에 통신사 파견은 봄까지 기다리는 편이 좋겠다는 의견을 말하였다.[40] 조선은 이 의견도 받아들인 듯하며, 통신사 朴瑞生 일행이 對馬에

---

35) 앞의 책, 10년 7월 갑자조.
36) 앞의 책, 10년 5월 무오조.
37) 앞의 책, 10년 8월 을사조.
38) 앞의 책, 10년 10월 갑진조.
39) 앞의 책, 10년 8월 을유조.
40) 앞의 책, 10년 12월 신묘조.

도착한 것은 다음해 3월 무렵이었다.[41] 宗金은 조선의 일본에 대한 외교정
책에도 주목하고, 이에 대한 意見具申이라는 형식으로 외교행위를 행하고
있는 것이다.

### ③ 북부 九州의 동향

宗金은 1428년 2월 통신사 파견에 관한 의견을 具申했을 때, 북부 九州
의 정치동향에 대하여도 정보를 제공하고 있다. 북부 九州의 움직임은 왜
구재발의 위험성과도 깊은 관계가 있기 때문에 조선이 중시하고 있던 정보
였다. 宗金은 「지금 구주의 권세는 大友와 大內 두 사람이 잡고 있기 때
문에 두 사람에게 通好한다면 환영할 것이다」라고 하며 九州에서 大友氏
와 大內氏의 세력이 탁월하다는 것을 설명하고, 두 사람에게 사신 파견을
권유했던 것이다. 이 직후에 大友氏의 田犬 求請을 전달했으므로 求請 실
현을 위한 정보라고 해석할 수도 있는데, 당시 북부 九州에서 少貳氏의
세력이 쇠퇴하고 大友氏와 大內氏의 세력인 신장하고 있었던 것은 틀림
없다.[42] 조선은 특히 大內氏를 중요시하여 사자를 파견하거나 선물을 보
내기도 하였다.

### ④ 왜구정보

한반도와 중국대륙을 습격한 왜구는 고려 말기에는 감소하는 조짐이 있
었지만, 조선 초기의 무단·회유정책으로 인하여 급속하게 침체되었다. 그러
나 이것은 한반도만의 일이며, 중국에 대하여는 변함없이 왜구활동을 계속
하였다. 1439년(세종 21) 3월, 宗金의 使人 多羅時羅(太郞六郞)가 경상도

---

41) 앞의 책, 11년 3월 계유조.
42) 佐伯弘次,「大內氏の筑前國支配-義弘期から政弘期まで-」(川添昭二編,『九
　　州中世史研究』 1집, 1978년).

관찰사에게 「賊萬戶早田六郎次郎이 중국에 入寇하려고 宗貞盛에게 작별
인사를 했을 때, 貞盛이 『조선의 경계를 범해서는 안 된다. 만약에 우리 말
을 따르지 않고 조선의 경계를 침범한다면 너의 처자를 살해하겠다』고 말
했기 때문에, 六郎次郎 일당은 하늘을 가리켜 맹세하며, 「"조선의 은덕을
깊이 입고 있는데 어찌 조선의 경계를 침범하겠습니까?" 라고 했다」는 말을
보고하였다.[43] 이때 宗貞盛은 조선에 대한 왜구행위는 엄금했지만, 중국에
대한 왜구행위에는 아무런 언급도 없다는 점을 주목하지 않으면 안 된다.
중세의 조일관계는 왜구문제가 항상 근저에 깔려 있었기 때문에 왜구정보
는 조선이 가장 원하는 정보였다. 이런 사실을 잘 알고 있던 宗金과 使人인
多羅時羅는 입수한 정보를 가장 먼저 조선에 전달했던 것이다.

### ⑤ 被虜人 송환

이상과 같이 宗金은 유효하고 다양한 정보를 조선에 전달했다. 그러나
宗金이 조선으로 가져갔던 것은 수출품이나 일본정보 만은 아니었다. 왜구
에게 끌려 온 被虜人도 송환하고 있다. 1428년(세종10) 7월에 조선 피로인
2명을 조선으로 송환하였고,[44] 1447년(세종 29)에는 명나라 피로인 觀音保
를 조선으로 보내면서 명으로의 송환을 의뢰하였다.[45] 조선은 논의한 결과
명으로 송환할 것을 결정하였다. 피로인 송환은 조선이 환영했던 일로서,
宗金은 이것을 잘 알고 있었다고 생각된다.

---

43) 『세종실록』 21년 3월 계해조.
44) 앞의 책, 10년 7월 갑자조.
45) 앞의 책, 29년 5월 병진조.

## 6. 日明무역과 宗金

宗金과 그 일족이 일명무역에 깊이 관여했던 일은 이미 有光保茂씨 이후로 정설이 되어 있다. 宗金 일족은 무로마치 시대의 博多 조일무역상인을 대표할 뿐만 아니라, 중기의 博多 일명 무역상인을 대표하는 존재였다.

有光保茂씨는 『세종실록』 29년(1447) 정월 병진조의 「宗金又言, 豫於正統元年與僧道淵朝于上國, 帝賜道淵滿繡袈裟, 賜我段子二十匹·絹四十匹」이라는 기사를 인용하여 宗金이 遣明船에 가담했던 사실을 명백히 하였다.[46] 아울러서 有光씨는 正統 원년은 永享 8년(1436)에 해당하고, 道淵이 명에 간 것은 宣德 8년=永享 5년(1433)이므로 3년간의 차이가 난다는 것, 正統 원년에도 遣明船이 파견되었고 이때도 宗金이 관계하고 있었으므로 正統 원년으로 잘못 적은 것으로 생각할 수도 있다는 점을 지적하였다. 확실히 正統 원년은 제9차 遣明船이 귀국했던 해이며, 龍室道淵은 1432년(永享 4)에 파견했던 제8차 견명선의 正使였으므로 이 기록에 誤記가 있는 것은 틀림없다.

이 문제를 검토해 보자. 宗金이 명에 간 것은 제8차 遣明船이었는지, 제9차 견명선이었는지, 또는 둘 다였는지 하는 문제이다. 1433년(세종 15년) 11월에 宗金의 아들 家茂가 조선으로 사신을 파견하였다.[47] 그러나 家茂는 「通信之人」이 아니었기 때문에 헌상품을 받을 수 있는지 여부가 문제가 되었다. 이때의 詳定所啓 중에 「宗金輪款有舊, 今朝于上國」이라는 기사가 보인다. 이에 따르면 1433년 11월 당시 宗金은 上國, 즉 명으로 건너갔다는 것이 된다. 이것은 龍室道淵이 正使였던 제8차 遣明船 入明 중의 시기에 해당한다. 따라서 宗金이 명으로 가서 황제로부터 段子와 絹을 하사받았다는 것은 제8차 遣明船 때였음을 알 수 있다. 제9차 遣明船 때도 宗

---

46) 有光保茂, 주 1) 논문 214쪽.
47) 『세종실록』 15년 11월 갑신조.

金이 명에 갔는지 여부는 불분명하다고 볼 수 밖에 없다. 제9차 遣明船 入
明 중인 1436년(永享 8) 3월에도 아들 家茂가 조선에 사신을 파견했다면[48]
宗金은 다시 명으로 갔을지도 모른다.


## 맺음말

이 글의 결론을 요약하여 맺음말에 대신하고자 한다. 宗金이 조선통교를
시작한 계기는 이전부터 지적한 것처럼 1420년 宋希璟의 渡日이었다. 그러
나 宗金은 博多의 승려에서 무역상인으로 전화한 것이 아니라 應永外寇
이전부터 博多와 畿內를 왕래하는 廻船상인이었으며, 처음부터 조선과 통
교할 의지를 가졌던 것으로 생각하고 싶다.

宗金의 조선통교는 1425년 10월의 受圖書를 경계로 제1기=受圖書 이
전 시기와 제2기=受圖書人 시기로 구분할 수 있다. 제2기는 당연한 일이
지만 통교가 증가하고 통교형태도 다양화된다. 또한 受圖書이 된 직접적인
계기는 직전의 九州探題의 몰락에서 찾을 수 있다. 제1기는 澁川氏 및 그
의 가신과 관계가 깊고, 조선무역을 담당하고 있었을 가능성도 있지만, 제2
기가 되면 大友氏와의 결탁을 깊게 하고, 최종적으로는 大友氏 所領 博多
息濱의 대관이 되었다.

宗金의 조선무역은 헌상 - 회사라는 레벨에서의 사료가 대부분이며 그
전모는 파악하기 어렵다. 그러나 단편적인 관련사료에서 보자면, 헌상 - 회
사에 의한 무역보다 이에 부수하는 형태로 행해졌던 私物 무역 쪽이 훨씬
더 대규모였던 것으로 추정할 수 있다. 수출품에는 일본·중국·동남아시아
라는 국내외 교역에 따르는 다양한 물자가 검출되지만 그 중심은 일본산 물

---

48) 앞의 책, 18년 3월 정묘삭조.

자이며, 특히 광산물이 주요 수출품이었다. 또한 중국산 물자가 포함되어
있던 것은 일명관계가 단절되고 명-琉球-일본이라는 무역루트가 형성되
면서 일본인의 唐物에 대한 욕구를 어느 정도 만족시켰던 것으로 추측할
수 있다. 수입품으로는 木綿·正布·綿紬 등 조선산 섬유제품이 주요한 것이
었다.

宗金은 조선무역을 활발하게 행하면서 한편으로는 博多에서 조선통신사
의 접대·호송을 열심히 행하였다. 이것은 조선의 환심을 사서 무역권을 확
대·강화한다는 의도가 배후에 있었다고 생각된다. 그밖에도 宗金은 來日한
조선통신사와 무역을 행하였을 가능성도 있다. 그리고 조선에 유효한 일본
정보를 제공하고 피로인을 송환하였다. 이것도 통신사의 접대·호송과 마찬
가지의 의도라고 생각되는데, 이처럼 광범위한 활동으로 인하여 宗金은 조
선으로부터 두터운 신뢰를 얻었다고 생각되며, 「宗金은 다른 왜인과 비교
할 바가아니므로 국가에서 후대한다」라는 조선쪽의 인식에 이르게 된다.[49]
이러한 인식의 정착을 바탕으로 宗金은 최후의 통교로서 대장경을 획득하
는 것이다.

宗金 일족이 일명무역에 깊이 관여했다는 것은 예전부터 지적되고 있었
는데, 宗金의 확실한 入明은 제8차 遣明船에 의한 것이라는 점을 명백히
하였다. 다만 일명무역 활동의 실태에 대하여는 명백하게 밝힐 수 없다.

[付記]
이 원고는 平成 7년 문부성과학연구비보조금(일반연구C)「中世都市博多と
日朝關係」 및 平成 9~11년도 문부성과학연구비보조금(기반연구(B)(2))「前近
代東アジア海域における交易システムの總合的研究」(대표:安藤保)성과의
일부이다.

---

49) 앞의 책, 29년 윤4월 경진조.

# 제3절 중세도시 博多와 「石城管事」 宗金

## 머리말

중세 博多의 연구는 대외관계를 중심으로 발전해 왔다. 그 이유는 대외관계사에 있어서 博多의 위치에서 유래한다. 즉 고대 이후 博多는 使船이나 무역선의 출발·도착항으로 번영을 누렸다. 고대·중세의 일본과 중국·한반도·류큐·동남아시아 여러 나라와의 관계를 볼 경우, 무역항으로서 博多의 위치는 매우 중요하다. 또한 博多 자체도 이러한 대외무역으로 인하여 도시적 발전을 이루었다고 생각할 수 있다.

한편, 도시 博多의 내부구조 문제로 눈을 돌리면 연구는 그다지 진전되지 않았다. 도시의 자치와 마을의 결합, 도시민의 존재 형태라는 문제에 관하여는 연구가 현저하게 지체되어 있는 것이 현실이다. 그 이유는 전적으로 博多의 도시구조를 명확하게 밝혀주는 사료가 매우 적다는 점에서 찾을 수 있다.

무로마치 시기의 博多를 대표하는 무역상인 宗金에 관한 연구[1]도 이러한 경향이 연구에 반영되어 있다. 다시 말해서 宗金과 외국과의 관계, 그

---

[1] 宗金에 관한 중요한 연구로는 有光保茂, 「博多商人宗金とその家系」(『史淵』 16, 1937년) ; 田中健夫, 「初期日鮮交通と博多貿易商人」(『朝鮮學報』 4, 1953년, 나중에 「日鮮貿易における博多商人の活動」으로 제목을 고쳤고, 同, 「中世海外交涉史の研究』, 東京大學出版會, 1959년에 다시 수록) ; 有光友學, 「中世後期における貿易商人の動向」(靜岡大學 人文學部, 『人文論集』 21, 1971년) ; 上田純一, 「妙樂寺と博多商人－應永の外冦をめぐって」(地方史研究協議會編, 『異國と九州』, 雄山閣, 1992년) 등이 있다.

중에서도 조선과의 관계에 대해서는 많은 논고가 언급하고 있다. 그러나 도시 博多와 宗金의 관계에 대하여는 부분적으로 언급되어 있기는 하지만 본격적인 연구는 없다고 할 수 있다. 그 이유는 위에서 말한 博多의 도시구조 연구가 진전되어 있지 않은 이유와 동일하다.

宗金에 관한 사료는 비교적 많이 남아 있지만『조선왕조실록』『海東諸國紀』『老松堂日本行錄』등의 조선쪽 사료이고 일본쪽 사료에는 거의 보이지 않는다. 博多의 중세사료에 이르러서는 관계사료가 전혀 남아 있지 않다. 博多에서 宗金과 그 일족은 어느 시기에 잊혀져 사라져버린 것이다.

이 글에서는 중세도시 博多연구의 일환으로 도시 博多와 宗金의 관계, 표현을 바꾸면 도시 博多에 있어서 宗金의 위치에 대하여 검토하겠다. 그 문제의 규명은 博多의 도시구조와 자치 형성의 문제를 생각할 때 전제가 되기도 하기 때문이다.

앞에서 언급한 것처럼, 博多에서는 宗金과 도시 博多의 관계를 명백히 보여주는 사료를 전혀 확인할 수 없다. 국내사료에서는 이 문제를 검토할 수 없다는 것이 된다. 따라서 이 글에서는 宗金의 관계사료가 비교적 풍부한 조선쪽 사료를 주요한 소재로서 검토하겠다. 특히『조선왕조실록』에 보이는 宗金이 조선과 통교할 때의 명칭에 주목하고 싶다. 먼저 명칭의 변화와 그 의미에 대하여 검토하고, 그 명칭에 관한 종래의 연구를 정리하겠다.

다음으로 宗金과 거의 같은 시기에 동일한 명칭으로 조선과 통교했던 九州探題 被官板倉滿景에 대하여 선행연구를 기반으로 검토하겠다. 특히 남북조·무로마치 시대의 지역권력과 博多의 관계를 살펴보고 宗金이란 명칭의 의미를 검토하는 실마리로 삼고 싶다.

이상의 검토를 거친 뒤에 宗金과 도시 博多의 관계를 총괄하고, 宗金이 무로마치 시대의 博多에서 어떠한 지위에 있었는지를 검토하겠다.

## 1. 「石城管事」宗金

『海東諸國紀』日本國紀 筑前州條[2]는 宗金의 아들 「護軍宗家茂」에 관하여 다음과 같이 기록하고 있다.

乙亥年(1455) 來受圖書, 受職, 富商石城府代官宗金之子, 宗金大友殿所差, 大友殿管下.

이 기록에 따르면『海東諸國紀』는 宗金에 대하여 「富商」이고, 「石城府代官」이며, 「大友殿管下」로 인식하고 있다는 것을 알 수 있다. 「石城府」의 「石城」은 元寇防壘에서 유래하는 博多의 다른 이름이다. 따라서 「石城府代官」이란 博多代官을 의미한다.

康正 원년(1455, 세조 원년) 7월에 조선의 兼判禮曹事 姜孟卿 일행은 壹岐의 受職倭人 藤九郎에게 九州의 조선통교자에 대하여 질문하였다.[3] 孟卿이 「宗金이란 자가 부호로 살고 있다던데, 어떤 사람이며 자손도 있느냐」라고 묻자 藤九郎은 「부유한 사람입니다. 또 자손이 있는데, 지난해 8월에 죽었습니다. 종금이 이르기를, '아들 3인은 모두 조선국을 알현하였는데, 유독 末子만이 아직 알현하지 못하고 있어 장차 圖書 를 말자에게 줄 것이니, 조선국에 가서 알현하라.' 하고 면전에 불러서 당부하고 죽었습니다. 그리고 日本國王이 종금에게 御書를 하사하였기 때문에, 가는 곳마다 모두 후대하며, 옛날 大內殿과 小二殿이 서로 싸울 때도 다른 부호는 병화를 면치 못하였는데, 宗金만은 피할 수 있었습니다」이라고 대답하였다. 이 문답 부분은『조선왕조실록』중 宗金의 인물 됨됨이에 대하여 가장 잘 정리되어 있는 부분이며, 이전부터 검토가 행해지고 있는 부분이다.

---

2) 田中健夫 역주, 『海東諸國紀』, 岩波文庫, 1991년에 의한다.
3) 『세조실록』원년(1455) 7월 丁酉條. 『조선왕조실록』의 인용은 『中國·朝鮮の史籍における日本史料集成 李朝實錄之部』, 國書刊行會, 1976~에 의한다.

이 사료에서 ①조선쪽(姜孟卿)과 藤九郎쪽 모두 宗金을 「富居」「富人」
으로 인식하고 있다, ②宗金은 「年前」 즉 작년 8월에 죽었다, ③宗金에게
는 아들이 4명 있으며, 위로 3명은 조선에 가서 조선국왕을 알현한 적이 있
지만 막내는 그런 적이 없고, 宗金은 자신의 圖書 즉 조선통교권을 막내에
게 전해 주기 위하여 조선으로 갔고, 국왕에게 외뢰하였다.4) ④일본국왕(무
로마치 장군)은 「御書」를 宗金에게 발급하였기 때문에 宗金이 가는 곳마
다 사람들은 모두 宗金을 극진하게 대접한다,5) ⑤옛날, 大內氏와 少貳氏가
전쟁을 할 때 다른 부자는 전쟁의 피해를 면하지 못했지만 宗金은 피할 수
있었다는 사실을 알 수 있다. 이상의 사료만으로도 宗金이 博多의 富商이
며, 「博多代官」이 되었고, 豊後의 大友氏 및 무로마치막부와 긴밀한 관계
였다는 것을 알 수 있다. 다만 두 사료 모두 사료적 가치가 높다고는 해도
외국사료이므로 宗金이 과연 『海東諸國紀』에서 말하는 博多代官이었는지,
만약 그렇다면 어떠한 성격의 代官이었는지를 검토하지 않으면 안 된다.

다음으로 조선통교상의 宗金의 호칭에 주목하고 싶다. 宗金이 「石城管
事」라는 명칭으로 조선과 통교했다는 사실은 종래부터 알려져 있다.6)
<표1>은 조선과 통교할 때 宗金의 명칭을 일람표로 만든 것이다. 그리고
단지 「宗金」으로만 나오는 부분은 생략하였다.

宗金의 조선통교를 통교권의 측면에서 검토하면, 제1기(圖書未給期)=

---

4) 이 기사에서 宗金은 圖書를 막내아들에게 전한 것 같지만, 『海東諸國紀』에 의하
   면 宗金이 죽은 다음해에 圖書를 받은 것은 宗家茂였다. 家茂는 세종 15년(1433)
   이래 조선과 통교하고 있으며(『세종실록』 15년 11월 갑신조), 「吾子三人」 중 하나
   이다. 따라서 宗金의 圖書는 막내아들에게 계승되지 않았다.
5) 永享 3년(1431) 8월 10일, 무로마치막부는 大內氏의 長門守護代內藤肥後入道
   智得에게 「宗金九州下向周防·長門兩國事, 嚴密致警固, 無其煩1可日被間勘
   過之, 次來年二月上洛云々, 同以可致其沙汰」라는 취지의 足利義敎袖判奉行
   人連署奉書를 발급하였다. (『寶町幕府引付史料集成』 상권 수록 「御前落居奉
   書」). 이러한 막부의 警固·勘過命令이 「御書」의 내용이었을 것이다.
6) 예를 들면 주 1) 有光保茂 논문.

應永 27년(1420, 세종 2)11월7)~應永 32년(1425, 세종7) 10월8)과 제2기(受圖書人期)=應永 32년 10월9)~寶德2년(1452, 문종 0)12월10)의 2기로 시대 구분할 수 있다.

〈표 1. 宗金의 조선통교상의 명칭〉

| 서기 | 조선 연호 | 일본 연호 | 명칭 |
|---|---|---|---|
| 1420 | 세종 2·11·을축 | 應永 27 | 石城商倭宗金 |
| 1425 | 7· 정·정축 | 32 | 日本筑州府宗金 |
| 1426 | 8·11·삭 | 33 | 日本筑州石城管事宗金 |
| 〃 | 8·12·계유 | 〃 | 筑州府石城縣藤氏宗金 |
| 1428 | 10· 2·갑인 | 正長 元 | 西海道筑州府成石縣宗金 |
| 〃 | 10· 7·갑자 | 〃 | 成石管事宗金 |
| 〃 | 10· 9·경오 | 〃 | 石城宗金 |
| 〃 | 10·12·신묘 | 〃 | 九州宗金 |
| 1429 | 11· 9·무오 | 永享 元 | 石城小吏宗金 |
| 〃 | 11·10·임인 | 〃 | 九州宗金 |
| 〃 | 11·11·신유 | 〃 | 日本石城人宗金 |
| 〃 | 11·12·기해 | 〃 | 日本石城小吏宗金 |
| 1430 | 12·12·삭 | 2 | 日本石城宗金 |
| 1432 | 14· 5·갑진 | 4 | 石城宗金 |
| 1434 | 16·12·기유 | 6 | 商倭宗金 |
| 1436 | 18· 3·삭 | 8 | 日本筑州宗金 (子家茂) |
| 1438 | 20· 9·경술 | 10 | 九州宗金 |
| 1439 | 21· 3·갑자 | 11 | 日本國石城小吏宗金 |
| 1442 | 24·10·을묘 | 嘉吉 2 | 日本國筑州石城小吏宗金 |
| 1444 | 26· 6·정유 | 文安 元 | 日本國關西道筑州府石城宗金 |
| 1446 | 28· 9·을유 | 3 | 日本國筑州宗金 |
| 1447 | 29· 5·을미 | 4 | 日本關西道筑州府宗金 |

---

7)『세종실록』2년(1420) 11월 기축조.
8)『세종실록』7년(1425) 10월 계미조.
9) 同前.
10)『文茂實錄』零年(1450) 12월 癸未條.

| 1450 | 29· 5·병진<br>문종  0·11·병진<br>  0·12·삭 | 〃<br>寶德  2<br>〃 | 日本關西道筑州府冷泉津宗金<br>日本國關西路筑前州冷川宗金<br>日本國關西路筑前州冷泉津宗金 |
|------|------|------|------|

<표1>에서 宗金의 조선통교상의 명칭을 검토하면, 명칭은 변화해 가지만 시기에 따라 반드시 일정한 것은 아님을 알 수 있다. 그러나 변화의 어떤 방향성을 알 수는 있다. 宗金의 명칭은 크게 4개의 시기로 구분된다. ① 石城商倭, ②石城管事, ③石城小吏, ④石城(筑前府·冷泉津)의 4시기이다. ①石城商倭는 조선 초기에 宗金이 통교할 때의 명칭인데 博多상인을 의미하는 단어이다. 특히 제1기는 ①의 石城商倭 시기와 중복되는 것으로 이해하고 있는데, 石城商倭라는 말의 의미 자체는 1기·2기에 공통적이다. ②~④의 시기가 宗金의 조선통교 제 2기에 해당한다. ②의 石城管事는 博多를 관리·지배하는 관리라는 의미이다. 적어도 應永 33년(1426, 세종 8)부터 正長 원년(1428, 세종 10)까지 이 명칭을 사용하고 있다. 이 명칭이 진실을 전하고 있다면 宗金은 이 무렵의 博多를 관리하는 관리에 취임했다는 것이 된다. ③의 石城小吏는 博多의 하급관리라는 의미이며 石城管事와 매우 비슷한 명칭이다. 적어도 永享 원년(1429, 세종 11)부터 嘉吉 2년(1442, 세종 24년)에 걸쳐서 이 명칭을 사용하고 있다. 石城管事와 石城小吏의 실태는 어떠한 것이었는지 검토하지 않으면 안 된다. ④의 시기는「石城宗金」「筑前(府)宗金」「冷泉(津)宗金」등의 명칭을 사용하고 있다.「筑前府」는 博多로 생각되며,「冷泉津」도 博多의 다른 이름이다. 따라서 이 시기의 宗金은「博多의 宗金」으로 칭하며 조선과 통교했던 것이다. ②③의 시기와 다르고,「管事」「小吏」등 관리를 의미하는 말이 소멸한 것이 된다.

이러한 조선통교상의 명칭은 대체로 宗金의 自稱에 기초하는 것으로 생각할 수 있다. 따라서 이들 명칭이 그대로 실태를 나타낸다고 볼 수는 없으

며, 이 점을 먼저 확실하게 해 두어야 한다. 그러나 도시 博多에 있어서 宗金의 지위에 관해서는 博多에 관련사료가 남아 있지 않으며, 그것을 명확하게 보여주는 다른 국내사료도 없는 이상『조선왕조실록』등의 조선쪽 사료에서 생각하지 않을 수 없다. 따라서 ①의 石城商倭와 ④의 石城宗金은 모두 일반적인 명칭이므로 여기서는 고찰 대상에서 제외하고, ②의 石城管事와 ③의 石城小吏, 아울러서『海東諸國紀』에 보이는 石城府代官의 실태를 고찰함으로써 도시 博多에 있어서 宗金의 위치를 검토해 보고 싶다.

## 2. 石城管事에 관한 研究史와「石城管事」板倉滿景

宗金이「石城管事」「石城小吏」를 칭했던 것은 종래의 연구에서 이미 언급되어 있으며, 宗金에 관한 연구에서는 石城管事의 의미와 실태에 대하여 검토하고 있는 것이 있다. 이들을 먼저 소개하고, 이 글에서 검토의 전제로 삼고 싶다.

宗金에 대한 본격적인 연구의 효시가 되는 有光保茂씨의 논고[11]에서는 宗金의 명칭이 발전하고 있으며, 무역상인으로서의 宗金의 지위가 확립되고 국가적 상인이 된 점을 지적하고 있다. 그러나 도시 博多에 있어서 宗金의 위치에 대한 언급은 없으며, 石城管事·石城小吏의 실태에 대하여도 검토되어 있지 않다.

田中健夫씨는 조일무역과 博多상인의 관계를 검토한 논고[12] 속에서 宗金의 호칭 문제에 착안하여, 호칭의 변천은 그대로 宗金의 경력을 말하는 것이라고 규정하고, 應永 27년(1420)을 경계로「승려로서의 宗金의 시대」에서「상인으로서의 宗金의 시대」로 변화했으며, 후자의 시대를「商倭 시대」

---

11) 주 1) 有光保茂 논문.
12) 주 1) 田中 논문.

와「石城管事 시대」로 구분하였다. 아울러서 다음과 같이 지적하고 있다.

① 宗金이 應永 33년(1426) 11월, 圖書의 贈給을 감사하며 조선에 사신을 보냈을 때「日本筑州石城管事宗金」을 칭하고 있다. 이것은 뒤에 나오는「石城小吏」와 같은 의미이며, 宗金이 博多에서 모종의 관직에 올랐던 것을 나타낸다.

② 平滿景도「石城府管事」를 칭하고 있다. 이 호칭들은 모두 조선에서 받은 직명은 아니며, 博多를 둘러싼 제후들 중 누군가로부터 받은 것이다. 平滿景의 호칭은 澁川氏로부터 받은 것이지만, 宗金에 대하여는 대체 누구로부터 어떠한 내용의 관직에 임명되었는지 명료하지 않다.

③『海東諸國紀』의「石城府代官宗金」은 大友氏의 代官을 가리킨다. 宗金이 大友氏와 밀접한 관계를 갖기 시작했던 것은 正長 원년(1428) 이후이며, 應永 33년의 石城管事를 바로 石城府代官과 동일한 것으로 보기에는 아직 생각할 여지가 있다.

④ 管事라던가 代官이라는 관직은 근세 초기부터 博多 町政의 운영을 담당했던 年行司의 선구적인 형태를 나타내는 것으로 볼 수 있다.

田中씨의 이상과 같은 지적은 石城管事, 石城小吏, 石城府代官에 관하여 포괄적으로 시사 하는 바가 큰 견해라고 할 수 있다.

무로마치 시대에 宗金과 마찬가지로 石城管事를 칭했던 인물로 平滿景[13)이 있다. 平滿景은 1418년(應永 25, 세종 즉위년) 10월에「關西道筑前州石城官府」라는 명칭으로 통교한 것이 첫 번째 조선통교인데, 다음해 1419년(應永 26, 세종 원년) 정월부터 1428년(正長 元, 세종 10) 2월까지「石城府管事」또는「石城管事」를 칭하며 통교하고 있다.[14) 1428년 2월이

---

13) 宗金과 거의 같은 시기에 조선과 통교하고「石城縣小吏」를 칭했던 인물로서 道性이 있다(『세종실록』21년(1439) 3월 기미조). 이 사람은 宗金이 일본국왕사로서 조선에 사신을 보냈을 때 동행했으며(『세종실록』12년(1430) 2월 임오·경인조), 宗金과 마찬가지로 博多상인으로 생각된다. 그러나 이 이상의 일은 판명되지 않았기 때문에 이러한 사실을 지적하는 것으로 그치겠다.

마지막 통교이다.

다음으로 石城管事로서의 平滿景에 관한 연구를 소개하겠다. 田村洋幸 씨는 石城管事를 칭했던 平滿景에 대하여, 「당시 博多상인의 진출을 나타 내는 것으로, 태종 18년(1418) 平滿景의 조선무역이 있다. 대부분의 통교자 가 北九州의 대호족이었던 것에 비하여 平滿景은 단순히 博多 세력을 대 표하는 「石城管府」라는 자격으로 대호족 반열에 서서 조선무역을 행하고 있다. 무역 내용은 香·藤·胡椒·檳榔 등 대부분이 남해무역품이며, 확실히 중계무역항으로서의 博多를 대표하기에 적합한 것이었다. 그러나 이러한 博多상인의 본격적인 활약은 세종대를 기다려야 했다」고 서술하고 있다.15) 平滿景을 博多상인으로 보는 것은 후술하는 것처럼 잘못인데, 石城管事와 같은 부류로 생각되는 「石城管府」를 「博多세력을 대표」하는 것으로 파악 한 점에 특색이 있다.

平滿景이 九州探題澁川氏被官板倉滿景이라는 사실을 밝힌 것은 川添 昭二씨이다.16) 川添씨는 滿景이 사용했던 「石城管府」와 「石城管事」는 같은 뜻이라고 하였고, 宗金의 石城管事와 民部少輔라는 官途를 가진 武 士·平滿景의 石城管事는 전혀 다르다고 하였다. 게다가 「滿景의 경우, 探 題의 博多 지배 - 九州 경영과 관련된 행정적 측면의 管掌이 강했던 것 은 아닌지? 「石城管事」는 探題의 博多 지배를 생각할 때 요점이 되는 것 인데, 실체가 불분명한 것은 유감이다. 하나의 추측이지만, 大內政弘의 博 多 지배를 직접 담당하고 있던 자로서 文明 10년(1478)의 「正任記」에 보 이는 「博多津下代官」은 石城管事를 전례로 삼았던 것일지도 모른다」고 언급하였다.

---

14) 『세종실록』 즉위년(1418) 10월 을사조. 같은 해(1419) 6월 삭일조 4, 세종 10년 (1428) 2월 갑인조.
15) 田村洋幸, 『中世日朝貿易の研究』, 三和書房, 1967년, 368쪽.
16) 川添昭二, 「九州探題と日朝交涉」(『西南地域史研究』 1, 1977년)

이상의 연구를 정리하면 田中健夫씨는 石城管事(石城管事)가 博多의
어떤 관직으로서 博多 주변의 제후가 준 것으로 규정하고, 『海東諸國紀』
의 「石城府代官宗金」은 大友氏의 代官을 의미하며, 管事와 代官은 근세
博多의 年行司의 선구적인 형태로 본다. 川添昭二씨는 宗金과 平滿景의
石城管事는 전혀 다른 것이며, 滿景의 石城管事는 探題의 博多 지배－九
州 경영과 관련된 행정적인 측면을 관장했던 것으로 보고, 大友氏의 博多
下代官은 石城管事를 선례로 삼은 것으로 보았다. 田村洋幸은 石城管事
가 博多를 대표하는 것으로 자리매김하였다.

　石城管事의 실태를 규명하는 전제로서 板倉滿景과 博多의 관계를 확인
해 두고 싶다. 川添씨는 板倉滿景의 조선통교에 대하여 상세하게 검토하고
있는데, 博多와의 관계에서 말하자면 應永 27년 宋希璟이 일본에 왔을 때
두 探題의 심부름꾼으로서 일행을 접대·호송하고 있다는 점, 조선에 대한
주요 수출품은 중계무역항인 博多의 성격을 반영하는 남해산 물자와 국내
산 광물이었다는 점, 조선무역을 담당했던 것은 博多상인이었다는 점 등을
지적하고 있다. 그밖에도 板倉滿景이 조선 回禮使의 해상 호송을 담당한
다거나 조선 피로인을 송환한 것은[17] 滿景이 교통과 유통의 거점인 博多에
거주하고, 더욱이 그 지배에 깊이 관여하고 있었기 때문일 것이다. 板倉滿
景에 관한 국내사료는 應永 31년(1424) 5월 10일, 九州探題 澁川義俊이
板倉民部少輔(滿景)에게 醍醐寺 三寶院領 筑前國 楠橋庄 壹分方半濟를
同院 雜掌으로 지시한 문서 밖에 없는데,[18] 이것은 石城管事라기보다 筑
前守護代的인 受給文書이다. 博多와 板倉滿景의 직접적인 관계로 판명하
는 것은 澁川씨도 지적하고 있는 것처럼 송희경의 博多 체류시 澁川滿賴·
義俊 부자가 板倉滿景을 시켜서 술과 魚果를 송희경에게 보내도록 지시했
다는 것 뿐이다.[19] 이때의 기록에서 板倉滿景은 「管領民部少平萬景」으로

---

17) 前揭 주 16) 川添 논문.
18) 同前.

기록되어 있다. 「管領」은 博多管領 즉 石城管事의 의미로 생각할 수 있는
데, 앞의 三寶院領 사례로 보자면 오히려 九州探題의 重臣이라는 의미로
해석하는 편이 타당할지도 모른다.

澁川氏의 임명으로 博多에 체류 중인 송희경과 더욱 관계가 깊었던
것은 板倉滿景이 아니라 「代官」 「朴加大(博多) 護送代官」이라고 불렀
던 「伊東殿」이다.[20] 代官 伊東氏는 日本國王使 無涯 亮倪와 함께 志賀
島에 도착한 송희경 일행을 마중하고, 探題의 명에 따라 야간도적의 습격
을 막기 위해 博多町의 갈림길에 문을 만들어, 博多에서 赤間關까지 일행
을 호송했으며, 귀국길에 博多의 사찰에서 와병 중인 송희경에게 술을 선물
하였다. 이러한 행위는 모두 九州探題의 명령에 따른 것으로 생각되지만,
伊東氏는 澁川氏의 「護送代官」으로서 조선사절을 접대·호송했던 것이다.
따라서 이러한 伊東氏의 활동을 博多에서 일상적으로 했던 직무로 볼 수는
없다. 石城管事란 했던 차원의 활동이었다고 이해하고 싶다.

## 3. 중세 후기의 지역권력과 博多

중세의 博多는 영주권력과는 무관하며, 무역과 유통의 전개로 町人들이
경제력을 축적하고 자치도시를 형성했던 것으로 생각하는 경향이 있다. 축
적된 경제력이 자치도시 형성의 커다란 요인이었던 점은 틀림없지만, 중세
후기의 博多와 영주권력의 관계를 검토하면 그 관계는 매우 밀접한 것이다.
이 시기의 博多는 오히려 영주의 직할도시로서의 요소가 강하다. 따라서 영

---

19) 村井章介 校注, 『老松堂日本行錄』, 岩波文庫, 1978년, 61쪽
20) 『老松堂日本行錄』59, 63, 76, 178, 186쪽. 그리고 伊東氏는 日向의 伊東氏일
   가능성이 있다고 한다(川添昭二, 「澁川滿賴の博多支配及び筑前·肥前經營」,
   竹內理三博士古稀記念會編, 『續莊園制と武家社會』, 吉川弘文館, 1978년).

주에 의한 도시지배와 자치도시의 형성이 어떻게 관련을 맺는지 앞으로 검
토할 필요가 있다.

이 절에서는 石城管事, 石城小吏, 石城府代官의 실태를 규명하기 위한
제2의 전제로서 중세 후기의 지역권력과 博多의 관계를 특히 지배기구에
주목하면서 검토하고자 한다. 여기서 말하는 지역권력이란 九州探題·守護
大名·戰國大名 등 一國 규모 이상의 영주를 말한다.

중세 후기의 출발점이며, 더욱이 중세 후기 博多의 역사적 전개를 규정
한 것은 元弘 3년(1333) 8월 大友氏에 의한 博多息濱(興濱)의 영유이다.[21]
즉 元弘 3년 8월 28일, 後醍醐 천황은 大友貞宗에게 勳功의 상으로 博多
息濱을 하사했다. 息濱은 博多의 북쪽(바다쪽)에 위치한 지역이며, 남쪽(육
지쪽)의 구 博多部(博多濱으로 부르기도 한다)와 비교해 보면 신흥지역에
해당한다. 중세의 博多는 크게 이 두 지역으로 형성되어 있었다. 이 시기에
大友氏가 博多息濱을 지배했던 실상은 불분명하지만, 禪僧 中嚴圓月이 기
록한 「櫛田宮鐘銘幷序」에 의하면 息濱을 받은 직후의 大友氏는 「仁政」을
행했고 博多 町人은 이것을 기뻐했으며, 또 大友氏는 博多의 대표적 신사
인 櫛田宮을 화려하게 재건했음을 알 수 있다. 「仁政」의 내용은 알 수 없
지만, 도시민의 신앙의 중심적 시설을 재건하는 것은 大友氏의 博多 지배
에 있어서 중요한 정책이었다고 생각된다. 더욱이 櫛田神社는 북쪽의 息濱
이 아니라 구 博多部의 남단에 존재했던 신사이므로 영역을 넘어서 造營활
동을 행하고 있는 것이다.

그러나 博多 聖福寺의 直指庵에서 기숙하고 있던 九州探題 一色範氏
가 鎭西料所·分國과 함께 探題의 在所를 무로마치 막부에 요구한 결과,
貞和 2년(1346) 8월 11일 무로마치 막부는 博多를 「鎭西管領」在所로 지

---

21) 佐伯弘次, 「中世都市博多の發展と息浜」(川添昭二先生還曆記念會編, 『日本
中世史論攷』, 文獻出版, 1987년) 이하 본 절의 기술은 특별히 언급하지 않는 한
본 논문에 의한다.

정하였다. 그 결과 大友氏는 博多 息濱의 知行權을 잃었고, 息濱은「鎭西管領」在所의 일부가 되었다. 이 시기의 一色氏의 博多 지배에서 주목되는 점은 息濱津代官의 존재이다. 貞和 6년(1350) 3월 5일 筑前國 息濱津에「宋船」1척이 도착하였다.[22] 「宋船」이란「元船」이다. 이 元船에는, 龍山和尙 이하 18명의 일본인 禪僧과 11명의 원나라 사람 선주가 승선해 있었다. 이 元船이 息濱津에 도착하자, 津代官 幸在가 전투 중이던 一色直氏의 軍陣에 보고하였다. 이 幸在의 注進狀에는「乘人交名注文」이 첨부되어 있었다. 보고를 받은 一色直氏는 3월 17일 이 취지를 기록해서「巨細差遣使者, 致其沙汰候, 追可令注進帳也」라고 쓴 注進狀을 무로마치막부에 제출하였다. 博多 息濱에 외국선이 입항했을 때는 息濱津代官이 九州探題에게 보고하고, 九州探題가 이것을 무로마치막부에 보고하는 시스템이 존재했다는 것을 알 수 있다.[23] 남북조·무로마치 시대에 九州探題의 기능은 막부의 九州지배의 대행자라는 內政的인 역할 만이 아니라, 이와 같은 외교상의 기능도 가지고 있었다.

「鎭西管領」在所가 博多에 설정된 것은 九州探題의 외교상의 중요성을 말해 주고 있다. 息濱代官은 探題의 외교상의 직무대행자라는 성격도 가진 존재였다. 당연히 여기에 임명된 것은 探題被官이었다고 생각된다.

남북조시대 중엽에 九州는 남조 세력이 우세하였다. 康安 원년(正平 16, 1361)에 남조군이 大宰府를 공략한 때부터 應安 5년(健德 3, 1371) 今川了

---

22) 『園太曆』貞和 6년 4월 14일 條, 同條 수록 貞和 6년 3월 17일 一色直氏書狀.
23) 應永 27년(1420)의 『老松堂日本行錄』에 의하면, 조선사절 宋希璟 일행이 博多에 도착했을 때 九州探題가 무로마치 막부에 사절의 도착을 보고하고, 일행은 막부의 지시가 있을 때까지 博多에 머물렀다. 같은 일은 赤間關·兵庫에서도 행해졌다. 이 시기에는 외국사절의 자유왕래를 博多·赤間關·兵庫에서 저지하고, 그곳의 代官(博多의 경우에는 探題)가 먼저 막부에 보고한 후 막부의 지시를 기다려 사절의 진퇴를 결정하는 시스템이 확립되어 있었다. 貞和 6년의 注進 시스템은 그 원형이라고 할 수 있다.

俊에게 大宰府에서 쫓겨날 때까지의 시기가 征西府 시대이다. 그동안 1368년(應安 元, 正平 23) 명의 건국에 따라 명과 일본의 교섭이 개시된다. 명이 九州 남조의 중심인 懷良親王을 일본국왕으로 오해했기 때문에 명과 「일본국왕 良懷(懷良)」 사이에 외교관계가 성립하였다. 따라서 征西府가 대외관계를 추진하는 이상 무역항 博多의 위치는 중요하였다. 당연히 征西府는 博多에 出先機關을 두었다. 正平 24년(應安 2, 1369) 11월의 阿蘇惟武申狀[24]에 「於承天寺釣寂菴, 爲饗庭修理進入道々哲奉行, 達 叡覽訖」이라고 기록되어 있는 것처럼 承天寺의 塔頭 釣寂菴이 博多에서 征西府의 거점이며, 그곳에는 少貳賴澄被官으로 征西府의 봉행인이기도 했던 饗庭道哲이 체제하면서 소송관계 문서를 懷良親王에게 披露하고 있었던 것이다. 承天寺의 釣寂菴은 1323년(元享 3, 至治 3)에 元을 출발하여 博多로 향하던 도중 고려 해안에 침몰했던 新安 침몰선의 木簡에도 그 이름이 보이는 것처럼 대외관계에 깊이 관련된 塔頭이다. 이곳이 征西府의 내정과 함께 외교도 행하는 시설이었을 가능성이 높다.

應安 4년에 九州로 내려온 九州探題 今川了俊은 이듬해 5년 大宰府에서 懷良親王을 축출하고 征西府를 붕괴시켰다. 今川了俊도 一色氏의 선례에 따라 博多를 探題在所로 정했다고 생각되지만 博多 지배의 구체적인 모습에 관해서는 거의 밝힐 수 없다. 永和 3년(1377) 肥後에 출진 중이던 了俊은 肥後國 山鹿에서 급히 博多로 이동하였다.[25] 이것은 고려사절 정몽주가 왜구 금압을 목적으로 渡日하여 博多에 도착했으므로 이들을 응접하기 위한 귀환이었다.[26] 이 외교사절 내방으로 인한 了俊의 博多 귀환은

---

24) 阿蘇家文書(瀨野精一郎編, 『南北朝遺文九州編』 4권 4799호). 割注 부분의 「釣寂庵」의 독해 및 사료의 해석은 川添昭二, 「鎌倉末期의 對外關係와 博多 – 新安沈沒船木簡·東福寺·承天寺 –」(大隅和雄編, 『鎌倉時代文化伝播의 硏究』, 吉川弘文館, 1993년)에 의한다.
25) 深堀文書 永和 4년(1378) 2월 日深堀時勝代時澄軍忠狀(『南北朝遺文九州編』 5권 5452호).

이전에 一色直氏가 代官의 보고를 받고 元船이 博多 息濱에 도착한 사실
을 무로마치막부에 보고했던 사례를 상기시킨다. 아마 了俊에게도 息濱津
代官 幸在와 같은 代官이 博多 또는 息濱에 존재하여, 외교사절의 博多
來航을 軍陣에 있던 了俊에게 보고했던 것으로 생각할 수 있다. 무로마치
전기에는 남북조 시대의 사례를 답습하여 博多가 九州探題 在所가 되었
다. 澁川氏는 石城管事로서 被官板倉滿景을 두고, 조선사절이 올 때는 博
多護送代官에 伊東氏를 임명하였다. 石城管事에 대하여는 앞에서 서술한
그대로이다. 澁川氏가 肥前에서 몰락하자 少貳氏·大友氏·大內氏 등의 守
護大名들이 筑前－博多의 지배권을 둘러싸고 쟁탈전을 전개한다.

　　무로마치 중기에 博多와 깊은 관계를 맺는 것은 豊後의 大友氏이다. 永
享 원년(1429) 7월 大友持直은 처음으로 조선에 사신을 보냈고, 「지금 石
城 冷泉津이 우리의 소유가 되었습니다. 중국이나 다른 외국의 배는 아직
여기에 대는 일이 없었는데, 귀국의 官船은 이미 本津管內의 合島에 着船)
였습니다. 風路가 편리할 때에 護送하여서 赤間關에 도달할 수 있게 하겠
습니다. 다만 좋은 바람을 기다리고 있을 뿐이니 뜻밖의 염려는 하지 마십
시오」라고 하면서 大船若經과 梵鐘을 요구하였다.[27] 持直은 今石城冷泉
津, 즉 博多津이 스스로 지배하는 곳이 되었다는 사실, 그리고 조선의 使
船을 博多 인근의 合島(相島?)에서부터 赤間關까지 호송했다는 사실을 말
하고 있다. 여기서 말하는 石城冷泉津은 전후의 상황에서 생각해 볼 때 실
제로는 博多 전역이 아니라 舊領 博多息濱을 가리키는 것으로 생각된
다.[28] 大友氏는 貞和 2년(1346)에 잃어버린 息濱의 知行을 실력으로 회복
했던 것이다. 이 때 회복한 息濱의 영유는 기본적으로 戰國 말까지 계속되

---

26) 川添昭二, 「今川了俊の對外交涉」(『九州史學』 75, 1982년).

27) 『세종실록』 11년(1429) 7월 갑술조

28) 前揭 주 21) 佐伯 논문, 佐伯弘次, 「博多と大友氏」(『覇權をめざした英雄たち
－大友宗麟とその時代』, 大分市歷史資料館, 1992년).

었다.

무로마치 시대에 大友氏의 博多息濱代官으로 확인할 수 있는 인물은 田原貞成이다.[29] 『海東諸國紀』에서는 田原貞成을 大友氏의 「博多代官」이라고 하는데, 「正任記」 文明 10년(10월 26일조에 「大友領當津興濱代官」으로 기록되어 있기 때문에 貞成은 大友氏領 博多息濱代官이라는 사실을 알 수 있다. 大友氏의 庶流 田原氏의 일족이지만 자세한 계보 관계는 불분명하다. 조선에 대하여는 「筑前州冷泉津尉兼內州太守田原藤原貞成」으로 칭하고 있다. 「冷泉津尉」라는 명칭의 관직은 존재하지 않지만, 冷泉津이 博多의 다른 이름이라는 사실에서 博多代官을 의식했던 호칭이라고 볼 수 있다.

「內州太守」는 貞成의 官途 河內守를 의미한다. 貞成이 大友氏 被官의 무사이며, 「冷泉津尉」를 칭하고 博多代官으로 불리던 것은 澁川氏 被官으로 石城管事를 칭했던 板倉滿景과의 유사성을 상기시킨다. 博多를 지배하는 영주의 被官으로서 代官이라는 성격의 유사성이다.

田原貞成이 사료에 처음 등장하는 것은 『海東諸國紀』에도 있는 것처럼 寬正 2년(1461) 조선으로 사신을 파견한 일이다. 그 이전의 貞成의 행적은 물론, 그 이전인 大友氏領 息濱代官도 불분명하다. 따라서 적어도 寬正 2년 이후 大友氏의 博多息濱代官은 田原貞成이라고 할 수 있지만, 그 이전인 永享 원년부터 寬正 원년까지 약 30년간의 息濱代官은 국내사료에서는 불명하다고 할 수밖에 없다.

息濱과 함께 중세의 博多를 구성했던 구 博多部는 무로마치 시대에 어떠한 지배관계가 있었던 것일까? 구 博多部의 지배관계의 변천을 명료하게 이야기해 주는 사료는 「於油座文書寫」[30]이다. 이 사료의 永享期에서 天

---

29) 外山幹夫,「大友氏の對鮮貿易」(同, 『大名領國形成過程の硏究』, 雄山閣, 1983년) ; 佐伯弘次 前揭 주 21)·28) 논문.

30) 筥崎宮文書(村田正志編, 『筥崎宮史料』, 宮崎宮),「御油座文書寫」에 의한 무

文期까지의 문서 발급자와 성격을 검토하면 시기적으로 8기로 구분할 수 있다.

즉 ①永享 3년(1431) 4월=大友氏, ②永享 4년(1432) 4월~永享 7년 (1435) 2월=宗氏, ③永享 9년(1437) 5월~永享 10년(1438) 2월=大友氏, ④永享 12년(1440) 8월=宗氏, ⑤嘉吉 3년(1443) 4월=大友氏, ⑥文安 2년 (1445) 2월~5월=宗氏, ⑦文明 3년(1471) 4월=宗氏, ⑧文明 10년(1478) 11월~天文 22년(1553) 4월=大友氏의 8기이다. 관계문서에 의하면 ⑥기와 ⑦기 사이인 文安 4년(1445) 무렵부터 文明 원년(1469)까지의 시기는 大友氏가 筑前國守護로서 활동하는 시기이다.[31]

따라서 실제로는 永享期에서 天文期까지 지역권력에 의한 舊 博多部의 지배시기는 9기로 구분된다. 對馬 宗氏는 예전의 주군 少貳氏를 원조하여 九州에 파병하고 있기 때문에, 宗氏가 문서를 발급하던 시기에 博多의 명목상의 지배자는 少貳氏였다.『海東諸國紀』에「賴忠旣至宰府, 令貞國守博多, 貞國身留愁未要時(中略), 道麾下守博多」라고 기록했듯이 筑前을 회복한 少貳氏는 大宰府에 거주하고, 宗氏와 그의 가신이 博多를 수비했던 것이다. 조선무역에 막대한 권익을 가진 宗氏에게 있어서 博多의 확보는 커다란 의미를 가졌다고 생각할 수 있다.

이상의 고찰에서 남북조 시대부터 무로마치 시대에 이르기까지 지역권력에 의한 博多(구博多部, 息濱)의 지배는 대략 <표2>와 같이 표시할 수 있다. 무로마치 시대의 舊 博多部는 大友氏와 少貳氏(宗氏) 사이에서 격렬한 쟁탈전이 일어나고 지배자가 빠르게 변화했던 것이다. 다만 大友氏領 息濱은 大友氏가 확보하고 있었던 것으로 생각할 수 있다.

---

로마치·戰國期의 博多支配의 분석은 佐伯弘次,「大內氏の筑前國支配-義弘期から政弘期まで-」(川添昭二編,『九州中世史研究』1, 1978년)에서 행하였다.
31) 前揭 주 30) 佐伯 논문.

〈표 2. 지역 권력에 의한 博多의 지배 상황〉

| 연대 | 서기 | 구 博多部 | 息濱 |
|---|---|---|---|
| 元弘　3·8·28 | 1333 | ? | 大友貞宗 |
| 貞和　2·8·11 | 1346 | 一色範氏 | 一色範氏 |
| 康安 元·8·28 | 1361 | 征西府? | 征西府? |
| 應安　5 | 1372 | 今川了俊? | 今川了俊? |
| 應永　3 | 1396 | 澁川滿賴 | 澁川滿賴 |
| 永享 元 | 1429 | ? | 大友持直 |
| 永享　3 | 1431 | 大內盛見 | 大友氏? |
| 永享　4 | 1432 | 宗貞盛 | 大友氏? |
| 永享　9 | 1437 | 大內持世 | 大友氏? |
| 永享　12 | 1440 | 宗盛國 | 大友氏? |
| 嘉吉　3 | 1443 | 大內教弘 | 大友氏? |
| 文安　2 | 1445 | 宗盛家 | 大友氏? |
| 文安　4 무렵 | 1447 | 大內教弘 | 大友氏? |
| 文明 元 | 1469 | 宗貞國 | 大友親繁 |
| 文明 10 | 1478 | 大內政弘 | 大友親繁 |

## 4. 도시 博多와「石城管事」宗金

이상의 고찰을 전제로 하여 도시 博多와 宗金의 관계를 검토해 보겠다. 먼저 남북조 시대부터 전국 시대에 걸친 博多의 자치형성 문제에 대하여 언급해 두고 싶다. 博多의 자치도시 형성과정에 대하여는 사료적 제약도 있고 불분명한 점이 많다. 먼저 남북조 시대에는 가마쿠라 중기까지의 博多 綱首를 대신하여 博多 町衆에 의한 주민문화가 형성되었다.[32] 즉 時衆의 활동, 接待講衆에 의한 접대소 경영, 해운업 종사자에 의한 講衆의 결성 등 博多 町衆에 의한 다면적인 종교적 결합이 알려져 있다. 이것은 종교-寺

---

32) 川添昭二,「南北朝期博多文化の展開と對外關係」(『平成元年度科學研究費補　助金研究成果報告書 地域における國際化の歴史的展開に關する總合研究-　九州地域における-』, 研究代表者川添昭二, 1990년).

社를 핵으로 한 町衆의 결합이지만, 자치도시 형성의 맹아라고도 할 수 있
는 현상이다.

　무로마치 시대에는 명과 조선·류큐와의 무역에서 활약했던 博多 무역상
인의 광범위한 활동이 알려져 있다. 肥富·宗金·道安 등은 대표적인 무역상
인이다. 博多에 부가 축적되었던 이 시대의 자치형성 상황에 대하여는 분명
하지 않다. 남북조 시대의 종교 – 寺社를 핵으로 한 주민의 결합이 생활의
場, 즉 마을이라는 지연적인 결합에서 점차 변화해 갔다는 것을 예상할 수
있지만 사료가 전혀 없기 때문에 추측의 범위를 벗어나지 않는다. 다만 무
로마치 시대의 무역·국내유통의 발전으로 인하여 博多에 순조롭게 부가 축
적되고 있었던 듯하지만 반드시 그렇다고는 할 수 없는 측면이 있다. 당해
시기의 博多에는 상인에 대한 부의 축적을 방해하는 요인도 존재하였다. 앞
에서 제시했던 지역권력에 의한 博多의 영유와 쟁탈전이 그것이다. 앞에서
인용했던 受職倭人 藤九郎의 말에 「옛날에 大友와 少二殿이 서로 싸울
때에 다른 富人들은 병화를 면치 못했는데 宗金은 면했다」라고 한 것처럼,
치열한 守護大名의 博多 쟁탈전으로 인하여 많은 博多상인이 영향을 받고
몰락해 갔던 것이다. 무로마치 시대에 있어서 博多 町衆의 결합 문제는 이
후의 과제라고 할 수 있다.

　博多에서 자치의 실태가 명확해진 것은 16세기 후반이다.[33] 이 시기의
博多는 기독교 선교사에 의하여, 사카이(堺)처럼 町人이 市政을 운영하고
있었던 것으로 인식되고 있으며, 동서로 분할된 도시지역은 年奇·月役이라
는 町人 대표자가 市政을 운영하고 있었다.

　무로마치 시대의 宗金은 남북조 시대의 博多의 町衆과 戰國時代 후기
博多의 年奇·月役을 연결하는 인물인데, 冒頭에서도 언급했듯이 도시 博

---

33) 중세 博多의 자치에 대하여 언급한 논고는 많지만, 일단 佐伯弘次, 「自治都市博
　　多」(朝日新聞福岡本部編, 『はかた學四 甦る中世の博多』, 葦書房, 1990년)을
　　참조.

多와의 관계를 명확하게 보여주는 사료는 현존하지 않는다. 자치도시의 형성이라는 관점에서 보면, 무로마치 시대의 博多는 자치도시의 맹아에서 자치도시의 완성에 이르는 과도기적인 단계였다고 생각할 수 있다. 따라서 宗金이 무로마치 시대의 博多를 대표하는「富商」중 1인이었다는 것은 틀림없지만,「石城管事」를 도시 博多의 대표자, 즉 戰國時代의 年寄에 해당하는 관직이었다고 해석하거나, 石城管事를 자칭했던 宗金을 바로 무로마치 시대의 博多의 年寄的인 인물이라고 이해할 수는 없다.

다음으로「石城管事」의 의미인데, 원래는「博多를 관리, 지배하는 자」라는 의미이다. 그러나 宗金의「石城管事」라는 명칭이 시기적으로 볼 때 板倉滿景의 호칭을 계승한 것 또는 모방이라는 성격을 갖기 때문에 博多에 있어서 板倉滿景의 지위가 문제된다. 川添씨가 지적하는 것처럼 板倉滿景은 探題 澁川氏의 博多 지배·九州 경영과 관련된 가신이다. 따라서 滿景은 澁川氏의 老臣으로서 博多代官으로 자리매김할 수 있을 것이다.

九州探題 澁川義俊은 應永 32년(1425) 7월 경 少貳滿貞와 菊池兼朝의 공격으로 몰락하였다.[34] 이후 永享 원년(1429)에 大友持直이 博多息濱을 회복할 때까지 博多의 지배자는 불분명하다. 少貳氏·大內氏·大友氏 등의 守護大名들이 息濱의 영유를 둘러싸고 싸웠지만, 다른 사람을 배제하고 영유했던 자는 없었던 것으로 생각된다.

宗金이 조선에 圖書를 청구하여 지급받았던 시기는 應永 32년(세종 7년) 10월의 일이며,「石城管事」를 칭했던 것은 이듬해 11월이었으므로, 宗金이 受圖書人이 된 것과 石城管事를 자칭하게 된 것은 모두 澁川氏의 몰락이 큰 계기가 되었다고 생각할 수 있다. 博多의 영유자 澁川氏가 몰락하고

---

34) 本多美穗,「寶町時代における少貳氏の動向 - 貞賴·滿貞期 -」(『九州史學』91호, 1988년). 이 사건으로 澁川氏 일족은 분산되었고, 澁川賴滿은 상경했으며, 義俊은 筑後國에 칩거했다고 한다. (川添昭二,「九州探題の衰滅過程」『九州文化史研究所紀要』23호, 1978년).

「石城管事」板倉滿景도 동시에 몰락함에 따라 宗金은 受圖書人이 되어 정식으로 조선통교권을 획득했으며, 마치 板倉滿景과 동일한 지위에 있는 것처럼 상기시키는 「石城管事」라는 명칭으로 통교했던 것이다. 澁川氏의 몰락으로 인한 지배의 공백과 혼란스런 상황 속에서 宗金이 「石城管事」를 자칭했던 것은 板倉滿景와 같은 명칭을 사용함으로써 조선통교를 계승한다는 의식이 있었던 것으로 생각할 수 있다.[35] 또한 「石城管事」라는 명칭에서 도시 博多의 대표자라는 의식도 있었음에 틀림없다. 그러나 博多의 지배자층은 혼란스러운 상황이었고, 板倉滿景처럼 모든 지역권력이 博多 代官으로서 博多 지배에 관여했던 것은 아닐 것이다.

다음의 문제는 石城管事와 石城小吏가 동일한 의미인지 아닌지 여부이다. 종래의 연구에서는 같은 의미로 보는 경향이 강했으며, 「博多를 관리 지배하는 자」와 「博多의 하급관리」는 말의 뜻이 비슷하다. 그러나 통교상 宗金의 명칭은 石城管事에서 永享 원년(1429, 세종 11)에 石城小吏로 변화하는 것이며, 嘉吉 2년(1442, 세종 24)까지 石城小吏를 칭하고 있다. 양자의 의미 및 宗金의 입장이 동일하다면 선례가 있는 石城管事가 조선쪽에서 이해하기도 쉬웠고, 명칭을 바꿀 필요는 없었을 것이다. 永享 원년에 명칭이 바뀐 배경에는 宗金의 의식 또는 입장에 어떤 변화가 생겼던 것으로 생각된다. 따라서 이하에서는 石城管事와 石城小吏가 명칭은 비슷해도 그 실태는 다르다는 방향에서 생각해 보고 싶다.

石城管事에서 石城小吏로 명칭이 변화했던 계기는 무엇이었을까? 정확하게 말해서 변화한 시기는 正長 원년(1428, 세종 10) 7월에서 永享 원년 9월 사이이다. 그 동안 博多의 지배는 커다란 변화를 맞이했다. 앞에서 말했듯이 大友持直이 처음으로 조선과 통교하였고, 博多는 이마가와(今) 자

---

35) 초기 宗金의 조선통교는 板倉滿景과 동시에 통교한 것이 많다(예를 들면, 『세종실록』 2년(1420) 11월 기축조). 板倉滿景의 조선무역을 실제로 博多에서 지지하고 있던 것은 宗金이었을 가능성도 있다.

신이 영유하고 있었다고 언급한 것은 永享 원년 7월의 일이었다. 宗金의 통교명칭이 변화한 시기와 같은 시기이다. 즉 명칭의 변화는 大友氏에 의한 博多息濱의 영유 회복과 관련되었을 가능성을 생각할 수 있다.

宗金은 正長 원년 이래 大友氏와 밀접한 관계를 가지고 있었다. 正長 원년에는 조선에 대하여 九州의 권위는 大友·大內氏에게 있다고 하면서 조선이 두 사람에게 사신을 보내도록 권유하였고, 다시 大友氏의 뜻을 받아들여 조선에 田犬 2쌍을 청했으며, 永享 2년에는「大友殿人孫七等十八名」의 송환에 관여하고 있다.[36] 또한 주목해야할 점으로 永享 원년에 大友持直이 처음으로 통교할 때 宗金도 동시에 조선과 통교하고 있다. 大友氏의 조선통교 개시는 博多息濱의 영유 회복이 직접적인 계기였지만, 그 배후에는 博多상인 宗金이 존재했던 것이다. 이 시기에 大友氏의 조선통교를 실질적으로 담당했던 인물은 宗金이었을 가능성이 높다.

大友氏는 永享 원년 이래 무로마치 시대를 통하여 博多息濱의 영유를 확보했다고 생각되는데, 大友氏의 息濱代官은 寬正 2년(1461) 이후 조선과 통교했던 田原貞成까지 사료상 확인할 수 없다. 요컨대 앞에서 서술한 것처럼 永享 원년부터 寬正 2년에 이르는 약 30년간의 代官이 불분명한 것이다. 이 사실과 아울러서『海東諸國紀』가 宗金을「石城部代官」이라고 하는 점, 조선통교상 大友氏와 宗金의 밀접한 관계, 더욱이 宗金은 大友領博多息濱에 거주하는 息濱상인이었을 가능성이 높다는 점[37] 등을 종합하면「石城小吏」시기의 宗金은 大友氏의 博多息濱代官이었을 가능성이 높다는 결론에 도달한다. 지역권력인 博多代官은 가신이 임명되는 것이 보통이지만, 宗金의 경우 博多를 대표하는 무역상인이며 息濱에 거주하는 富商이었다는 점, 더욱이 조선통교에 풍부한 실적이 있었으므로 이례적인 拔擢을 받은 것이라고 생각할 수 있다. 당초 大友氏는 조선통교에는 열심

---

36) 前揭 주 1) 田中 논문.
37) 前揭 주 21) 佐伯 논문.

이었지만, 도시 博多息濱의 지배에는 그다지 힘을 기울이지 않았던 것이
아닐까? 이러한 사정으로 인하여 大友氏는 息濱代官에 가신이 아닌, 博多
의 유력 상인을 임명했던 것으로 보인다.


## 맺음말

宗金이 칭했던 石城管事와 石城小吏가 語義的으로는 비슷하지만 그 내
실은 다르다. 전자는 板倉滿景을 의식했던 내실이 수반되지 않은 자칭이며,
후자는 大友氏의 博多息濱代官을 의미한다는 것이 본고의 대략적인 결론
이다. 板倉滿景과 宗金은 모두 石城管事를 자칭하고 있지만, 澁川氏 가신
과 博多상인이라는 차이를 포함해서 실태는 전혀 다른 것이었다. 즉 宗金
은 澁川氏·板倉氏가 몰락한 뒤에 板倉滿景가 칭했던 石城管事라는 호칭
을 사용했지만, 永享 원년 무렵 大友氏가 博多息濱을 회복하고 息濱代官
에 임명하자 명칭도 石城小吏로 바뀌었다고 생각하는 것이다. 嘉吉 2년
(1442)에서 文安 원년(1444)에 걸쳐 石城小吏에서 石城宗金으로 변화하는
데, 이것은 宗金이 大友氏領 博多息濱代官職에서 물러났기 때문이라고
생각된다.

종래의 연구사와 私見과의 관계를 언급하고 싶다. 「石城府代官」은 大友
氏의 代官을 가리키지만, 應永 33년의 石城管事를 곧바로 石城府代官과
동일한 것으로 볼 수 없다는 田中健夫씨의 지적에는 찬성한다. 다만 管事
와 代官이라는 관직은 근세 年行司의 선구적 형태라는 견해에는 찬성할 수
없다. 원래 管事·代官은 지역권력의 博多 지배를 담당하는 가신이며, 博多
町人에 의한 자치조직의 대표자인 戰國時代의 年寄와 근세의 年行司는
성격이 다르다. 굳이 근세에서 그 계보를 찾는다면 福岡藩의 町奉行에 해
당한다고 생각할 수 있다. 宗金(町人)과 板倉滿景(武士) 양자의 石城管事

는 동일하지 않다는 川添昭二씨의 지적은 맞는 말이며,「正任記」에 보이
는 博多津下代官은 石城管事의 선례를 따른 것이라는 견해도 타당하
다. 大友氏의 博多息濱代官 田原貞成은 石城小吏 宗金의 선례를 따른
것으로 생각할 수도 있다.

澁川氏가 몰락한 應永 32년부터 大友氏가 博多息濱을 회복하는 永享
원년까지의 筑前－博多를 둘러싼 지역권력의 동향은 단편적인 사실 만을
알 수 있을 뿐이다. 연구성과 여하에 따라서는 宗金이 칭했던 石城管事·石
城小吏의 해석도 바뀔 가능성이 있다. 본고에서는 宗金을 戰國時代의 年
寄가 아니라 지역권력인 博多代官과 관련되는 인물로 자리매김하였다. 그
러나 한편으로 宗金이 무로마치 시대의 博多를 대표하는 무역상인이라는
것도 사실이다. 大友氏의 代官으로서의 宗金과 富商으로서의 宗金을 어떻
게 하면 통일적으로 파악할 수 있는지, 그리고 무로마치 시대에 있어서 도
시자치 형성의 실제 모습은 어떤 것이었을까? 이러한 문제에 대하여는 앞으
로의 과제로 하고 싶다.

[付記]
본고는 1995년도 과학연구비보조금 일반연구C「中世都市博多と日朝關係」
의 성과의 일부이다.

# 제4절 무로마치 후기의 博多상인 道安과 동아시아

## 들어가는 글

무로마치 시대의 博多는 일본의 주요 무역항으로서 많은 博多상인이 명·조선·류큐와의 무역에 종사하였다. 무로마치 시대 전기의 博多 무역상인을 대표하는 것이 肥富, 중기의 博多 무역상인을 대표하는 것이 宗金이었다고 하면 후기를 대표하는 인물이 道安이다.

무로마치 시대의 博多 무역상인에 관한 기본사료는 『조선왕조실록』을 비롯한 해외사료이다. 博多에 무로마치 시대의 町人 사료가 거의 남아있지 않기 때문에 무역상인에 관한 국내사료도 근소하다. 따라서 해당 시기의 博多 무역상인의 실태를 규명하려면 해외사료를 국내사료로 바꾸어 읽는 작업이 필요하다. 肥富·宗金에 관해서는 국내사료가 있는데 반해 道安에 관한 동시대의 국내사료는 현재 발견되지 않고 있다. 그 때문에 해외사료와 국내사료를 비교 검토하는 것이 불가능하고, 실상을 명백하게 하는 것이 어려운 인물 중 한 사람이다.

道安의 활동에 대해서는 예전부터 주목되어 왔다. 크게 나누면 地圖史와 대외관계사 분야에서 주목되고 있다. 地圖史 분야에서는 신숙주의 『海東諸國紀』에 수록된 일본국과 류큐국은 道安이 조선정부에 헌상한 물건이 기본이 되어 있던 점이 지적되고 있다. 예를 들면, 中村榮孝씨는 성종대의 조선정부에는 倭僧 道安의 일본·琉球圖가 소장되어 있던 점, 그것은 道安이 단종 원년(1453)에 조선정부에 가져간 「博多·薩摩·琉球 相距地圖」이고, 이 지도가 『海東諸國紀』 지도의 기초가 된 점, 道安은 博多에 거주하고, 류큐국의 使者로써 조선에 왕래한 인물인 점을 지적하고 있다.[1] 『海東諸國紀』에 수록된 지도가 道安이 헌상한 지도를 기본으로 한 점은 地圖史의 분야에서 잘 알려져 있다.[2]

또한 대외관계사상의 道安에 대해서도 예전부터 주목되어 왔다. 小葉田淳씨는 博多상인의 류큐통상이 왕성했던 예로서 道安을 들고, 道安이 琉球國使로 조선에 간 것은 조선에서 접대를 잘해주어, 또한 附塔化무역의 조건을 좋게 하기 위해서였다고 하고 있다.[3] 秋山謙藏씨는 道安이 류큐국 국왕의 사자로 조선에 간 것을 소개하고, 왜구가 점차 무역으로 옮겨가는 사정을 나타내고 있다.[4]

東恩納寬惇씨는 류큐와 조선과의 관계를 논하는 속에서 道安을 들었다.[5] 道安은 博多의 大友氏 配下의 俗僧이고, 류큐국의 사자로서 때때로 조선에 간 점, 景泰 4년(1457)에 조선에 가져간 지도가 『海東諸國紀』 지도의 기초가 된 점, 天順 원년(1457)에 표류민을 호송한 공적으로 조선으로부터 護軍職을 받은 점 등을 명백하게 하고 있다.

外山幹夫씨는 大友氏의 조선무역을 검토하던 속에서 大友殿管下의 道安과 그 아들 林沙也文에 대하여 검토하였다.[6] 道安에 대해서 조선·류큐

---

1) 中村榮孝, 「『海東諸國紀』の撰修と印刷」(同, 『日鮮關係史の研究』 上, 吉川弘文館, 1965년. 초판은 1928년).
2) 예를 들면, 秋岡武次郎, 『日本地圖史』 河出書房, 1955 등. 역사학의 입장에서 연구한 것으로는 東恩納寬惇, 「申叔舟の海東諸國紀に見れたる琉球國圖について」(『史學』 16-3, 1937년) ; 田中健夫, 「『海東諸國紀』の日本·琉球圖－その東アジア史的意義と南波本の紹介－」(同, 『東アジア通交圈と國際認識』, 吉川弘文館, 1997년) 등이 있다.
3) 小葉田淳, 『中世南島通交貿易史の研究』, 刀江書院, 1968년. 초판은 1939년.
4) 秋山謙藏, 『日支交涉史研究』 제6장, 岩波書店, 1939년.
5) 東恩納寬惇, 「黎明期の海外交通史」(帝國敎育會出版部, 1941년). 본고에서는 『東恩納寬惇全集』 3, 第一書房에 의한다.
6) 外山幹夫, 「大友氏の對鮮貿易」(同, 『大名領國形成過程の研究』, 雄山閣出版, 1983년. 초판은 1966년.

양국 국왕과도 관계가 있었고, 시야가 넓은 인물이며, 한편으로는 브로커적
성격도 나타내고 있다.

有光友學씨는 『海東諸國紀』를 기초사료로 하여, 중세 후기의 무역상인
을 포괄적으로 검토하던 속에서 道安을 들고 있다.[7] 筑前 道安 일족을 들
고, 道安의 사업을 쫓아 道安 일족이 博多를 근거지로 하면서 오로지 조선
-博多-오키나와 루트를 무대로 15세기 후반을 통해 매우 규모가 큰 무역
활동을 영위하고 있던 점을 지적하고 있다.

田中健夫씨도 道安의 활동에 주목하였다.[8] 단종 때부터 류큐국의 사신
으로서 道安의 활동이 보이는 점, 그것은 博多상인이 조선과 류큐무역에
개입한 사례로서 주목되고 있는 점을 지적하고 있다.

橋本雄씨는 류큐-조선 간에 등장한 割符制를 검토하던 속에서 류큐국
사로서의 道安에 대해서도 설명하고 있다.[9] 割符는 류큐의 의향과는 전혀
관계없이 博多상인이 작성하고 조선 측에 제안한 제도였다는 점, 割符의
보관 장소는 博多이며, 사절의 주체는 일관하여 博多상인이었다는 점을 명
백히 하였다. 道安과의 관계에서 말하면, 류큐가 조선에 제출한 외교문서는
일관하여 咨文 형식이었고, 書契 양식의 외교문서는 僞書의 의심이 농후하
다는 지적은 중요하다.

이상과 같이 道安에 대해서는 다수의 논고가 있다. 그러나 道安의 조선
통교나 동아시아와의 관계에 대해서 전부 명확하게 되어 있는 것은 아니어
서 보다 상세한 검토가 필요하다. 본고에서는 이상과 같은 선행연구를 전제
로 하여 道安의 조선통교와 동아시아와의 관계에 대해서 종합적인 검토를

---

7) 有光友學, 「中世後期における貿易商人の動向」(靜岡大學人文學部, 『人文論集』
   21, 1971년).
8) 田中健夫, 「琉球國に關する朝鮮史料の性格」(同, 『中世對外關係史』, 東京大
   學出版會, 1975년).
9) 橋本雄, 「朝鮮への「琉球國王使」と書契·割符制-十五世紀の僞使問題と博
   多商人-」(『古文書硏究』, 44·45 합병호, 1997).

하고 싶다. 구체적으로는 道安의 조선통교의 실태와 琉球國使로서의 성격, 아울러서 道安이 조선에 가져간 일본·류큐의 지도 등에 대해서 검증하고, 조선－류큐무역형의 博多상인10)으로서 道安을 자리매김하고 싶다.

## 1. 道安의 조선 통교

道安과 그 아들 林沙也文의 조선통교에 관하여 자주 인용되는 것은 『海東諸國紀』 日本國紀 筑前州條의 다음 기사이다.

> 護軍道安
> 曾爲琉球國使來聘於我, 因是往來, 乙亥年來爲圖書, 丁丑年來受職, 大友殿管下, 司正林沙也文,
> 道安子, 庚寅年從其父來受職, 大友殿管下,

이 기록에 의하면 道安은 예전에 琉球國使의 자격으로 조선에 갔고, 그것이 계기가 되어 조선과 왕래하도록 된 점, 乙亥年(1455)에 조선으로 가서 圖書를 받아 受圖書人이 되었고, 丁丑年(1457)에 조선으로 가서 受職하여 受職人이 된 점, 大友殿 管下였던 점이 기록되어 있다. 護軍은 조선의 정4품에 상당하는 무관이다.

林沙也文에 대해서는 道安의 아들로서 경인년(1470)에 아버지를 따라 조선에 갔고, 수직하여 수직인이 된 점, 大友殿 管下였던 점이 기록되어 있다. 大友殿 管下라는 것은 大友氏의 영내에 거주하는 자라는 의미이며, 구체적으로는 大友氏領 博多의 息濱에 사는 息濱 상인이라고 해석할 수 있다.11) 道安은 琉球國使로서 조선에 파견된 것을 계기로 조선과 통교하게

---

10) 佐伯弘次, 「室町期博多貿易商人の諸類型」(六反田豊編, 『韓國史上における海上交通·交易の硏究』 1999년도 한국연구프로젝트연구성과보고서, 九州大學, 2000년).

되었고, 수도서인·수직인으로서 통교한 博多 息濱의 상인이었다.

　『조선왕조실록』과『해동제국기』에서 道安의 조선통교 기사를 정리하여 조선통교 상황을 살펴보겠다.

<표 1. 道安의 조선통교>

| 서기 | 연 월 일 | 내 용 | 비 고 |
|---|---|---|---|
| 1453 | 단종 원·4·신해 | 琉球國中山王尙金福使 道安이 와서 方物을 헌상함. | |
| 〃 | 동 원·5·정묘 | 琉球國中山王使者 道安에게 예조에서 연회를 베풀어 줌. 예조, 道安의 말을 기록함. 道安,「博多, 薩馬, 琉球 相距地圖」를 보임. | |
| 1455 | 세조 원·8·무진 | 琉球國使者倭僧 道安이 國王 尙泰久의 서계를 바침. | 대장경을 구함. |
| 〃 | 동 원·9·무인 | 道安이 가져온 銅鑞鐵의 무역을 명함. | 正布　9만필의 가격. |
| 〃 | 을해년 | 道安, 도서를 받음. | 『해동제국기』 |
| 1457 | 세조 3·7·을해 | 琉球國王使 道安 일행 15명이 와서 土物을 바침. | |
| 〃 | 동 3·7·경진 | 세조, 倭僧 道安 일행에게 護軍을 수여하고 銀帶를 하사함. | 『해동제국기』 |
| 1459 | 동 5·정·계사 | 琉球國王使 覇家島 冷泉津 平氏 護軍 道安, 조선국왕의 綿布·紬布를 對馬에서 빼앗긴 사실을 고함. | |
| 1468 | 예종 원·12·경인 | 日本國 冷泉津 倭護軍 道安이 와서 土物을 바침. | |
| 1470 | 경인년 | 道安이 來朝함. 아들 林沙也文이 뒤이어 옴, 수직(司正). | 『해동제국기』 |
| 1473 | 성종 4·6·정축 | 倭護軍 道安의 아들 四郎이 내조함. | |
| 1476 | 동 7·10·신묘 | 倭司正 林沙也文이 내조함. | |
| 1485 | 동 16·5·癸丑 | 道安來朝. 子林沙也文이 뒤를 이어　受職함(司正) | |

　이 표에 의하면 道安의 조선통교는 1453년에서 1473년까지 7번을 확인할 수 있다. 또한 아들인 林沙也文과 四郎의 통교도 확인할 수 있다. 道安

---

11) 佐伯弘次,「中世都市博多の發展と息浜」(川添昭二先生還曆記念會編,「日本中世史論攷」, 文獻出版, 1987년).

의 조선통교는 사료상으로 확인할 수 있는 한 2기로 나눌 수 있다. 제1기는
1453년에서 1459년까지 琉球國使로서의 통교 시기이다. 제2기는 1468년에
서 1473년까지 受職人으로서의 통교 시기이다. 道安이 활동했던 전성기는
오히려 제1기에 있다고 생각할 수 있다.


## 2. 道安의 조선통교의 실태

앞에 제시한 도표에 근거하여 道安의 조선통교 실태를 회별로 검토하고
싶다.


### (1) 1453년의 통교

道安의 조선통교에 관한 첫 기록은 단종 원년 (1453)이다. 이해 3월에 琉
球國王使者 道安이 경상도 부산포에 도착했다.12) 조선정부는 鄭自濟를 파
견하여 접대하였다. 이 때 鄭自濟는 琉球國使의 接待宴享은 신해년(1431)
의 琉球國使 夏禮久와 임신년(1452)의 日本國王 使者의 예를 참고로 하여
행할 것, 使者 道安이 琉球國人이 아니면, 常倭의 예로서 접대해야 할 것
을 지시하고 있다. 道安 일행은 같은 해 4월에 상경하여 中山王 尙金福의
咨文을 조선에 가져가고, 薩摩國 七島에 표류한 조선인을 송환하였다. 이
尙金福의 咨文은 조선인이 큰바람에 조난되어 표류하였고, 류큐국이 보호
했는데,「日本花島住州送禮來船」이 있었기 때문에 그 배의 도사공 道安
에게 의뢰하여 두 명의 표류민을 송환하는 것을 서술하고 있다.「花島」는

---

12)『魯山君日記』단종 원년 3월 무진조(이하, 실록의 인용은『中國·朝鮮の史籍に
おける日本史料集成 李朝實錄之部』國替刊行會에 의한다.)

博多라고 생각된다. 「送禮來船」이라는 표현에서 博多와 류큐와의 일상적
인 교류를 엿볼 수 있다.

같은 해 5월 11일 조선정부는 예조에서 道安을 대접하는 祝宴을 열었다.
이 때 예조는 道安의 발언을 기록하고 국왕에 보고하였다.13) 道安은 1450
년에 조선의 표류민이 臥蛇島에 표착하고 나서 中山王이 송환할 때까지의
경위를 진술한 후에 「"琉球國과 薩摩가 서로 통호하기 때문에 博多 사람
으로 살마를 거쳐서 유구국에 가는 자는 장애가 없었습니다. 근년 이래로
서로 화목하지 못하여 노략질을 마구 행합니다. 그러므로 도리어 큰 바다를
돌아서 물결에 시달리면서 가므로, 심히 고생스럽습니다. 이제 우리들이 나
올 때에 상선 2척도 또한 창탈되어 사로잡혔습니다."하고, 博多·薩摩·琉球
의 서로 떨어진 地圖를 내보였다」라고 진술하고 있다. 博多에서 류큐에 이
르는 루트를 나타내는 기사인데, 해석이 나뉘는 곳이 몇 군데 있다. 문장은
맨 앞부분과 「近年以來」이하의 부분으로 나뉜다. 전단에서는 류큐국이 薩
摩와 우호관계에 있기 때문에 博多 사람들은 博多에서 薩摩를 경유하여
류큐로 건너갔다는 예전의 상황이 나타나 있다. 후단은 근래에 화목하지 않
아서 모두 약탈을 당하게 되었다. 이 때문에 博多상인은 대양(동지나해) 를
종단하여 직접 류큐로 건너가게 되었다. 이것은 대단히 괴로운 일이라고 道
安은 한탄하고, 다음에 道安이 도해했을 때도 商船 2척이 역시 약탈을 당
했다고 말하고, 「博多·薩摩·琉球相距地圖」를 헌상한 것이다.

후단 부분은 주어가 생략되어 있어서 해석이 어렵다. 「不相和睦」의 주체
가 무엇인지, 「行擄掠」「搶擄」의 주어가 무엇인지 하는 문제가 있다. 「不
相和睦」에 관해서는 류큐와 薩摩라는 해석과14) 博多와 薩摩라는 해석15)

13)『동』단종 원년 5월 정묘조.
14) 小葉田淳,「中世南島通交貿易史の研究」, 50쪽 ; 中村榮孝,『日鮮關係史の研究』
上, 362쪽.
15) 東恩納寬惇,『黎明期の海外交通史』, 52쪽.

이 있다. 이 「不相和睦」은 전단의 「琉球國與薩摩和好」와 관련이 있는 것이고, 또한 당시 博多상인과 薩摩의 島津氏가 대립하고 있었다는 소견은 없기 때문에 류큐와 薩摩라는 해석이 맞다. 그러면 博多상인을 약탈한 것은 薩摩, 즉 島津氏라는 말이 된다. 15세기 중반에 류큐와 島津氏는 대립관계였고, 그것이 이처럼 류큐 도해선에 대한 島津氏의 약탈행위가 되었고, 그 결과로서 博多상인은 북부 九州(구체적으로는 松浦지방)에서 직접 동지나해를 건너 류큐로 건너가지 않으면 안 되었다. 道安의 발언 중에 臥蛇島에 관해서 「島在琉球·薩摩之間, 半屬琉球, 半屬薩摩, 故二名則薩摩人得之, 二名則琉球國王弟, 領兵征岐浦島而見之, 買獻國王」라는 말이 있다. 정확히 臥蛇島 부근이 류큐와 薩摩의 경계였다는 것을 알 수 있다. 류큐와 薩摩의 대립 원인을 영토를 둘러싼 분쟁이었다고 생각할 수 있다.

같은 해 6월 道安은 귀국한다. 조선국왕은 琉球國王에게 답서를 작성하여 道安에게 부탁하였다.16) 그 말미에 「其進上 銅鑞鐵及蘇木答賜, 紬二千五白七十七匹·綿布三千八白六十匹·布七千七白十九匹」이라고 적혀 있다. 이 진상의 주체는 琉球國王이 아니라 使者 道安이라고 생각된다. 이른바 私進上이다. 道安은 琉球國王使로서 조선에 심부름꾼으로, 그것을 이용하여 자신의 무역을 행했던 것이다. 조선에의 진상품은 銅鑞鐵과 주석, 蘇木이었다. 일본산 광산물과 남해산 물품을 조합하면 당시 博多상인의 교역의 규모를 나타내고 있다. 또한 진상에 대한 答賜는 명주 2,577필·면포 3,860필·포(麻布) 7,719필이라는 막대한 양의 섬유제품이었다. 이것으로 道安의 私進上이 얼마나 막대한 양이었는가를 추측할 수 있다. 琉球國王使로서 博多상인이 도해하기에는 대규모 무역상의 이점이 있었던 것이다.

道安 귀환 직후인 7월 4일 「日本僧」 道安이 가져간 「日本·琉球兩國地圖」는 예조의 제안으로 4통의 사본이 작성되어 궁중과 의정부·춘추관·예조

---

16) 『魯山君日記』 단종 원년 6월 경자조.

에 보관되었다.[17] 이것이 후에『海東諸國紀』의 日本·琉球地圖의 기초가
된 것이다.


## (2) 1455년의 통교

세조 원년 (1455) 8월 세조는 근정문으로 가서 朝參을 받고, 류큐국 사
자 倭僧 道安과 대면했다.[18] 또다시 道安은 琉球國使로서 조선에 도해한
것이다. 이때 道安은 국왕 尙泰久의 서계를 세조에게 바치고, 花錫과 蘇
木 각 1천斤을 헌상하였다. 이에 대하여 세조는「본국의 표류인을 다시 쇄
환해주어 매우 기쁘다」라고 했고, 이번에도 조선표류민을 송환한 것이 판
명되었다. 道安은「원컨데 장경을 얻어서 돌아가고 싶다」라고 하며, 대장
경을 求請하였다.

같은해 9월 호조와 예조는 道安이 가져온 銅鑞鐵과 蘇木이 正布(麻布)
약 9만여필이 되는 것을 보고하고, 만약 본인의 청에 따라 전부를 浦所에서
무역한다면, 전부를 사는 것은 불가능 하고, 부득이 서울로 옮긴다면 왕래
는 지체되고, 留浦糧을 쓸데없이 낭비하게 되는 걱정이 있으므로, 이전의
정해진 수만큼은 서울로 옮기고, 상인에게 무역시키고 남은 留浦物은 이전
의 명대로 민간에게 무역시키는 것을 세조에게 제안하여 승인받았다.[19] 道
安의 무역품은 1453년의 私進上과 완전히 같은 것인데, 1453년의 答賜의
합계가 14000여필이었다는 점을 생각하면 이번에는 전회 이상으로 막대한
양의 동·주석·蘇木을 가지고 온 것을 알 수 있다.

이 당시의 道安과 왜인들의「來京貿易」때의 綿紬 1필의 공정루트는
鑞鐵(주석)이 4근, 銅鐵(동)과 蘇木이 11근이라는 것이었다.[20] 주석의 가격

---

17)『동』단종 원년 7월 기미조.
18)『세조실록』원년 8월 무진조.
19)『동』원년 9월 무진조.

이 높고, 동과 蘇木의 가격은 동일하여, 주석의 약 3분의 1이었다. 道安은
浦所 즉, 삼포에서 전부를 무역하기에는 매우 양이 막대하였기 때문에 일부
가 서울로 옮겨진 것이다.

실록에는 이때의 道安에 관하여 기사가 도중에 중단되어 있어서 道安의
귀환이나 回賜, 琉球 국왕에 대한 답서의 기사가 없다. 따라서 道安에게 구
청대로 대장경이 하사되었는지 여부는 이 해의 기사로는 판단할 수 없다.
『海東諸國紀』에 의하면「乙亥年(1455) 來受圖書」라고 되어 있고, 이 해에
수도서인이 되었다고 한다. 실록에 그 기사는 없지만 이때 도서를 받아 受
圖書人이 되었다고 추정할 수 있다.

그런데 이때의 琉球國王使 道安에 관해서는 가져 온 琉球國王의 국서
가 「咨」가 아니라 「書契」였기 때문에 僞使로 지적되고 있다.[21] 이 사절 일
행이 僞使라면 道安의 도항 목적은 명백하다. 표류민 송환을 명목으로 琉
球國王使의 이름을 빌린 대규모의 무역이 목적이었다. 류큐의 中山王은
1454년에 尙泰久로 바뀌었고, 道安은 류큐의 국왕 교대라는 최신의 정보를
입수한 후에 僞使를 만든 것이 된다. 이것은 道安의 류큐와의 교역활동으
로 초래된 정보였다고 생각할 수 있다.


## (3) 1457년의 통교

세조 3년 (1457) 7월, 琉球國王使者 倭僧 道安 일행 15명이 조선에 들
어와서 土物을 헌상하고, 류큐에 표류한 조선인을 송환하였다.[22] 세조는
7월 庚辰에 道安 등 13명을 접견했고, 倭僧 道安과 倭信沙也文을 護軍에
임명하고 銀帶를 수여하였다.[23] 琉球國王使로서 종종 표류민을 송환했던

---

20) 『동』3년 6월 임인조.
21) 橋本雄 前揭 논문.
22) 『세조실록』3년 7월 을해조.

道安은 그 공적에 의하여 정4품의 무관에 임명되고 수직인이 된 것이다. 같은 달 癸未에 예조에서 道安을 대접하는 祝宴이 행해졌다.24) 주안으로 가무하는 道安에 대하여 예조판서 이승손이 「상이 너에게 호군직을 주었는데, 너는 아는가」라고 물었을 때, 道安은 머리를 조아려 배사하며 「본국에 돌아가지 않고 여기에 살기를 원한다」라고 하였다. 護軍에 임명되었기 때문에 조선에 머물겠다고 대답한 것이다. 그러나 실제로 道安은 머물지 않고 9월 13일 작별인사를 했다.25) 이때의 琉球國王의 국서는 咨였는지 書契였는지 불명확하며, 眞使였는지 僞使였는지 분명하지 않다. 다음해 세조 4년 (1458) 2월 琉球國王使 吾羅沙也文이 조선에 표류민을 송환해 왔다.26) 3월에 琉球國王使가 가져온 琉球國王의 咨文에는 「去歲蒙賜禮物幷大藏尊經」이라고 되어 있고,27) 지난해 세조 3년 조선국왕이 琉球國王에게 대장경을 하사한 것을 알 수 있다. 지난해의 琉球國王使는 道安 밖에 없었기 때문에 道安이 구청하였고, 급여받은 것으로 생각할 수 있다. 단 먼저 서술한 것처럼 道安이 조선에 대장경을 요청한 것은 1455년의 도항 때였다. 道安은 여러 번 대장경을 요청한 것이라고 생각할 수 있다. 1455년에 하사받지 못했을 가능성이 높은데, 위사였다고 해도 琉球國王에게 대장경을 보내줄 예정이었는지도 모르겠다. 그렇게 생각해 보면 道安의 僞使는 무역의 기회 획득을 위한 僞使라는 단순한 성격이 아닌 류큐의 뜻도 어느 정도 참작한 이후의 것이었을 가능성도 있다.

다음 항에서 서술하겠지만, 이 시기의 道安은 「禮物」과 「道安私賣」를 조선으로부터 받았다. 전자는 琉球國王에게 조선국왕이 보내는 물건이고, 후자는 道安의 私進上에 의한 무역의 성과이다. 이 패턴은 이전의 통교와

---

23) 『동』 3년 7월 경진조.
24) 『동』 3년 7월 계미조.
25) 『동』 3년 9월 갑술조.
26) 『동』 4년 2월 을묘조.
27) 『동』 4년 3월 무술조.

같고, 이 시기에도 道安은 대규모의 사적 무역행위를 행하였다고 추정 할 수 있다.

### (4) 1459년의 통교

세조 5년 (1459) 정월, 「琉球國使者覇家島冷泉津平氏護軍」道安은 예전에 조선이 류큐에게 하사했던 綿布·綿布·書契를 對馬에서 약탈당하고, 남은 書契만을 아들에게 맡겨서 류큐로 보냈다고 예조에 보고하였다.[28] 1457년의 사행 때 조선에서 받은 물건을 對馬에서 약탈했다는 것이다. 이 보고를 받은 세조는 對馬에 글을 보내고, 사정을 조사해서 만약 對馬에서 약탈한 것이라면 조선에서 병사를 보내 토벌하라고 말하였다.

같은 달 조선정부는 對馬島主 宗成職에게 書契를 보냈다.[29] 그 속에서 조선측은 琉球國王使 道安이 돌아가는 길에 對馬의 沙浦[30]에서 「禮物某某」와 「道安私賣」를 모두 약탈당한 것은 대단히 무례한 일이라고 하며 약탈한 자를 찾아내고, 빼앗은 물건을 조선에 보내도록 지시하였다. 이에 대하여 宗成職은 같은 해 8월 皮古沙文을 조선으로 보내 秦盛幸의 서계로 답하였다.[31] 이 서계에서 秦盛幸은 琉球로 보내는 예물이 對馬에서 약탈당했다는 道安의 호소는 거짓이라는 점, 道安은 지금 바다 멀리 천리나 되는 타국[32]에

---

28) 『동』 5년 정월 계사조.
29) 「동」 5년 정월 무술조.
30) 「沙浦(サホ)」는 음만으로 말하면 對馬의 佐保(豊玉町佐保)로 추정된다. 그러나 외교사절이 佐保에 기항한 사례는 없으며, 또한 佐賀浦에서 文引을 발행하고 있던 秦盛幸이 書契를 써서 변명하고 있는 점에서 島主館이 있던 佐賀浦일 가능성이 높다.
31) 『세조실록』 5년 8월 을축조.
32) 有光友學씨는 이 「他國」을 외국인 琉球로 해석하고, 道安은 오키나와로 이주했다고 이해하고 있다(앞에 게재한 논문 50쪽). 그럴 가능성도 없지는 않지만, 일본 국내에서 「他國」이라고 할 경우에는 국내의 타국을 의미하며, 조선 里(중국 里)는

거주하고 있기 때문에 붙잡아서 조선에 보내는 것은 불가능하다고 기술하고 있다. 게다가 盛幸은 이후부터는 이러한 妄語虛說姦曲의 무리를 조선에 붙잡아 두고 급히 분부하시면 태수(宗成職)가 처벌한다고 기술하고 있다.

이 盛幸의 서계는 宗成職의 의향을 받아들여서 제출한 것으로 생각된다. 對馬의 宗氏는 道安의 호소에 대하여 이를 정면으로 부정했던 것이다.

같은 해 8월 23일 조선의 예조는 秦盛幸에게 답서를 보내 盛幸 서계의 내용을 알아들었다고 전하였다.[33] 이 사건에 관한 실록의 기사는 여기서 끝났고, 道安의 류큐 예물 약탈사건은 道安과 對馬 宗氏의 주장이 서로 상반된 채로 있다. 그 후 道安의 반론 기사가 없기 때문에 사건은 여기서 종결되었다고 생각된다. 조선측은 결과적으로 宗氏의 주장을 지지했던 것이다. 양자 모두의 주장이 맞는 것인지 사료상으로는 확실하지 않다. 1458년의 琉球國王使가 眞使이고, 그 咨文의 내용이 맞다고 한다면 道安은 전해에 조선에서 대장경을 입수하여 琉球國王에게 전달한 것이 되며, 서계를 제외하고 모두 對馬에서 빼앗겼다는 道安의 주장은 거짓말이 된다.

成化 3년(1467) 4월 2일 博多州의 道安이 琉球王府에 대하여 앞서서 對馬州에 와 있던 조선으로부터의 예물을 납부하였다.[34] 예물의 내용은 白細苧布 15필·黑細麻布 15필·白細綿布 15필·滿花席 15張·豹皮 5張·人蔘 50근·松子 300근·金剛經 1部·圓敎經 1部·四敎儀 1部·心經 1部·飜譯名義 1部·畵鼓 1面·香爐 1事·小鐘 1事·鈠鐃 2部·油芚 4番·正布 611필·綿布 301필에 이르는 다양한 물건이었다.

對馬에서 예물을 약탈당했다는 해로부터 10년 후에 道安은 琉球王府에 예물을 보낸 것이다. 내용적으로는 조선국왕의 회사품에서 자주 볼 수 있는

---

일본 里의 10분의 1에 해당한다. 여기서는「他國」을 筑前으로 해석하고, 道安이 對馬國 외의 筑前 博多에 있기 때문에, 檢斷의 대상 밖으로 기술하고 있다고 이해해 두고 싶다.

33)『세조실록』5년 8월 임신조.
34)『歷代寶案譯注本 第2冊』(沖繩縣敎育委員會, 1997년), 343쪽.

물품이 많다. 그러나 1457년의 예물이 10년 후까지 완전한 형태로 對馬 또는 道安의 수중에 남아 있었다고 생각할 수는 없으며, 道安이 무언가 공작을 꾸며서 입수했다고 생각하는 편이 타당할 것이다.


### (5) 그 후의 통교

對馬에서 예물을 빼앗겼다는 해로부터 9년 뒤인 睿宗 零年(1468) 12월, 日本國冷泉津倭護軍道安이 조선에 와서 土物을 헌상하였다.[35] 琉球에 예물을 보낸 다음해에 해당한다. 위사가 아니라 「來獻土宜」였기 때문에 수직인으로서의 통교였다. 일본인이 조선에 도항하는 경로, 대마 宗氏의 文引이 필요하였고, 道安도 이것을 對馬에서 입수하여 도해했을 것이다. 그러면 예물약탈사건으로 악화되었던 對馬 宗氏와의 관계가 이 시기에는 이미 복귀되었다고 생각할 수 있다. 역으로 이 사건으로 인하여 對馬 宗氏와의 관계가 악화되었기 때문에 道安은 수도서인과 수직인 양방의 통교권을 가지면서 십년 가까이 통교할 수 없었던 것이다. 관계가 복귀된 계기는 불분명하지만, 전년에 납부한 琉球의 예물이 관계 복귀와 관련이 있다고 생각된다.

성종 4년(1473) 6월 倭護軍 道安이 조선에 왔다.[36] 수직인으로서의 통교이다. 이것이 도안의 마지막 조선통교이기도 하다. 그 후 道安家는 대체된 것 같고, 성종 7년(1467) 10월에 倭護軍 道安의 아들 四郞이 조선에 왔고,[37] 성종 16년(1485) 5월에 아들 倭司正林沙也文이 조선에 왔다.[38] 아들 시대의 통교는 활발하지 않았다.

---

35) 『예종실록』 원년 12월 경인조.
36) 『성종실록』 4년 6월 정축조.
37) 『동』 7년 10월 신묘조.
38) 『동』 16년 5월 계축조.

## 3. 『海東諸國紀』에 수록된 지도와 道安

앞에서 서술한 것처럼 단종 원년 5월 道安은 「博多·薩摩·琉球 相距地
圖」를 조선에 헌상하였고, 그것이 후일 『海東諸國紀』에 실린 지도의 기초
가 되었다. 道安이 헌상한 지도는 「日本·琉球 兩國之圖」라고도 한다. 道
安이 이 지도를 조선에 헌상한 것은 琉球와 薩摩의 관계가 악화되어 琉球
로 가는 博多의 상선은 北部九州에서 동지나해를 종단하여 도해해야 하는
「甚爲艱苦」하는 상황에 있었기 때문에 「艱苦」한 상황을 조선정부에 구체
적으로 보이고, 琉球國王使로서 조선으로 건너가는 일이 얼마나 힘든 일인
가를 강조하려는 의도가 있는 것이다.

본 절에서는 『海東諸國紀』에 수록된 지도를 구체적으로 검토하고, 道安
이 헌상한 지도의 요소가 어느 정도 남아있는 지를 검토해 보고 싶다.

『海東諸國紀』에는 「海東諸國總圖」 「日本本國之圖」 「日本國西海道
九州之圖」 「日本國一岐島之圖」 「日本國對馬島之圖」 「琉球國之圖」라
는 일본·琉球 관계 지도가 수록되어 있다. 이들 지도의 기초가 된 것이
1399년 朴敦之가 조선에 가져온 平井詳助 제공의 일본지도와 道安이 헌
상한 지도이다. 平井詳助의 일본지도에는 壹岐·對馬 지도가 빠져있기 때
문에 朴敦之가 이것을 보충하였다. 中村榮孝씨는 道安이 헌상한 지도에도
壹岐·對馬의 지도가 빠져 있다고 했는데[39] 근거가 없다.

『海東諸國紀』의 지도를 상세하게 검토했던 田中健夫씨는 이들 지도에
는 港灣과 航路가 기재되어 있는 것에 주목할 것, 里程의 표기법은 조선
방식이 아니라 일본식이라는 점, 「日本本國之圖」와 「日本國西海道九州
之圖」는 九州 방면의 항해자 – 博多의 道安이 기존의 行基圖에 수정을 가
하여 작성했다는 것, 「琉球國之圖」의 작성자는 博多의 道安이라고 생각할

---

39) 中村榮孝, 前揭 논문 366쪽.

수 있다는 점을 이미 지적하였다.[40] 확실히 지도에 기재된 문자에 의하면 里程의 기점은 博多가 많고, 上松浦·大島(奄美大島)·琉球 등이 이에 버금 간다. 실제보다도 훨씬 크고, 기재사항도 상세한 壹岐·對馬의 지도는 조선 측이 주체가 되어 작성한 것이라고 생각되는데[41], 그 외 지역의 지도는 道安이 헌상한 타국지도를 기초로 하고 있다고 생각된다.

지도에 기재된 배의 항로를 보면, 博多에서 赤間關·出雲州·壹岐瀨戶浦· 上松浦까지 미치고 있다. 赤間關에서는 瀨戶內海로, 出雲州에서는 日本海 로, 壹岐에서는 對馬를 거쳐 조선의 三浦로, 上松浦에서는 壹岐·薩摩나 奄 美大島, 게다가 琉球와 항로가 연결되어 있다. 즉 博多를 기점으로 하여 畿 內(瀨戶內 루트와 日本海 루트가 있다)·조선·琉球에까지 미치고 있는 것이 다. 명까지의 루트는 기록되어 있지 않는 것이 마음에 걸리는데, 이러한 항 로는 博多상인이 활동했던 해상 루트라고 생각해도 좋다. 이들 항로가 동일 본에는 미치지 않고 있는 점도 博多상인 작성설을 뒷받침하고 있다. 上松浦 에서 남방으로 가는 항로는 도중에서 두 갈래로 나뉘어 한 방향은 薩摩·大 島를 경유하여 琉球로, 다른 한 방향도 동지나해를 종단하고 大島를 경유하 여 琉球에 이른다. 이 두 가지의 博多－琉球루트가 道安이 1455년에 조선 에 제시한 2가지의 琉球渡海 루트이다. 이들 지도는 道安을 비롯한 무로마 치 시대 博多상인의 활동범위를 나타내 주는 것이라고 말할 수 있다.

## 맺음말

道安과 동아시아와의 관계의 특질을 기술하며 끝맺고 싶다.

道安은 전부 세 번에 걸쳐서 조선 표류민 송환의 琉球國王使로서 조선

---

40) 田中健夫, 前揭 주 2) 논문.
41) 同前.

에 도항하였다. 그 중에는 僞使가 포함되어 있지만, 琉球國王使의 이름을 빌린 道安의 대규모 사적 무역행위가 주체였다. 그 무역은 錫·銅·蘇木을 조선의 섬유제품과 교역하는 것으로 아시아에서 무역권의 확대와 일본에서 광산물 생산의 활발화를 배경으로 하고 있다.

道安은 수도서인·수직인이라는 두 가지의 통교권을 획득하였지만 수도서인으로서 통교했던 자취가 없다. 수직인으로서도 많이 통교했다고 말할 수는 없으며, 琉球國王使로서의 私進上 이외에는 보이는 것이 없었다. 그 이유로는 道安의 무역활동의 중심이 博多 - 琉球 간의 활동에 있었던 점, 예물 약탈사건으로 對馬 宗氏와의 관계가 악화되어 스스로 조선통교가 불가능했던 점을 들 수가 있다. 對馬 宗氏와의 양호한 관계 없이 원만한 조선무역은 불가능하였다.

道安의「日本·琉球地圖」는 조선측에서 매우 귀중하게 여겼는데, 이 지도가「博多·薩摩·琉球 相距地圖」였던 것도 道安의 무역활동의 중심이 琉球 무역이었던 점을 시사하고 있다.

[付記]
　이 글은 平成 13~14년도 九州大學 교육프로그램연구 프로젝트 B2「宗家文庫資料の形成過程と保存に關する基礎的研究」(代表 佐伯弘次)성과의 일부이다.

# 제5절 15세기 후반 이후 博多 무역상인의 동향

## 머리말

무로마치 시대의 博多 무역상인은 명·조선과의 무역에 종사하고, 또한 琉球무역에도 참가하였다. 각각의 무역과 博多상인이 관계했던 모습은 시기에 따라 다르다. 그러나 博多 무역상인에 대해서는 명·조선·琉球에 대하여 별개로 연구된 것이 일반적이고, 각각의 무역의 유기적인 관련성에 대해서는 朝鮮－博多－琉球의 교역루트 상에서 활동하는 博多상인의 존재[1]와 宗金 일족이 조선무역과 함께 일명무역에도 관여한 것[2]이 지적되고 있는 정도이다. 이러한 연구를 기초로 하여, 博多상인의 日明, 朝日, 日琉 각 무역 상호간의 관련과 시기적인 변화를 규명해야 한다. 이 글에서는 15세기 후반 이후로 시기를 한정하여 그것을 검토해 가고 싶다.

15세기에서 16세기 무렵의 博多상인의 대외무역에는 몇 가지 획기적인 것이 있다.

예를 들어서 일명무역에서는 거의 매년처럼 명과 교류가 있었던 제1차 견명선(1401년 入明)부터 제8차 견명선(1410년 入明)까지와, 그 후의 20년 이상에 걸친 일명무역의 단절기에는 커다란 격차가 있다. 義持期에 들어오면, 義滿期에 일명무역에 종사하고 있던 博多의 무역상인들은 타국과의 무

---

1) 田中健夫, 「日鮮貿易における博多商人の活動」(同, 『中世海外交涉史の研究』, 東京大學出版會, 1959년).
2) 有光保茂, 「博多商人宗金とその家系」(『史淵』 16집, 1937년) ; 佐伯弘次, 「室町期の博多商人宗金と東アジア」(『史淵』 136집, 1999년).

역 또는 국내의 상업 등으로 어쩔 수 없이 전향하게 되었다고 생각된다.

또한 제10차 견명선(1434년 入明) 이후, 견명선 파견은 실질적으로 10년에서 20년 가까운 격차가 생겼다. 이것은 일명무역만으로는 경영이 이루어지지 않은 것을 의미한다. 즉 일명무역에 종사한 博多상인은 극히 초기를 제외하고, 일명무역과 다른 무역 또는 국내 상업과의 겸업으로 항상적인 경영을 유지 하지 않을 수 없었다고 생각할 수 있다.

조일무역에서는 15세기의 전반에 九州探題 澁川氏가 무역을 떠맡고 있는 형태로 조선무역에 크게 진출한 博多상인에 대해서, 應永 32년(1425)의 澁川氏의 몰락은 커다란 획기였다고 생각할 수 있다. 그 후, 博多상인은 스스로 조선 통교권을 확대하고, 또한 琉球國王使 등의 僞使파견에 적극적으로 관여하게 되었다.

15세기 중반이 되면, 對馬 宗氏에 의한 僞使가 대량으로 파견되도록 되었고, 조선무역은 구조적으로 커다랗게 변화하여 갔다. 對馬에 의한 무역의 실질적 독점이 진행되었기 때문이다. 그러한 조선무역의 구조적 변화는 博多상인의 조선 무역에도 커다란 영향을 준 것이라고 추정된다.

또한 日琉무역은 15세기 초두 이래, 琉球船의 畿內 직접도항이라는 형태로 전개되었는데, 15세기 중반이 되면 來船의 빈도가 감소해 간다. 그것과 궤를 같이 하는 것처럼 博多상인과 堺상인의 琉球도항이 활발해졌다. 日琉무역은 당초의 국가 간 (室町殿과 琉球國王)의 무역에서 지역이나 大名과 국가 (琉球國王)와의 무역으로 옮겨갔기 때문이다. 이 琉球 무역에서는 동남아시아산 물품 뿐만 아니라, 중국 물품도 중계무역에 의하여 일본에 유입되었다. 즉 琉球무역은 단절 내지는 빈도가 감소한 일명무역을 보완하는 의미가 있었다고 생각할 수 있다.

이상과 같이 日明, 朝日, 日琉의 각 무역은 정치적 관계나 경제적 관계의 변화에 수반되어 각각 변용해 갔는데, 모두 博多상인이 깊이 관여하고 있었다. 본고에서는 15세기 후반 대에서 16세기 초두의 시기로 한정하여,

博多상인의 무역과의 관계를 검토하고, 무역의 변화에 대응하여 博多상인
들이 어떻게 각 무역에 관여하며 계속되었는가를 검토하고자 한다.


## 1. 『海東諸國紀』와 「印冠之跡付」의 사이

(1) 신숙주의 『海東諸國紀』(1471년 성립)에는 많은 博多상인의 이름이
등장한다. 그들을 일람표로 만든 것이 다음의 표이다.3)

〈표 1. 『海東諸國紀』에 보이는 博多상인〉

| 인명 | 自稱·來歷 | 遣使年 | 受圖書 | 受職 | 歲遣船 | 비고 |
|---|---|---|---|---|---|---|
| 護軍道安 | 琉球國使 | | 1455 | 1457 | | 大友殿管下 |
| 司正林沙也文 | 道安子 | | | 1470 | | 大友殿管下 |
| 護軍宗家茂 | 富商石城府代官宗金子 | | 1455 | | | 大友殿管下 |
| 司果信盈 | 向化卒中樞藤安吉女婿 | | | 1469 | | 大友殿管下 |
| 信重 | 冷泉進藤原佐藤四郎信重 | 1456 | | 1471 | 1船 | 大友殿管下 |
| 安直 | 筥崎津寄住藤原直吉 | 1467 | | | | 八幡留守殿管下 |
| 直吉 | 筥崎津寄住藤原直吉 | 1467 | | | | 八幡留守殿管下 |
| 重家 | 冷泉津布永臣平重家 | 1467 | | | | 大友殿管下 |

최근 『海東諸國紀』의 일본인 통교자에 관한 연구가 진행되고, 그들 중
에 많은 僞使가 포함되어 있다는 점이 지적되고 있다.4) <표1>에 보이는

---

3) 『海東諸國紀』 日本國紀 筑前州條에는 「筑前州冷泉津尉兼內州太守田原藤原
　 貞成」이 등장한다. 受圖書人이며, 연간 1-2선의 歲遣船定約者였던 田原貞成은
　 大友氏의 博多 息浜代官이다. 그 조선통교를 담당한 것은 博多商人이었다고 생
　 각되는데, 명의자가 武家의 代官이었기 때문에 표1에서 생략하였다.
4) 長節子, 「朝鮮前期朝日關係の虛像と實像-세조王代瑞祥祝賀使를中心とし

博多상인을 보면 명백하게 僞使인 자는 없다. 우선 전부 眞使였다는 전제를 세우고 고찰해 가겠다.「大友殿管下」라고 注記되어 있는 博多상인은 모두 博多 息濱상인이라고 생각된다.5)

이들 博多상인을 통교권의 내용과 통교자로서의 성격에 따라 분류하면 受圖書人 2명(道安・宗家茂), 受職人 5명(道安・林沙也文・宗家茂・信盈・信重), 세견선 정약자 1명(信重), 표류인 송환자 3명(安直・直吉・重家)의 4종류이다. 특히 受職人이 많은 점이 특색이다.『海東諸國紀』에 보이는 受職人은 對馬・壹岐・博多의 통교자에 한정되어 있다. 對馬・壹岐의 受職人 대부분이 구 왜구세력인 것에 비하여 博多의 受職人은 무역상인이라는 점이 도시 博多의 특징을 명료하게 나타내고 있다. 또한 조선통교권의 유무로 보면 통교권을 가진 受圖書人・受職人・세견선 정약자가 5명, 통교권을 가지지 않은 임시 통교자가 3명으로 통교권을 가진 자의 비율이 높다. 受圖書人 겸 수직인 2명(道安・宗家茂), 受職人 겸 세견선 정약자 1명(信重)과 受圖書人 또는 세견선 정약자가 수직을 겸한 비율이 높은 것도 특색이다.

(2)「印冠之跡付」에 보이는 博多 명의의 통교자

「印冠之跡付」는「朝鮮送使國次之書契覺」이라고 한다. 16세기 후반 對馬의 조선무역 기록이다.6) 이 기록 중에는 많은 博多의 인물이 등장한다. 그들 중 元龜 3년(1571)條에 보이는 博多 관계자를 일람표로 한 것이 다음의 도표이다.

---

て-」(『年報朝鮮學』 8, 2002년).

5) 佐伯弘次,「中世都市博多の發展と息浜」(川添昭三先生還暦記念會編,『日本中世史論攷』, 文獻出版, 1987년).

6) 田中健夫,『對外關係と文化交流」, 思文閣出版, 1982년에 수록.

〈표 2. 「印冠之跡付」 元龜 3년조에 보이는 博多 명의의 통교자〉

| 일자 | 종류 | 인명 | 所務者 | 비고 |
|---|---|---|---|---|
| 5·27 | 冠 | 博多冷泉津盛圓 | 平田市左衛門乘渡 | 大船 |
| 5·27 | 冠 | 筑前州胤滿 | 古屋新左衛門乘渡 | 大船 |
| 5·27 | 印 ? | 博多新親長 | 藏田新兵衛 | 大船 |
| 5·27 | 印 | 冷泉津田原藤原貞種 | 臼杵殿送使 | 大船 |
| 5·27 | 冠 | 冷泉津源家德 | 有田勢左衛門乘渡 | 大船 |
| 6·5 | 冠 | 筑前州源勝長 | 原田與三右衛門乘渡 | 大船 |
| 6·11 | 冠 | 博多居住司猛彦次郎 | 下田林助乘渡 | 大船 |
| 7·5 | 冠 | 博多冷泉津司猛虎松 | 庄司又次郎 | 大船 |
| 7·9 | 冠 | 博多冷泉津居住司猛親秀 | 江戶孫兵允 | 大船 |
| 9·11 | 印 ? | 博多居住宗元長 | 大浦內匠助殿 | 大船 |
| 9·26 | 冠 ? | 博多居住司果源胤久 | 古屋左衛門佐 | 大船 |

　위의 표와 같이 「印冠之跡付」 元龜 3년조에서는 11명의 博多의 인물이 기록되어 있다. 「冠」이라고 기록되어 있는 것은 受職人을 의미하며, 「印」은 受圖書人을 의미한다. 즉 11명 중에서 受職人이 8명, 受圖書人이 3명이라는 구성이다. 이 구성비는 『海東諸國紀』의 博多상인의 구성비에 가깝다. 단 「印冠之跡付」에 보이는 통교명의는 僞使이고, 실제의 所務者(권익 행사자)는 對馬 宗氏의 지배 아래 있던 인물들이라는 것이 명백하게 되어 있다.[7] 즉 이들 11명의 博多 관계자는 對馬 宗氏에 의하여 창출된 僞使였으며, 博多상인이 실제로 무역권을 행사한 것은 아니었다.

　이들 11명의 博多 관계자 중에서 田原藤原貞種은 『海東諸國紀』의 博多息濱代官 田原貞成을, 宗元長은 같은 책의 宗家茂를 모델로 하여 창출된 僞使가 아닐까? 田原貞種의 통교권을 행사하고 있는 「臼杵殿」은 宗氏 가신인 臼杵氏와 大友氏로 筑前國志摩郡代의 臼杵氏라는 양쪽의 해석이

---

7) 田中健夫, 「中世日鮮通交における貿易權の推移」(주 1)의 田中, 앞의 책)

가능하다. 만약 후자라면 大友氏 가신 명의의 통교권이 宗氏와 大友氏(또는 臼杵氏)와의 연대에 의하여 大友氏 관계자에게 위임된 사례로서 주목된다. 그러나 「印冠之跡付」를 포함하는 「朝鮮送使國次之書契覺」를 보면 田原貞種의 통교권은 「殿中」「御上」, 즉 宗氏 當主가 사용하고 있었다. 또한 같은 책 天正 14년(1586) 9월 27일조에 의하면 貞種 명의의 통교권의 소무자에 宗氏 가신 臼杵大种로 되어 있고, 元龜 3년의 田原貞種 명의의 소무자 「臼杵殿」은 宗氏 가신인 것이 판명되었다. 즉 元龜 3년조의 博多 관계자 11명의 조선통교권의 소무자는 모두 對馬 宗氏의 가신 내지는 對馬상인이라고 할 수 있다.

1512년의 壬申約條으로 크게 감소한 對馬의 조선무역 권익은 그 후 宗氏의 부활교섭에 의해서도 무로마치 시기의 癸亥約條의 내용으로는 복구되지 않았지만, 宗氏는 많은 僞使를 창출하여 실질적인 통교권을 획득해 갔다. 그 결과 16세기의 조선무역은 對馬에 의한 독점상태가 되어 가는 것이다. 조선과 對馬 宗氏 사이에는 1557년에 丁巳約條가 체결되어 島主 宗氏의 세견선은 1547년의 丁未約條의 25척에서 5척이 증가한 30척이 되었다. 이러한 속에서의 조선무역에서 博多상인은 이름 뿐이었고, 실체로서는 조선무역의 주체에서 물러나지 않으면 안되었던 것이다.

이상과 같이 1471년에 성립한 『海東諸國紀』의 단계와 1510년의 三浦의 난과 그 귀결로서의 壬申約條 체결 이후의 단계에서는 博多무역상인의 조선무역에 대한 관여 방식이 크게 변화한 것을 알 수 있다,

이하 제2절 이후에서는 15세기 후반 이후 博多무역상인이 琉球무역 및 조선무역과 어떠한 관계를 구축하였는지에 대하여 검토하고자 한다.

## 2. 博多상인의 琉球무역

### (1) 琉球國王使로서의 博多상인

15세기 후반에 博多상인이 琉球國王使로서 활동한 점, 게다가 그들 중에 僞使가 많이 포함되어 있다는 점은 이미 명백하게 밝혀졌다.[8] 특히 橋本雄씨의 논고가 상세하며, 博多상인과 琉球國王使의 관계가 상세하게 기술되어 있다. 지금 橋本의 논문을 기초로 琉球國王使가 된 博多상인을 발췌하면 다음의 표와 같다.

〈표 3. 琉球國王使로서의 博多상인 (橋本 1997)〉

| 연대 | 使者 | 목적 | 외교문서 |
|---|---|---|---|
| 1453 | 道安 | 표류민 송환 | 咨文 |
| 1455 | 道安 | 표류민 송환 | 書契 |
| 1457 | 道安 | 표류민 송환 | ? |
| 1471 | 自端·平左衛門尉信重 | 割符制 제안 | 書契 |
| 1479 | 新時羅·三未三甫羅·也而羅 | 표류민 송환 | 書契 |
| 1483 | 新四郞·耶次郞 | 대장경 등 구청 | 書契 |
| 1491 | 耶次郞·五郞三郞 | 대장경 구청 | 書契 |
| 1493 | 梵慶·也次郞 | 綿布 등 구청 | 書契 |

위의 표와 같이 博多상인이 琉球國王使로서 조선에 도해한 것은 전부 8건이다. 橋本씨는 琉球가 조선에 제출한 외교문서는 「咨文」이었다는 점에서, 「咨文」을 지참한 琉球國王使는 眞使이고, 「書契」를 지참한 琉球國王

---

8) 田中健夫, 「琉球に關する朝鮮史料の性格」(同, 『中世對外關係史』, 東京大學出版會, 1975년) ; 橋本雄, 「朝鮮への「琉球國王使」と書契·割符制－十五世紀の僞使問題と博多商人－」(『古文書研究』44·45, 1997년).

使는 僞使인 것이 명백해졌다. 즉, 표에 보이는 博多상인의 琉球國王使 8
건 중 1453년의 道安을 뺀 7개의 예가 모두 僞使인 것이 분명하게 되었다.
즉, 道安의 琉球國王使 취임으로 국왕 파견의 요령을 알고 있던 博多상인
들은 이후 점차 僞使를 파견한 것이 된다. 예조관인 李承召가「薩摩·博多
사람이 거짓으로 서계를 만들어서 온듯합니다. 예컨대 琉球사자라고 일컫
는 자가 있었는데, 바로 博多 사람이 유구국에 가서 정하여 서계를 받아가
지고 온 것입니다.」9)라고 서술되어 있는 점에서 조선 측도 이것을 어느 정
도 인식하고 있었다는 것을 알 수 있다. 이하 개별적으로 博多상인과 琉球
의 관계를 검토하겠다.


## (2) 博多상인과 琉球무역

### ① 道安

  博多상인 道安이 조선 - 博多 - 薩摩 - 琉球라는 동아시아의 교역루트에
서 활동한 무역상인이었다는 것은 이미 알려져 있다.10) 1453년에 琉球에
표착한 조선 표류민을 琉球國王使로서 송환한 道安은 이후 1455년, 1457
년 2회에 걸쳐 같은 琉球國王使로서 조선에 건너갔다. 1453년에는 조선의
예조에 대해 琉球와 薩摩 (島津氏)가 사이가 나빠져서 북부 九州에서 琉
球로의 도해에 지장이 생겼다는 정보를 전하고,「博多·薩摩·琉球相距地
圖」를 헌상한 것도 잘 알려져 있다. 이 지도는「日本·琉球兩國地圖」라고
도 하며,『海東諸國紀』日本·琉球地圖의 기초가 된 것이다.

---

 9)「성종실록」9년(1478) 10월 계묘조(「中國·朝鮮の史籍における日本史料集成
   李朝實錄之部」, 國書刊行會에 의함).
10) 田中健夫, 前揭 주 1) 논문, 有光友學,「中世後期における貿易商人の動向」
   (靜岡大學人文學部,「人文論集」21, 1971년) ; 佐伯弘次,「室町後期の博多商
   人道安と東アジア」(『史淵』140집, 2002년).

琉球 國王使로서의 道安이 1453년에 조선에 제출한 외교문서는「咨文」
였고, 진사였다고 생각된다. 1455년의 외교문서는「書契」였고, 1457년의
외교문서에 대해서는 기록이 없지만, 아마 마찬가지일 것이다. 이 두 번의
琉球國王使는 道安이 꾸민 僞使였다. 琉球國王使로서 도해했을 때에는
대량의 銅·錫·蘇木을 조선으로 가져가서 綿布 등의 섬유제품과 교역하였
다.[11] 道安의 조선무역은 일본산 광산물과 동남아시아산 물품을 조선에 수
출하고, 조선의 섬유제품을 수입하는 형태였고, 그 무역은 국내유통과 琉球
무역을 배경으로 하고 있다. 1450년대에 진위가 섞인 琉球國王使로서 빈번
하게 조선에 도해한 것은 스스로 무역 확대를 위한 것이었다고 생각된다.
단, 僞使로서의 道安은 조선으로부터 하사받은 대장경을 琉球國王에게 보
내 주고, 무역확대를 위한 단순한 僞使가 아닌, 琉球國王의 의도도 어느 정
도 헤아린 다음의 僞使였던 가능성이 있다.[12]

道安은 1455년에 受圖書人이 되어 조선 통교권을 획득하고, 1457년에
受職人(護軍)도 되어 명목적으로는 조선 통교권을 강화하였다. 모두 琉球
國王使로서의 실적이 평가되었기 때문이다. 그러나 文引을 발행하는 對馬
宗氏와의 사이에 트러블을 일으킨 적도 있고, 조선통교의 빈도는 그다지 높
지 않았다. 오히려 빈번하게 琉球國王使로서 조선에 건너간 것은 琉球에
빈번하게 도해하고 있었다는 증거이기도 하다. 1453년에 道安이 가져온 琉
球國王 尙金福咨文에[13]「順有日本花島住州送禮來船, 其船頭道安等回
還」이라고 있고, 道安이 花島(博多)에서 琉球에 보낸 배의 船頭로서 琉球
에 도해하고, 표류민 송환에 관여한 것을 알 수 있다. 이 博多의 배라는 것
은 商船으로 생각 할 수 있고, 道安은 그 船頭 즉 배의 경영자였다. 즉 道
安은 본래 琉球 무역에 종사한 博多 상인이며, 琉球 체류 중에 조선 표류

---

11) 佐伯弘次, 前揭 주 10) 논문.
12) 同前.
13)『端宗茂實錄』원년(1453) 4월 辛亥條.

민과 만나 琉球 國王使가 되어 그 송환에 관여한 것이다. 道安의 무역은
그 일로 인하여 조선까지 포함하는 광역의 무역이 되었는데, 道安이 琉球
國王使로서 조선에 도해했던 것을 빼면, 조선통교의 빈도가 낮은 것은 道
安이 조선 – 博多 – 琉球의 무역루트상에서 활동했다기 보다는 博多 – 琉球
의 교역루트상에서 주로 활동했다는 것을 추측할 수 있다.

### ② 佐藤信重

1471년에 琉球 國王使로서 조선에 도해했던 平左衛門尉信重은 『海東
諸國紀』에도 등장하는 博多 무역상인이다. 같은 책에는 다음과 같이 기록
되어 있다.

> 信重
> 丙子年, 遣使來朝, 書稱筑前州冷泉津藤原佐藤四郎信重, 約歲遣一船, 辛
> 卯冬以琉球國王使來, 受中樞府同知事, 博多富商定淸女壻, 大友殿管下,

병자년(1456)에 조선에 遣使하여 內朝했던 佐藤信重은 이때에 도서를
받고[14] 受圖書人이 되어 통교권을 획득하였다. 세견선 1척을 정약한 것은
1470년 9월의 일이다.[15] 그리고 신묘년(1471) 겨울, 즉 11월 琉球國王 尙
德의 使者로 조선에 갔고[16] 소원에 따라 中樞府同知事(從2品)를 수직하였
다.[17] 中樞府同知事는 兵曹 中樞府의 종2품 관직이었는데, 中樞府 자체
가 「無所掌」이 되는 관아였고[18], 바로 影職이었다. 道安이 받은 관직이 정
3품의 호군이었던 것과 비교하면 信重은 수직왜인으로서는 매우 높은 관직

---

14) 「성종실록」 2년(1471) 11월 정미조.
15) 『同』 원년(1470) 9월 병오삭조.
16) 『同』 2년 11월 경자조.
17) 『同』 2년 11월 신유조.
18) 『經國大典』 兵典.

을 수여받은 것이 된다.

이때 平左衛門尉信重이 조선에 가져간 것은 琉球國王使 尙德의 서계였던 점에서 이 심부름은 割符制를 창출하기 위해서 博多상인이 파견한 僞使였고,『歷代寶案』에 남은 尙德咨文을 개찬한 것이었다.[19] 「日本國商船」의 新右衛門尉平義重이 尙德咨文에 보이는 본래의 琉球 國王使이며, 信重은 博多에서 이 사절을 대신하여 새롭게 尙德書契를 위작했던 것이다. 이 新右衛門尉平義重도 博多상인이라고 생각할 수 있다.

受圖書人·세견선 정약자·受職人이 된 佐藤信重은 道安과 다르게 조선무역을 활발하게 행하였다. 1478년 이후 거의 매년 조선으로 사신을 보내고 있다. 이것은 信重의 무역이 조선 - 博多 - 琉球의 교역 루트상에서 행해진 것이 아니라 조선무역으로 크게 전환된 것이라는 점을 말해주고 있다. 信重은 義重의 琉球무역에 종사하는 博多 무역상인과 연합하여 琉球國王使인 것처럼 행세한 것이다. 1491년에는 「冷泉津居住嘉善大夫同知中秋府事信重」을 칭하면서 조선에 사신을 보내고 있다.[20] 嘉善大夫는 종2품을 나타내기 때문에 中樞府同知事에 대응하고 있다.

信重의 장인인 「博多富商定淸」은 1446년부터 52년에 걸쳐서 「日本覇家臺倭藤原定淸」[21] 「博多津藤原定淸」[22] 등의 명칭으로 조선에 사신을 보낸 조선 무역상인이었다. 1446년 7월에는 조선에 원숭이를 헌상한 것[23]과, 1448년 7월에는 자신은 도서를 청하고, 아들인 多羅에게는 관직을 청하고 있는[24] 것이 주목된다. 단 定淸에 대한 投圖書, 多羅에 대한 수직에 대해서는 『조선왕조실록』에 기록이 없고, 상세한 것은 불분명하다.

---

19) 橋本, 前揭 주 8) 논문.
20) 『성종실록』 22년(1491) 4월 을묘조.
21) 『세종실록』 29년(1447) 7월 신해조.
22) 『同』 30년(1448) 7월 기축조.
23) 『同』 28년(1446) 7월 정묘삭조.
24) 주 22)와 같음.

### ③ 新時羅 (新四郎)·三未三甫羅

위의 도표에 의하면 1479년에 新時羅·三未三甫羅가 조선 표류민 송환을 위해 琉球國王使로서 조선에 도항하였다. 이때의 외교문서도 書契였기 때문에 이 琉球國王使도 僞使였다.

이때의 琉球國王使에 대해서는 『성종실록』에 자세히 나와 있다.[25] 이 琉球國王使船 3척은 제주도 표류민을 태우고, 1479년 5월 3일, 조선 삼포의 하나인 염포에 도착하였다. 일행은 上官人 新時羅(新四郎), 副官人 三未三甫羅(左衛門三郎), 押物 要時羅(與四郎 ?)·也而羅(弥次郎 ?), 船主 皮古仇羅(彦九郎)·伴從人·格人 등으로 구성되었고, 합계 219명이었다.[26]

이때 上官人인 新時羅(新四郎·新伊四郎이라고도 한다. 여기서는 주로 新四郎으로 기록한다)는 「우리는 본래 博多 사람인데, 지난 정유년 10월에 副官人과 더불어 興販으로 인하여 유구국에 갔다가 마침 귀국의 표류인이 도착하여 정박하고 있는 것을 만났는데, 국왕이 서계를 주면서 우리들로 하여금 押來하라고 하였으므로」라고 서술하고 있다.[27] 新四郎은 博多의 인물로 1477년 10월「興販」, 즉 교역을 위해 琉球로 갔고, 때마침 조선 표류민을 만나 琉球 국왕이 書契를 주고 송환을 의뢰하였다고 서술하고 있다. 이때의 외교문서가 書契이므로 이 琉球國王使는 僞使가 되는데, 上官人(正使)인 新四郎과 副官人(副使)인 三未三甫羅는 함께 교역을 위해 琉球에 도항했다는 표류민의 證言으로도 명백하다. 표류민도 「마침 일본의 覇家臺 사람 新伊四郎 등이 장사하러 와서 국왕에게 청하기를, '우리 나라는 조선과 통호하고 있으니, 이 사람들을 데리고 가서 보호하여 돌려보내기를 바랍니다.' 하니, 국왕이 이를 허락하고, 또 이르기를, '도중에 잘 撫恤하여 돌려보내도록 하라.' 하였습니다」라고 이야기하고 있다.[28] 이에 의하면 이

---

25) 橋本, 前揭 주 8) 논문.
26) 『성종실록』 10년(1479) 5월 신미조.
27) 同前.

송환은 琉球국왕의 주체적인 의지라기보다도, 博多상인 新四郎의 주체적인 의지에 의한 것을 강조하고 있다. 이 일행이 僞使였던 점에서 이 표류민의 말이 보다 사실에 가깝다고 생각된다. 단 표류민들이 琉球국왕으로부터 보호받은 것은 분명하며, 황당무계한 僞使는 아니었다. 따라서 이 사례는 信重보다 道安의 사례에 가깝다고 생각된다.

일행은 1478년 7월 28일 또는 8월 1일에 那覇를 출발했고[29], 4일 밤낮이 걸려 薩摩에 도착하였다. 新四郎 일행 100여명이 승선한 것은 「一大船」이었다. 新四郎은 薩摩에 1개월 체류하고, 그동안 島津氏의 접대를 받았다. 9월 新四郎은 별도로 배를 구입하여 九州 서해안을 북상했고, 3일 밤낮이 걸려 肥後國 高瀬浦에 도착하였고, 新四郎과 표류민은 여기서 상륙하여 육로로 2일 걸려서 博多에 도착하였다. 이 때 그대로 배로 간 三未三甫羅는 이미 博多에 도착해 있었다. 博多에 도착 하였을 때 마침 大內氏와 少貳氏가 전투 중이었는데, 大內氏가 우세하여 筑前·豊前을 빼앗고, 少貳氏는 肥前으로 도망갔다.

전투 중이었기 때문에 일행은 博多에 6개월 체류하였고, 다음해 1479년 2월에 博多를 출발하였다. 志賀島·壹岐·對馬를 경유하여 같은 해 5월에 조선에 도착한 것이다. 對馬 체류 중의 기사에서 매우 흥미있는 것은 일행이 對馬의 「草那浦」에 상륙했을 때, 일행이 숙박했던 곳은 新四郎의 숙부 집이었다.[30] 이로써 新四郎은 對馬 출신의 博多상인이라고 추정할 수 있다. 당시의 對馬와 博多는 정치적으로도 경제적으로도 밀접한 관계였기 때문에,[31] 新四郎처럼 對馬에서 博多로의 이주가 행해졌던 것으로 보인다.

---

28) 『성종실록』 10년 6월 을미조.
29) 『同』 10년 5월 신미조에는 7월 28일 發船, 같은 해 6월 을미조에는 8월 1일 發船으로 되어 있다.
30) 『同』 10년 6월 을미조.
31) 佐伯弘次, 「大內氏の筑前國支配-義弘期から政弘期まで-」(川添昭二編, 「九州中世史硏究」 1집, 1978년).

여기서 한 가지 고려하고 싶은 것은 新四郎이 薩摩에서 별도로 배를 구입하여 바꾸어 탄 것이다. 그 이유는 두가지의 가능성으로 생각할 수 있다. 하나는 琉球에서 薩摩로의 항해 도중에 배가 파손되어 항해를 버틸 수 없게 되었다는 가정이다. 琉球국왕 尙德의 書契에는「日本國博多商船着岸」으로 되어 있고32), 新四郎 등이 타고 온 배가 博多상선이라고 표현되어 있으며, 琉球에서 薩摩에 도착했을 때,「波濤甚惡, 僅得而濟海33)」라고 되어 있는 것에서 그 가능성은 충분히 있다. 또 하나의 가능성은 琉球 - 薩摩 간을 왕복하는 배에 편승했다는 가정이다. 이 가정이 성립된다면 道安의 단계에서는 배로 博多와 琉球를 왕복하는 과생이 기술되어 있는데, 이 1479년 단계에서는 琉球와 薩摩의 관계가 호전되었고, 양쪽 지역을 왕복하는 商船이라고 할 수 있는 배가 존재했다는 것이 된다. 橋本雄씨는 이 사례에서「博多상인이라고 한마디로 말해도 친척이나 商人宿·間 등을 통하여 각지에 거점을 가지고 있었던 점, 그에 따른 광역적인 상업네트워크를 확립시키고 있었던 점」을 지적하고 있다.34) 탁견이지만, 다시 주목되는 것은 新四郎과 薩摩 島津氏와의 관계가 깊고, 이 사례로부터 博多상인의 琉球무역의 一端을 엿볼 수 있다는 점이다. 道安의 시대와 같은 琉球와 薩摩의 대립관계는 해소되었고, 島津氏에 의한 琉球 도해 博多선의 拿捕는 없어졌다. 이러한 사정에 의해 博多상인은 琉球 도해를 안전하고 원활하게 행하기 위해 島津氏와의 관계를 깊게 하였다고 생각할 수 있다. 이 사례에서 琉球國王使 파견의 계기는 교역을 위한 琉球 도항 중, 표류민과 만난 것이다. 新四郎과 三未三甫羅는 대규모의 조선무역을 행하기 위해 이 표류민을 보호하고 琉球國王使를 내세웠을 것이다. 그들의 琉球도해의 시기는 1477년 10월이고, 琉球 출발은 다음해 1478년 7월 내지는 8월이었으며, 博多 도착은 같은

---

32)『성종실록』10년 6월 정미조.
33)『同』10년 6월 을미조.
34) 橋本, 前揭 주 8) 논문.

해 9월이었다. 博多 출발의 시기는 불분명한데, 약 1년의 사이클로 博多 –
琉球를 왕복하고 있었다는 것이 된다. 이 사이클이라면 항상적으로 琉球무
역에 종사하는 것도 가능하다. 그것을 증명하는 것처럼 新四郞은 1483년에
도 대장경을 구청하기 위해 僞琉球國王使로서 조선에 도항하고 있다.

지금 한 가지 주목할 것은 副官人 三未三甫羅이다. 三未三甫羅는 이름이
라든가, 시기적으로 보아도 宗金의 손자 三未三甫羅와 동일인물로 생각된
다.[35] 宗金 일족은 조일무역과 일명무역에 깊이 관여하였는데, 琉球 무역도
행하고 있었던 것이다. 당시는 堺商人이 일명무역을 독점하였던 시기에 해당
하기 때문에 다수의 博多상인이 일명무역에서 배제되었다고 생각할 수 있다.
또한 일명무역은 이미 10年 1貢을 원칙으로 하고 있었고, 일명무역만으로 경
영을 성립시키는 것은 불가능하였다. 15세기 중반 이후 다수의 博多상인이
琉球무역에 참가한 배경에는 일명무역을 둘러싼 문제가 있을 것이다.

④ 博多茂家

『琉球國由來記』 권11 波上山護國寺條[36]에 다음과 같은 기사가 있다.

> 熊野權現綠起三卷
> 于時文明九年丁酉二月二十一日 博多 信心大施主茂家
> 三司官浦襲大臣 池城大臣 澤子大臣 座主宥嚴
> 嘉靖四十一年壬戌季夏大吉祥日

근세의 那覇波上山護國寺에 전래되어 온 「熊野權現綠起」의 奧書 부분
이다. 15세기에 琉球에는 일본(야마토)의 신앙이 유입되어 일부가 정착되었
다. 그 중의 하나가 熊野신앙이다. 이 奧書에는 일본 연호인 文明 9년

---

35) 有光友學, 前揭 주 10) 논문.
36) 外間守善·波照間永吉編,『定本琉球國由來記』(角川書店, 1997년), 210쪽 ; 橫
    山重編,『琉球史料叢書』 제1권(鳳文書院, 1988년), 231쪽.

(1477)과 명의 연호인 嘉靖 41년(1562)의 2개가 있는데, 양자의 관계는 잘 모르겠다. 일단 綠起 본래의 奧書는 「于時文明九年…大施主茂家」 부분 이고, 「三司官」 이후는 추가한 것이라고 생각하고 싶다. 그렇게 생각하면 「熊野權現綠起」 3권은 文明 9년 2월 21일자로 博多의 茂家에 의하여 필 사를 완료했던지, 아니면 護國寺에 施入된 것이 된다.

이 博多 茂家는 당시 琉球에 가 있던 博多 무역상인이라고 생각하는 것 이 타당하다. 博多에는 正應 2년(1289) 창건의 전승을 가진 今熊權現社가 있고, 이 신사와 관련하여 今熊町이라는 마을 이름이 근세에는 존재하였 다.[37] 熊野신앙을 가진 博多상인이 那覇 입항의 랜드마크가 되었다고 생 각할 수 있는 護國寺(波上三所權現)에 대해서 신앙을 가졌고, 綠起를 寄 進하는 것은 충분히 있을 수 있는 일이다.

여기서 「茂家」라는 실명에 주목하면 「宗家茂」 「宗茂信」 등 宗金 일족 의 실명과 매우 비슷하다. 가설이기는 하지만, 宗金 일족으로 동 시기에 琉 球 무역에 종사했던 三末三甫羅의 실명일 가능성도 있는 점을 지적해 두 고 싶다. 단 茂家가 三末三甫羅와 동일 인물이라면 약간의 문제가 발생한 다. 앞에서 서술한 것처럼 新四郎·三末三甫羅 두 명은 1477년 10월에는 琉球로 건너갔고, 다음해 1478년 9월에는 博多로 돌아왔다. 博多 – 琉球 사이의 교역이 1년간의 간격으로 행해졌다고 가정하면 1477년 2월에는 琉 球에 없었던 것이 된다. 이 점에 대해서는 두 명이 딴 사람이었을 가능성 이외에 博多 – 琉球 사이의 왕래가 정기적인 것이 아니었을 가능성도 있다.

어쨌든 이 奧書가 博多상인의 琉球무역을 배경으로 한 것은 틀림없을 것이다. 또한 종래 생각했던 이상으로 博多와 琉球는 관계가 깊었던 것이 아니었을까. 琉球에 도해하면 국내나 조선에서 소비될 남해산 물자를 입수 할 수 있는 것 외에, 중국산의 문물도 입수 가능했기 때문에, 博多무역상인 에게 있어서 琉球무역의 의미는 결코 작지 않았다고 생각된다.

---

37)『筑前國統風土記附錄』 상권(文獻出版, 1977년), 168쪽.

## 3. 對馬 宗氏의 조선통교와 博多상인

성종대가 되면 조선정부는 일본인에 대하여 통교통제를 엄하게 하였다. 堺商人과 일명무역에서 경합하고 조선무역도 제한을 강화하자 우선은 琉球 무역이 博多상인의 판로가 되었다고 생각된다. 그러나 博多상인은 전혀 조선무역에서 철수한 것이 아니었다. 앞에서 서술한 佐藤信重과 같이 통교를 계승한 자도 있었다. 조선무역의 변화 중에서 博多상인이 어떠한 움직임을 보였는지 검토하고 싶다.

### (1) 博多상인의 對馬 도항

15·16세기의 對馬에 있어서 博多가 중요한 도시였던 것은 말할 필요도 없다. 對馬상선은 博多에 도항하여 조선무역의 수입품을 매각하고, 수출품을 조달하였다고 생각할 수 있다. 특히 文明10년의 宗氏와 大友氏의 和睦 이후 對馬 상선의 博多 도항은 안전하게 되었다고 생각된다. 여기서는 그 역방향 즉, 博多상인이 對馬와 어떠한 관계에 있었는지를 살피고 싶다.

1476년 對馬島宣慰使 金自貞이 조선에서 對馬府中으로 파견되었다.[38] 自貞은 귀국 후 상세한 보고를 하였다.[39] 對馬 체류 중 自貞은 宗氏와 그의 많은 가신들과 교류하였고, 교류의 내용과 그들로부터 얻은 정보를 자세하게 보고하였다. 그 중에는 壹岐의 受職人인 護軍 三甫郎太郎(三郎太郎)과 대면하고 博多의 인물과 대면하였다.

6월 11일 自貞은 博多 居僧 少由와 대면하고, 조선이 관심을 가진 북부 九州의 정보를 얻었다. 그 기사에서는 「博多의 居僧인 少由가 장사하러

---

38)『성종실록』7년(1476) 2월 병술조.
39)『同』7년 7월 정묘조.

와서 이웃집에 머물렀다」라고 기록되어 있다.[40) 博多의 居僧 少由는 商販, 즉 교역을 위하여 때때로 對馬府中의 金自貞의 숙사 옆에서 숙박했기 때문에 自貞과 만났던 것이다. 自貞은 북부 九州에서 大內氏와 少貳氏의 항쟁을 少由로부터 들었다. 少由는 居僧인데, 對馬를 방문한 목적이 商販이었기 때문에 僧形의 상인으로 생각할 수 있다. 무엇을 교역했는지 기록되어 있지 않지만, 상황적으로 조선산 물자를 입수하러 왔다는 것이 가장 가능성이 높다.

## (2) 對馬 宗氏의 조선통교와 博多상인

표류민 송환 및 僞使파견에 관하여, 對馬와 博多는 협력 관계에 있었다는 것이 松尾弘毅씨에 의하여 지적되었다.[41) 여기서는 개별·구체적으로 對馬의 조선통교 중에서 博多상인이 어떻게 관여하고 있었는지를 살펴보겠다.

### ① 藤安吉子의 受職

1473년 정월 對馬島主 宗貞國은 조선으로 書契를 보냈다.[42) 그 속에서 貞國은 다음과 같이 기술하고 있다.

> 藤安吉이 성은을 입었으나 그 직임을 감당하지 못하고 일찍이 죽었으므로, 지금 그 외로운 아들이 의지할 곳이 없어 나에게서 얻어 먹으니, 참으로 가엾습니다. 한 번 귀국에 朝觀하여 무덤에 가서 薄奠이나마 올리도록 보내고자 하오니, 작은 벼슬을 내려 아비의 업을 잇게 하여 주시면 다행이겠습니다

---

40) 同前.
41) 松尾弘毅, 「中世日朝關係における後期受職人の性格」(『日本歷史』 663, 2003년).
42) 『성종실록』 4년(1473) 정월 신해조.

藤安吉은『海東諸國紀』에도 등장하는 博多 출신의 向化倭이다. 安吉의 父가 예전에 조선에 가서 京館에서 죽었기 때문에 母가 安吉에게 명하여 조선을 섬기고 受職人이 되어, 아버지의 묘를 지키게 하였다. 安吉이 죽자 동생인 茂村이 조선을 섬기고 副司果에 임명되었다. 安吉의 모는 때때로 조선에 배를 파견했으며, 藤氏母라고 칭하였다. 藤氏母는 당시로서는 매우 드문 여성 무역상인이다. 이 藤一族은 아버지의 묘를 지킨다는 명목으로 조선에 파견되어, 조선의 관직에 임명되고 실제로 조선정부를 섬겼던 점이 이례적인 일이었다.

安吉이 죽은 후 宗貞國은 그 아들을 위해 「小官」 즉 조선의 관직에 임명해 주도록 요구했던 것이다. 그 결과 藤安吉子는 司正에 임명되었다. 宗貞國과 藤安吉子는 어떠한 관계에 있었는지 잘 모르겠지만, 藤安吉子는 對馬 宗氏에게 접근하여 그 힘을 빌려 수직하려고 했던 것이었다.

## ② 宗茂信의 수직과 日本國王使都船主

1514년에 日本國王使 南湖西堂이 조선에 건너왔다. 이미 三浦의 亂 직후였고, 南湖는 對馬 宗氏가 꾸민 僞使였다고 생각된다. 宣慰使 安處誠은 南湖에 대하여 「都船主宗茂信雖陪使臣而來, 因島主求請受職人, 勿許接待事, 曾有定約, 今不可接待」라고 기술하였다.[43] 「「都船主」인 宗茂信은 日本 國王使를 따라 조선에 來朝하였다. 그러나 茂信은 島主 宗氏의 구청으로 受職한 인물이었기 때문에 島主의 求請 受職人은 접대하지 않는다는 정약대로 이번에는 접대하지 않는다」고 安處誠은 기술하고 있는 것이다.

이에 대하여 南湖는 「宗茂信非居對馬島, 乃本國所屬人, 今以都船主, 奉國王之命, 專掌一行之事, 捨此人不得上京矣」라고 대답하였다. 「宗茂信은 對馬島에 거주하는 자가 아니라 본국(일본국 ?) 소속의 인물이다. 지

---

43) 『중종실록』 9년(1514) 11월 갑신조.

금 都船主로서 일본 국왕의 명을 받아 일행의 일을 모두 관리하고 있다. 이 사람을 데리고 오지 않으면 상경할 수 없다」고 대답한 것이다. 이 日本國王使는 宗氏가 만든 僞使라고 생각할 수 있기 때문에 「本國所屬人」이라고 한 문구는 신용할 수 없다.

宗茂信은 博多상인 宗金의 손자와 동일인물이라고 생각된다. 博多상인 宗茂信이 對馬 宗氏의 구청에 의하여 受職人이 된 점, 宗氏가 파견한 가짜 일본국왕사의 都船主로서 宗氏의 僞使 파견을 뒷받침하고 있는 점을 알 수 있다. 이 宗茂信은 1480년 畠山義勝 명의로 파견된 僞使의 副使로 조선에 건너간 적이 있으며, 僞使 파견을 뒤에서 돕고 있었다. 이와 같은 日本國王使船 都船主의 사례는 博多상인과 對馬 宗氏 사이에 僞使 파견에 있어서 협력관계가 있었다는 증거가 된다.[44]

### ③ 宗三未三甫羅

앞에 예를 든 宗金의 손자 三未三甫羅(左衛門三郎)도 對馬 宗氏와 깊은 관계가 있었다. 1476년 7월 宗貞國의 가신 立石國長은 島主의 말을 다음과 같이 조선에 전달했다.[45] 즉 「博多 宗金의 손자 三未三甫羅는 그림을 잘 그리는 자이다. 1474년에 畠山殿의 押物로서 조선에 갔다. 귀국할 때 배가 파손되어 아직도 본토 博多로 돌아가지 못하고 있었다. 貞國은 그 재능을 아껴서 對馬島에 머물게 하고 있다. 후일 島主歲遣船 50척 중에 조선으로 파견할 예정이다. 국왕에게 啓上하여 구제하고 싶다」고 이야기하고 있는 것이다.

먼저 三未三甫羅가 僞使로 생각되는 畠山殿의 무역관리자로서 조선에 건너간 것이 주목된다. 이러한 王城大臣使의 僞使 파견에는 宗金 일족과

---

44) 松尾, 前揭 주 41) 논문.
45) 『성종실록』 7년 7월 정묘조.

같은 博多무역상인이 깊이 관여하고 있었던 것이다. 博多에 귀환할 수 없게 되었다는 三末三甫羅를 宗貞國이 보호하고, 그 구제를 貞國이 조선에 요청하고 있는 것은 조선무역에서 博多상인과 對馬 宗氏의 밀접한 관계를 알 수 있는 동시에, 당시 유행하던 僞王城大臣使[46]의 파견에 博多상인과 對馬 宗氏가 깊이 관여하고 있었다는 점을 추정할 수 있다.

### ④ 道安子 四郎三郎

1497년 제주도에 국적불명의 인물이 표착하였다. 조선정부가 당시 국내에 있던 외국사신에게 물었더니, 한양의 동평관에 있던 왜인 四郎三郎이 「俺昔隨父往返琉球 今已二十餘年, 此輩服色正是琉球人也」라고 대답하였다.[47] 20여 년 전에 아버지를 따라 琉球와 왕래한 적이 있었고, 그 견문에 의하면 표류민은 琉球人이라고 四郎三郎은 말하고 있는 것이다. 國久使送의 四郎三郎은 「이들의 의복 색깔이나 머리에 쓴 삿갓으로 보아 바로 유구 사람이다」라고 말하였기 때문에 조선정부는 四郎三郎에게 통역을 시켜 이 표류민이 琉球에 紅花를 年貢으로서 운송하고, 돌아가는 길에 대풍을 만나 표류했다는 것을 알았다.[48]

이 문제에 대하여 四郎三郎은 「이미 국가의 작록을 받아 臣僕이 되었으니, 비록 죽는 일일지라도 피하지 못하거늘, 하물며 이 일이겠습니까. 옛날에 우리 부친 道安이 유구국으로부터 국가의 표류된 사람을 거느리고 오자 국가에서 가상히 여기어 벼슬을 주어 수고를 보답하였습니다. 그러자 우리 부친이 또 국가에서 유구국에 사례하는 서간을 싸 가지고 갔다 온 일이 있는데, 제가 지금 대동하고 가는 것이 무엇이 어려우리까」라고 하였다.[49] 父

---

46) 橋本雄. 「中世日朝關係における王城大臣使の僞使問題」(『史學雜誌』 106-2, 1997년).
47) 『연산군일기』 3년(1497) 10월 임오조.
48) 同前.

道安이 琉球에 표류한 조선인을 송환하고, 그 공적으로 수직이 되어, 琉球 國에 보내는 禮狀을 가지고 琉球에 건너간 것을 회상하며, 자신도 그것을 행하겠다고 말하였다. 이 발언에서 四郎三郎이 道安의 아들이고, 또한 자신도 受職人이 되었다는 것을 알 수 있다.

더욱이 四郎三郎은 「國久使送」이기도 했다. 이 國久라는 것은 『해동제국기』에 「對馬州佐護郡代官平朝臣播磨守國久」라고 나오는 對馬佐護郡代宗國久라고 생각된다. 宗國久는 對馬 沙愁(佐須)浦에 본거지를 두고 세견선 1척을 정약했으며, 「天神山의 해적을 존중한다」는 인물이다.[50] 즉 道安의 아들 四郎三郎은 對馬 宗氏 일족인 宗國久의 使送(使者)로서 그 통교와 무역을 대행하고 있었던 것이다. 道安家도 아들 대가 되면 조선통교는 저조했는데, 對馬 宗氏의 무역을 대행하는 형태로 조선무역에 관여하고 있었던 것이다.


## 맺음말


이상 본고에서 명백히 밝힌 사항을 정리하여 맺는 말을 대신하고 싶다. 『海東諸國紀』의 단계에서 博多의 조선무역상인은 受圖書人·歲遣船定約者·受職人 등 다채로왔다. 특히 受職人의 비율이 높고, 또한 상인층 受職人 뿐이었다는 점이 다른 지역과 다른 커다란 특징이다. 그러나 16세기의 삼포왜란 이후가 되면 對馬 宗氏의 조선무역 독점화에 수반하여 명목상으로는 博多상인이라도 실체는 宗氏가 조작한 僞使 뿐이라는 상황이 되며, 博多상인은 日朝關係의 정식 무대에서 철수하지 않을 수 없게 된다. 그 궁극적인 모습이 「印冠之跡付」에 보이는 對馬에 의한 僞使체제이다.

---

49) 『연산군일기』 3년 10월 을유조.
50) 「海東諸國紀」, 日本國對馬州.

한편, 博多상인은 1450년대부터 琉球와 활발한 교역을 가졌다. 특히 琉球國王使가 되어 표류민 송환과 외교교섭을 행하였다. 博多상인이 琉球國王使가 되는 경우 그 대부분이 僞使 또는 琉球國書 개찬이었으며, 道安이 그 대표적 인물이다. 다만 琉球·조선간을 왕래한 것으로 보이는 博多상인도 道安·新四郎처럼 琉球무역이 주요한 활동무대였다고 생각되는 무역상인과, 佐藤信重처럼 琉球무역보다는 오히려 조선무역을 활발하게 행했던 무역상으로 유형화된다. 博多상인의 무역활동에서 琉球무역의 자리매김은 종래에 생각할 수 있었던 이상으로 크다고 생각된다.

아마도 博多상인의 활발한 琉球무역의 전개는 琉球에서 오는 使船 감소와 밀접한 관계가 있는 것으로 생각되는데, 한편으로 일명무역의 10년 1貢制와 堺商人의 일명무역 독점, 조선무역에서 對馬 宗氏의 독점화의 진행이라는 동향과도 깊은 관계가 있다고 생각된다. 최근에 규명이 진행되고 있는 일본과 琉球관계에서 細川氏印判制와 島津氏印判制 및 博多상인의 관계와 16세기에 있어서 博多와 琉球의 관계를 규명하는 일은 금후의 과제이다.

한편 조선무역에서는 15세기 후반 이후 博多상인은 점차 무대 전면에서 사라져가는 추세에 있었다. 그러나 博多상인이 전혀 조선무역에 관여하지 않게 된 것은 아니다. 博多상인에게는 對馬 宗氏와 밀접한 연결을 가짐으로써 宗氏의 조선무역과 僞使 파견을 지탱하는 역할을 담당하게 된 것이다. 天正 17년(1589)에 博多상인 島井宗室이 조선으로 건너가고, 對馬 宗氏의 日本國王使 파견에 깊이 관여하는 것은 이와 같은 문맥 속에서 이해할 수 있다.

# 제6절 외국인이 본 중세의 博多

## 머리말

근세 중기의 地誌인 『石城志』[1]에는 博多의 異稱・別字로서 「冷泉津」 「石城府」「島津」「花旭塔」「八角島」「法哈嗟」「覇家臺」「中津」 등의 명칭이 기록되어 있다. 더욱이 이들 대부분이 명이나 조선의 사료에도 나타나고 있다. 이것은 중세에 博多가 외국인으로부터 집중적으로 주목받고 있었음을 말해 주는 것이다.

博多는 고대 이래 대륙과의 교섭 창구였기 때문에 외교사절과 무역상인・승려 등 많은 외국인이 이곳을 방문하였다. 외국인의 博多 방문을 기록한 사료는 많이 있는데, 이에 비하여 博多에 체류한 외국인이 博多를 기록한 사료는 의외로 적다. 그래서 본고에서는 먼저 동아시아 각국의 책에 博多가 어느 정도 기록되어 있는지를 확인하고, 다음으로 博多를 실제로 방문했던 외국인의 사료를 이용하여 외국인이 어느 정도로 博多와 博多 거주민을 인식하였고, 博多에서 무엇을 보았는지를 검토하겠다.

특히 應永 27년(1420)에 來日했던 조선사절 송희경의 기행시문집 『老松堂日本行錄』[2]을 주요 소재로 하여 고찰해 보기로 하겠다. 또한 16세기 중기 이후의 카톨릭 관계사료 속에도 博多에 관한 기사가 많지만, 이것은 동

---

1) 津田元顧・元貫編, 『筑紫史談付錄石城志』 1919년에 의한다. 또한 「島津」을 「烏津」으로 기록한 사료도 있다.
2) 村井章介校注, 『老松堂日本行錄』, 岩波文庫, 1997년. 본문 중에서 인용한 숫자는 岩波文庫本의 절의 번호이다.

아시아의 사료와는 성격이 다르기 때문에 여기서는 생략한다.


## 1. 외국 사료에 보이는 중세의 博多


應安 7년 (1374), 일본에 왔던 명나라 사신 趙秩은 당시의 石城(博多)을 중국과 가깝고, 해상교통이 발달했으며, 각지에서 상인이 모이는 「關西之要津」이라고 하였다.[3) 국제적인 항만·상업도시로서 博多의 성격을 단적으로 기록하고 있다. 이 경우의 「關西」는 九州의 의미라고 해석할 수 있다.

이 사료가 작성된 후 거의 1세기가 지난 신숙주의 『海東諸國紀』[4)(1471년 편찬)에는 應仁의 亂으로 인한 少貳氏의 筑前 회복이라는 특이한 상황 아래의 博多가 기록되어 있다.[5) 즉 少貳氏와 大友氏에 의한 博多의 分有라는 상황이다. 더욱이 博多가 상업도시로 琉球·南蠻의 배가 來航하는 항구이고, 조선에 통교하는 자는 九州에서는 博多가 가장 많다는 것을 기술하고 있다. 여기에 遣明船의 發着港이라는 사실을 추가하면 무로마치 시대에 博多와 동아시아의 관계는 모두 망라할 수 있는 것이 된다.

명 말에 성립한 『日本風土記』[6) 권1에서는 견명선이 반드시 博多를 경유하여 출발한다는 점과, 그 이유로서 博多에서 造船이 이루어졌으며, 또한 배의 승조원이 있는 점을 지적하고 있다(倭國事略). 더욱이 같은 권에서는 博多를 후기 왜구의 거점의 하나로 인식하고 있다. 권2의 사료에 「명의

---

3) 「雲門一曲」(『大日本史料』 6권 38 수록). 또한 村井章介, 「室町幕府の最初の遣明使について-『雲門一曲』の紹介をかねて-」(今枝愛眞編, 『禪宗の諸問題』 雄山閣出版, 1979년)에서도 소개하고 있다.

4) 田中健夫譯注, 『海東諸國紀』, 日本國紀 筑前州條(岩波文庫, 1991년).

5) 佐伯弘次, 「中世都市博多の發展と息浜」(川添昭二先生還曆記念會編, 『日本中世史論攷』, 文獻出版, 1987년).

6) 京都大學文學部國語國文學硏究室編, 『日本風土記』, 京都大學國文學會, 1961년).

海商은 博多에 集住하는 자가 가장 많다」고 기록되어 있듯이, 博多에는 후기 왜구의 주체였던 명의 海商이 集住하고 있었다.[7]

『日本風土記』 권2의 「商船所聚」는 일본의 三津, 즉 일본의 三大港町으로서 薩摩國 坊津·筑前國 花旭塔津(博多津)·伊勢國 洞津(安濃津)을 들고 있다. 특히 博多는 「我國海商聚住花旭塔津多」이며, 箱崎의 十里松과 博多의 大唐街에 대하여 설명하고, 「토지는 넓고 사람이 集住하여 없는 것이 없다」고 기술하고 있다. 상업·무역에서 번영하는 港町의 모습을 엿볼 수 있다.

마찬가지로 명의 『日本一鑑』[8]은 저자 鄭舜功이 실제 使者로서 來日했던 경험이 있는 만큼 기사의 신뢰성이 높다. 博多에 대해서 정순공은 「西海筑前博多津夷, 嘗以商爲業, 多蓄貨財, 積金有至百萬者, 向水流遍潛處其間, 勾引本夷, 爲犯中國, 此島津間, 爲通中國·朝鮮之要道」(「窮河話海」 권4)라고 기록하고 있다. 「以商爲業」은 『海東諸國紀』의 「居人業行商」이라는 기사와 같은 의미이고, 「向水流遍潛處其間」은 『日本風土記』의 「我國海商聚住花旭塔津多」와 통한다. 「通中國·朝鮮之要道」는 「雲門一曲」의 「關西要津」이라는 표현과 통한다. 博多는 환중국해 諸國과 통하는 港町이며, 상업·조선업이 발달하여 16세기에는 중국해상도 集住했다는 것이 중세 후기 아시아인의 博多觀이었다.

## 2. 博多의 경관과 풍속

博多를 방문했던 중세의 외국인 중에서 가장 상세하게 博多 관계 기록

---

7) 佐伯弘次, 「大陸貿易と外國人の居留」(川添昭二編, 『よみがえる中世 1 東アジアの國際都市博多』, 平凡社, 1988년).
8) 三ヶ尻治校訂, 『日本一鑑』 1937년.

을 남긴 인물은 조선의 송희경이다. 이하 應永 27년(1420)의 일본기행시문
집『老松堂日本行錄』에서 博多 관계 기록을 추출하여 송희경이 博多에서
무엇을 보고 무엇을 느꼈는지 살펴보겠다.

송희경 일행이 일본에 왔을 때 博多에서는 도시기반을 정비하고 있었다.
九州探題 涉川氏는 사람들에게 명하여 도로를 청소하고, 노면의 고르지
못한 부분을 흙으로 덮었다. 외국 사절이 통과하는 도로를 정비했던 것이
다. 송희경은 博多의 해안에서 우산을 쓰고, 말을 타고, 구경꾼으로 넘쳐나
는 속에서 어떤 절까지 행진했다. 이때 조선 사절 일행이 博多의 어디로 상
륙했고, 어느 도로를 통해서 어느 절에 도착했는지는 명확하지 않다.

博多 遺跡群의 제35차 조사지점(博多市 博多區 上吳服町 56)에서 양쪽
에 側溝를 가진 중세 도로가 발견되었다.[9] 이 도로는 13세기말~14세기 초
엽의 화재 후에 조성된 것으로 天正 15년(1587)의 太閤町割까지 계속되었
다. 도로 폭은 側溝의 중심에서 약 6미터 정도이다. 주목할 만한 점은 이
도로의 노면이 서쪽으로 약간 기울어져 있고, 20~30센티미터나 되는 웅덩
이가 도처에 있었으며, 도로의 중앙에는 언제부터인지 1~2미터의 큰 구멍
이 있고, 수십 년 동안이나 방치된 상태였다는 것이다. 따라서 九州探題가
외국사절의 도착 전에 행한 것은 이러한 도로를 청소하고, 많이 있던 웅덩
이를 흙이나 모래로 덮어 정비하는 작업이었다.

『老松堂日本行錄』에는 博多 도시정비의 사례로서 또 하나 흥미있는 부
분이 있다. 그것은 「博多는 성벽이 없고, 갈림길에는 모두 방비가 없다, 밤
마다 도적이 나타나 사람을 죽여도 쫓아가 잡는 자가 없다, 지금 송희경이
내방했을 때 九州探題는 도적이 일행을 습격할 것을 우려하여 代官 伊東
殿에게 명해서 거리의 갈림길에 모두 문을 만들게 하고, 밤이 되면 이것을
닫았다」는 기사가 있다.

---

9) 加藤良彦,「でこぼこのメインストリート」(前揭,『よみがえる中世1 東アジア
の國際都市博多』).

이때 만들어진 문은 「洛中洛外圖」 등에 보이는 마을을 구획하는 木戶와 같은 것이라고 생각된다. 그 주요한 목적은 도적이 마을에 침입하는 것을 저지하기 위한 것이었지만, 博多의 도로 교차점에 木戶를 만든 것은 도시 내부에 보다 작은 구성단위를 만드는 것이기도 하다. 따라서 이 사업은 博多 내부에서 마을의 자립과 단결을 촉진하고, 자치도시의 형성을 촉진하는 효과도 있지 않았을까? 博多에 있어서 자치도시의 형성에도 모종의 임팩트를 주었을 가능성이 있다.

근래 博多 遺跡群의 발굴이 진행되고, 35차 조사지점의 주변을 중심으로 중세의 도로가 많이 검출되어 博多의 街區가 복원되었다.10) 이에 의하면 중세 博多의 도로의 교차점은 사거리보다도 삼거리가 많았다는 것이 분명해졌다. 이러한 교차점에 應永 27년 九州探題에 의하여 문이 만들어졌는데, 현재 그 遺構는 발견되지 않는다.

도시 博多의 경관에 대해서 송희경은 한시를 읊고 있다. 먼저 博多를 「수면이 아득한 石城」으로 표현하고, 넓고 또한 주위에 산이 연속해 있고, 「平波」가 접해 있는 정경을 읊고 있다(54절) 게다가 博多의 전면에는 「하얀 모래」와 「푸른바다」가 존재하였다(181절). 당시의 博多와 그 주변의 경관을 방불케 하는 것이다.

8월 4일과 5일, 돌아가는 길에 博多에 체류 중인 송희경에게 九州探題 涉川氏 부자가 면회하러 왔다. 면회 시각이 모두 야간이었기 때문에 송희경은 「그 의도를 알기 어렵다」고 기록했는데, 涉川氏가 「斑衣」(무늬가 있는 옷)를 입고 있는 것을 지적하고 있다(183절). 「斑衣」는 조선의 白衣에 대응하는 것으로 조일 양국의 풍속에서 큰 차이점이라고 할 수 있다.11)

이러한 풍속·습관의 차이는 일목요연하기 때문에 많은 외교사절이 쓰고,

---

10) 大庭康時, 「聖福寺前一丁目2番地 – 中世都市博多における街區の硏究(1) –」 (『博多硏究會誌 法哈嗟』 2호, 1993년).
11) 『老松堂日本行錄』 주 2), 133쪽.

또는 보고하고 있다. 永和 3년(1377)에 倭寇禁壓 교섭을 위해 來日하여 博多에서 今川了俊과 대면했던 고려사신 정몽주는 「斑衣」, 「染齒」=「染牙」, 「脫服」「磨刀」 등의 「土風」을 한시로 읊고 있다.[12] 무늬가 있는 옷 외에 이를 검게 물들이고, 행인이 맨발로 연장자를 맞이하는 습관, 무사가 일본도를 갈아서 적을 토벌하는 것 등에 놀랐다는 것이다. 「染牙」는 『日本風土記』 권2에도 기록되어 있고, 특히 외국인의 눈을 끈 관습이었던 것을 알 수 있다. 또한 일본도를 띠에 매는 무사에 대한 관심은 나중에 기술할 송희경의 시선과 공통하는 점이 있다. 이것은 무인정권국가 일본에 대한 외국인의 의식 형성에 크게 영향을 주었다고 생각할 수 있다.

## 3. 외국 사절과 博多 주민의 교섭

외국 사절을 맞이한 博多 주민은 「남녀노소에서 승려에 이르기까지 도로를 메우고 사절의 행렬을 보았다」(53절), 「博多의 주민인 자신들을 구경하려는 자는 남녀노소에서 승려에 이르기까지 매일같이 정원에 가득찼다」(53절)는 기록처럼 앞다투어 구경에 나섰다. 조선 사절이 博多를 방문한 것도 應永 17년(1410) 이래 처음이다. 10년만에 있는 조선 사절의 방문에 博多 주민은 열광했던 것이다. 다만 이들 구경꾼 중에는 「執劍佩刀한 壯丁」이 많이 있었기 때문에 송희경은 내심 공포를 느꼈다(56절). 일본도를 찬 무사의 모습이 왜구의 모습과 닮았기 때문은 아닐까?

송희경은 博多의 武將·僧侶·商人들과 개인적인 교섭을 가졌다. 그것을 일람표로 만든 것이 아래의 도표이다.

먼저 도표의 인명 항목을 보면 涉川滿賴·義俊 부자와 伊東殿 등 武家,

---

12) 鄭夢周, 「圃隱先生文集」 卷1, 「洪武丁巳奉使日本作十一首」(「大宰府·太宰府天滿宮史料」 12권 수록).

無涯亮倪 이하의 僧侶, 平方吉久·宗金 등 상인의 세 타입으로 분류할 수 있다.

〈표 1. 宋希璟과 博多 주민의 교류 (『老松堂日本行錄』에서)〉

| 인 명 | 교류 내용 | 절 |
|---|---|---|
| 無涯亮倪 | 술과 차를 베풂 | 53 |
| 澁川萬賴 | 술 20桶, 魚果를 바침 | 54 |
| 澁川義俊 | 술 15桶을 바침 | 〃 |
| 平方吉久 | 집에서 잔치를 벌임 | 55 |
| 文溪 | 希璟, 文溪의 韻에 次韻함 | 57 |
| 承天寺主僧 | 希璟, 시를 지어 줌 | 58 |
| 文溪 | 希璟, 文溪의 感鳩韻에 次韻함 | 59 |
| 無涯亮倪 | 함께 箱崎의 松亭을 봄 | 60 |
| 二衲子 | 希璟, 시를 지어 줌 | 61 |
| 妙樂寺寺主林宗 | 차를 마심 | 62 |
| 亮倪·文溪 | 希璟을 妙樂房에 초청하고 차를 마심. 希璟, 次韻함 | 63 |
| 盛福寺僧七八輩 | 와서 시를 청함 | 65 |
| 僧宗金·善珍·寶倪·吉久殿 일행 | 매일같이 와서 음식을 접대함 | 66 |
| 僧洪山 | 希璟, 洪山에게 次韻함 | 67 |
| 石城僧宗金·善珍·道成 일행 | 志賀 船上에서 송별함 | 69 |
| 平方吉久 | 妙樂寺에서 목욕을 권함 | 180 |
| 澁川萬賴·義俊 | 來見함 | 183 |
| 僧蘇禪 | 希璟을 집에 청하고 잔치를 베풂 | 184 |
| 代官伊東殿 | 술을 보냄 | 189 |

세 타입 중에서 승려가 가장 많고, 그 중에서도 承天寺·盛(聖)福寺·妙樂寺 등 五山系 禪宗寺院의 승려가 많은 것이 특색이다. 五山系의 禪僧은 한시문 작성 능력을 평가받아 외교사절이나 외교문서 기초자로 임명되는 일이 많았는데, 여기서는 「시를 요청하는 釋子의 왕래가 빈번하였다」(65절)

는 말처럼 외국사절과 열심히 한시를 주고받고 있었다. 한시를 주고받는 것 자체가 그들에 있어서 교제상 불가결한 예의가 되어 있었기 때문일 것이다. 또한 승려와의 교류에서는 차를 대접하는 일이 많았다. 모두 禪僧의 접대이며, 博多의 禪寺에서 차를 마시는 풍습이 일반화하고 있었던 점을 말해 주고 있다.

武家 3명은 모두 九州探題와 그 관계자이다. 武家와의 교류에서는 술과 식량을 접대하는 일이 많았다. 조선사절을 博多에서 보호하고 접대하는 것은 九州探題의 역할이었기 때문이다.

이에 대하여 博多에서 현지인과의 교섭을 특징짓는 것은 博多상인과의 교류이다. 對馬, 瀬戸内海, 京都 등에서도 일반 町人·상인과의 교섭은 거의 볼 수 없다. 이에 대하여 平方吉久·宗金과 같은 博多상인은 「날마다 연이어 와서 식사를 대접하였다」(66절)는 것처럼 매일 송희경의 숙소로 오거나 또는 자택으로 초대하여 술과 음식을 제공했던 것이다.

宗金과 함께 나오는 善珍·寶倪·道成은 송희경을 자택으로 거듭 초대하였고, 술을 접대했던 승려 蘇禪도 博多상인이었을지 모른다.

「본래 이 땅은 사람을 믿기 어렵다」(54절)고 博多에서 한시까지 읊었던 송희경이었지만, 平方吉久의 집에 초대받아 「정중하게 술잔을 받고 다시 한잔」을 권유받았을 때, 「扶桑의 풍속도 역시 좋은가?」(55절)라고 읊기에 이른다. 전자의 의식은 확실히 朝鮮型 華夷意識의 표현이지만, 이러한 의식에 수정을 재촉하는 博多상인의 접대 모습은 『老松堂日本行錄』 속에서도 두드러지게 나타난다.

다만 이와 같은 博多상인의 접대 공세가 단순히 국제친선일 뿐이라고 단언할 수 없는 것도 사실이다. 平方氏는 그 후 조선 무역상인으로 활동했으며,[13] 宗金에 이르러서는 송희경의 귀국 직후에 비로소 조선으로 사신을

---

13) 有光友學, 「中世後期における貿易商人の動向」(『靜岡大學人文學部人文論叢』 21, 1971년).

파견했고, 이윽고 受圖書人이 되어 활발한 조선통교를 전개해 갔기 때문이다.[14] 博多에서 조선사절 일행을 두텁게 접대하고, 아마도 九州探題의 명에 따라 京都까지 호송했던 宗金의 마음 속에는 조선통교를 개시하려는 의지가 존재했던 것으로 추정된다.[15]

이상과 같은 博多 주민과 외국사절의 교류는 來日 중의 고려사절 정몽주가 「山僧每爲求詩至, 地主時能送酒來」[16]라고 기록했던 모습과 완전히 일치하고 있다.

## 맺음말

博多에 관하여 기록한 동아시아의 사료는 동아시아와 博多의 관계, 즉 博多가 아시아와의 국제무역항이라는 사실을 강조한다. 이에 대하여 직접 博多를 내방했던 외국인은 博多의 경관, 도시로서의 모습, 도시민과의 교류, 도시민의 풍속·습관 등에 큰 관심을 가지고 이것을 다양한 형태의 문장으로 남겼다.

특히 博多에서는 승려와 한시의 증답, 승려의 차 접대, 武家의 술과 음식 제공 이외에 博多상인과의 교류가 특징적이다. 博多상인은 술과 음식을 제공하고, 경우에 따라서는 사절의 호송에도 종사하였다. 외국사절을 구경하는 일에 博多 町人들이 열광했던 모습은 외국인에 대한 뜨거운 시선을 느

---

14) 宗金에 대하여 언급한 논고는 많지만, 우선 佐伯弘次, 「中世都市博多と『石城管事』宗金」(『史淵』 133집, 1996년) 참조.
15) 宋希璟 일행을 京都까지 호송했던 博多의 「惟臥仇羅」는 그 공적으로 조선으로부터 綿布를 하사받았다(「세종실록」 3년(1421) 정월 병자조).
16) 전게 「圃隱先生文集」 권1 「日本作十一首」 제1수. 또한 嘉吉 3년(1443)에 書狀官으로 일본에 왔던 조선의 신숙주도 승려들과 漢詩를 주고 받았다(申叔舟, 『保閑齋集』 卷4, 朝鮮史料叢刊).

끼게 한다. 이것은 博多가 오랜 무역항이었던 탓에 양성된 것이라고 생각할 수 있는데, 博多상인이 성대하게 외국사절을 접대했던 이유는 뜨거운 시선에서 유래하는 것만은 아닐 것이다. 그 배후에는 외국무역의 개시 내지 강화하려는 의도가 강하게 존재했다고 생각된다.

# 제3장

# 중세의 한일관계와 對馬

# 제1절 고대·중세의 壹岐와 對馬

## 머리말

현해탄에 떠 있는 壹岐와 對馬는 모두 현재 長崎縣에 속하는 외딴섬이다. 한반도와 가까운 두 섬은 「대륙과 교섭의 가교」로 자리매김되는 경우가 많다. 흔히 「壹岐·對馬지방」으로 일체시되는 두 섬은 중세 후기에서 근세에 걸쳐 매우 다른 역사적 전개과정을 더듬어 갔다. 이 글은 일본의 고대와 중세에 있어서 두 섬과 외국과의 관계 및 두 섬의 상호관계를 사료가 풍부한 對馬를 중심으로 검토하면서, 두 섬의 역사적인 동질성과 이질성을 찾는 것을 목적으로 한다.

## 1. 고대의 壹岐·對馬

3세기 경의 일본에 대하여 기록한 『魏志』倭人傳은 對馬國·一支(壹岐)國에 관해서 모두 「남북에서 市糴한다(배로 남북으로 가서 곡물을 사들인다)고 기록하였다. 그러나 對馬에 대해서는 「토지는 산이 험악하고 깊은 숲이 많다」, 「좋은 밭이 없고 해산물을 먹으면서 自活한다」고 기록한 것에 비하여, 壹岐에 관해서는 「竹木叢林이 많다」, 「거의가 田地이다」라고 기록했다. 산 뿐이고 경지가 부족한 對馬와, 평지가 많고 良田이 있는 壹岐의 상이점을 명확히 지적하고 있다.

壹岐·對馬가 대륙과의 교류에서 가교 역할을 했던 것은 틀림없다. 두 섬에는 대륙계의 유물이 대량으로 매장되어 있으며, 많은 대륙계의 문물이 전래되어 있다. 그러나 일단 외국과의 관계가 악화되면 두 섬은 긴장의 최전선이 되기도 하였다. 역사상 두 섬이 완수했던 역할은 해외와 교류를 촉진했던 것 뿐만 아니라, 경우에 따라서는 교류를 차단하는 일마저 있었다.

天智 2년(663) 8월 白村江전투의 패전으로 인하여 일본은 한반도에 대한 방비 강화의 필요성이 증대하였다. 天智 3년에는 對馬島·壹岐島·筑紫國에 防人과 봉수대를 설치하고, 다시 筑紫에 水城을 쌓았다 (『日本書紀』권27). 더욱이 이듬해 4년에는 長門國에 성을, 筑紫國에 大野城과 椽(基肄)城을 쌓았고, 天智 6년에는 大和國 高安城·讚岐國 屋島城·對馬國 金田城을 쌓았다(『同前』). 九州에서 畿內에 이르는 방어체제를 강화한 것이며, 壹岐·對馬는 방어의 최전선이었다.

壹岐·對馬·筑紫를 방어하는 防人制는 수많은 변천이 있었다. 기본적으로는 防人의 공급이 東國을 중심으로 하는 외지로부터의 移入에서 현지에서 조달하는 방향으로 변화한다.[1] 고대의 壹岐·對馬를 경제적으로 지탱했던 것은 九州였다.[2] 『延喜式』에 의하면 九州의 六國(筑前·筑後·豊前·豊後·肥前·肥後)은 매년 곡물 2000석을 對馬로 보내 島司·防人들의 식량에 충당하는 것으로 되어 있었다. 壹岐에 대해서도 마찬가지였다고 생각할 수 있다. 또한 壹岐 島分寺의 法會布施는 大宰府 관내 諸國의 正稅를 가지고 충당하는 것으로 되어 있었다. 변경인데다가 생산력 또한 낮았지만 국경지대이기 때문에 두 섬에 대한 이와 같은 부조체제는 필수적인 것이었다.

天正 15년(1587) 6월 28일의 「大宰府安樂寺天滿宮領坪村」(大宰府天滿宮文書)의 常修坊 知行分 항목에 다음과 같은 한 구절이 있다.

---

1) 川添昭二,『中世九州の政治と文化』제1장, 壹岐·對馬(文獻出版, 1981년).
2) 同前.

筑前國那荷郡內つしまくけ
[珂]

一所八町

「つしまくけ」는 觀應 3년(1352) 2월의 「安樂寺領注進目錄」(大宰府天滿宮文書)에는 「對馬公廨」로 보이고 있다. 더욱이 戰國時代의 문서에 따르면 大宰府天滿宮常修坊領의 「那荷郡內對馬公解八町」은 藤知泉守・帆足美濃守 등의 國人이 代官 청부계약을 하고 있음을 알 수 있다(滿盛院文書 12월 6일 大內氏奉行人連署狀). 따라서 이 筑前國 那荷郡內 對馬公解 八町은 남북조 시기에는 이미 大宰府 天滿宮領이라는 사실을 확인할 수 있고, 戰國時代에는 同宮의 子院常修坊領이며, 武家被官에 代官請負가 이루어졌지만, 중세 말에 이르기까지 常修坊領으로 존속했다는 것을 알 수 있다. 그밖에도 筥崎宮領 「那珂西鄕之內伶人給對馬公下八町地」도 존재하였다(住吉神社文書永綠二年二月九日五智輪院尊淸書下). 「對馬公下」는 문자의 유사성에서 「對馬公廨」와 같은 성격을 가진 지명으로 생각할 수 있다. 즉 중세 후기에는 大宰府天滿宮常修坊領對馬公廨八町과 筥崎宮領對馬公下八町地가 존재했던 것이다.

筑前의 神社領으로서 중세 후기에 존재했던 對馬公廨는 대체로 어떠한 유래를 가진 지명이었을까? 公廨(くがい・くげ)는 율령제 아래에서 관직에 대하여 지급했던 田地인 公廨田의 의미라고 생각된다. 즉 對馬公廨라는 것은 對馬의 島司와 防人들에게 지급하는 쌀을 생산하기 위하여 九州 6개국에 마련되었던 公廨田일 것이다. 앞의 『延喜式』의 기사와 대응하는 지명이라고 할 수 있다. 본래는 고대에 對馬로 보내는 쌀을 생산하는 田地였던 것이 漕送체제가 붕괴된 후 寺社에 기증되어 寺社領으로서 중세 말에 이르렀다고 할 수 있다. 다만 이 筑前國那荷郡內對馬公解는 현재 파악되고 있지 않다.

陸地・高麗のあきないきてうの舟の御公事, 舟のうり□かい□, 人のうり
□かい□, 舟の山ての事, ふちとしてさしおく所也, 此旨を可存知狀如件,
寬正六年

　　九月十日　　　　　　　　　　　　　　成職(花押)

　　小島よりあい中3)

　　이 문서는 寬正 6년(1465) 9월 10일, 대마도주 宗成職이 小島 일족의 寄
合中에 대하여 「陸地・高麗のあきないきてうの舟の御公事」 이하를 給
分으로서 면제한 것이다. 맨 앞부분의 「高麗」는 조선을 의미하지만 「陸地」
란 도대체 무엇일까? 「陸地」는 중세 對馬의 사료에서는 「六地」「ろくち」
라고도 표현된다. 「陸」과 「六」은 같은 뜻이며, 본래는 「六地」로 기록하고
「ろくち」로 읽었을 것이다. 이 「六地」는 九州 본토를 가리키는 단어라고
한다.4) 중세 對馬에서 「六地」라는 말은 고대의 九州 6개국에서 유래하는
것이 아니었을까? 일찍이 對馬에 쌀을 보냈던 九州에 「對馬公廨」라는 지
명이 남아 있고, 공급받는 쪽인 對馬에 「六地」라는 명칭이 남아 있는 것은
전적으로 우연이기는 하지만, 고대에 있어서 對馬에 대한 米穀漕送이라는
의미의 크기를 추정할 수 있다.

　　天智 6년에 對馬에 수축된 金田城은 美津島町 黑瀨에 있는 城山에 비
정되고 있다. 이 성은 1城戶・2城戶・3城戶라는 명칭의 성문이 있으며, 돌로
만든 성벽이 산 주위를 둘러싸고 있는 조선식 산성이라고 한다.5) 金田城에
대해서는 동시대의 문헌사료가 부족하고 불분명한 점이 많지만, 최근에 부
분적으로 발굴조사가 행해지고 있어서 성과가 기대된다.

　　중세에는 金田城을 「城山(じょうやま)이라고 불렀다.6)

---

3) 「宗家御判物寫」(『長崎縣史史料編第一』, 吉川弘文館, 1963년).

4) 黑田省三, 「中世對馬の知行形態と朝鮮貿易權」(『國士舘大學人文學會紀要』
　 3, 1971년).

5) 永留久惠, 『對馬古代史論集』, 名著出版, 1991년.

しやう山の四方のきをきる事，　大二しかるへからさる也，　せんせんの
せいはいのむねまかせて，　かたくきんせいし候，　みあいニともの義うはい
とり，ふねをもひきあけて，ちうしん申へく候，もしいきのともからハ，い
そきちうしん申へき之狀如件，

　　嘉吉元
　　　九月二十六日　　　　　　　　　　　　（花押）
　　　　平左衛門尉所[7]

　이 문서는 대마도주 宗成職이 城山 사방의 나무벌채를 금지한 것이다.
부근의 주민이 배로 城山에 몰려와서 나무를 벌채하는 목적은 「こはおき
り，舟くそく・薪をきる」 때문이었다(「宗家御判物寫」 永正 원년 11월 4
일 宗國親書 下).「こは(木庭)」, 즉 화전경작의 실시와 船具足(船道具)용
재료의 확보, 땔나무 채집 등을 위하여 산림의 나무를 벌채하는 것이 일상
적으로 행해지고 있었을 것이다. 문서의 수신자 平左衛門尉는 城山의 산
림을 지키는 守護 관직에 근무하고 있었음이 틀림없다. 이 城山에는 黑瀬
城 八幡宮이 있었는데, 그 숲은 八幡山이라고 불렀고 八幡宮을 포함한 城
山 일대는 일종의 아지트였다고 생각된다.
　金田城=城山은 조선식 산성이라는 것이 유력하지만, 축성 기사가 실린
『日本書紀』에는 누가 어떻게 축성했는지는 전혀 기록되어 있지 않다. 文
明 8년(1476) 조선의 관리 金自貞이 「對馬島宣慰使」로서 對馬에 왔다. 이
때 아마도 조선의 三浦에서 일본인 皮古汝文(彦左衛門)이 自貞과 동행했
을 것이다. 皮古汝文은 『海東諸國紀』에 「三浦의 恒居倭를 總治한다」고
기록했던 조선에서 일본인 거류지인 三浦의 代官과 같은 존재였다. 皮古
汝文은 對馬의 船越浦(美津島町 小船越)에서 金自貞과 문답했을 때, 「섬
(對馬)에 산성이 있다. 조선인이 쌓은 것이라고 전한다. 아직은 믿어야 할지

---

6) 同前.
7) 「宗家御判物寫」.

잘 모르겠다」(『成宗實錄』7년 7월 정묘조)고 말했다. 구체적인 산성의 명칭과 소재지에 대해서는 말하지 않았지만 金田城을 지칭하는 것으로 추정된다. 金田城을 쌓은지 800년이나 지난 기사인데, 對馬에 이러한 전승이 남아 있었는지도 모르겠다.

## 2. 중세에 있어서 대륙과의 관계

중세에 들어서면 두 섬과 대륙, 특히 한반도와의 관계가 다양한 측면에서 농밀해져 간다. 源平合戰이 한창일 때 源氏의 아군이었던 對馬守 후지와라 치카미츠(藤原親光)가 타이라氏의 공격을 받고 잠시 고려로 도망갔던 것처럼(『吾妻鏡』文治 원년 6월 14일조), 외국이 군사적 압력으로부터 도망가는 피난처가 되기도 했다.

고려와 일본의 관계는 가마쿠라시대 전기에 「歲常進奉一度, 船不過二艘」(『高麗史』元宗 4년 4월조)라고 한 進奉船 무역이 그럭저럭 계속되고 있었다. 그 무역의 주된 담당자는 對馬·壹岐·筑前 등 북부 九州의 官人과 상인이었다.[8] 특히 對馬가 무역의 중심이었다.

그러나 당시 壹岐·對馬의 대외관계는 고려와의 관계만이 아니었다. 가마쿠라시대 전기에 迴船商人과 唐船이 對馬에 도착했을 때 「前分」(入港稅)의 취득을 둘러싸고 對馬守護와 國司가 싸우고 있었다(『勘仲記』弘安 10년 7월 13일조). 즉 당시의 對馬에는 국내의 상선 외에 일송무역선도 내항하고 있었다. 이 지역은 고려무역선과 일송무역선이 교차하는 지역이었고 동아시아 세계와 직접적으로 연결된 지역이었다.

이러한 동아시아 각국과의 평화롭던 관계는 13세기 전반의 초기 왜구의

---

8) 靑山公亮, 『日麗交涉史の硏究』, 明治大學, 1955년.

활동과 13세기 후반의 2회에 걸친 몽골침략으로 붕괴되었다. 文永 11년
(1274)과 弘安 4년(1281)의 몽골침략은 결과적으로 실패로 끝났지만 당시의
일본에 여러가지 영향을 주었다. 전쟁터가 된 곳은 북부 九州의 해안지방이
는데, 壹岐·對馬 두 섬에는 본격적인 異國警固 체제가 마련되지 않은 곳
도 있어서 심각한 피해를 입었다. 「對馬 사람들은 경비를 굳게 하였고, 總
馬尉 등은 도망쳤으며, 백성들 중에서 남자는 살해당하거나 혹은 산채로 붙
잡혔다. 여자는 모아서 배에 손을 묶어두거나 혹은 산채로 잡혔다. 누구도
도와주는 사람이 없었다. 壹岐 또한 이와 같았다」(「高祖遺文錄」建治 원
년 4월 日蓮書狀)는 기록처럼 두 섬은 비참한 상황에 놓였다.

  寬元 3년(1245), 肥前의 御家人 松浦執行源授와 鶴田五郎源馴이 壹岐
의 泊牛牧 등을 둘러싸고 논쟁을 벌였다(『吾妻鏡』寬元 3년 12월 25일조).
논쟁 당사자는 모두 松浦黨 일족이었으며, 松浦黨이 鎌倉 전기부터 壹岐에
진출했던 사실을 알 수 있다. 또한 이때의 주장 중 하나가 「壹岐 泊牛牧」이
었던 것도 주목된다. 壹岐의 「泊牛牧」은 문자 그대로 소를 사육하기 위한
목장이었다.

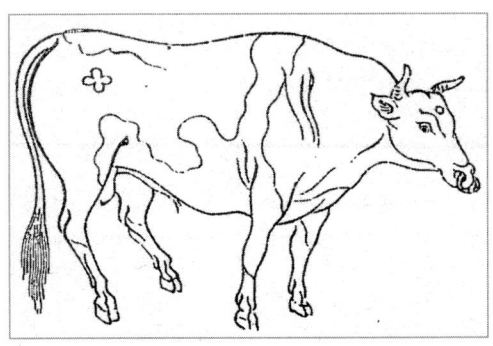

그림 1.  「國牛十圖」에 묘사된 築紫牛(壹岐島牛)

귀족사회에서는 牛車가 일상적으로 사용되었기 때문에 牛車를 끄는 소를 중시하였다. 귀족들은 다투어 각지에서 「駿牛」를 구했다. 「말은 東關이 앞서고, 소는 西國이 으뜸이다」(「國牛十圖」)9) 라는 말처럼 소는 西國에 명산지가 많았다. 廷慶 3년(1310)의 「國牛十圖」는 전국 10개국의 名牛 산지를 기록하고 있는데, 그 첫머리가 「筑紫牛」라는 異名을 가진 壹岐島의 소였다. 九州의 소가 壹岐 소의 대명사였던 것이다. 「그 모습은 암소의 얼굴에 뿔이 날카롭고, 귀에 (주인의) 표시를 단다. 멍에 아래쪽이 약간 얇고, 뼈는 가늘고, 가죽이 얇고, 근육이 드러났으며 털은 짧고 전체적으로 그 모습이 아름답다」는 壹岐 소의 특징이 기록되어 있다(「同前」). 이어서 「國牛十圖」는 「예로부터 上牛와 駿牛가 여기서 비롯하는데, 1년에 異賊이 이 섬에 습격해 와서 종자를 다 없애고 제물로 삼은 탓에 중반 무렵부터 귀해졌는데, 지금은 원래처럼 자라게 되었다」고 기록되어 있다. 壹岐 소에는 上牛·駿牛가 많았는데, 어느 해 「異賊」이 壹岐島를 습격하여 소를 죽여버렸기 때문에 壹岐 소는 모두 멸종에 가까운 상태가 되었던 것이다. 廷慶 3년이라는 연대를 생각해 보면 異賊이 壹岐島를 습격한 것은 文永·弘安의 役이 틀림없을 것이다. 이 경우의 「1년(ひとゝせ)」라는 것은 첫 번째 몽골침략 때, 즉 文永 11년의 文永의 役 때라고 생각된다. 壹岐島의 목장에서 牛車用으로 사육되던 駿牛들이 몽골군의 식량으로 변했던 것이다.

남북조 시대로 들어와서 14세기 중반이 되면 고려와 중국을 습격하는 왜구가 격증하였다. 이른바 전기왜구이다. 그 중심세력은 「三島倭寇」로 일컬어지던 對馬·壹岐·松浦 지역 사람들이었다. 최근의 연구에서 전기왜구 중에는 다수의 고려·조선인이 포함되어 있다고 하는데, 三島倭寇가 전기왜구 속에서 중요한 위치를 차지하는 것은 틀림없을 것이다.

전기왜구는 고려 말에서 조선 초기에 걸쳐 평화적인 통교자(실질적으로는 무역상인)로 변질되었다.10) 이러한 상황 아래, 日朝關係가 진전되어 가

---

9) 『群書類從』 17집 수록.

는 과정에서 對馬와 壹岐의 자리매김에 커다란 차이가 생겼다. 전기왜구의 시대에는 연합하여 해적행위를 행한 적도 있던 두 섬은 조선과의 관계에서 서로 다른 길을 걸어갔던 것이다.

## 3. 『海東諸國紀』에 보이는 壹岐·對馬

15세기 전반기의 일조관계는 對馬(宗氏)와 조선을 기축으로 전개된다. 조선측이 통교를 통제하는 역할을 對馬 宗氏에게 맡겼기 때문이다. 조선이 일본에서 건너오는 통교자를 제한하기 위하여 시행했던 주요 대책은 受圖書 제도, 書契에 의한 통제, 대마도주 文引 제도, 歲遣船 정약, 通信符 제도11)를 확립했으며, 일부의 예외를 제외하고 일본에서 조선으로 통교하는 자의 使人은 對馬島主 宗氏가 발행한 文引(도항증명서)을 입수할 필요가 있었다.

15세기 후반에 文引 발행 사무를 수행한 것은 對馬의 佐賀(峰町 佐賀)에 사는 宗氏被官 秦盛幸이었다(『海東諸國紀』). 佐賀는 당시 宗氏가 居館을 두고 있던 對馬의 중심지로서 민가 500여호가 존재하였다. 秦盛幸은 원래 명나라 사람인데, 조선과 통교할 때는 「海西路關處鎭守秦盛幸」이라고 칭했다. 원래 명나라 사람이라는 말은 왜구 때문에 명에서 對馬로 끌려온 피로인으로 생각할 수 있다. 한문 능력을 宗氏에 대신할 수 있어서 일본인 통교자에 대한 문인 발행 담당자로 임명되었을 것이다. 嘉吉 3년(1443) 조선과 對馬 宗氏의 사이에 癸亥約條(嘉吉條約)가 체결되었다. 이 癸亥約條에 의하여 宗氏는 연간 50척의 使船(歲遣船)을 파견할 수 있었다.

---

10) 田中健夫, 『中世海外交涉史の研究』, 東京大學出版會, 1959년.
11) 中村榮孝, 『日本と朝鮮』, 至文堂, 1966년.

〈표 1. 對馬의 歲遣船 定約者〉

| 인 명 | 通 稱 | 遣使年 | 圖 書 | 歲遣船 | 비 고 |
|---|---|---|---|---|---|
| 宗盛弘 | 對馬州宗右衛門尉盛弘 | 1445 | | 4船 | 伊奈郡主 歲賜米豆15石 |
| 宗盛家 | 對馬州宗信濃守盛家 | 1444 | | 4船(7船) | 仁位郡主 歲賜米豆15石 |
| 秦盛幸 | 海西路關處鎭守秦盛幸 | 1457 | ○ | 1船 | 원래 唐人 書契·文引 관장 |
| 宗貞國 | | 1443 | | 50船 | 島主 歲賜米豆200石 |
| 宗貞秀 | 對馬州平朝臣貞秀 | 1467 | | 7船 | 貞國의 長子 歲賜米豆15石 |
| 宗茂世 | 九州侍所管事 平朝臣彦八郎茂世 | 1455 | | 3船 | 米豆10石 |
| 國 久 | 對馬州佐護郡代官 平朝臣宗幡摩守國久 | 1465 | ○ | 1船 | 天神山 海賊 관장 |
| 宗彦九郎貞秀 | 對馬州平朝臣 宗彦九郎貞秀 | 1460 | ○ | 1船 | |

文明 3년(1471) 조선의 申叔舟가 저술한『海東諸國紀』[12]는 15세기 중
후기 일조관계의 실상을 잘 보여주는 사료이다. 이 사료에 의하면 對馬에는
8명의 歲遣船 定約者(1년 동안에 일정수의 使船 파견을 조선으로부터 인
정받은 자)가 있다(표1). 그 멤버를 보면 도주와 그의 장남, 伊奈郡主, 仁位
郡主, 佐護郡代官, 문인발행 담당자 등 宗氏 일족과 그의 유력한 가신으로
한정되어 있다. 이 8명이라는 수는 肥前國의 세견선 정약자 17명과 비교하
면 압도적으로 적지만, 定約船數를 검토하면 肥前보다도 많은 것을 알 수
있다. 肥前의 정약자의 정약선수는 1船 아니면 1~2船이 고작인데, 對馬의
경우 島主 宗貞國만으로 50船을 허가받고 있는 것이다.

『海東諸國紀』에는 對馬의 受職人 17명이 기록되어 있다(표2). 受職人
이란 조선으로부터 명목상 관직을 받고 조선과 통교를 허가받은 자를 말한
다. 조선의 왜구회유책의 일환으로 등장한 것이다. 對馬의 受職人은 모두

---

12) 田中健夫 譯注,『海東諸國紀』, 岩波文庫, 1991년.

수상한 사람들 뿐이다. 小船越의 平氏 일족과 土寄(美津島町 尾崎)의 平
氏 일족은 동족이며 소다(早田)를 姓으로 삼았다.

〈표 2. 對馬의 受職人(『海東諸國紀』에 의함)〉

| 인 명 | 通 稱 | 遣使年 | 본거지 | 圖 書 | 비 고 |
|---|---|---|---|---|---|
| 護軍 多羅而羅 | 平次而羅酒文家維 | | 仁位郡 | ○ | 米豆10石, 賊首 |
| 司直 源茂崎 | | 1455 | 網代 | | 우리 표류민을 구한 공로 |
| 護軍 六郎酒文 | | 1459 | 佐賀 | ○ | 米豆10石 |
| 護軍 阿馬豆 | 又四羅盛數 | 1458 | 〃 | ○ | 원래 一岐島 거주, 海賊首 宮内四郎의 子 |
| 司正 都羅馬都 | | 1464 | 〃 | | 五郎酒文의 子 |
| 司正 都羅而老 | | | 〃 | | 向化鐵匠 天知沙也文의 子 |
| 上護軍 平茂持 | | | 小船越 | | 平盛秀의 弟 米豆15石 |
| 護軍 皮古時羅 | | 1464 | 〃 | ○ | 平盛持의 弟 米豆10石 |
| 副司果 平伊也知 | 早田 彦八 | 1470 | 〃 | | 平茂持의 子 |
| 上護軍 宗盛吉 | | 1463 | 佐須 | ○ | 宗盛家의 弟 米豆15石 |
| 護軍 皮古汝文 | | 1458 | 大浦 | ○ | 三浦恒居倭를 總治함 |
| 司正 所溫皮古破知 | 宗茂實 | 1467 | 〃 | | 宗茂次의 子 |
| 中樞 平茂續 | | | 土寄 | | 海賊首 早田의 子 |
| 護軍 中尾吾郎 | | 1468 | 〃 | | 平盛續의 子 |
| 護軍 井可文愁戒 | | 1465 | 加志 | ○ | 賊首 井大郎의 子 |
| 護軍 皮古仇羅 | | 1465 | 黑瀬 | ○ | 海賊首 護軍藤茂家의 子, 米豆10石 |
| 護軍 時羅酒毛 | | 1468 | 貝鮒 | | 平家久의 子 |

　　早田氏는 應永 26년(1419) 應永外寇 때 島主 宗氏를 능가하는 세력을
가지고 있던 해적 두목 早田左衛門太郎의 일족이다. 또한 仁位郡의 多羅
而羅(太郎四郎), 加志(美津島町 加志)의 井可文愁戒(井掃部助), 黑瀬의
皮古仇羅(彦九郎)는 「賊首」와 그의 아들이라고 기록되어 있다. 또한 佐賀

의 阿馬豆는 壹岐에서 이주해 온 자이며, 해적 두목 宮內四郎의 아들이었다. 조선통교를 유리하게 하기 위하여 일조교섭상의 요지가 된 對馬의 佐賀로 이주했을 것이다. 對馬 受職人의 중심은 早田氏와 井氏 등 구 왜구 세력이었다고 할 수 있다. 이것은 앞에서 본 세견선 정약자의 구성과 대조적이다.

이들 受職人 중에서 井掃部助에 대해서는 국내사료가 남아 있다.

> 對馬國與良郡內妙眞入道持留之坪付之事
> 一所 　いやしき <sup>[居屋敷]</sup>
> 一所 　おとへの田の一升まき
> 一所 　いしはたけ
> 一所 　たば□
> 一所 　めうおんいろい
> 一所 　大いろい
> 一所 　たがい
> 一所 　くいのうち
> 一所 　つちより
> 一所 　大つち買ち
> 一所 　長はら
> 一所 　たきしりのはたけ
> 右, 所々, 爲給所宛行所也, 依此旨, 可存知之狀如件,
> 文明二年
> 六月二十五日　　　　　　　　　　貞國 <sup>[宗]</sup>
> 井掃部助殿13)

---

13)「宗家御判物寫」.

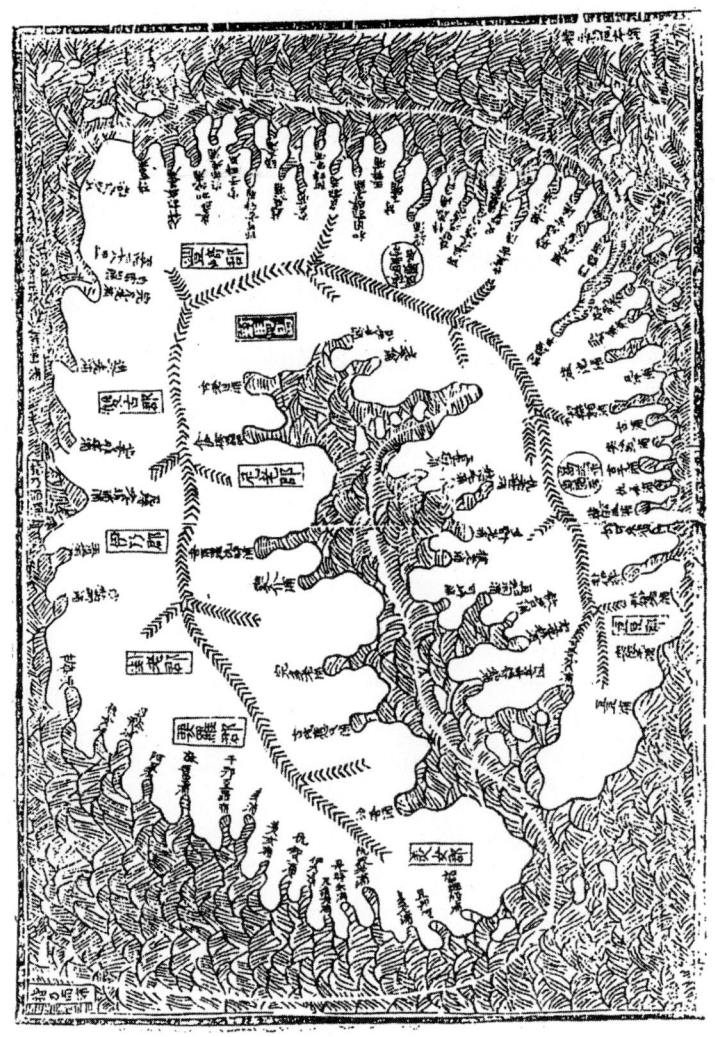

그림 2. 『海東諸國紀』의 「日本國對馬島之圖」

위의 宗貞國宛行狀에 따르면 井掃部助는 이미 宗貞國의 被官이 되어 있다는 것을 알 수 있다. 더욱이 12개소의 知行地를 할당받고 있는 셈인데,

天文 2년(1533) 5월 4일의 井彌六左衛門尉坪付[14]에 의하면 井氏의 知行地(13곳)는 논 1곳, 밭 8곳, 木庭(燒畑)이 4곳이며, 모두 이곳 저곳에 흩어져 있는 영세한 경작지였다고 생각된다. 도주로부터 여기 저기 산재하는 논과 밭을 할당받고 겨우 안도하고 있던 것이 당시 구 왜구세력의 실상이었다. 따라서 그들이 가진 受職人으로서의 조선통교권은 그들의 領主制의 유지에 있어서 매우 중요했다고 생각할 수 있다.

〈표 3. 壹岐의 조선통교자 (『海東諸國紀』에서)〉

| 인명 | 通稱 | 遣使年 | 圖書 | 歲遣船 | 비고 |
|---|---|---|---|---|---|
| 源武 | 一岐守護代官 | 1468 | | | 志佐代官 |
| | 眞弓兵部少輔源武 | | ○ | 1·2船 | |
| 源經 | 上松浦鹽津留助次郎 | 1469 | | | |
| | 源經 | | ○ | 1·2船 | |
| 源重實 | 上松浦鹽津留松林院 | 1457 | | | |
| | 主源重實 | | | 1船 | |
| 宗殊 | 一岐州上松浦鹽津留 | 1459 | | | |
| | 觀音寺宗殊 | | | 1船 | 呼子代官 |
| 源實 | 上松浦呼子一岐州代 | | | | |
| | 官牧山帶刀源實 | | | 1船 | |
| 護軍 三甫郎大郎 | | 1461 | | | 賊首 護軍藤永의 繼子 米豆10石 하사 |
| | | | ○ | | 三甫郎大郎의 형 |
| 司正 有羅多羅 | 可文愁戒源貞 | 1458 | | | 藤九郎의 次子 |
| 司正 豆留保時 | | 1470 | | | 長子 三甫羅는 司正 |

　壹岐의 조선통교자는『海東諸國紀』에 8명이 기록되어 있다(표3). 통교자의 구성과 통교 내용을 보면 명백히 두 개의 그룹으로 분류할 수 있다. 제1 그룹은 源武 이하 5명이며, 모두 1~2船의 세견선 정약자이다. 통교권으로서는 受職人보다 강력하다고 말할 수 있다. 구성을 보면 모두 肥前 松

---

14) 同前.

浦黨의 일족이거나 그들과 관련된 자이며, 肥前 松浦黨의 조선통교자의 연장선상에 있는 사람들로 규정할 수 있다.

이들에 비하여 三甫郞大郞(三郞大郞) 이하 3명은 모두 護軍·司正이라는 조선의 관직을 받았던 受職人이다. 그들은 三甫郞大郞이 「賊首」藤永의 繼子인 것처럼 壹岐 재래의 구 왜구세력으로 규정할 수 있을 것이다. 壹岐의 조선통교자는 세견선 정약자=松浦黨 관계자, 受職人=舊 왜구세력이라는 이중구조였음이 판명되었다. 일종의 분할거주이다.

이와 같은 조선통교상의 이중구조는 壹岐島 내부에서 권력의 이중구조이기도 했다. 세견선 정약자 쪽이 수직인보다도 통교상 우위에 있었던 것을 보더라도 壹岐에서는 松浦黨 세력의 지배권이 확립되어 있었다는 것을 알 수 있다. 『海東諸國紀』의 壹岐國條에 「志佐·佐志·呼子·鴨打·鹽津留分을 다스림」이라고 기록되어 있는 것과 잘 들어맞고 있다.

松浦黨 일족은 鎌倉 전기에 이미 壹岐에 所領을 가지고 있었다는 것은 앞에서 서술했는데, 남북조 시대에는 足利直冬方의 壹岐守護로서 일족인 志佐氏가 임명되었다.15) 松浦黨 일족은 남북조 시대 전반기에 壹岐에서 정치세력화하고 있었던 것이다. 松浦黨 세력은 정치적으로는 壹岐 재래의 왜구세력의 상위에 위치하였고, 조선 통교상에 있어서도 마찬가지였다.

## 4. 戰國時代의 壹岐와 對馬

永正 7년(1510) 4월에 있었던 三浦의 亂과 永正 9년 壬申約條의 성립을 계기로 對馬에 의한 조선무역 독점이 진행되었다.16) 임신약조에서는 삼포에서의 일본인 거류 금지, 對馬島主의 歲遣船 반감(25척), 島主에게 주는

---

15) 山口隼正, 『南北朝期九州守護의 硏究』, 文獻出版, 1985년.
16) 田中健夫, 『中世海外交涉史의 硏究』; 中村榮孝, 『日本と朝鮮』.

歲賜米豆의 반감(100석) 등 對馬의 조선통교권이 크게 제한되었다. 이 약
조에서 한 가지 주목되는 점은 深處倭(對馬 이외의 일본인)의 통교에도 큰
폭으로 제한이 더해졌다는 사실이다. 對馬 宗氏는 예전에 체결한 癸亥約
條의 내용으로 통교를 부활하도록 조선과 교섭을 거듭하였다. 도주의 세견
선은 弘治 3년(1557)의 丁巳約條에서 30척까지 회복한 것이 최대였다. 자
신의 세견선을 부활시키는 것은 곤란했기 때문에 宗氏는 深處倭의 통교 부
활 교섭도 아울러서 행하고, 이 교섭은 어느 정도 성공하였다. 즉 명의상의
통교자는 對馬島 밖의 인물이라 해도, 실제의 통교자는 대개 對馬 宗氏 및
그의 가신단이 되었다. 예를 들어서 元龜 3년(1572)의 기록에 의하면, 上松
浦源勝의 圖書의 소유자=통교권 행사자는 對馬의 高本治部였으며, 壹岐
의 飯田殿의 도서를 소유한 자도 역시 對馬의 佐須彦六이었다(『朝鮮送使
國次之書契覺』). 이와 같은 상황은 宗氏에 의하여 가공의 통교자를 만들어
내기도 했다. 예를 들면 天正 원년(1573) 5월「日本國筑前州宗像郡知守
氏助」의 圖書를 이용하여 실제로 사신을 파견한 것은 島主 宗義純이었다
(『同前』). 筑前에는 확실히 宗像氏가 존재했고, 三浦의 亂 이전에는 조선
과 활발하게 통교했지만, 전국시대의 宗像氏 일족 중에「氏助」라는 인물은
존재하지 않았다. 宗氏는 예전에 宗像氏가 조선과 통교하던 세견선 정약자
였다는 점, 宗像氏가「氏」를 通子로 쓰는 것을 알고 있어서「宗像氏助」라
는 인물을 창작했던 것이다.[17] 이것이 對馬에 의한 조선무역 독점의 실태
였다.

　　對馬 宗氏는 조선무역의 부활 교섭을 유리하게 이끌기 위하여 조선 표
류민을 송환하거나 해적(후기왜구)의 정보를 조선쪽에 통보하였다.「高麗
덕택에 상하 모두 살고 있습니다」라는 島主 宗晴康의 말이 당시 對馬의조
선관을 잘 말해주고 있다.[18] 이러한 행위는 단순히 조선무역을 유리하게 하

---

17)　佐伯弘次,「中世後期の宗像氏と朝鮮」(網野義彦·川添昭二編,『中世の海人
　　と東アジア』, 海鳥社, 1994년).

기 위한 것만은 아니었다. 對馬 자체가 해적의 습격에 노출되어 있었기 때문이다. 宗氏는 해적에 관한 정보를 深江(壹岐)·肥前·博多·赤間關(長門)의 상인이나 國人들로부터 입수하는 한편, 도내의 방비를 엄중하게 하고 도로를 정비하였다.19) 전국시대의 壹岐는 肥前 岸岳城主 波多氏의 지배를 받았는데, 永綠 시대에 그의 가신 日高氏가 平戶松浦氏와 내통하여 壹岐의 지배권을 빼앗았다. 壹岐가 平戶 松浦氏의 所領이 되는 전제가 만들어졌던 것이다. 永綠 4년(1561) 무렵, 對馬守護代 宗盛圓은 壹岐의 日高氏에 대하여 壹岐의 여러 買人이 對馬의 시골을 왕래할 수 있도록 인정한 서장 속에서 ①壹岐의 知多良津에서 조선으로 가는 賊船을 꾸미고 있다, ②壹岐船이 對馬의 포구 주변의 경작을 황폐하게 만들고 있다, ③壹岐船은 對馬의 정해진 포구를 이용하지 않고 멋대로 여러 포구에서 귀국하고 있다. ④타국 사람을 壹岐의 상인이라고 사칭하면서 對馬의 시골을 돌아다니고 있다, ⑤對馬의 남녀를 잡아가고 있다면서 비난하고 있다(「諸家引付」20) 28호) 당시 壹岐 상인의 對馬에서의 활동, 壹岐 주민의 왜구화, 더욱이 對馬 宗氏가 타국인을 경계하는 모습을 읽을 수 있다.

松浦氏가 壹岐에 진출하자 波多氏와 가까운 對馬 宗氏는 松浦氏와 대립하고 전투를 반복하였다. 天正 14년(1586) 對馬의 군대는 壹岐에서 名護屋을 거쳐 松浦領으로 향했고, 4월 29일에 高島(鷹島)에서 松浦의 군대와 격돌하였다. 전투가 끝나고 귀국하던 도중에는 唐津의 鏡神社를 관람하는 등 예전과 모습을 달리한 출진이었다(洲河文書「壹岐渡海之日記」).

---

18) 佐伯弘次, 「國境の中世交流史」(『海と列島文化3 玄界灘の島々』, 小學館, 1990년).
19) 同前.
20) 西村圭子, 「對馬宗氏の『諸家引付』覺書」(『日本女子大學文學部紀要』 34, 1958년).

## 맺음말

對馬 宗氏와 平戶 松浦氏의 대립관계는 결말이 나지 않은 채 해소되었다. 天正 15년에 豊臣秀吉의 九州 출병이 단행되었고, 같은 해 6월에 九州國의 분리가 결정되었기 때문이다. 이 결과 宗氏는 對馬 일대의 종래의 領地를 인정받게 되었고, 松浦氏는 平戶와 壹岐의 옛 領地를 인정받았다. 이것은 바로 중세의 귀결이라고 할 수 있다.

근세에 對馬는 對馬藩으로, 壹岐는 平戶藩領으로 전혀 다른 행정구획이 되었다. 그러나 근세에 두 섬이 전혀 교섭을 하지 않았던 것은 아니며, 어업이나 외교 등에서 두 섬은 긴밀한 관계를 유지하였다. 對馬藩에게 壹岐는 參勤交代나 조선통신사 參府 때 중요한 중계지였다. 이러한 긴밀함은 근대에 들어서서 두 섬이 長崎縣에 편입된 이후에도 계속해서 이어졌던 것이다.

# 제2절 국경의 중세 교섭사

## 1. 국경의 섬 對馬島의 역사와 日麗·日宋 관계

### 1) 몽골부처의 傳承과 변방 요충지로서의 섬

對馬 서해안에 있는 嚴原町 樫根(長崎縣 下縣郡)의 法淸寺에는 「몽골 부처」라고 부르는 불상들이 있다.[1] 이것은 원래 嚴原町 下原의 觀音堂에 안치되어 있던 것이다. 이 불상에 관하여 근세 후기에는 「고려가 버린 불상이 享德 연간(1452~55)에 佐須浦에 표착하였고, 이것을 觀音堂에 안치했다」거나, 「文永의 役(文永 2년, 1574) 때 몽골군이 배에 싣고 온 불상」이라는 전승이 있었다(『津島紀事』). 이들 불상에는 코와 귀 등 불상 일부가 파손된 것이 많다. 그 이유는 막말 무렵, 러시아군함 포사트닉호가 對馬의 淺茅灣 일부를 점령했을 때, 이에 분개한 對馬藩의 무사가 몽골부처를 칼로 베었기 때문이라고 전해지고 있다.

昭和 47년(1972)에서 48년에 걸쳐 행해진 對馬의 미술조사 결과 수많은 朝鮮佛이 확인되었는데, 法淸寺의 몽골불은 平安時代에 일본에서 만들어진 木造佛로 판명되었다. 또한 對馬에서 日本佛이라고 생각되었던 불상의 다수는 한반도에서 건너온 것이라는 사실도 판명되었다. 즉 對馬 사람들이 異國으로 생각하고 있던 것이 실제로는 일본이었고, 일본으로 생각하고 있던 것이 異國이었던 것이다.

---

1) 錦織亮介, 「對馬·法淸寺の木彫群」『仏敎芸術』95호, 1974년.

그림 1. 〈木造如來形立像(法淸寺 舊藏)〉
平安時代 불상. 對馬 嚴原町 樫根의 法
淸寺에는 16軀의 平安佛이 있다. 예전
에는 이 불상들이 嚴原町 下原의 觀音
堂에 있었고, 「蒙古佛」이라고 불렀다.
사진의 불상은 明治 36년(1903)에 法
淸寺에서 永平寺에 헌납한 것.(永平寺
소장)

이와 같은 에피소드는 국경의 섬 對馬島의 역사와 문화를 생각했을 때 시사하는 바가 크다. 통상적으로는 생각하기 어려운 인식의 역전, 江戸時代의 對馬에는 그러한 것이 정착해 있었던 것이다. 이러한 인식이 형성되고, 사람들 사이에 정착하는 데에는 대륙과의 기나긴 교류가 필요하였다. 對馬에 이웃한 壹岐까지의 거리보다 對馬에서 한반도까지의 거리가 가깝다. 이 근접성이 對馬의 역사를 규정해 왔다고 해도 좋을 것이다.

고대 율령제 아래에서 對馬는 壹岐와 함께 「邊要(변경의 요충지)」로 인식되었다.[2] 白村江 전투가 있고 이듬해인 天智天皇 3년(664)에 大和朝廷은 對馬島, 壹岐國, 筑紫國(福岡縣)에 防人과 봉수대를 설치하고 筑紫國에는 水城을 쌓았다(『日本書紀』). 防人으로는 처음에 東國에서 징병된 자가 임무를 수행했는데, 나중에는 九州 본토의 병사로 충당하게 되었다. 島司와 防人의 식량으로 筑前(福岡縣 北西部) 등 九州의 6개국은 매년 쌀 2000석을 對馬로 보내게 되어 있었다. 이 해에 양곡 운반선이 해난을 당하는 일이 많았으며, 『万葉集』 권16(3869번)에 이름이 보이는 筑前 志賀의 白水郎荒雄의 조난은 잘 알려져 있다.

2) 川添昭二, 『中世九州の政治と文化』, 文獻出版, 1981년, 제1장, 壹岐·對馬.

防人이 설치되고 3년 후인 天智天皇 6년(667)에 신라의 침공을 경계하여 對馬에 金田城을 쌓았다(『日本書紀』). 이 성은 조선식 산성으로서 美津島 町黑瀨(下縣郡)에 현재도 遺構가 남아 있다.3) 인근에서는 城山이라고 부른다. 험준한 산지 주위에 약 5킬로미터에 걸쳐서 돌담을 쌓아 올린 遺構는 장관이다. 골짜기에는 세 개의 성문(그 지역에서는 木戶라고 부른다)과 水門이 있고, 성터에서는 須惠器나 鐵津이 발견되고 있다. 이 城山에 防人이 머물면서 변경의 요충지를 경비하고 있었던 것이다. 文明 8년(1476) 5월, 對馬에 왔던 조선사절 金自貞은 도민에게서 「섬에 山城이 있다. 조선 사람이 쌓았다고 전하지만 사실인지는 잘 모른다」라는 이야기를 들었다(『成宗實錄』). 이 山城이란 黑瀨의 城山, 즉 金田城일 것이다. 조선 사람(백제인)이 축성했다는 전승은 중세까지 對馬에 남아 있었던 것이다.

平安時代에 防人制는 변화해 간다. 9세기 이후 신라의 해적이 서일본을 습격했는데 對馬 역시 자주 습격당했다.

## 2) 刀伊의 入寇와 日麗무역

寬仁 3년(1019), 刀伊(여진족)가 對馬, 壹岐를 침략하고 筑前國의 해안가를 습격하였다. 결국 大宰府　府官들의 항전으로 刀伊는 격퇴되었지만 다수의 일본인이 포로가 되었다. 對馬의 判官代 나가미네노 모로치카(長岑諸近)는 가족과 從者가 刀伊에게 끌려갔기 때문에 작은 배를 타고 고려로 건너가서 행방을 찾았다. 伯母는 살아 있었지만 어머니와 아내, 누이동생들이 바다에 던져진 것을 알았다. 모로치카는 귀국할 때 고려정부가 刀伊로부터 다시 빼앗은 일본인 중에서 여자 10명을 청했고, 무단으로 출국했던 변명을 위하여 살아 있는 증인으로 데리고 돌아갔던 것이다. 그 중에서 2명은

---

3) 永留久惠, 『對馬の文化財 - 古代の遺産 - 』, 杉屋書店一, 1978년.

고려군의 공격을 받은 刀伊가 바다로 던져졌지만 고려군에게 구조된 자들이며, 한 명은 筑前國 志摩郡 板持壯의 內藏石女, 다른 한 명은 對馬의 多治比阿古見이라는 인물이었다(『小右記』 「藤原實資の日記」).

일본과 고려의 교섭은 刀伊의 入寇에서 포로가 된 일본인을 고려가 탈환하고, 일본으로 송환한 일로 인하여 활발해졌다. 국교는 없었지만 일본 상인이 고려로 건너가서 무역을 하게 된다.[4] 무역에 종사했던 사람은 사쯔마(薩摩, 가고시마현 서부), 筑前, 大宰府, 對馬, 壹岐 등지의 상인과 관리들이었다. 「商人往反高麗國, 古今之例也」(『朝野群載』 권20)라는 말처럼 九州를 중심으로 하는 일본 상인이 공예품과 그 지역의 특산품을 가지고 고려로 건너갔다.

「鎭西는 敵國人이 지금 모이는 나라이다. 일본인은 대마인이 고려로 건너간다. 그것도 宋人이 일본에 건너오는 것에는 미치지 못하며, 적은 상인이 다만 몇 가지 물건을 가지고 올 뿐이다. 참으로 보잘 것 없다」고 『大槐秘抄』(平安 후기에 藤原伊通이 저술한 政道意見書)에 기록한 것처럼 고려와의 무역은 쓰시마 도민이 중심이었으며, 무역의 규모도 일송무역과 비교하면 작았다. 수출품 중에는 眞珠, 馬, 柑橘, 鮑, 鹿皮 등 쓰시마의 특산품이 포함되어 있었다.

## 3) 源平合戰과 高麗

쓰시마와 고려의 관계는 무역만이 아니었다. 源平合戰 때의 對馬國司는 후지와라 치카미츠(藤原親光)였는데, 치카미츠는 미나모토노 요리토모(源賴朝)의 외척이었으므로 미나모토氏에게 마음을 두고 있었다. 壽永 2년(1183)

---

4) 靑山公亮, 『日麗交涉史の硏究』, 明治大學, 1955년 ; 森克己, 『森克己著作選集2 續日宋貿易の硏究』 『森克己著作選集3 續々日宋貿易の硏究』, 國書刊行會, 1975년.

에 京都로 올라가려고 했지만 타이라氏(平氏)가 큐슈에서 버티고 있었기 때문에 출발할 수가 없었다. 타이라노 토모모리(平知盛)가 큐슈의 무사들에게 야시마(屋島, 香川縣 高松市)로 출전하도록 명령했을 때 치카미츠는 이 지시를 거부했으며, 그 때문에 타이라氏로부터 세 번에 걸쳐서 정벌을 당했다. 타이라氏의 追討使는 종종 쓰시마로 건너가서 國務를 보거나 치카미츠의 군대와 싸웠다. 도망갈 곳을 잃은 치카미츠 일행은 文治 원년(1185) 3월 4일에 거센 풍파를 헤치며 고려로 건너갔다.

고려로 건너간 치카미츠 일행에게는 임산부가 있었다. 벌판에 임시로 오두막을 짓고 출산하려는 때 사나운 호랑이가 왔다. 치카미츠의 부하들은 즉시 호랑이를 사살하였다. 고려의 국왕은 이 일에 감탄하여 3개국을 치카미츠에게 주었다고 한다.

같은 해 3월 24일, 타이라氏는 단노우라(壇ノ浦, 山口縣 下關市)에서 멸망한다. 미나모토노 노리요리(源範賴)는 고려에 배를 보내 치카미츠를 맞이하도록 쓰시마 在廳에 명하고, 쓰시마 守護 카와치고로요시나가(河內五郎義長)도 치카미츠에게 귀국을 재촉하는 서한을 보냈다. 이 때문에 치카미츠는 귀국을 결심한다. 이 사실을 안 고려 국왕은 이별을 아쉬워하며 치카미츠에게 重寶를 3척의 貢船에 실어 보냈다고 한다(『吾妻鏡』).

고려에서 있었던 이야기는 어디까지 믿을 수 있을지 모르겠지만, 타이라氏의 공격을 받은 후지와라노 치카미츠가 고려로 도망갔던 점은 주목할 만하다. 일종의 정치적 망명이었다.


## 4) 초기 왜구의 활동과 進奉船 무역

일본 상인과 고려의 무역은 점차 제한을 받게 된다. 仁平 2년(1152) 히젠국(肥前國, 佐賀縣과 長崎縣 대부분) 우노노 미쿠리야(宇野御廚)의 本領

主 쿄하라 고레카네(淸原是包)는 난폭하고 백성을 괴롭혔으며, 「高麗船을 다른 곳으로 보냈기」 때문에 領家에게 의절을 당했다(『靑方文書』 12호). 고려 선박과 고려를 습격하는 왜구가 출현했던 것이다. 11세기 말 이후 고려정부는 일본인의 고려에 대한 해적행위를 경계하여 일본 선박과 일본 상인을 붙잡았다.

초기왜구로 부를 수도 있는 일본 해적의 고려 습격은 1220년대부터 30년대에 걸쳐 정점을 이루었다. 그 중심은 쓰시마와 松浦地方의 사람들이었다. 嘉祿 2년(1226) 6월, 쓰시마 도민들이 고려국 전라도로 들어가 주민을 습격하고 사람을 잡아갔다(『高麗史』). 고려는 다음해 2월 「日本國惣官大宰府」 앞으로 첩장을 보냈다. 이 정보는 교토에도 전해졌는데, 첩장을 받은 大宰府의 무토 스케요리(武藤資賴)는 上奏를 하지 않고, 고려국 사신이 보는 앞에서 쓰시마의 무뢰배 90명을 잡아서 참수한 후 남몰래 고려로 返牒을 보냈다(『百鍊抄』).

『百鍊抄』는 스케요리의 이와 같은 행위를 「我國之恥也, 牒狀無禮」라며 비난하고 있다. 『高麗史』에 따르면 이 해에 일본국이 고려에 문서를 보내 「賊船寇邊之罪」(왜구가 고려를 습격한 죄)를 사죄하고, 修好와 「互市」(무역을 뜻함)를 청하고 있다. 이것은 앞의 무토 스케요리의 返牒을 가리키는 것이라고 생각된다. 스케요리는 고려의 왜구 금압 요청을 받고 이에 답하는 한편 고려와의 무역을 꾀했던 것이다. 무토 스케요리는 쓰시마 守護도 겸하고 있었는데[5], 스케요리의 이러한 노력으로 왜구는 잠시 중단된 것으로 보인다(『高麗史』). 貞永 원년(1232)에 肥前의 카가미샤(鏡社) 주민이 고려로 건너가 야습을 감행하고 다수의 보물을 빼앗아 귀국했을 때도 히젠 守護 무토 스케요시(武藤資能, 스케요리의 아들)는 범인을 잡으려고 하였다(『吾妻鏡』). 왜구를 금압하려는 무토氏의 태도는 일관된 것이었다.

이러한 초기왜구의 활동으로 인하여 고려정부는 무역을 엄격하게 제한하

---

5) 佐藤進一, 『增訂鎌倉幕府守護制度の硏究』, 東京大學出版會, 1971년.

였다. 카마쿠라 중기의 사료에 따르면, 일본과 고려의 무역은 「歲常進奉一度, 船不過二艘」라는 상황이었다(『高麗史』). 일년에 1회, 그것도 2척 이내의 무역선이 「進奉」이라는 이름으로 일본에서 고려로 도항했던 것이다. 때문에 이 시기의 일본과 고려의 무역은 進奉船 무역이라고 불려진다.[6] 그 주체는 쓰시마의 도민이었다.

## 5) 日宋貿易과 쓰시마

嘉祿 2년(1226), 후지와라노 사다이에(藤原定家)는 對馬國과 高麗國이 「鬪爭」하고 있다는 것과 松浦党이 수십 척의 병선으로 고려에 건너가서 민가를 멸망시키고 재물을 약탈했던 일을 기록하고 있다(『明月記』<定家의 일기. 治承 4~嘉禎 원년: 1180~1235>). 종래 중앙 귀족들은 고려와의 교섭에 무관심했으며 進奉船의 존재조차 알지 못했다(『平戶記』<平經高의 일기. 카마쿠라시대 前期>). 사다이에도 마찬가지였다고 생각되는데, 왜 사다이에는 고려를 약탈하는 왜구에 관심을 나타냈던 것일까?

그것은 왜구관계 기사에 이어진 다음 문장으로 이해할 수 있다.

> 「我が朝渡唐の船, 西に向かふの時, 必ず彼國(高麗のこと)に到着す。歸朝の時, 多く風に隨ひ高麗に寄るは流例なり。彼國すでに怨敵とならば, 宋朝の往反たやすかるべからず。当時, 唐船一艘, 高麗に寄り, 火を付けられ, 一人殘らず燒死すとうんぬん。末世の狂亂至極, 滅亡の源か。奇怪の事なり」(『明月記』嘉祿 2년 10월 17일조)

「일본에서 송으로 건너가는 배는 서쪽으로 향할 때는 반드시 고려에 도착한다. 송에서 귀국할 때도 바람에 편승하여 고려에 들르는 경우가 많다.

---

6) 森克己, 『森克己著作選集1 新訂日宋貿易の硏究』, 國書刊行會, 1975년. 靑山公亮, 앞의 주 4).

만약 고려가 일본의 적국이라면 송과의 왕래는 대단히 곤란해진다」고 사다
이에는 기술하고 있는 것이다. 사다이에가 왜구에게 주목했던 까닭은 왜구
의 행위 그 자체에 분개했기 때문이 아니며, 왜구의 활동으로 인하여 중국
과의 해상교통이 단절되는 것을 걱정했기 때문이었다. 일송무역의 중계지
로서 고려의 역할에 주목했던 것이다.

따라서 당시의 쓰시마는 고려와의 무역 거점일 뿐만 아니라, 일송무역의
중계지로서도 중요한 거점이었다고 할 수 있다. 시대는 약간 내려가지만,
弘安 10년(1287) 이전에 「唐船」의 이익 등을 둘러싸고 對馬國司와 對馬守
護 사이에 분쟁이 일어났다(『勘仲記』<藤原兼仲의 日記. 文永 5~正安 2
년: 1268~1300>). 이 경우의 唐船은 중국과 왕래하는 무역선을 가리키기
때문에 日宋·日元 무역선을 의미한다. 그 이익이란 무역선에 부과하는 津
料 등의 세금일 것이다. 이것도 쓰시마가 日宋貿易이나 日元貿易의 중계
지였다는 것을 전제로 하지 않으면 이해할 수 없다. 日元貿易船으로 유명
한 신안 침몰선도 한반도 서해안의 신안 앞바다에서 침몰하였다. 또한 일본
인이 고려와 耽羅(濟州島)를 경유하여 송 또는 원나라로 가거나 일본으로
귀국했던 사례는 상당히 많다.[7] 일본과 宋·元을 왕래했던 무역선은 예상한
것 이상으로 한반도와 쓰시마를 경유했다고 생각된다.


## 2. 카마쿠라 후기의 쓰시마

### 1) 몽골 침략

文永 11년(1274)과 弘安 4년(1281) 2회에 걸친 몽골 침략은 쓰시마에 커
다란 피해를 초래하였다. 地頭代 소오 스케구니(宗助國, 資國이라고 쓰기

---

7) 森克己, 위와 같음.

도 한다)가 인솔하는 휘하의 부대는 전멸하였고, 쓰시마는 몽골군에게 점
령당했다. 니치렌(日蓮)은 쓰시마의 참상을 「백성들 중에서 남자는 혹은
살해당하고, 혹은 산 채로 붙잡혔으며, 여자는 모아서 혹은 배에 손을 묶어
두거나 혹은 산 채로 포로가 되었다. 한 명도 살아 남은 자가 없다」고 적었
다(『高祖遺文錄』 王舍城事).

　몽골침략에 관한 전승은 쓰시마에 많이 남아 있지만 직접적인 사료는 거
의 남아 있지 않다. 延慶 4년(1311) 6월의 久禰定能申狀(「齋藤文書」)은 사
다요시(定能)의 아버지 兵衞三郞資定이 文永의 役 때 쓰시마의 佐須浦
전장에서 소오 우마노죠(宗右馬允, 助國)와 함께 죽었다고 기술하고 있다.
佐須浦는 쓰시마의 서해안에 있는 이즈하라쵸(嚴原町)의 코모다하마(小茂
田浜)라고 생각된다. 소오 스케구니의 主從 80余騎는 여기에서 원나라 군
대과 싸웠고, 많은 사람이 전사했다고 한다. 현재 이곳에는 소오 스케구니
를 모시는 코모다하마 신사가 있다.

　文永의 役 직후 하카다만 연안의 경비가 강화되었고, 석축지(元寇防壘)
가 연안 쪽에 축조되었다. 큐슈의 御家人들은 이곳을 정기적으로 경비하였
다 이른바 異國警固番役이다. 이 방어시설 덕분에 弘安의 役 때는 원군의
하카다만 상륙을 저지할 수 있었다. 그러나 이때 쓰시마의 방비가 강화되었
다는 사료는 현재 발견되지 않고 있다. 永仁 2년(1294) 3월, 가마쿠라 막부
는 원의 침략에 대비하여 북부 큐슈 연안에서 烽火를 연습하였다(「來島文
書」). 이때 연습이 행해졌던 곳은 이키에서 히젠·치쿠젠에 걸친 지역이었으
며, 쓰시마에 관해서는 기록되어 있지 않다. 가마쿠라 막부에 있어서 쓰시
마는 異國警固 밖에 있었던 것일까?

## 2) 國司와 守護의 다툼

弘安의 役이 있고 나서 6년 뒤인 弘安 10년(1287) 7월 2일, 쓰시마 國司
미나모토노 미츠츠네(源光經)는 조정에 대해서 3개조의 訴狀을 제출하였다
(『勘仲記』). 이것은 헤이안 말기부터 가마쿠라 초기 이래 연속되고 있는 문
제에 대하여 弘安 10년 시점에서 소를 제기한 것이다.

제1조는 치쿠젠, 치쿠고(福岡縣 남부), 히젠, 히고(熊本縣), 부젠(福岡縣
동부와 大分縣 북부), 붕고(大分縣 大部分), 이키의 7개국에 대하여「當島
年粮米」,「正稅交易貢銀直料」,「防人功料」등을 거두어서 빨리 지급하라
고 요구한 것이다. 미츠츠네의 주장에 따르면「『當島年貢銀』은 7개국의
年粮米를 採丁들에게 下行하고, 그에 따라『探銀之勤』을 하거나『交易進
上』을 한다. 그밖에 도내의 恒例神事도 몇 개인가 있으며, 모두 年粮米 중
에서 그 용도에 맞게『天長地久, 國家泰平』과『島內安穩, 貫銀採得』을
기원한다. 그러나 최근에는 管國의 관리가 선례를 어기고 進濟를 게을리
하기 때문에 역대 島司가 官符·宣旨를 얻어서 재촉해도 전혀 所濟가 없다.
이 때문에 在廳도 貢銀을 경영하지 않는다」는 상황이었다. 예전의 쓰시마
國司 후지와라 치카미츠(藤原親光)는 7개국의 正稅交易米 600斛 9斗와
쓰시마의 貢銀 300량을 교역하도록 奏聞하고 官符를 하사받았다. 그러나
미츠츠네에 의하면 옛날부터 정해 진 7개국 年粮米는 3,500여 斛이었다.
이 3,500여 斛이라는 숫자는 타이라氏 정권 때 정해진 것이었는데, 그 내역
은 <표1>과 같다.

〈표 1. 對馬의 年粮米 『勘仲記』 弘安 10년 7월 2일조.〉
對馬守 源朝臣光經解에서 작성

| 國　名 | 計 | 准米 | 見米 | 防人功料(人) | 正稅交易 貢銀直料 |
|---|---|---|---|---|---|
| 筑　前 | 561斛 | 221斛 | 340斛 | 240斛(16人) | 100斛 |
| 筑　後 | 545斛 | 320斛 | 325斛 | 225斛(16人) | 100斛 |
| 肥　前 | 515斛 9斗 | 220斛 9斗 | 325斛 | 225斛(15人) | 100斛 |
| 肥　後 | 847斛 9斗 | 282斛 9斗 | 565斛 | 460斛(31人) | 100斛 |
| 豊　前 | 471斛 7斗 | 246斛 7斗 | 225斛 | 125斛( 8人) | 100斛 |
| 豊　後 | 471斛 7斗 | 246斛 7斗 | 225斛 | 125斛( 8人) | 100斛 |
| 壹岐島 | 60斛 9斗 | | | | |
| 計 | 3504斛 9斗 | 1538斛 2斗 | 2005斛 | 1400斛(94人) | 600斛 |

「貢銀」이란 쓰시마에서 調로 조정에 납부하던 은을 뜻한다(『延喜式』).
天武天皇 3년(674) 3월, 對馬國 司守 오시누미노 미얏코오오쿠니(忍海造
大國)가 쓰시마에서 은이 처음 산출된 것을 조정에 보고하고 은을 헌상한
이래(『日本書紀』) 은은 쓰시마의 특산품이었다. 大宰權帥가 된 오오에노
마사후사(大江匡房)도 『對馬國貢銀記』라는 책을 남겼다. 미츠츠네는 큐슈
7개국의 쓰시마 年粮米를 부활시켜서 쓰시마의 貢銀 생산의 회복을 도모
하려고 했던 것이다.

　제2조는 다른 나라의 주민들이 對馬島로 몰려와서 멋대로 생선, 조개, 해
조를 잡는 것을 중지하도록 요구하고 있다. 미츠츠네는 말한다. 「對馬島는
원래부터 '一步一枝의 田桑'도 없다. 다만 바다의 조개와 해조를 캐서 겨
우 『京庫』의 調庸을 준비할 뿐이다. 그런데 다른 나라의 주민들이 對馬에
건너와서 마음대로 고기와 조개 등을 잡는 것은 참으로 도리에 어긋나는 일
이다」라고. 원시시대 이래 쓰시마 사람들의 생활을 지탱하고, 또 일부는 調
등으로 조정에 상납하고 있던 어패류를 다른 곳의 어민들로부터 지키려고

했던 것이다. 그 배경에는 어민들의 성장·활동범위의 광역화가 있다고 생각된다.

제3조는 「府使」의 난입과 守護人의 國役 對捍(國衙의 課役을 하지 않는 것)을 정지하도록 요구하고 있다. 「『府使』즉 大宰府의 사자가 濟物을 구실삼아 쓰시마에 난입하는 것은 이유 없는 행위이다. 쓰시마는 원래 농지가 없고 『京都濟物』(조정에 대한 상납물이라는 의미?)은 특별히 수량이 정해져 있는 것은 아니다. 廻船商人들이 쓰시마에 着岸할 때 『前分之弁』으로서 濟物에 할당해야 하는데, 최근 守護人이 國司의 지시를 받지 않고 이것을 모두 압류한 것은 부당한 일이다. 武家下知狀(가마쿠라 막부의 下知狀)에 『國衙는 國司의 下知狀에 따르고, 庄園은 영주의 명에 따라야 한다』는 것이 정해져 있는데, 武家下知狀을 어기고 『守護人之沙汰』를 사칭하며 전부 압류하는 것은 전대미문의 횡포이다. 府使의 난입과 守護의 압류에 대해서는 國判(國司의 명령서)을 소지하지 않고서는 멋대로 행동하는 것을 중지하고, 唐船이 쓰시마에 着岸할 때의 『前分』은 國司와 守護人이 절반씩 지시하도록 빨리 하명을 받고 싶다」고 미츠츠네는 주장한다.

大宰府의 使者는 「濟物」을 구실삼아 쓰시마에 난입하고, 守護人은 廻船商人과 唐船으로부터 받는 「前分」을 國衙를 배제하고 자신이 직접 바친다. 國司 미나모토노 미츠츠네로서는 허락할 수 없는 횡포였다. 弘安 10년 당시의 大宰府를 장악하고 있던 인물은 大宰少貳 武藤經資였으며, 對馬 守護도 武藤經資였다.[8] 즉 「府使」도 「守護人」도 실제로는 동일인이며, 武藤氏 및 그의 被官을 의미했던 것이다. 이 제3조에서 이해할 수 있는 것은 守護 武藤氏의 쓰시마 진출, 그 중에서도 國衙의 권한에 대한 개입이다. 특히 廻船과 唐船이라는 유통·무역에 관여하고 있는 점이 주목할 만하다. 원래는 「國役」(國衙의 課役)으로서, 守護 武藤氏가 압류했던 「前分」守護入港稅가 되는데[9] 확실히 그와 같았을 것이다. 쓰시마에 입항하는 상

---

8) 川添昭二,『九州中世史の硏究』, 吉川弘文館, 1983년.

선과 무역선의 입항세가 國衙와 守護에게 있어서 중요한 재원이 되었던 것이다.

武藤氏 및 代官 宗氏가 쓰시마로 진출하게 된 계기는 寬元 4년(1246) 소오 시게히사(宗重尙)의 쓰시마 습격이라는 전승이 쓰시마에 존재하였다(『宗氏家譜』, 『對州編年略』기타). 그러나 『勘仲記』의 기록과 다른 사료에 의할 때 그 계기는 몽골침입 직후인 弘安 연간(1278~88)이라고 할 수 있다. 守護 권력은 가마쿠라 초기 이래 國衙에 개입했는데, 武藤氏는 몽골이 침입했을 무렵의 긴장을 이용하여 쓰시마 지배를 강화하고 國衙의 권한을 빼앗았다고 생각된다. 현재 알려져 있는 문서로서 武藤氏가 宗氏 앞으로 보낸 발급문서의 初見이 弘安 9년(1268) 2월 12일의 武藤淨惠(經資)書下라는 것도[10] 이 사실을 뒷받침하고 있다. 國司 미나모토노 미츠츠네는 朝廷을 통해서 이러한 武藤氏의 개입을 배제하려고 했지만 용이하게 배제되었다고는 생각하기 어렵다. 가마쿠라 후기에 작성된 武藤氏의 발급문서는 쓰시마에 다수가 남아 있으며, 그의 세력은 오히려 강화되었다고 생각할 수 있다.

對馬島 내에서 守護 武藤氏와 代官 宗氏의 세력이 강화되었을 무렵 하나의 相論(재판을 말함)이 일어났다. 元德 2년(1330) 對馬島 介知大掾能츠네요시와 對馬島 豆々郡 주민 覺範의 자손이 재판을 벌인 것이다(『大宰府·太宰府天滿宮史料』10卷). 覺範의 父는 對馬島 在廳의 三郎家則이었는데, 母가 츠네요시의 祖父 세이칸(西願)의 하인이었기 때문에 츠네요시가 覺範을 하사받아서 부리고 싶다며 소송을 벌였던 것이다. 이것을 裁許했던 인물은 쓰시마 守護 武藤妙惠(貞經)인데 미츠츠네의 손자에 해당한다. 妙惠는 「御成敗式目」41조의 「奴婢雜人의 경우 소유하고 10년이 지났다면 시비를 논하지 않으며, 다시 명하지 않는다」는 年紀法 규정에 근거

---

9) 網野善彦, 『中世再考』, 日本エディタ|スクール出版部, 1986년.
10) 長節子, 『中世日朝關係と對馬』, 吉川弘文館, 1987년.

하여 미츠츠네의 소송을 기각하였다.[11]

이 相論에서 주목되는 점은 당사자가 介知大掾과 豆々郡 在廳이라는, 모두 對馬의 國衙 관계자라는 사실이다. 相論은 守護 武藤氏의 법정으로 가져가게 되었고, 武藤氏가 裁許를 행한 것으로서『勘仲記』에 보이는 守護의 國衙 개입은 더욱 진전되었다고 할 수 있다.

또 하나 주목되는 점은 在廳 家則을 물려받은 覺範의 활동이다. 覺範은 陳狀 속에서「流人雜事以下在廳役」으로 근무해 온 사실을 언급하고 있다. 對馬의 在廳役의 筆頭에「流人雜事」가 있는 것은 이 직책이 在廳役 중에서도 중요했다는 사실을 의미한다. 죄를 범하고 對馬로 흘러 들어온 流人은 在廳이 관리하고 있었던 것이다. 對馬는 국가권력에 있어서 틀림없는 변경의 유배지였다.

## 3) 當國·고려의 각종 公事

남북조 시대도 후반이 되면 守護 少貳氏(武藤氏)의 세력이 對馬에서 점차로 후퇴하고, 그 代官인 宗氏의 세력이 강화되어 간다. 宗氏의 惣領家는 對馬島의 島主로 성장해 가지만, 한편으로는 庶家에서도 자립을 도모하는 자가 있어서 仁位를 근거지로 하는 仁位中村 宗氏는 惣領家와 대항하는 일대 세력이 된다. 남북조 시대에서 무로마치 시대에 걸친 對馬의 정치사는 宗氏 惣領家와 仁位中村 宗氏의 대립을 기축으로 전개하였다.[12]

14세기 중엽부터 고려를 습격하는 왜구가 격증한다. 이른바「庚寅(1350년) 이래의 왜구」이다. 왜구는 점차 규모가 커지고 흉포해졌으며, 활동범위도 확대되어 간다. 왜구가 활동했던 가장 전성기는 고려 말기인 1370년대부

---

11) 黑田省三,「對馬古文書抄解」『長崎談叢』 48호, 1969년.
12) 長節子, 前揭, 주 10).

터 80년대에 걸친 기간이다.13) 이와 같은 시기에 다음과 같은 한 통의 문서
가 나왔다(「大山小田文書」).

「かうらいわたりの大山ふね二そうのくうしの事, さしおき申所如件.

　　　正平二十四年七月五日　　　　　　　　宗慶 (花押)

　　　　大山宮內さへもん殿

　　正平 24년(1369) 7월 5일 惣領家인 宗經茂가 고려로 건너가는 大山船
2척의 公事(세금을 뜻함)를 면제했던 것이다. 大山은 淺茅灣 안에 있는 포
구로서 염전에서 소금을 굽고, 「그물」을 소유했으며, 「돌고래」를 잡기도 하
는 어촌이었다(「大山小田文書」). 아소만은 어민들이 포구마다 모여서 살고
있었고, 그곳의 어민들은 한반도에도 건너갔던 것이다. 이 문서에 보이는
大山宮內左衛門의 고려 도항 大山船이 왜구 선박이었는지 교역선이었는
지는 불분명하지만, 당시 大山의 주민이 고려로 건너갔고, 宗氏는 그러한
도해선에 대하여 渡海料라는 公事를 부과했던 것이다.
　　시대가 내려가면 大山(小田)氏의 公事 내용은 다채로워 진다(「大山小田
文書」).

「當國, かうらいの諸公事等の事

一. しほ判　　　　　一. おふせん判

一. 六地之一俵物　　一. 人之賣口かい口

一. 船の賣口かい口　一. 山手

右, 此前之諸公事等, 免許いたす所也. 仍此旨存知あるべき狀如件

　　享德三 二月五日　　　　　　　　　　　　成職 (花押)

---

13) 田中健夫, 『倭寇』, 敎育社, 1982년.

　　大山宮內左衛門尉殿

　「當國, かうらいの諸公事」란 對馬國과 高麗(당시는 조선)에 있어서 각
종 公事를 의미한다.

　이 단어는 大山氏와 한반도, 나아가서는 對馬와 한반도의 관계를 상징하
고 있다. 鹽判이란 조선이나 본토로 소금 반출을 허가하는 島主의 증명서
라거나, 조선에 도항하는 상선이 싣는 소금(상품)에 대한 과세로 해석되고
있다.14) 가마쿠라 말기인 元應 원년(1319), 對馬島의 鹽屋(제염 시설)의 年
貢은 영주가 차용하는 형식으로 건네주고, 그 해에 처음 만든 소금가마는
大山宮內入道의 지시로 年貢을 下命하게 되어 있었다(「大山小田文書」
元應 원년 11월 29일 武藤貞經書狀). 중세의 對馬에는 많은 소금제조 시
설과 소금가마가 있었고, 왕성하게 제염이 행해지고 있었다. 『海東諸國紀』
(1471년 성립)에도 對馬의 島民은 「煮鹽(제염), 捕魚(어업), 販賣(상업)로
생업을 삼는다」고 기록하였다. 對馬에서 생산한 소금을 조선이나 본토에서
판매했던 것이다.

　「おふせん判」의 「おふせん」은 한국어의 「漁夫船」에서 유래하는 단어
라고 하며, 한국의 孤草島에서는 고기잡이를 의미하고 있다.15) 對馬島主
宗氏는 對馬에서 孤草島로 출어하는 어선에 대하여 「おふせん判」이라는
세금을 부과하였다. 중세의 「おふせん判」 관계사료는 對馬에 다수 남아
있는데, 黑瀨, 竹浦(竹敷), 大山, 尾崎 등 아소만 내의 포구들에 관한 것도
많다. 아소만은 지금도 좋은 어장이지만, 연안 주민들이 중세 때는 한반도
연안까지 출어하고 있었던 것이다.

　「六地之一俵物」의 「六地」는 「陸地」, 「ろく地」로 적기도 하는데, 원래

─────────────

14) 이하 각종 公事에 대해서는 黑田省三, 「中世對馬の知行形態と朝鮮貿易權-『宗
　　家判物寫』の硏究-」『國士館大學文學會紀要』3호, 1971년 ; 長節子, 前揭 주
　　10) 참조.
15) 長節子, 「『おふせん』論考-孤草島釣魚に關する一考察-」『朝鮮學報』36집, 1965년.

는 고대에 對馬로 미곡을 보내던 筑前·筑後·豊前·豊後·肥前·肥後의 6개 지역을 의미한다. 이 말이 변하여 九州 본토를 의미하게 되었다. 「六地之一俵物」이라는 것은 九州로 건너가는 상선에 대한 종량과세로 해석하고 있다. 또 「人之賣口かい口」는 人身賣買에 대한 과세였으며, 「船の賣口買口」는 對馬 在籍船의 도항권 매매에 대한 과세, 또는 배로 對馬島內 연안에서 교역활동을 하는 것으로 해석하기도 한다. 「山手」란 島內 각 포구에 기항하는 선박이 사용하는 장작·재목 등에 부과하는 運上(중세 때 貢物을 京都로 운반하여 바치는 일)으로 해석하고 있다. 이러한 각종 公事에 대해서는 불분명한 점이 많고 해석도 일정하지 않지만, 宗氏는 많은 잡세를 부과하고 있었으며, 그 免除는 급료와 동질화하고 있었다. 對馬(當國)와 한반도(高麗) 및 九州(六地)를 연결하는 對馬島民의 광범위한 활동 양상은 이와 같은 다양한 세금(각종 公事)의 형태에서도 알 수 있다.

## 3. 應永의 外寇와 拘留 對馬人

### 1) 應永의 外寇 발생

일본에서 남북조가 합쳐진 明德 3년(1392), 고려를 대신하여 조선이 건국되었다. 조선은 무단책과 회유책을 사용하여 왜구의 鎭靜化를 도모하였다. 왜구들은 점차 投化倭人(조선에서 토지 등을 받고 귀화한 일본인), 使送倭人(조선으로 사자를 파견하는 일본인), 興利倭人(무역을 위해 조선으로 오는 일본인) 등의 평화적인 통교자로 변해갔다.[16] 「庚寅年」(1350) 이래 계속되던 왜구시대의 종말을 상징하는 사건이 應永 26년(1419)에 있었던 應永의 外寇이다. 한국에서는 간지와 연관지어 「己亥東征」으로 부르고 있다.

---

16) 田中健夫, 『中世海外交涉史の硏究』, 東京大學出版會, 1959년.

이 해 5월에 한 무리의 왜구가 한반도의 일부를 습격하고 명으로 향했다. 조선정부는 왜구 대책을 의논하고, 그 틈을 타서 왜구의 근거지 중 하나인 對馬를 공격하기로 하였다. 6월 19일, 李從茂가 이끄는 227척 1만 7천 285명의 대군이 거제도를 출발하여 對馬로 향했다. 다음날 선발대가 對馬에 도착하자 동료가 돌아온 것으로 생각한 島民들은 술과 음식을 준비하여 기다리고 있었다.

곧 양자 사이에 전투가 벌어졌다. 조선군은 아소만으로 들어와서 土寄崎(美津島町 尾崎의 土寄)에 정박하고 상륙을 개시하였다. 이때 조선군의 뱃길을 안내하던 투화왜인 「池文」이라는 자도 있었다. 조선군은 섬 안에서 크고 작은 129척의 배를 빼앗았고, 대부분을 소각하였다. 아울러서 민가 1,939채를 불태우고 114명의 목을 베었으며, 21명을 생포하고 논밭에 있던 작물을 베었다. 또한 왜구에게 잡혀 있던 중국인(明) 남녀 131명을 구조하였다. 그밖에도 중국인 15명과 조선인 8명을 구조하였다. 그리고 교통의 요충지인 船越(美津島町 小船越)에 木柵을 설치하여 교통을 차단하였다. 이종무 일행은 仁位郡으로 진격해서 3군으로 나누어 상륙하였다. 對馬의 복병을 만나 고전하는 부대도 있었다. 그러나 島主 宗貞盛이 철군과 수호를 청하면서, 「7월 중에는 언제나 風變(태풍을 말하는 것인가?)이 있으며, 오랫동안 對馬에 체류하는 것은 좋지 않다」는 글을 보내 왔기 때문에 이종무는 7월 3일에 병사를 이끌고 거제도로 돌아왔다(『세종실록』 권4). 이리하여 應永의 外寇는 종결되었고, 일본과 조선 쌍방에서 그 선후책을 강구하여 한반도를 습격하는 왜구도 應永의 外寇 이후에는 거의 자취를 감추었다.

應永의 外寇에서 명나라 사람과 조선 사람이 對馬島 내에서 발견되어 구조되고 있는 점은 주목된다. 이들은 왜구에 의하여 명이나 조선에서 끌려온 사람들이며 被虜人이라고 불렀다. 일본으로 끌려온 피로인은 노예가 되어 농경이나 목축, 어업 등에 내몰렸다.[17] 그 중에는 通詞(통역)가 되어 무

---

17) 佐伯弘次, 「大陸貿易と外國人の居留」, 川添昭二編, 『よみが与える中世1 東

로마치 막부에서 일했던 명나라 사람 魏天 같은 사람도 있었다. 피로인의
수는 1만명이 넘었다고 하는데, 왜구의 근거지였던 對馬에는 다수의 피로
인이 있었던 것이다.

> 「たうしんおんな一人ふんのかき物六百文, かいなううけとり,
> けんさへもんとのゝうちの御なのうけとり, おうゑい二十六ねん
> 十二月十九日 くにしけ判18)

문장 중의 唐人女는 被虜人이라고 생각된다. 피로인 1인분의 公事로서
600文을 징수하였던 것이다. 이러한 피로인은 對馬에서 매매되어 섬 안에
서 노예의 신분으로 노동에 종사하는 외에 博多 등 九州 본토에도 팔려갔
던 것으로 생각된다. 應永의 外寇 이듬해에 사절로서 일본에 왔던 조선의
宋希璟은 對馬의 西泊(上縣郡 上對馬町)에서 일본 어민의 노예가 되어 있
는 명나라 사람과 만나 문답을 주고받고 있다(『老松堂日本行錄』).
  應永의 外寇 직후 조선과 對馬 사이에서 문제가 되었던 것은 對馬의 귀
속 문제이다. 조선쪽에는 「對馬島는 경상도에 속하는 조선 영토 안의 땅」
이라는 인식이 생겨났다(『세종실록』 원년<1419> 7월 경신조 등). 應永 27
년 윤정월, 宗貞盛은 「時應界都」라는 자를 使者로 조선에 파견하여 對馬
島를 조선 경내의 州郡의 예에 따라 州名으로 하고, 印信(印鑑)을 하사해
달라고 요청하였다(『세종실록』 2년 윤정월 기묘조). 조선은 이 청을 허가하
여 對馬島를 경상도에 속하는 것으로 하고 「宗氏都都熊丸」(都都熊丸은
宗貞盛의 幼名)이라는 도장을 貞盛에게 주었다. 이로 인하여 對馬는 조선
에 속하는 것처럼 보였다. 그러나 다음해(1421) 4월 宗貞盛의 사신 仇里安
이 조선을 방문함에 이르러서 진상이 밝혀졌다(『세종실록』 3년 4월 기해

---

    アジアの國際都市博多』, 平凡社, 1988년.
18) 黑田省三, 前揭 주 14).

조). 조선의 예조는 앞서 사신 辛戒道(時應界都)가「對馬島는 慶尙道에 속한다」고 진술했던 것을 仇里安에게 확인하자 仇里安은 다음과 같이 대답하였다.

「對馬가 慶尙道에 속한다는 것은 나로서는 아는 바가 없다. 辛戒道가 어찌 혼자 알았다는 말인가. 이것은 망언이다(중략) 對馬島는 일본의 변경이며 對馬島를 공격하는 것은 일본을 공격하는 것이다」.

이렇게 해서 對馬島의 경상도 귀속은 時應界都가 지어낸 말로 판명되었지만, 그 후에도 조선에서는 對馬가 경상도에 속하는 조선의 섬이라는 인식이 오래 지속되었다. 물론 對馬가 조선의 지배를 받았던 사실은 없다. 아마도 조선정부가 무역상 對馬를 특별히 우대해 주고, 島主 등에게 매년 쌀과 콩을 주었던 일이 이러한 인식 형성의 배경에 있었던 것은 아닐까?


## 2) 억류 對馬人의 반환 문제

應永의 外寇가 對馬에 남겼던 또 하나의 문제는 억류 對馬人 문제이다. 應永의 外寇에 앞서 應永 26년(1419) 6월 4일, 경상도 각 포구의 到泊倭人(체류 중인 일본인)과 販賣倭人(무역을 하는 일본인)은 九州節度使(九州探題 澁川氏)의 사신 외에는 모두 조선정부에 잡혀 각지에 분치되었다(『세종실록』).

그 총수는 591명. 잡혔을 때 살해당하거나 수색 때 투신자살한 자가 136명. 그밖에 6명의 중국인 포로도 발견되었다. 對馬 원정에 앞서서 조선이 선수를 쳤던 것이다. 또한 對馬島 출신의 投化倭人으로서 조선의 관리로 활약하고 있던 平道全은 對馬島와 몰래 연락했다는 혐의로 평양에 안치되었고, 그의 부하는 함길도에 분치되었다. 道全의 아들 平望古는 명령에 따르지 않아 살해되었다.

應永의 外寇가 종결되자 조선이 억류했던 일본인의 반환 교섭이 시작된다. 應永 27년(1420) 5월 11일, 일본의 三未多羅(左衛門太郎)는 조선으로 사신을 보내서 전년에 빼앗긴 배와 억류되어 있는 三未三甫羅(左衛門三郎) 일행의 송환을 요구하였다(『세종실록』). 같은 무렵에 전 九州探題 澁川道鎭(滿額)은 조선으로 사신을 보내 道林 등 10인의 송환을 요구하였다. 전왕 태종은 道林 일행이 九州 출신이므로 송환하도록 명하고, 道林 일행 9명과 多漏波音 등 7명을 송환하였다(『세종실록』 2년 8월 무술조). 같은 시기에 肥前의 牧源省도 사신을 보내 억류 중인 왜인(조선에 억류된 일본인)의 송환을 요청했지만 허락되지 않았다(同). 應永 27년에 조선사절 송희경 일행이 對馬를 방문했을 때 宗貞盛의 동생 熊壽는 억류된 對馬島 사람들을 빨리 송환해 주도록 요구하고 있다(『세종실록』 2년 10월 계묘조). 이듬해 4월, 宗貞盛도 사자 仇里安을 파견하여 「조선의 벽촌을 침범한 對馬의 島民은 주륙을 당하는 것이 마땅하지만, 사신 또는 장사 때문에 조선의 변경에 있던 자 300여 명이 이미 포로가 되었고, 그 처자들은 비탄에 빠져 있다」고 말하면서 송환을 요청했지만 허락되지 않았다(『세종실록』 3년 4월 무술조).

그 후에도 九州探題 澁川義俊과 對馬의 早田左衛門太郎 등이 對馬 억류인의 송환을 요청했지만 좀처럼 진전되지 않았다. 그러나 對馬 宗氏와 조선의 修好도 서서히 진전되고, 應永 31년(1424) 6월 무렵에는 對馬島 억류인이 송환되었다(『세종실록』 6년 6월 계해조). 이후 사태는 급속하게 발전하여 같은 해 7월에 宗貞盛은 억류인 31명의 송환을 요청하고 허락을 받았다(『세종실록』 6년 7월 정해조).

다음해 應永 32년(1425), 日本國王使(將軍 足利氏의 사절)가 조선에 파견되고 억류자 송환 교섭이 진행되었다. 副使 梵齡은 조선 예조에 글을 올려 다음과 같이 요청하였다(『세종실록』 7년 4월 임술조). 「攝津國 兵庫 사람 四郎三郎은 허락을 받고 일본에 돌아왔지만 그의 夫人 佐伊馬都와 아들

伊治毛時가 아직 귀국하지 못했다. 四郞三郞은 지금 두 사람을 맞이하러
乃而浦에 와 있으므로 두 명을 사면해 주기 바란다」. 「對馬의 舟越 주민 彌
耶次郞의 어미는 나이가 80세를 넘었다. 외동아들이 오랫동안 조선에 억류
되어 있기 때문에 송환해 주기를 바란다」. 「對馬 사람 左衛門三郞은 壬寅
(應永 29년)에 돌아왔지만, 그의 아들 馬多承은 아직도 귀국하지 못했으므
로 돌려보내 주기 바란다」라고. 그 요청이 통하여 4명의 귀국이 승인되었다.

또한 日本國王使 中兌는 조선에 억류되어 있는 對馬 舟越의 주민 源三
郞·太郞四郞, 對馬 西泊 주민 衛門四郞, 筑前州 博多 주민 巖次郞, 對馬
西泊 주민 慶珦首座·女妙仁·子乙王, 志高浦兵衛四郞·鶴房, 坂浦左衛門
四郞·伊勢房, 土依次郞三郞, 肥前州 松浦 孫三郞, 對馬 志高 足常祐,
伽羅洲女憑 등 14명[19]을 나에게 청하여 일본에 데려가기를 원했으므로 허
락하였다(『세종실록』 7년 5월 경오삭조). 對馬島 주민 외에도 博多나 肥前
의 松浦 주민도 있었다. 이와 같은  對馬 宗氏, 九州探題 澁川氏, 將軍
足利氏 등의 노력에도 불구하고 모두가 송환되지는 못한 듯하며, 그 후에
도 일본인의 송환교섭이 계속되었다.

中兌의 요청으로 송환된 사람 중에 여성이나 아이들도 포함되어 있는 점
은 주목된다. 對馬島 주민의 출신지는 舟越, 西泊, 志高(峰町 志多賀), 坂
(峰町 佐賀), 土依(美津島町 尾崎의 土寄), 伽羅洲(豊玉町 唐洲)의 여섯
포구이다. 앞의 포구 네 곳은 對馬 동해안의 주요한 항구이며, 나머지 포구
두 곳은 아소만 서쪽에 있는 포구이다. 이와 같은 각 포구의 민중과 승려들
이, 여성도 포함하여 조선으로 건너가서 무역 등에 종사했던 것이다. 여기
서 西泊의 慶殉首座를 주목해 보자. 이름에서 승려라는 것을 알 수 있다.
應永 27년(1420), 조선사절 송희경이 西泊에 도착했을 때 尼寺와 空寺(주
지가 없는 절)에 관한 내용을 기행문에 적고 있다(『老松堂日本行錄』). 空
寺 부분에서는 현지 주민이 「이 절의 승려는 작년(1419)에 조선으로 가서

---

19) 『세종실록』에서는 14명이 되지만 이렇게 읽으면 15명이 된다.

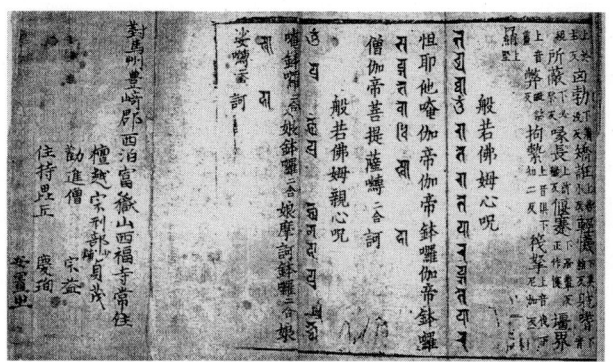

그림 2. 〈西福寺元版大般若經〉 元代에 중국 普寧寺에서 인쇄된 경전. 이 대
반야경은 泰定 3년(嘉曆 元, 1326)에 고려의 趙璉이 普寧寺에 주문하여 인쇄한
것으로 施入記이며, 檀越로서 宗貞茂, 勸進僧으로서 宗益, 주지 昆丘로서 慶珣의
이름이 보인다.(西福寺藏)

포로가 되어 돌아오지 않았다」는 말을 기술하고 있다. 조선에 가서 포로가
되었던 승려가 바로 慶殉首座일 것이다.

  西泊의 西福寺에는 현재 元의 普寧寺版 大般若經이 전해지고 있다. 20)
이 경전은 고려의 趙璉이 普寧寺에 주문해서 인쇄하도록 한 것이기 때문에
고려에 있었던 것이다. 西福寺의 경전에는 다음과 같은 墨書施入記가 있다.

「對馬州豊崎郡西泊富獄山西福寺常住
檀越宗刑部少輔貞茂
勸進僧　　　宗益
住持昆丘　　慶珣
　　　　　安置之」

  이 경전을 西福寺에 안치했던 주지 慶殉이 앞의 慶殉首座와 동일인물
임에는 틀림없다. 空寺란 西福寺였던 것이다. 조선으로 건너가서 가끔씩
억류되었던 西福寺 주지 慶殉이 고려에서 元版大般若經을 西福寺로 가져

20) 山本信吉,「對馬の經典と文書」『仏教芸術』, 前揭 주 1).

왔다는 사실 속에서 중세 對馬와 조선의 다양한 관계가 드러난다.

아소만 뿐만 아니라 對馬島 전체가 應永의 外冦의 영향을 받았던 것이다. 그런 까닭에 송희경 일행을 맞이했던 西泊의 尼寺의 비구니는 일행이 일본에 온 목적을 알고 「태평의 사신이군요. 나도 살았다」라고 하며 기뻐했던 것이다(『老松堂日本行錄』).

## 4. 조선 사절이 본 중세의 對馬

### 1) 『海東諸國紀』에 보이는 對馬

조선 사절이라면 江戶時代 때 일본에 왔던 조선통신사가 떠오르지만, 사실은 중세에도 江戶時代 못지않은 사절의 왕래가 있었다. 일본을 방문했던 조선 사절은 귀국 후 교섭 내용과 일본의 정세에 대하여 국왕에게 보고하였다. 또한 어떤 사람은 기행문을 남기거나 한시를 짓기도 했으며, 신숙주처럼 일본의 국내 정세와 통교자에 대해서 기록한 책을 저술한 사람도 있다.

신숙주는 사절로서 일본을 다녀오기도 했던 知日派였다. 그는 성종 2년(文明 3, 1471), 일본에서 오는 통교자와 일본 국내의 정세, 琉球國의 정세 따위를 기록한 『海東諸國紀』를 저술하였다. 이 책은 무로마치 시대의 조일 관계사 연구에서 기초사료의 하나가 되어 있다.

그 중에서 신숙주는 당시의 쓰시마에 대하여 다음과 같이 기록하였다.

「郡은 8개이다. 인가는 모두 연안의 포구에 있으며, 대략 82개 포구가 있다. 섬은 남북으로 사흘길이고, 동서로는 하루 또는 한나절 길이다. 사방이 모두 돌산 뿐이며, 토지는 척박하고 백성은 가난하여 소금을 굽고 고기를 잡다 팔아서 생활하고 있다. 宗氏가 대대로 島主 노릇을 한다. 그 선조는 宗慶(宗經茂)이 죽고 아들인 靈鑑이 계승하였다. 靈鑑이 죽자 아들 貞茂가 계승하였다. 貞茂가 죽자

아들 貞盛이 계승하였다. 貞盛이 죽자 아들 成職이 계승하였다. 成職이 죽자 뒤
를 이을 사람이 없었다. 丁亥年(應仁 1, 1467)에 섬 사람들은 貞盛의 동생 盛國
의 아들 貞國을 세워 島主로 삼았다. 郡守 이하 지방관리는 모두 島主가 임명한
자이며 세습한다. 토지와 鹽戶를 나누어 예속시키며, 3개 조로 편성하여 7일마다
교대로 島主의 집을 지키고 있다. 郡守는 각자 자기 郡에서 매년 흉년인지 풍년
인지를 실제로 검사해서 세금을 걷으며, 3분의 1을 취한다. 그리고 그것을 3등분
하여 2분을 島主에게 바치고 1분은 자신이 사용한다. 島主의 목장은 4개소인데
말이 2천여 필이나 되고, 등허리가 굽은 말이 많다. 對馬의 특산물은 감귤과 木
楮(닥나무) 뿐이다. 남과 북에 높은 산이 있는데 모두 天神이라는 이름이 붙어 있
다. 남쪽은 子神, 북쪽은 母神이라 칭하고 있다. 풍속은 신을 숭상하여 집집마다
소찬(素饌, 변변치 않은 酒食)으로 신에게 제사를 지낸다. 사람들은 감히 (天神
의) 산의 초목이나 동물을 잡으려고 하지 않는다. 죄인이 神堂(신을 제사 지내는
집)으로 도망가도 감히 쫓아가서 잡는 일이 없다」.

이『海東諸國紀』의 기사는 15세기 후반 對馬의 상황을 잘 표현한 것으로
서 주목받고 있다. 게다가 중세의 선동적인 사료로서도 잘 알려져 있다.[21]
이 책은 중세 對馬의 각 포구의 호수를 기록하고 있는데,『조선왕조실록』
등과 비교해 보면 상당히 차이가 나는 점도 있어서 그대로 믿을 수는 없다.

「사방이 모두 돌산 뿐이며, 토지는 척박하고 백성은 가난하여 소금을 굽
고 고기를 잡아다 팔아서 생활하고 있다」는 對馬의 이미지는 많은 조선 사
절의 기록에서 공통적이다. 文安 원년(1444) 일본에 왔던 姜勸善은 「對馬·
一岐(壹岐)·上松浦 등의 지역은 인가도 적고, 토지는 좁은데 또한 매우 척
박하며, 농업에 종사하지 않아 기근을 면하지 못한다. 멋대로 해적이 되는
데 그 마음은 간교하고 포악하다. 그리고 對馬와 一岐 두 섬은 해적의 경유
지가 되었다」(『세종실록』 26년 4월 기유조)고 적었다.

長享 원년(1487)에 對馬를 방문했던 鄭誠謹도 「해안가의 여러 포구를
보니 수십 여채 또는 오십 여채가 모여 있다. 島主가 사는 곳의 민가도 200
여 호에 지나지 않는다. 토지는 매우 척박하며, 논은 없고 모두 山田(밭)을

---

21) 平泉澄,『中世に於ける社寺と社會との關係』, 至文堂, 1926년.

경작해서 식량으로 삼고 있다. 또 산림을 벌채하는 것을 금하고 경작시키지 않는다. 칡뿌리를 캐거나 바다에서 물고기를 잡아 먹는다. 사람들은 대부분 굶주리고 있으며, 이전에는 조선의 변경을 습격하며 생계를 이어갔는데, 지금은 島主가 엄하게 이것을 금하고 있다」(『성종실록』18년 6월 무인조)고 적었다. 산 뿐이고 경지는 밭이 조금 있을 뿐이다. 게다가 척박하기 때문에 사람들은 왜구가 되어 생활을 유지하고 있었다는 것이 조선 사절의 공통적인 인식이었다.

조선 사절들은 일본의 풍속에 대해서도 관심을 가졌다. 특히 음식 문화에 대해서는 많은 관심을 가지고 자세히 보고하였다.

「밥상을 차려도 숟가락이 없고, 단지 木筋(젓가락)이 있을 뿐이다. 한번 쓰고는 즉시 버린다」(『성종실록』7년 7월 정묘조), 「僧舍(절)에 들어가서 물을 달라고 했더니 故器(낡은 그릇)를 주었다. 다 마시자 바로 부숴버렸다. 또 식사를 하는데 나무 그릇을 사용한다. 식사가 끝나면 반드시 발로 밟아서 깨뜨린다」(『성종실록』10년 2월 병신조). 사절들은 한결같이 일본인이 사용한 식기를 바로 부수는 것에 놀라고 있다.

또한 조선사절을 맞이하는 對馬의 민중에 대해서도 관찰을 게을리하지 않는다. 조선 사절이 오자 각양각색의 일본인이 일행에게 다가왔다. 송희경이 對馬 西泊에 체류하고 있을 때, 일본 어민이 생선을 팔러 왔다. 송희경이 배 안을 보았더니 승려 한 명이 있었다. 이 승려는 중국 강남에서 끌려온 포로라는 것을 알았다. 생선을 팔러 온 어부는 「나에게 쌀을 주시면 이 승려를 팔겠습니다」라고 송희경에게 말했다(『老松堂日本行錄』).

文明 8년(1476)에 對馬를 방문했던 金自貞도 西泊浦에서 체류하였다. 이 소문을 듣고 조선과 통교한 적이 있는 源茂崎가 술과 안주를 가지고 찾아 왔다. 茂崎는 西泊의 對岸인 網代浦의 주민이며, 康正 원년(1455)에 조선 표류민을 구조한 공으로 조선에서 「司直」이라는 관직을 받은(『海東諸國紀』) 이른바 受職人이다. 조선과의 통교자들도 조선 사절의 동향을 주시하고 있었던 것이다.

金自貞 일행이 西泊浦에서 머물고 있을 때 수많은 부인과 여자와 노인·
소년들이 「斑依」(무늬가 있는 화려한 옷)로 머리와 얼굴을 감싼 채 작은 배
를 타고 몰려들었다. 일행이 탄 배를 바라보았더니 「대국(조선)의 음악을 들
려주세요」라고 하였다. 김자정이 工人에게 음악을 연주하게 하자 사람들은
감탄하며 돌아갔다(『성종실록』 7년 7월 정묘조). 이와 같은 對馬 민중과의
교류도 때때로 있었다.

## 2) 對馬島主의 저택

조선에서 對馬로 파견된 사절의 목적은 島主를 만나는 것이었기 때문에
島主의 접대 방식과 그 저택에 대해서도 기록을 남기고 있다. 김자정 일행
은 府中(현재의 嚴原)으로 가서 島主 宗貞國과 면회하기로 되어 있었지만
貞國은 좀처럼 만나려 하지 않았다. 貞國의 가신들에게 사정을 물었더니
貞國의 아들 貞秀가 목에 병이 나서 침술로 치료 중이므로 낫기를 기다려
서 만나겠다고 하였다. 文明 8년 5월 27일이 되어서 겨우 면회가 성사되었
고, 島主의 役所에서 조선국왕의 書契와 예물을 건네주는 의식을 거행하였
다. 의식이 끝났을 때 貞國이 조선의 음악을 청하여 工人이 연주하였다. 貞
國은 이 음악을 듣고 칭찬해 마지않았다. 이때 김자정은 島主의 집에 대해
서 다음과 같이 기록하고 있다.

> 「도주의 집에는 앞뒤로 廳事가 있으며 또 馬廐(마굿간)와 廚舍(부엌)도 있었
> 는데, 茅(띠)로 덮었으며, 담으로 둘렀고, 담 밖에는 壕塹으로 뺑 둘러 바닷물을
> 끌어들였는데, 깊이와 너비는 각각 한 길(丈) 남짓하다. 堂에는 계단이 없이 月臺
> 에 오르며, 사방의 벽을 판자로 만들었는데, 단확(丹雘)은 칠하지 않았다. 동쪽·서
> 쪽·북쪽의 벽에는 산수화가 그려져 있다. 도주 자신은 後廳事에서 기거했으며,
> 앞청사로 오면 손님을 응대하거나 사무를 처리할 뿐이다. 그리고 항상 皮甲(가죽

갑옷) 50벌, 투구 50개, 木弓 70개, 장검 20자루, 長箭 40部를 비치해 두고 스스로 방위하고 있다. 섬 안은 8郡이 있으며, 소속 무사를 5개조로 나누고, 각 번마다 80~90명이 스스로 식량을 준비하여 5일씩 교대로 근무하면서 명령에 대비하고 있다.(『성종실록』 7년 7월 정묘조).

「3개 조로 편성되어 7일마다 교대로 島主의 집을 지키고 있다」는 『海東諸國紀』의 기사와는 다르지만, 宗氏가 도내 8개 군의 무사를 각 번에 편성하고, 정기적으로 島主館을 경비하게 한 점은 공통된 부분이다. 이 일은 對馬島內의 고문서에서도 확인할 수 있다.

조선 사절이 對馬島主의 저택을 방문하자 宗氏는 정원에서 활을 쏘고, 산과 들에서 사냥을 하며 일행을 대접하였다. 김자정은 宗貞國이 접대차 거행한 수렵에 대해서 다음과 같이 적었다.

「島主는 우리나라(조선)가 준 笠子(日傘)를 쓰고 우리나라의 활과 화살을 가지고 있었다. 앞뒤로 따르는 자는 400여명. 모두 창과 칼을 가지고 앞서 나간다. 수렵하는 장소에 도착하자 군사 400여명이 산 아래로 달려 내려갔다. 그러나 짐승 한 마리도 잡지 못했다」.

이와 같은 접대는 성립되지 않고 끝난 적도 있었던 모양이다.

### 3) 일본 국내의 정세를 살피다

對馬로 파견했던 이와 같은 사신은 宗氏에게 서계나 선물을 전하는 것만이 목적은 아니었다. 당시 조선은 일본 국내의 정세에 대해서도 주목하고 있었다. 특히 金自貞을 對馬島에 파견한 이유는 일본 국왕(足利氏)에 대한 사신 파견이 가능한지 여부를 판단하려는 목적도 있었으므로 일본 국내의 정세도 열심히 파악하려고 하였다. 당시 일본에서는 應仁의 난(應仁 원년 <1467>에서 文明 9년<1477>까지)이 아직 종결되지 않았기 때문이다. 당사자이기도 했던 宗貞國은 應仁의 난의 발단부터 현재에 이르는 경과를 자세하게 전했다. 金自貞은 府中의 숙소를 방문한 자로부터도 정보를 얻고 있다.

壹岐의 受職人 三甫郞太郞은 「우리나라의 使船이 국왕이 있는 곳(京都)에 도달할 수 있는가?」라는 金自貞의 질문에 대하여 다음과 같이 대답하였다.

> 「남쪽 길(瀨戶內海航路)은 병란 때문에 통제가 되지 않습니다. 반드시 해적에게 습격당할 것입니다. 만약 一岐(壹岐)州에서 北海(일본해)를 경유하여 간다면, 바람이 순풍이면 8일 만에 若狹州(福井縣 서부)에 도착합니다. 若狹州에서 육로로 三息(一息은 약 12킬로미터)을 가면 伊麻豆(今津)에 도착합니다. 그곳에서 배를 타고 水路로 三息을 가면 沙可毛道(坂本)에 도착합니다. 여기서 육로로 一息을 가면 국왕이 있는 곳(京都)에 도착합니다. 博多와 一岐의 상인들은 모두 이 길을 통해서 왕래하고 있습니다. 조선국이 만약 통신사를 보낸다면 제가 안내하겠습니다」(『성종실록』 7년 7월 정묘조).

당시 瀨戶內海는 병란으로 인하여 해적이 횡행하였고, 항해가 어려웠기 때문에 북부 九州의 상인들은 일본해 항로를 통해서 京都로 왕래하고 있다는 정보를 얻었던 것이다.

그밖에도 金自貞은 博多의 승려 少由로부터 豊前國을 둘러싼 大內氏와 少貳氏의 다툼을 들었고, 對馬의 平茂續로부터는 少貳氏가 宗貞國에게 원병을 의뢰했다는 것을 몰래 들었다(同). 이러한 정보는 金自貞이 귀국한 후 조선 정부에 전해졌다.

## 5. 무역항 三浦와 對馬의 역사적인 관계

### 1) 對馬島人, 三浦에 거주

조선정부는 당초 왜구회유책으로 일본인에게 자유무역을 허가하고, 일본인이 도항하는 浦所(무역항)를 제한하지 않았다. 하지만 그 결과 조선으로의 통교가 격증하고 조선측의 부담이 막대해졌기 때문에 興利船(상선)이 도항하는 浦所를 釜山浦(부산)와 薺浦(乃而浦) 두 곳으로 한정하였다. 應永 33년(1426)에는 이 두 곳의 포구에 鹽浦가 더해져서 浦所는 세 곳이 되었다. 應永의 外寇 이후부터는 使送船의 渡航도 三浦로 제한되었다. 이들 세 곳의 浦所를 三浦라고 부른다.22)

〈표 2. 三浦 거주 일본인 수〉

* 三浦에 거주했던 일본인의 수를 연대별로 표시했다(中村榮孝, 주 22)에서).

| 연대 | 薺浦 | | 釜山浦 | | 鹽浦 | | 計 | |
|---|---|---|---|---|---|---|---|---|
| | 戶 | 口 | 戶 | 口 | 戶 | 口 | 戶 | 口 |
| 1466년 | 300 | 1200餘 | 110 | 330餘 | 36 | 120餘 | 446 | 1650餘 |
| 1474년 | 308(11) | 1722 | 67(2) | 323 | 36(1) | 131 | 411(14) | 2176 |
| 1475년 | 308(11) | 1731 | 88(3) | 350 | 34(1) | 128 | 430(15) | 2209 |
| 1494년 | 347(10) | 2500 | 127(4) | 453 | 51 | 152 | 525(14) | 3105 |

이 三浦에 일본인이 거주하게 되었다. 그들 대부분은 對馬島 주민이었다. <표 2>는 三浦에 거주했던 일본인 수의 변천을 나타낸 것이다. 가장 많았을 때가 500호, 3000명 이상의 일본인이 거주하고 있다. 사원이 14~5 군데나 있었다는 사실도 주목할 만하다. 이곳에 거주하던 일본인은 무역을

---

22) 中村榮孝, 『日本と朝鮮』, 至文堂, 1966년.

하고, 고기를 잡고, 浦所 부근의 토지를 경작했다. 이러한 三浦의 恒居倭에 대하여 對馬島主는 代官을 파견해서 세금을 걷었다.23) 對馬島主에게 있어서 三浦는 對馬島의 연장이었다. 예를 들어서 對馬 豊崎郡 大浦의 皮古汝文(彦左衛門)은 長祿 2년(1458)에 조선의 護軍이라는 관직을 받았는데, 寬正 원년(1460)에는 조선에서 圖書(銅印)를 받고 통교권을 강화하였다(『海東諸國紀』). 이 인물은 文明 3년(1471) 당시「三浦의 恒居倭를 總治」하고 있었다(同). 또 對馬 國府浦(府中)의 宗國幸은 文明 3년에 對馬島 特送使로 조선에 건너와서「三浦를 兼察하였다」(同). 三浦의 일본인들이 政治·經濟的으로는 宗氏의 통제를 받고 있었던 것이다. 宗氏는 三浦에 대해서 다음과 같은 문서를 발급하였다(『長崎縣史 史料編 第一』,「宗家御判物寫」)

宗貞盛
(花押)

千部經之勸進のためニこのそう とかい候ニて， かうらい三浦の日本人，
又ハそさ船·はいはい船いつれも少勸進心おちニほんそう あるへく候.
文安六 三月二十九日 祐覺 (花押)
高麗
こもかい
ふさんかい 日本人の中
うるしゃう

「對馬みねのこんけんのしやたんさうゑいくわむしんのため二, 宮司ミの坊罷くたり候. かうらい三うらの百しやう, そのほかそさふねみな心おち二ほんそうあるへきよしおほせにて候. そのむね心ゑあるへき狀如件.
寶德三
正月十一日 祐覺 (花押)
高麗こもかい

_____

23) 앞과 같음.

ふさんかい
うるしゃう

전자는 文安 6년(1449), 어떤 사찰에서 千部經의 勸進을 위해 勸進 승려가 三浦로 건너가는 것을 알리고, 삼포 거주 일본인과 일본의 送使船(使船)·賣買船(商船)에 대하여 勸進하도록 언급한 것이다. 후자는 寶德 3년(1451), 對馬 峰郡峰의 權現社 社壇造營의 勸進을 위해 宮司 ミの坊(美濃坊?)이 조선의 三浦로 간 것을 언급하고, 三浦의 일본인 백성과 일본 送使船이 勸進에 응할 것을 언급하고 있다. 절이나 神社를 새로 짓거나 경전을 입수 할 때 勸進을 행하는 것은 일반적이지만, 對馬의 경우 그 대상에 三浦의 일본인과 일본 선박이 있었다는 사실이 주목된다. 「罷くたり候(對馬에서 三浦로 내려간다)」라는 어귀가 상징하듯이, 三浦는 對馬島人에게 있어서 對馬島의 연장선상에 있었던 것이다.

## 2) 三浦倭乱과 그 후의 무역활동 교섭

三浦에 거주하는 對馬島人은 점차 늘어 갔다. 조선국왕 세종은 永享 8년(1436), 對馬島主 宗貞盛에게 三浦의 恒居倭를 모두 對馬로 송환하도록 명령하였다. 貞盛은 가장 오래 거주한 60명을 제외하고 송환하겠다고 대답했지만 실제로는 더 많은 일본인이 三浦에 머물렀다. 文明 원년(1469), 세조는 宗成職에게 恒居倭의 송환을 요구했는데, 成職이 죽었기 때문에 뒤를 이은 宗貞國에게 요구하였다. 그러나 貞國은 「나는 少貳般(賴忠)을 따라서 博多에 있기 때문에 2년 동안은 송환할 수 없다」고 대답했다(『海東諸國紀』).

三浦의 일본인이 증가함에 따라 밀무역을 하거나 난동을 부리는 자가 끊이지 않았다. 조선정부는 중종 때 일본인의 접대는 舊例에 따르는 것으로 하고, 定約을 엄수하는 방침을 취했다. 三浦의 恒居倭 역시 엄격하게 통제하였다. 이 때문에 三浦의 일본인은 對馬島 代官 宗盛親과 對馬島主 宗盛順의 지원을 받아서 永正 7년(1510) 4월에 일제히 봉기하였다.

宗盛親이 이들을 지휘하고, 宗盛明, 宗盛弘, 貞明 등이 지원했다. 이 반란은 4월 하순에 조선군에게 진압되었고 많은 對馬兵들이 전사하였다. 이것이 이른바 三浦倭亂이다.[24]

이 난으로 전사한 對馬 豊崎郡主 宗能登守 盛弘의 心魂은 바다 거북이에 실려 豊崎郡 中越에 도착하였고, 그곳의 여인에게 옮겨가서 「내가 바로 能登守이다. 高崎에 자취를 남기라」고 중얼거렸다. 이 때문에 豊崎郡의 高崎에 神社를 세우도록 권유하였다. 이와 같은 전승이 對馬에 남아 있다[25]
(「洲町家文書」 豊崎御郡中之覺). 이때 건립된 신사가 高崎 大明神이며, 지금도 上對馬町 五根緖에 남아 있다.

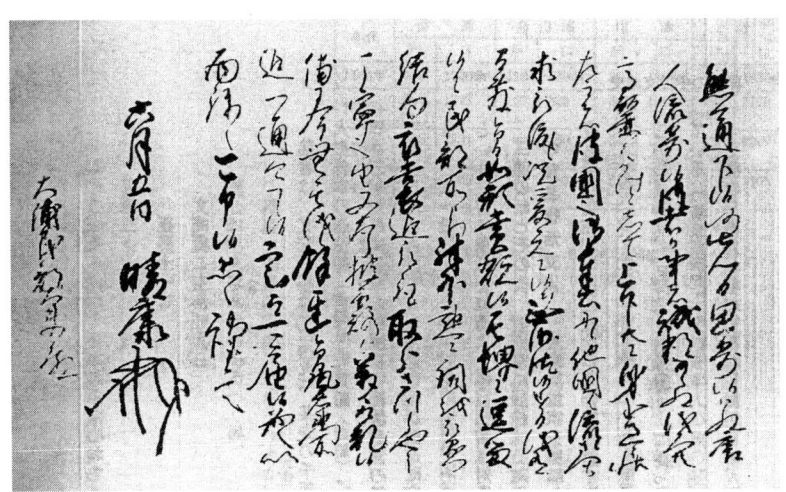

그림 3. 〈宗晴康書狀(大浦-泰家 문서)〉 도주 宗晴康이 對馬島 豊崎郡 大浦의 大浦民部大夫에게 보낸 書狀. 唐人(보통은 중국인을 뜻하지만, 여기서는 조선인의 의미로 추정된다)이 對馬에 표착했으므로 그 송환에 대하여 지시한 문서이다. (大浦-泰 소장)

24) 앞과 같음.
25) 『上對馬町誌』, 上對馬町, 1985년, 第一編 沿革 「中世」.

三浦倭亂 이후 對馬와 조선은 관계가 단절되었다. 對馬에게 그것은 사활문제였기 때문에 宗氏는 大內氏나 무로마치 막부를 매개로 하여 통교부활 교섭을 시도하였다. 이렇게 해서 2년 후인 永正 9년(1512)에 壬申約條가 체결되고 교섭은 매듭을 지었다. 하지만 그 내용은 「일본인이 三浦에 거주하는 것을 허락하지 않는다. 종래의 對馬島主 歲遺船(1년간 조선에 파견할 수 있는 使船) 50척은 절반으로 줄인다. 對馬島主에게 주는 歲賜米·大豆 200석도 반으로 줄인다. 對馬島主의 特送船(특별하게 파견하는 使船)은 인정하지 않는다」는 것 등 매우 엄격한 것이었다. 이 때문에 宗氏는 그후에도 무역의 부활교섭을 계속했지만 좀처럼 완화되지 않았다.

戰國時代의 島主 宗晴康은 豊崎郡 大浦의 大浦民部大夫에게 보낸 書狀 에서 다음과 같이 기술하고 있다.

그림 4. 〈宗義調畫像〉  宗晴康의 아들이며, 戰國時代 말기의 대마도주. 출가하여 一鷗라고 불렀다. 宗氏가 戰國大名에서 近世大名으로 탈피하는데 공적을 남겼으며, 天正 15년(1587)에는 豊臣秀吉과 대면하였다. 문인이기도 하며, 義調 자필의 『和漢朗詠集』도 있었다.(養玉院 소장.)

「先日思寄候ハぬ唐人流寄候. 彼者か事者誠數ならぬ儀候へ共, 高麗之
かけとして上下共二身を過居候, 左候者, 彼國之御奉公に候, 他國に流候さ
へも求被渡候, 況爰元に候ヲ無沙汰候する儀有間敷侯」(「大浦一泰家文書」
六月五日宗晴康書狀).

　조선 표류민의 송환에 관하여 언급한 문서이다. 표류민 송환은 예로부터
조일 양국의 현안문제였는데, 戰國時代 말기에 對馬의 宗氏는 이 일에 남
다른 열정을 쏟았다. 對馬에 표착한 자 뿐만
아니라 타국에 표착한 자도 이들을 요구하여
송환한다고 언급하고 있다. 그 이유는 「고려(조
선) 덕분에 對馬의 모든 사람들이 생계를 유지
하고 있다」, 「표류민 송환은 조선에 대한 奉
公」이었기 때문이다. 조선과의 무역으로 생활
을 지탱하고 있는 對馬의 위치를 단적으로 표
현하고 있는데, 晴康이 했던 이 말의 배경에는
표류민 송환으로 조선정부의 환심을 사서 무역
의 부활 교섭을 유리하게 하려는 의지가 있었
던 것으로 생각할 수 있다.

　晴康과 그의 아들 義調의 시대에 宗氏는 府
中과 島內 각 곳의 방비를 엄중히 하고 경비체
제의 강화, 도로 신설, 건축공사 등을 행했다.
16세기 후반에는 對馬 부근에 해적선이 출몰하
기 시작했기 때문이다. 이 해적선은 對馬의 산
그늘이나 瀨崎(바다 속의 암초)에 몰래 숨어 있
다가 조선으로 가는 무역선을 습격하거나 對馬
의 각 포구와 한반도를 습격하곤 하였다. 「賊船
四五十」(「大浦一泰家文書 六月四日宗義調書

그림 5. 〈新羅佛〉 이 海神神社
가 소장하는 如來形 立像(136)은
통일신라 시대의 우수한 작품
이다. 국가지정 중요문화재이
다.(奈良國立博物館 소장)

狀」)이라고 적혀 있는 것처럼 집단으로 행동하였다. 이른바 後期倭寇이다.

宗氏는 對馬의 방비를 단단히 하는 한편, 이러한 해적선의 정보를 조선에
전했다. 표류민 송환과 마찬가지로 조선의 환심을 사서 무역을 유리하게 이
끌기 위한 것으로 생각할 수 있다.26) 宗氏는 해적선에 관한 정보를 島內 뿐
만 아니라 赤間關(山口縣 下關市), 博多, 壹岐, 「ふかへ」(불명) 등지에서도
얻고 있다.27) 宗氏는 각지의 상인들을 설득하여 정보망을 펼치고 있었던 것이
다. 그러나 이러한 宗氏의 노력에도 불구하고 무역의 부활 교섭은 좀처럼 진
전되지 않았다.


### 3) 문물의 전래와 교류

이상과 같은 한반도와의 교류로 對馬에는 많은 무역품이 들어왔다.28) 綿
布 등 직물이 대표적이다. 또한 對馬와 博多를 경유하여 여러 가지 물품이
조선으로 수출되었다. 그 중에는 일본의 공예품 외에 蘇木(丹木), 후추를
비롯한 남해산 물자가 대량으로 포함되어 있었다. 이와 같은 남해산 물자는
琉球상인이나 博多상인들이 일본으로 들여왔는데, 琉球까지 배를 파견했
던 早田六郞次郞같은 對馬島人도 있었다는 사실은 주목할 만한 일이다.
약재, 향신료로 쓰는 후추, 붉은색 염료로 쓰는 蘇木은 宗氏가 조선무역을
독점했던 16세기 말에는 주요 수출품이었다(「朝鮮送使國次之書契 覺」).

한반도와의 교류로 對馬에 들어온 것이 이러한 무역품만은 아니다. 앞에
서 언급한 것처럼 많은 한반도계의 미술품이 對馬에 전래되어 현재에 이르
고 있다. 對馬에 현존하는 조선계 불상으로는 新羅佛 중에 우수한 것이 있

---

26) 森克己, 「中世末·近世初頭における對馬宗氏の朝鮮貿易」『森克己著作集3 續々
    日宋貿易の硏究』, 前揭 주 4).
27) 『長崎縣史 史料編第一』, 吉川弘文館, 1963년.
28) 中村榮孝, 前揭 주 22).

으며, 고려불이 가장 많다고 한다.[29] 불상을 비롯한 이들 미술품이 어떠한 경위로 對馬에 들어왔는지는 불분명한 점이 많다.

그밖에 불교 경전류도 對馬에 많이 들어왔다.[30] 앞에서 언급한 西泊 西福寺의 大般若經과 上縣町 妙光寺의 大般若經은 모두 元版이다. 豆酘觀音堂의 高麗版一切經은 유명한 고려시대의 해인사판이다. 慶長 4년(1599)에 石田三成이 高野山에 奉納했던 一切經은 1381년에 고려에서 인쇄된 重印本인데, 이 一切經의 奧書에서 寶德 원년(1449) 11월 對馬島主 宗貞盛과 아들 成職이 어느 八幡宮에 기증했다는 것을 알 수 있다. 그 전해에 宗貞盛은 조선에서 대장경(一切經) 1부를 받았는데, 高野山의 一切經이 바로 이것 일지도 모르겠다.

아울러서 豊玉町 仁位의 東泉寺에 元版 新譯 화엄경이 있다는 사실을 최근에 확인하였다.[31] 더욱이 최근에 발견된 上對馬町 琴長松寺의 大般若經은 고려의 初雕本이라는 것이 판명되었다.[32] 이 大般若經에는 다음과 같은 奧書가 있다.

「此經曾來自朝鮮國, 其檀越乃普賢堂性東居士, 院主(長)(左)(後缺)」

무로마치 시대의 필적으로 생각되는데, 이 경전이 조선에서 전래된 것임을 말해 주고 있다.

---

29) 菊竹淳一,「對罵·壹岐の朝鮮系彫刻」『仏教芸術』, 前揭 주 1).
30) 山本信吉, 前揭 주 20).
31) 村井章介,『アジアのなかの中世日本』, 校倉書房, 1988년.
32) 小松勝助,「長松寺の高麗版大般若經」『上對馬町誌』, 前揭 주25).

## 4) 對馬와 博多의 관계

그러나 중세의 對馬가 한반도에만 눈길을 돌리고 있었던 것은 아니었다. 「陸地」라고 불렀던 九州 本土와의 교류도 밀접했던 것이다. 그 중심이 筑前의 博多였다. 文明 11년(1479) 4월 12일, 大內氏의 筑前守護代 陶弘護는 對馬의 竹浦 船頭 高尾五郞左衛門尉가 筑前에 자주 건너오는 것을 인정하였다.[33] 그 해 11월, 陶弘護의 가신 野上景鄕은 高尾五郞左衛門尉에 대해서 「於當津奧濱入船公事」를 면제하였다. 「奧濱」이란 「息濱」 또는 「興濱」으로 쓰기도 하는 博多 북부 해안가의 지명이다.[34] 따라서 「當津」이란 博多津을 의미하였다.

博多 息濱은 원래 大友氏領이었는데, 大內氏가 항상 이곳을 차지하려고 하였다. 바로 이곳이 국내외 유통의 거점이었기 때문이다. 對馬상인 高尾五郞左衛門尉는 博多 息濱으로 장사를 하러 왔고, 守護代가 入船公事를 면제했던 것이다. 高尾五郞左衛門尉는 文明 9년 12월 21일 宗貞國으로부터 「육지(九州본토)의 - 俵物, 盤判에 대한 公事(세금) 및 漁夫船의 어업세」를 면제받았으며(『長崎縣史 史料編 第一』), 對馬 아소만의 竹敷浦를 거점으로 조선과 九州 사이를 왕래하는 무역상인이었다. 조선에서 수입한 물품을 博多에 팔고, 수출품으로서의 공예품이라든가 남해산 물자 따위를 이곳에서 조달하는 등의 활동을 했던 것이 틀림없다. 對馬 상선의 활동 범위는 博多에 한정되었던 것이 아니라 肥前이나 長門, 더군다나 이런 곳들을 경유해서 畿內까지 이르렀던 것으로 생각할 수 있다. 또 九州 本土는 對馬에 있어서 단순히 유통의 요충지였던 것만은 아니다. 南北朝 시대 이

---

33) 佐伯弘次, 「大內氏の筑前回支配-義弘期から政弘期まで-」, 川添昭二編, 『九州中世史硏究』 제1장, 文獻出版, 1978년.

34) 佐伯弘次, 「中世都市博多の發展と息浜」, 川添昭二先生還曆記念會編, 『日本中世史論攷』, 文獻出版, 1987년.

후 文明期(1469~87)에 이르기까지 宗氏는 對馬의 國人들에게 筑前, 肥
前, 豊前 국내의 토지를 知行地로서 분배하고 있다.[35] 중세 후기의 對馬에
있어서 九州 本土(六地)는 知行地=쌀의 공급지이기도 했던 것이다.

## 5) 朝鮮과 日本의 사이

이상과 같은 중세의 對馬와 한반도의 밀접한 관계가 日本佛을 蒙古佛이
라 하고, 朝鮮佛을 日本佛로 하는 對馬의 전통적 관념을 형성했던 것이다.
하지만 이렇게 가까운 거리, 깊은 관계에도 불구하고 對馬의 정치·경제·문
화는 일본의 그것을 기초로 하고 있다. 對馬는 중세문서의 보물창고로 알려
져 있다. 이 대량의 중세문서는 일부 용어에서 볼 수 있는 조선어 계통의
단어를 제외하면 일본의 다른 지역의 문서와 같은 계통의 문서가 대부분이
다. 일본적인 문화의 기반 위에 조선계의 문화적 요소를 더하고, 그것이 혼
합된 것이 對馬의 중세문화라고도 할 수 있을 것이다.

중세의 한반도와 對馬의 교류는 두 번에 걸친 조선출병으로 단절되었다.
조선 무역을 회복하기 위해서 宗氏는 國書를 개찬하기까지 하였다. 宗氏의
피나는 노력으로 조선과의 무역을 부활했지만, 부활 교섭상의 무리가 柳川
事件으로 모순을 드러냈다. 柳川事件의 결과 宗氏의 부정행위가 막부에
알려지게 되었으며, 막부는 이러한 부정을 방지하기 위하여 以町庵 輪番制
를 만들고 京都 五山의 승려를 對馬의 以町庵에 파견하여 조선과의 외교
를 감시하게 하였다. 寬永 12년(1635)의 일이다. 江戶時代를 통해서 합계
12번의 조선통신사가 일본에 오고, 일본의 문화인과 교류도 있었다. 근세의
對馬는 조선과의 교류에 새로운 거점이 되었던 것이다. 그것은 국경의 섬의
숙명이기도 했다.

---

35) 佐伯弘次, 前揭 주 33).

# 제3절 중세 쓰시마 漁民의 동향

## 머리말

나가사키현 쓰시마는 上島와 下島 두 개의 가늘고 긴 섬으로 이루어져 있다. 토지의 97%가 산지이다. 이러한 지형 탓에 대부분의 취락은 해안가의 각 포구에 드문 드문 자리잡고 있다. 현대 쓰시마의 취락은 대부분이 중세의 취락에서 기원한다. 바다와 산은 전근대 이래 쓰시마 사람들의 생활터전 그 자체였다. 더욱이 쓰시마가 한반도와 경계를 이루는 지역에 위치한다는 사실은 쓰시마의 역사를 크게 규정해 왔다.

이 글의 목적은 중세 쓰시마 어민의 동향을 문헌사료에서 명백히 밝히는 데 있다. 『海東諸國紀』[1](1471년)는 15세기 후반의 쓰시마에 대해서 「사방이 모두 돌산 뿐이며, 토지는 척박하고 백성은 가난하여 소금을 굽고 고기를 잡아다 팔아서 생활한다」고 언급하고 있다. 중세의 쓰시마 도민은 전업인지 여부에 차이는 있겠지만 대부분이 어민이었다고 할 수 있을 것이다.

쓰시마는 중세 문서의 寶庫로 알려져 있다.[2] 각 마을의 舊家에는 많은 중세문서가 전하며, 對馬藩이 편찬한 「宗家御判物寫」에는 다수의 중세문서를 수록하고 있다. 그러나 이러한 중세문서의 대부분은 영주(宗氏)가 발급한 공문서이며 사문서는 매우 적다. 어민에 관한 사료도 적다. 따라서 다수의 중세사료 속에서 단편적인 어민 관계사료를 추출함으로써 중세 쓰시

---

1) 田中建夫 校注,「海東諸國紀』(岩波文庫), 岩波書店, 1991년.
2) 佐伯弘次,「宗家文庫の中世史料」, 수촌박영석교수환갑기념논총간행위원회편,『한국사학논총』하권, 서울:탐구당, 1992년.

마 어민의 생활상을 검토하지 않으면 안 된다.

먼저『海東諸國紀』에 보이는 製鹽·어업·교역의 구체적인 모습을 검토하겠다. 다음으로 중세 쓰시마 어민 중에서도 특이한 성격을 가진 曲海士에 대하여 검토하겠다. 마지막으로 근세에 들어서 쓰시마 어민이 어떻게 변모해 갔는지에 대하여 전망을 밝히고 결론을 맺으려 한다.


## 1. 製鹽


쓰시마의 중세문서에는「しほや(鹽屋)」,「しほかま(鹽竈)」등 제염 관계 어구가 많이 보인다. 쓰시마의 각 포구에서 제염이 활발하게 행해졌다는 것을 시사하고 있다. 1319년(元應 1) 문서[3]에는


「對馬島のしほやの事, 注文をあひそへて, かしあけかたにわたさるゝ、ほ
か,　今年はしめでたつるところのしほかまをは,　けんさいにまかせて,
くない入道のさたとしてねんくをさたししんすへきよし」
(鹽屋)　　　　　　　　　　　　　　　　　　　(借上)
(鹽竈)　　　　　(現在)
(宮內)　　　　　(年貢)


라고 적혀 있다.「しほや(鹽屋)」란 제염을 행하는 단위가 되는 건물로 생각되는데, 쓰시마의 鹽屋은 守護 武藤氏가 借上이라는 고리대 자본에게 주문을 붙여서 건네주고 있다. 구체적인 내용은 불분명하지만 쓰시마의 제염과 借上의 관계를 알 수 있다. 또 올해 처음으로 만든 鹽竈(제염시설)에서는 宮內入道의 지시로 年貢을 징수해야 한다는 것을 언급하고 있다. 이경우의 年貢이란 鹽竈에서 생산된 소금이라고 생각된다. 따라서 14세기 전

---

3) 長崎縣立對馬歷史民俗資料館 所藏 大山小田文書 元應 원년 11월 29일 武藤
貞經奮狀.

반의 쓰시마의 제염은 守護 武藤氏가 장악하였고, 年貢으로서 소금을 守護에게 상납하고 있었음을 알 수 있다. 宮內入道는 소금 年貢을 징수하는 관리였을 것이다.

鹽竈는 일반적으로 「竈」, 「かま」로 생략되기도 했다.[4] 「竈」에는 郡主의 竈와 私竈가 존재하였다. 『海東諸國紀』 對馬島 郡主 항목에는 「土田·鹽戶를 나누어 주었다」라고 되어 있듯이 鹽戶(鹽屋·鹽籠)에는 島主가 郡主에게 급여한 것이 있었다. 이것이 중세문서에 있는 郡主의 竈이다. 郡主의 竈에서 생산된 소금은 郡主의 몫이었다고 생각된다.

1554년(天文 23) 8월 22일 宗義調는 糸瀨播磨守가 豊崎郡 福滿浦의 「かま」를 「郡主之竈」에 준하여 취급해 주기를 바랐기 때문에 이를 허락준준준「かなへ所」의 公役을 면제하고, 「山手」로서 매년 소금 10俵를 확실히 운반하도록 하고 있다.[5]

여기서 「郡主之竈」는 「かなへ所」(島主 宗氏의 식사를 조달하는 役所?)에 대한 公役, 즉 소금 상납이 면제되었다는 것을 알 수 있다. 이 「郡主之竈」와 반대되는 「私之竈」는 「かなへ所」에 대한 公役이 부과되었음을 추정할 수 있다. 본래 鹽竈는 糸瀨氏의 사적인 竈였는데, 豊崎郡의 유력 國人糸 瀨氏가 郡主의 竈에 준하여 취급해 주도록 요구했기 때문에 宗氏는 「かなへ所」의 公役을 면제했던 것이다. 따라서 鎌倉時代에 武藤氏에 의하여 형성된 鹽竈의 鹽年貢 징수체제는 對馬守護를 계승한 宗氏에 의하여 형식이 바뀌면서도 계승된 것을 알 수 있다. 다만 糸瀨氏가 부담하는 이 鹽竈는 課役이 완전히 면제된 것이 아니라 「山手」로서 매년 소금 10俵를 宗氏에게 납부할 의무가 있었다. 「山手」란 산을 이용하여 수익을 올리는

---

4) 『日葡辭書』에서는 「かま(cama)」를 「소금을 만드는 아궁이」라고 설명하고 있다.
5) 「宗家御判物寫」 天文 23년 8월 22일 宗義調書下 〔糸瀨播磨守宛〕(『長崎縣史史料編 第1』, 吉川弘文館, 1963년) 이하 본서 수록의 「宗家御判物寫」를 인용할 때는 『縣史』로 생략한다.

것에 대한 세금으로 생각된다. 소금을 굽는 연료로서 산의 나무를 이용하는 것에 대해서는 소금의 현물납이라는 형태로 세금이 부과되었던 것이다.

실상을 잘 알 수 없는 郡主의 竈에 비하여 私竈에 대해서는 사료가 많이 남아 있다. 15세기 전반, 宗貞盛은 扇左京亮에게 「しほやの事, わたくしニおいでしたつるへきよし申され候, しかるへ〈候」라고 하였다.[6] 扇氏가 사적으로 鹽屋을 만들고 싶다고 신청했으므로 宗氏가 이것을 허가했던 것이다. 즉 私鹽屋·鹽竈의 설치는 島主의 허가가 필요하였다. 이로써 宗氏는 私竈의 장악이 가능했던 것이다. 촌락의 領主나 백성이 島主의 허가를 얻어서 개인적으로 설치한 鹽竈는 「私竈」라고 불렀다.

1434년(永享 6), 宗貞盛은 宗美濃介에게 對馬峰郡 「つやなきの[津 柳]わたくしかま[私 竈]」에 대하여 料足300文은 郡代官에게 지시하고, 남은 料足御公事는 면제한다고 하였다.[7] 宗美濃介의 私竈 料足公事의 일부를 면제하고, 300文만은 郡代官에게 납부하도록 한 것이다. 私竈에는 烏主로부터 公事가 부과되었고, 이 경우에 公事의 일부면제라는 형태로 특권을 부여했던 것이다.

다음의 사료[8]는 鹽竈에 대한 세금 징수권을 부여했던 것으로 생각된다.

上司役公事之事
一, つくものかま
一, ミかたのかま[箕 形]
一, こうつきのかま[上 柳]
一, くねのかま[久 根]

---

6) 『縣史』 10월 1일 宗貞盛奮狀(扇左京亮宛).
7) 『縣史』 永享 6년 묘월 19일 宗貞盛書下(宗美濃介宛).
8) 『縣史』.

一, ないのかま ^(內院)

一, くわのかま ^(久和)

一, あかみのかま ^(安神)

一, くたのかま ^(久田)

一, なむらのかま ^(南室)

一, おうらのかま ^(尾浦)

一, こうらのかま ^(小浦)

　　任成職御判之旨, 知行領掌不可有相違之狀如件,
　　文明三

　　　潤八月十五日　　　　　貞國御判 ^(宗)
　　　　宗中務少輔殿

　　맨 앞의「上司役公事」에 대해서 자세한 것은 확실하지 않지만 鹽竈에 대한 島主의 公事일 것이다. 宗中務少輔는 島主의 직속 가신이므로 소금 생산 자체에 종사했다고 생각할 수는 없다. 宗中務少輔는 이 11군데의 鹽竈에서 징수한 公事 또는 公事의 징수권을 知行으로 지급받은 것이다. 11군데의 竈이지만「つくも」를 제외하고 현재 장소를 추정할 수 있다. 對馬 下島 연안 일대에 분포되어 있는데, 동해안 7곳, 서해안 2곳, 淺茅湾 연안 1곳, 특히 동해안의 府中 주변에 집중되어 있는 것이 특색이다.

　　鹽屋·鹽竈의 경영자·知行者는 島內의 領主層이었는데, 제염의 노동력으로서는「百姓」의 존재를 확인할 수 있다. 1345년(康永 4) 경 對馬의 國人 大山次郎左衛門尉가「對鳥島鹽屋百姓源藤六·源八男等」의「船木」을 운반해 간 사건이 일어났다.[9] 藤源六 등은 守護 少貳(武藤)氏에게 호소하고, 少貳氏는 船木을 주인에게 돌려주라고 명하였다. 大山氏가 가져갔던

---

9) 大山小田文書 康永 4년 2월 1일 輔惠·顯景連署書下(大山宮內允宛).

船木이란 源藤六 등의 선박 건조용 목재라고 생각된다. 따라서 「鹽屋百姓」 源藤六은 생산수단으로서의 배를 소유하는 평민적 海民[10]으로 규정할 수 있다. 또 源八男은 이름으로 보자면 하인·종속적 海民으로 생각할 수도 있다. 對馬의 鹽屋·鹽竈에서 제염에 종사했던 海民 중에는 평민적 海民과 하인·종속적 海民이 뒤섞여 있던 것으로 추정된다.

1344년(康永 3), 少貳賴尙은 宗右馬入道에게 「黑瀨權大夫人道々敎申候鹽木切開所々木場等事」에 관하여 일반인의 탈취를 정지하도록 명하고 있다.[11] 黑瀨道敎는 鹽竈의 경영자로 생각되며, 「鹽木」이란 제염에 사용하는 연료용 목재라고 생각된다. 즉 이 소송에서 제염을 위하여 여러 산에서 벌채가 진행되고, 벌채한 장소가 木場＝木庭(燒畑)으로 경지화된다는 개발 과정이 명백해진다.

이상과 같이 對馬의 연안 각지에서 생산된 소금은 어떻게 유통되었을까? 1428년(正長 1) 宗貞盛의 사자 宗太郎은 생선·소금을 가지고 곡물을 구입하고 싶다는 뜻을 조선에 청하고 허락받았다.[12] 이런 사실로 볼 때 對馬島 안에서 생산된 소금은 島內의 수요분을 충족시키는 것 뿐만 아니라 섬 밖으로 교역품으로 반출된 것을 알 수 있다. 주된 반출지역은 조선이었다고 생각된다. 그 경우 소금과 생선이 곡물을 수입하기 위한 댓가가 되었던 것이다. 이러한 사실에 대응하는 사료가 對馬의 중세문서에도 남아 있다. 宗氏는 知行地의 절대적 부족을 보충하기 위하여 가신단에게 제반 課役을 면제한다는 知行정책을 취했다. 諸課役 면제 사료 속에 「しほはん」, 「しほ判」, 「鹽判」이라는 어구가 나온다. 이것은 소금의 島外 반출을 허가하는 島主의 증명서, 또는 對馬에서 섬 밖으로 소금을 반출하는 선박과 관련된

---

10) 網野善彦, 「海民の諸身分とその樣相」, 同, 「日本中世の非農業民と天皇」, 岩波書店, 1984년.
11) 『縣史』 康永 3년 7월 20일 少貳賴尙喜下(宗右馬入道宛).
12) 『세종실록』 10년 2월 기사조.

세금이라고 생각할 수 있다.13) 따라서 이것을 지급받은, 또는 면제받은 가
신은 소금의 생산·유통에 직접·간접으로 관여했던 것을 알 수 있다. 특히
「鹽判」 속에는 「高麗鹽判」14)이라는 조선에 소금을 수출했던 사료도 있으
며, 앞의 『세종실록』 기사를 뒷받침해 주고 있다. 중세의 對馬 연안에 광범
위하게 鹽屋·鹽竈가 설치되었던 것은 소금 교역을 주된 목적으로 하였기
때문일 것이다.


## 2. 어업


　다음으로 중세 對馬에서의 「捕魚」, 즉 어업활동에 대하여 검토하겠다.
중세 對馬의 어업에는 그물을 이용한 어업, 낚시를 이용한 어업, 잠수에 의
한 어업이 있었다. 이것은 오늘날 對馬의 어업 형태와도 기본적으로 공통된
것이다. 여기서는 먼저 비교적 관계사료가 풍부한 大山小田文書를 주된 소
재로 어업 및 어업지배의 실태를 검토하겠다. 大山小田氏(처음에 大山氏,
나중에 小田氏)는 淺茅湾 동쪽 끝에 위치한 与良郡 大山을 근거지로 하여,
그 주변의 토지를 영유했던 在地領主이다. 그 家文書에는 어업관계 사료
가 많고, 對馬 바다의 영주를 대표하는 존재이다.

　1327년(嘉曆 2), 守護武藤氏의 가신으로 생각되는 자가 大山氏에 대해
서 「としとしのあみのようとうハ貳拾貫文そのさた候へとも, いまは
あみ一てうのほかハたなきあいた, 拾貫のほかはなんちたるへきよし,
なけき申るゝうへゝ, いま一てうふんのようとうの事, あみをひかさる

---

13) 佐伯弘次, 「國境の中世交涉史」, 『海と列島文化 제3권 玄界灘の島々』, 小學
　　館, 1990년.
14) 『縣史』永正 18년 3월 15일 宗盛長書下(篠栗修理亮宛).

うへは, 御めん<sup>(免)</sup>あるへきよし候也」라고 하였다.[15] 이 사료는 守護 武藤 氏가 海民을 지배하던 실상을 잘 보여주고 있다. 즉 大山氏가 「매년 用途(그물세)로 20貫文을 守護에게 납입하고 있었는데, 현재는 그물 一帖밖에 조업하지 않기 때문에 10貫文 이상은 납입하기 어렵다」며 武藤氏에게 호소하였고, 武藤氏는 그 주장을 인정했던 것이다. 武藤氏는 對馬의 海民이 소유하고 조업 중인 그물에 대해서 一帖당 10貫文의 세를 부과했던 것이다. 이 사실에서 당시 對馬의 그물을 이용한 어로는 그물 하나당 연간 10貫文 이상에 상당하는 어획이 있었다고 추정할 수 있다.

> いま五とうのへんさいし幷ニあミ人ら
> (今)(島)(弁濟使)(網)
> 一人, さう五郎
> 一人, 又五郎
> 一人, 四郎
> 一人, けん二郎
> 一人, ミやハう
> 一人, ふくらたゆう
> 一人, へい三郎
> 一人, むまの大郎
> 一人, すけ二郎
> 一人, 三郎大郎等を
> あつけまいら候, 恐々謹言,
> 貞治五
> 　　　十月十一日　　　　　　　　　宗慶 (花押)
> 大山くないさへもん尉殿[16]
> (宮內左衛門)

이 문서는 14세기 중반 大山小田氏의 어업 경영에서 인적 기반을 명백

---

15) 大山小田文書 嘉暦 2년 정월 10일 祐円·口房連署書狀(大山伴田次郎宛).
16) 大山小田文書.

히 보여주고 있다. 大山氏는 이때 어업조직의 長인 弁濟使와 실제로 網漁
에 종사하는 網人 합계 10명을 宗慶으로부터 떠맡았던 것이다. 大山氏의
어업은 그물을 소유하고, 弁濟使·網人이라는 전업적인 海民을 고용한 경
영이었음을 알 수 있다.

바다의 영주인 大山氏는 어획에 대한 세금 징수도 하명받았다. 大山宮
內入道에게 보낸 1404년(應永 11) 12월 20일 宗正永(貞茂) 書狀[17]에 「八
(海)
かいの大もの丶たち候する時,  いかにもふさたなく(不沙汰)とりさたあるへく

候」, 「おなしくいるかの物の事, 十こん(喉)ニ五こんハくはうものたるへく
候」라고 되어 있다.「八海」란 對馬 八郡의 바다, 즉 對馬 전체의 해역이라
는 의미이다.「大もの」(大物)이란 다랑어 등 대형 물고기로 생각된다.[18] 돌
고래는 10마리 중 5마리는 「くはうもの(公方物)」로 하고 있다. 公方物이
란 島主에게 보내는 상납물로 해석해 두고 싶다. 즉 돌고래는 어획고의
50%를 島主에게 상납하게 되어 있었다. 돌고래에 대하여 「おなしく」라는
표현을 쓰고 있으므로 「大もの」의 처리란 「大もの」 어획고의 일부 징수·
상납을 의미한다고 생각된다.[19] 大山氏는 자신이 직접 어업을 경영하는 한
편, 對馬 전체 해역에서 「大もの」·돌고래 상납분을 징수했던 것이다. 宗氏
의 島內 지배권 강화로 인하여 大山氏가 宗氏에게 임명된 결과 이러한 역
할이 부여되었을 것이다.

이상과 같은 활동의 결과 무로마치막부의 大山氏는 對馬와 조선 및 九
州와의 교역에도 관여하였다.[20] 또한 바다의 영주로서의 大山氏는 在地領

---

17) 同前.
18) 宮本常一, 『對馬漁業史』, 未來社, 1983년에 의하면 對馬의 포구에 몰려든 돌고
래·다랑어 등을 「立物」이라 하고, '돌고래가 서다', '다랑어가 서다'라고 하였다.
「大もの丶たち」의 「たち」란 「立ち」라고 생각된다.
19) 大山小田文書 8월 22일 宗貞國書下(小田豊前守宛)에도 「八海の大物之事,
代々任御成敗之旨, 可被催役」이라고 되어 있다.

主로서 또 하나의 측면, 즉 군사적 성격을 가지고 있었다. 영주로서의 성격
상 大山氏가 가진 군사력은 수군력이 중심이었다. 1510년(永正 7) 三浦의
亂 때 對馬島 병력은 下島 서해안의 尾崎에서 출발하였다. 이때의 사료[21]
에 「小山の小田宮内大夫殿·同村山大膳殿, 船三百そうにて候」라고 하
였다. 같은 시기의 大山小田文書에 「小田宮内大輔」의 이름이 있고, 발음
이 같기 때문에 이 「小山」은 「大山」의 취음자라고 생각된다. 당시 大山의
영주들은 「御寄合中」「老若中」이라고 하듯이 지연적으로 결합하고 있었
다. 1521년(永正 18)의 對馬島錯亂 때 大山 老若中은 大山城에서 군사적
활동을 하고 있었다.[22] 村山大膳도 大山寄合中의 1인으로 생각된다. 삼포
의 난 때 선박 300척이 모두 大山寄合中의 병선이었다고 생각할 수는 없
지만, 大山小田氏가 강력한 수군을 가지고 있었던 것은 추정할 수 있다.

다음으로 大山小田文書 이외의 사료에서 중세 어업에 대하여 살펴보겠
다. 對馬의 중세문서에는 「かつきめ(潜女)」=海女에 관한 사료도 약간 존
재한다. 宗氏는 島内의 해녀에 대하여 公事(税)를 부과하고 있다.[23] 1401
년(應永 8) 10월 15일, 宗貞茂는 小宮將監에 대하여 伊奈郡 早留浦의 대
관직을 부여하였다. 早留浦는 宗氏의 직할령이었다고 생각된다. 이 浦에
관해서 1404년(應永 11)의 公事足百姓의 注文이 남아 있다.[24] (표 1 참조)

---

20) 大山小田文書 享德 3년 2월 5일 宗成職書下(太山宮内左衛門尉宛)에 「當國·
　　かうらい(高麗)の諸公事」로서, 「しほ判」「おふせん判」「六地之一俵物」 등이
　　보인다.
21) 「宗左衛門大夫覺書」 永正 7년 6월 20일조(田中健夫, 『對外關係と文化交流』,
　　思文閣出版, 1982년)
22) 大山小田文書 永正 18년 9월 27일 宗盛長書下(大山老若中宛)
23) 『縣史』 應永 31년 정월 23일 宗貞盛書狀〔小宮將監入道宛〕, 文明 13년 6월 12
　　일 宗貞圖書下〔古川治部少輔宛〕
24) 岩城卓二·小島道俗, 「對馬番家(小宮家) 文書」 A-4·5(『國立歷史民俗博物館
　　研究報告』 제39집, 1992년.

〈표 1. 伊奈郡 早留浦의 百姓 (1404년)〉

| 인명 | 비고 |
|---|---|
| ゑもん三郎 | 夫婦共ニ百姓 |
| さこんの九郎 | 夫婦共ニ百姓 |
| 二郎五郎 | 夫婦共ニ百姓 |
| ひこ五郎 | 伊奈百姓 / 女房は「かつきめ」の百姓 |
| 平三郎 | 夫婦共ニ百姓 |
| はちい | 伊奈百姓 / 女房は「かつきめ」の百姓 |
| 二郎太郎 | 夫婦共ニ百姓 |
| まこ三郎 | 夫婦共ニ百姓 |
| 二郎三郎 | 夫婦共ニ百姓 |
| ひこ三郎 | 夫婦共ニ百姓 |

출전 ; 對馬番家(小宮家)文書 (국립역사민속박물관 소장)

早留浦는 『海東諸國紀』에 「和因都麻里浦二十余戶」로 기록된 어촌이
며, 이 注文에 적혀 있는 「百姓」이란 海民的 성격을 가진 주민으로 생각된
다. 특히 부부 10쌍 중에서 남편이 「百姓」이고 처가 「かつきめ인 百姓」인
조합이 2쌍 존재한다. 어촌 속에서 해녀의 비율을 알 수 있다. 이러한 해녀
는 公事(稅)를 납부하는 「百姓」으로서 宗氏에게 파악된 이외에 「かつきめ
公事」도 징수했던 것으로 생각된다.

그밖에 對馬의 중세문서25)에는 「釣船」「つりなとに罷出候する船」이라
는 기록이 있으며, 낚싯배에 의한 어업의 존재를 알 수 있다. 그러나 島內
에서 낚싯배에 관한 사료는 별로 없으며, 그 실태는 잘 알 수 없다.

한편, 對馬에서 조선해역으로 출어하는 낚싯배에 대해서는 그 실태가 명
백히 밝혀져 있다.26) 15세기 전반 조선의 삼포(富山浦·乃而浦·鹽浦)에는
일본선박이 건너갔는데, 對馬의 어선도 삼포 주변으로 어업을 나갔다. 1441
년(세종 23)에는 對馬와 조선 사이에 「孤草島釣魚禁約」이 성립하여 對馬

---

25) 『縣史』 7월 10일 宗一鷗書狀〔並勝他宛〕, 묘월 2일 宗一鷗書狀〔大浦下野守宛〕
26) 長節子, 「孤草島釣魚禁約」 『海と列島文化 제3권 玄界灘の島々』, 小學館, 1990년.

어선의 孤草島(전라남도 거문도) 조업이 인정되었다. 對馬 어선의 孤草島
조업에 관해서는 對馬의 중세문서 속에「おふせん」「おうせん」(漁夫船)이
라는 단어가 다수 보이는 점에서도 증명되고 있다. 島主는 이에 대하여 文
引(도항증명서) 발행료(「漁夫船判の公事」), 어업활동  자체에 대한 과세
(「漁夫船釣船公事」), 어획물의 현물납(「とたう·きてう同廿こんうほ」) 등
여러 가지 세금을 부과하였다. 對馬 어선의 孤草鳥 조업은 삼포의 난으로
인하여 공적으로는 소멸되었지만 16세기말까지 密漁의 형태로 계속되었다
고 한다. 국경을 초월한 對馬 어민의 이러한 출어는 15세기에 있어서 對馬
와 조선의 특수한 관계에 따라 성립한 것으로서 주목된다.


## 3. 交易

   활발한 어업활동은 생산수단으로서의 선박 소유와 어획물의 교환·판매를
수반하기 때문에 교역·유통과 깊게 결부되어 있었다. 對馬의 海民들은『魏
志倭人傳』시대부터 남북으로 교역하고 있었다. 중세에 있어서도, 예를 들
면 왜구의 중심세력이었던 早田氏는 早田六郎次郎 시대에 조선과 통교하
는 한편 琉球까지 도항하고 있었다.[27] 早田氏는 朝鮮－對馬－九州－琉
球라는 동아시아 해역의 교역루트 상에서 활동했던 海商的 존재이기도 하
였다.
   早田氏만큼 스케일이 크지는 않지만, 바다를 무대로 교역활동에 종사
했던 중세 對馬의 海民이 다수 있었다. 15세기의 對馬에는「陸地·高麗の
あきないきてうの舟[28]」,「かうらい·六ちへはたらき候する舟[29]」가 존

---

27) 田村洋幸,「對鮮貿易における平田一族の特質」『中世日朝貿易の研究』, 三
    和書房, 1967년.
28) 『縣史』寬正 6년 9월 10일 宗成職書下〔小島よりあい中宛〕

재하였다. 「陸地」와 「六地」는 九州 본토를 의미하는 단어이다.[30]

「高麗」란 조선을 말한다. 따라서 對馬의 상인은 조선과 九州를 주된 도항지로 교역활동을 하고 있었던 것이다. 일본 국내에서 對馬船의 도항지는 壹岐·筑前博多·肥前·長門·若狹 등 북부 九州에서 中國 지방, 아울러서 일본해를 경유하여 北陸에까지 미쳤다.[31] 특히 博多와의 관계는 밀접하였다.

중세 對馬廻船商人의 한 예로서 与良郡 竹浦(竹敷浦)의 高尾氏에 대해서 검토해 보겠다.[32] 竹浦는 淺茅湾內의 어촌이며, 『海東諸國紀』에도 「多計浦八十余戶」라는 기록이 보인다. 高尾氏는 應永期에 宗貞茂에 대하여 충성하고 万雜公事를 면제받았다. 이 무렵에 宗氏에게 임명되는 관료가 되었던 것이다. 그의 所領은 居屋敷·畠地 뿐으로 영세하였고, 竹浦의 촌락 영주 정도의 존재였다고 생각된다. 무로마치 초기에는 「ちんあミ」를 宗貞茂에게서 허락받은 것처럼 어업과 깊은 관계를 가지고 있었다. 더욱이 1477년(文明 9)에는 「こふん」이 가진 「ふねの六地の一へうもつ」「しほはんの公事」「おうせんのつりの公事」를 면제 받았으며, 九州와의 교역과 소금 교역, 조선 孤草島 해역으로의 출어에 관여하고 있었음을 알 수 있다. 「對馬船頭」였던 高尾五郎左衛門尉는 筑前에 자주 도항하던 존재였는데, 1479년(文明 11) 大內氏의 筑前守護 代陶氏로부터 筑前으로의 도항을 보증받았고, 博多息浜入船公事를 면제받았다.[33] 竹浦의 촌락 영주이며 宗氏의 家臣으로서 군역을 담당하는 한편, 對馬島 내부와 조선해역에서의 어업에 종사하고, 소금 유통·九州와의 교역에도 관여했던 高尾氏는 15세기 후반에는 對馬와 筑前을 빈번하게 왕래하는 廻船商人이 되었던 것이다.

---

29) 『縣史』 應仁 원년 9월 29일 宗貞國書下〔草鹿部平次郎宛〕
30) 黑田省三, 「中世對馬の知行形態と朝鮮貿易權 -『宗家判物寫』の硏究」 『國士館大學人文學會紀要』 제3호, 1971년.
31) 佐伯, 앞의 논문, 「國境の中世交涉史」.
32) 사료는 『縣史』와 「御判物与良郡御判形」(宗家文庫/御判物61)에 의한다.
33) 佐伯, 앞의 논문, 「國境の中世交涉史」.

이 高尾氏가 가진 다양성이야말로 對馬의 바다 영주가 가진 특성이었다.

이렇게 촌락(浦)에 기반을 가지면서 다양한 활동을 하던 廻船商人 외에 상업에 대한 종속성이 보다 높은 상인도 존재하였다. 平山氏[34]는 上島 동해안의 志多賀와 下島의 府中 두 곳에 근거지를 가진 廻船商人이었는데, 長門 肥中·筑前·肥前으로 건너가는 상선을 가지고 있었다. 그 한편에서는 宗氏 등으로부터 知行 급여와 船公事 등의 면제, 加冠, 官途·實名 宛行을 행하는 등 宗氏의 가신이 되어 갔다. 사료상으로 平山氏의 경영 실태를 확실히 알 수는 없지만 어업과의 관계가 발견되지 않으며, 高尾氏보다 廻船業에 대한 종속성이 높다고 생각된다. 단지 宗氏의 가신화되고 있다는 점에서는 공통적이다.

이상과 같은 중세의 對馬 상인은 조선무역에 관여하면서 對馬에 가져온 조선 물품을 일본 각지로 보내고, 博多 등에서 일본산 수공업 제품이나 남해산 물자로 이루어진 조선으로의 수출품을 조달했다고 생각된다. 더욱이 어업과 島內의 유통에도 관여하고, 島內에서 생산된 소금·생선을 섬 밖으로 운반하여 곡물 등과 교역했던 것이다. 이러한 對馬 상인의 廻船 활동의 기초는 海民으로서의 활동에 의하여 형성되었다고 할 수 있을 것이다.


## 4. 曲海士의 동향

嚴原町 曲의 海士는 중세 이래 對馬 전 해역의 어업권을 가지고 있던 것으로 알려졌다. 鎌倉時代부터 筑前 鐘崎에서 對馬로 왔다는 전설을 가지고 있는데, 근세 중기인 享保 시대에는 이미 曲에 정착했다고 한다.[35] 그 문서는 「曲村中世文書」로서 2권 6통이 현존하며,[36] 시대적으로는 무로마치시대

---

34) 對馬平山文書. 그 일부는 『縣史』에 수록되어 있다.
35) 宮本, 앞의 책.

부터 에도시대 초기에 이른다. 그 내용을 나타내면 표 5-2와 같다.

이 일련의 문서와 관계 사료로부터 중세 曲海士의 존재 형태에 관하여 검토해 보겠다. 먼저 海士에게 주어진 특권인데, 어업권과 公事 면제로 나눌 수 있다. 어업권에 대해서는 1호문서에서 「<sup>(豆酸)</sup>つゝのこほり中におるてあミひき候する事」가 허락되었다. 이에 대하여 2호문서에서는 「阿須はもとより浦々八海の事, いせんより御<sup>(免)</sup>めんあるうへゝ, いつ方の海をもあミをひき候」하는 것이 허락되었다. 1463년(寛正 4)에는 豆酸郡 일대의 網漁가 승인되었으며, 1465년(寛正 6)에는 「八海」, 즉 對馬 전 해역의 網漁가 승인되었다. 얼핏 보면 網漁業權이 豆酸郡에서 전체 섬으로 확대된 것으로 볼 수 있지만 그렇지 않다. 2호문서에 「いせんより御めんあるうへゝ」라고 되어 있듯이 寛正 6년 10월 17일 이전부터 섬 전체의 網漁業權이 인정되어 있었던 것이다. 문서 발급자인 宗茂世는 豆酸郡主였으며 宗盛直은 守護代이다. 따라서 각자 자신의 관할지역에 준거하여 網漁를 인정하는 문서를 발급했다고 할 수 있다. 海士들이 對馬 八海의 網漁를 宗氏로부터 인정받은 것은 寛正 4년이나 그 이전으로 소급한다고 볼 수 있다.

1580년(天正 8) 9월 11일 문서에는 「八海のうち海鹿たち候時, 公領·私領によらす, にんふ免許之事, 義純<sup>(宗)</sup>のはん<sup>(判 形)</sup>きやうの旨にまかせ候」라고 되어 있다. 이것은 海士가 對馬 전체의 해역에서 돌고래를 잡을 때는 公領·私領에 관계없이 인부 징발을 승인받았다고 해석할 수 있다.[37] 이 취지는 1625년(寛永 2)의 6호문서에서도 확인할 수 있다. 또한 公事 면제는 1548년(天文 17)의 5호문서에서 「船公事」, 즉 선박에 대한 세금이 면제되었다.

---

36) 長崎縣立對馬歷史民俗資料館 기탁. 또한 『對馬島誌』, 對馬敎育會, 1928년과 宮本 앞의 책에는 이 6통 이외의 중세문서를 약간 수록하고 있다.

37) 宮本, 앞의 책.

〈표 2. 曲村 중세문서의 槪況〉

| 연월일 | 발급자 | 수신자 | 내용 |
|---|---|---|---|
| 寬正 4·6·18 | 宗茂世 | 四郞さへもん | 豆酘郡中에서 그물 설치를 허락함. |
| 寬正 6·10·17 | 宗盛直 | ふなかたの中 | 모든 포구 및 전 해역에서 이전처럼 그물을 치고, 公事·생선을 상납하도록 함. |
| 7·22 | 宗茂勝 | 船頭とひ所 | 급한 용무가 있을 때 상하 모두 도해할 것. 생선을 확실히 상납할 것. |
| 永正 18·9·5 | 宗盛門 | 十郞三郞 | 船公事를 當代에도 면허함. |
| 天文 17·10·1 | 宗晴康 | 下海士者 | 전 해역에 돌고래가 몰려올 때는 |
| 寬永 2·6·21 | 宗義成 | 海士彦十郞 | 인부(징발을) 허가함. |

출처 ; 曲村中世文書(長崎縣立對馬歷史民俗資料館 기탁)

다음으로 海士의 의무인데, 2호문서에 의하면「京進の御公事」와 「その外時々の御さかな」의 상납이 있었다. 京進の御公事란 일반적으로 供御人 등이 京都 조정이나 장원 영주에게 바치는 공납을 의미하지만, 曲海士 관계 문서에서는 京都에 해산물을 진상했던 사실을 확인할 수 없으며 실태는 불문명하다. 어쩌면 宗氏에 대한 해산물 상납을 이렇게 표현했던 것일까? 기타 사료에서는 「御さかなの事, いかにもけんこ(堅固)ニほんそう(奔走)をいたすへく候」(4호문서), 「八海にれ(漁)ういたし, 前々のことく, 別而さかな(肴)地走(馳)申へき事」(『對馬漁業史』所收文書), 「御肴之事, 御用次第ニ可致馳走」(6호문서) 등이 있으며, 宗氏에 대한 해산물 상납이 주된 의무였던 것을 알 수 있다.

筑前에서 對馬로 건너왔던 海士들은 對馬 전 해역에서 網漁·돌고래잡이 등의 어업을 승인받았고, 나중에는 선박 公事도 면제받았다. 이러한 특권에 대한 대가로서 宗氏에 대한 해산물 상납의 의무를 부담했다. 이러한 海士들은 上海士·下海士로 구분되어 각기 유력한 海士가 통괄했던 것으로 생각되는데, 때로는 수군으로서 宗氏의 군사력의 한 축을 담당했다. 남북조 시대에서 무로마치 시대에 걸쳐 宗氏는 筑前으로 진출하는데, 海士 집단은 이러한 筑前 진출의 기반이 되기도 했던 것으로 추정된다. 중세의 曲海士는 宗氏에 대한 해산물 상납 의무를 부담하는 특권적인 職人的 海民이며, 중세 對馬 海民의 실상에서 보자면 예외적인 존재였다고 할 수 있다.


## 맺음말

이상 중세 對馬 海民의 다양한 모습에 대하여 검토하였다. 마지막으로 중세 말에서 근세 초기의 동향을 간단하게 정리해 두고 싶다.

16세기 후반이 되면 이른바 후기왜구의 활동이 활발해지고, 對馬 주변에서도 해적의 활동이 왕성해진다. 宗氏는 조선과 원활한 관계를 유지할 필요도 있어서 부득이 해적 정보의 입수와 해안 방위를 강화하였다. 宗氏는 병선 조달, 병량 조달, 격군(水夫)의 징발을 섬 내부에서 행하는 한편, 섬 안에 대하여 「船着의 일이 긴요하다」「사람이 납치당하거나, 선착장 등이 약탈 당하지 않도록 하고」 殺生船(漁船) 등도 주위해야 한다」 「끌려가기 쉬운 배는 포구 깊숙한 곳에 모두 끌어 올려두고」 「낚시 등을 나가는 배는 조심 하고, 밤중에는 사다리를 접어서 올려놓도록 해야 한다」 등 세세한 지시를 내리고 있다.[38] 이러한 긴장상태에 의한 課役의 강화는 포구의 황폐를 초 래하였다. 16세기 후반에는 「きすの浦人」이나 「阿禮浦百姓」 등의 逃散이 계속되었다.[39]

근세에 들어서면 통일정권과 막번체제의 성립에 따라 對馬 海民에게도 커다란 변화가 찾아왔다. 島主 공인의 密漁라는 형태로 존재했던 조선 해

---

38) 『縣史』 豊崎鄕河內村大浦貞之進文書, 豊崎鄕大浦村大浦治部右衛門文書.
39) 『縣史』 9월 21일 某連署狀, 「諸家引付」 제95호(西村圭子, 「對馬宗氏の『諸家引付』覺書」 『日本女子大學文學部紀要』 제34호 1985년)

역에 대한 출어는 文祿·慶長의 役으로 단절되었다.[40] 바다의 領主였던 大山小田氏도 그 특권이 부정되어 간다. 근세가 되면 「小田喜左衛門所持之海」였던 「大山海」는 「公領」이 되며, 地先地面의 公領化를 도모하였다.[41] 對馬島 전 해역에서 조업이 인정되던 曲海士의 특권도 점차 제한되고, 享保 무렵까지는 曲에 정주하였다. 게다가 중세 때 조선 - 對馬 - 九州를 연결해서 활동하던 廻船商人들도 근세적인 변용을 받는다. 平山氏는 府中에 居住하면서 60인이라는 근세 특권상인이 되어 조선무역 등에 종사했지만, 高尾氏는 竹敷浦의 백성이 되어 교역활동에서 분리되는 것이다.

---

40) 長, 앞의 논문.
41) 宮本, 앞의 책.

# 제4절 중세 尾崎 지역과 早田氏

## 머리말

중세의 尾崎 지역은 應永 26년(1419) 應永의 外寇의 무대로서 한때 島主의 세력을 능가할 정도의 호족이었던 早田氏의 본거지로 알려져 있다. 특히 무로마치막부 전기의 早田左衛門太郎(左衛門大郎)의 시대는 早田氏에게 있어서 전성기였다. 應永의外寇에서 227척·17285명의 조선군은 먼저 「豆知浦」(尾崎의 土寄)로 들어왔다. 조선군은 對馬의 선박 129척을 빼앗고, 사용할 수 있는 선박 20척 이외에는 소각하였다. 게다가 민가 1939호를 태우고 114명을 참수했으며, 21명을 포로로 잡아갔고, 곡물을 베어 갔고, 왜구에게 잡혀 있던 중국인 남녀 131명을 보호하였다(『세종실록』 원년 6월 계미조). 지난번 발굴조사에서 확인된 무로마치 시대의 燒土層이 상기되었다.

본고에서는 먼저 『海東諸國紀』에 나오는 尾崎 지역의 포구와 인물에 대하여 검토하고, 연구사에서 명백히 드러난 早田氏의 동향과 무로마치 시대의 尾崎 지역과 조선 및 九州 본토의 관계에 대해서도 살펴보고자 한다.

## 1. 『海東諸國紀』에 보이는 尾崎 지역

조선의 신숙주가 편찬한 『海東諸國紀』(1471년 성립)에는 15세기 중엽 對馬의 상황이 자세히 기록되어 있다. 그 중에서 尾崎 지역 주변에 대하여 다음과 같이 기록하고 있다.

　　可吾沙只浦　有神堂
　　阿吾頭羅可知浦　百余戶
　　可里也徒浦　二百余戶
　　敏沙只浦　二百余戶
　　頭知洞浦　二百余戶
　　　中樞平茂續
　　　　賊首早田之子, 曾來侍朝, 爲中樞, 今還本島
　　　護軍中尾吾郞
　　　　平茂續之子, 中尾彈正立以爲後, 戊子年來受職

　먼저 포구 명칭과 호수를 살펴보자. 「可吾沙只」는 尾崎의 북동쪽에 위치
한 「鄕崎」, 「阿吾頭羅可知」는 尾崎의 「大連河內」, 「可里也徒」는 尾崎의
「假宿」, 「頭知洞」은 尾崎의 「土寄」로 추정되고 있다(中村 1965, 田中
1991). 한편 「敏沙只浦」는 尾崎의 「水崎」로 추정하는 설(對馬敎育會 1928,
中村 1965)과 豊玉町 水崎(구 仁位郡 水崎)로 추정하는 설(田中 1991)이
있다. 『海東諸國紀』對馬州의 「可吾沙只浦」(鄕崎)에서부터 「老夫浦」(濃部)
까지는 전부 與良郡 淺茅灣주변의 포구가 기록되어 있으며, 「敏沙只浦」만
對岸인 仁位郡으로 추정하는 것은 의문이 남는다. 또 『海東諸國紀』에 수록
되어 있는 「對馬島之圖」(圖1)에서 「敏沙只浦」는 「頭知洞浦」와 「加里也徒
浦」의 중간에 기록되어 있다. 이러한 사실에서 볼 때 「敏沙只浦」는 仁位郡
의 水崎가 아니라 與良郡, 즉 尾崎의 水崎로 추정하는 것이 타당하다.
　다음으로 호수인데, 大連河內가 100여호, 假宿·水崎·土寄가 각 200여
호로 합계 700여호가 된다. 『海東諸國紀』에 기록되어 있는 對馬 취락의
호수 중 최대는 美女浦(峰郡 三根)의 650여호이며, 沙加浦(峰郡 佐賀)의
500여호가 그 다음이다. 『海東諸國紀』의 호수와 조선사절의 귀국보고에
기록된 호수는 일치하지 않는 것도 많고, 700여호라는 숫자가 반드시 정확
하다고 할 수는 없다. 그러나 이 시대의 尾崎 지역에 對馬에서도 최대 규모
의 취락이 존재했을 가능성 역시 부정할 수 없다. 후술하듯이 무로마치 시

대의 尾崎 지역은 조선과 九州를 잇는 유통거점의 하나였다고 생각되며, 최대 규모의 취락을 형성하는 기반은 존재하였다.

다음으로 인물에 대하여 살펴보자. 尾崎 지역의 조선통교자에 대해서는 土寄의 平茂續과 中尾吾郎 두 명이 기록되어 있다. 기사에 따르면 平茂續은 왜구의 우두머리였던 早田(이 경우에는 早田六郎次郎)의 아들이며, 일찍이 조선에 내조하여 조선정부를 섬기고 「中樞」라는 관직에 임명되었지만, 『海東諸國紀』 성립 당시에는 이미 對馬에 귀국하였다. 平茂續=早田茂續은 土寄 早田氏의 일족으로 한때 조선정부를 섬긴 향화왜(투화왜)였다. 향화왜는 조선 초기의 왜구 회유책의 결과로 출현했다는 것이 일반적인 인식이다. 그러나 무로마치 시대 후기에도 早田茂續과 博多의 藤安吉·茂村兄弟처럼 적은 숫자이기는 하지만 향화왜가 등장하는 것은 주목된다. 이것은 당해 시기에 早田 일족과 조선의 밀접한 관계를 빼고서는 생각할 수 없는 일이다.

두 번째의 中尾吾郎은 早田茂續의 아들로 조선으로부터 명목상 「護軍」이라는 정4품의 관직을 받은 수직인이다. 吾郎은 中尾彈正의 양자가 되어 姓氏가 中尾로 바뀌었다. 무자년(1468)에 수직하였다. 早田氏와 中尾氏는 모두 尾崎의 土寄에 사는 영주이지만, 무로마치 초기부터 한 집안이라고 해도 좋을 만큼 가까운 관계였다. 예를 들면 早田左衛門太郎은 「羅可溫」=中尾로 불렸고, 그 아들 중 한명이 「中尾彈正」이며, 左衛門太郎의 아들 六郎次郎의 아들에게도 「梨花溫」=中尾가 있다(뒤의 系圖 참조).

於對馬島有免許事, 任先判之旨, 不可有相違之狀如件,
應永三十一年

二月九日 　　　　　　　　　　　　　　　　(宗)
　　　　　　　　　　　　　　　　　　　貞盛 (花押)
中尾五郎殿
(中尾文書)

이 應永 31년(1424)의 宗貞盛書下는 仲尾(中尾)五郎에 대하여 對馬에서 무언가를 면허한 것이다. 仲尾五郎은 연대적으로『海東諸國紀』의 中尾吾郎과는 다른 사람일 가능성이 높지만, 아마도 계보적으로는 연결되는 인물로 생각할 수 있다.

예전에 對馬 왜구를 대표하는 존재였던 土寄 早田氏는 15세기 중엽에는 향화왜 및 수직인으로 조선과의 관계를 지속하고 있었으며, 보다 강한 통교권을 가졌다고 생각할 수 있는 수도서인이나 세견선 정약자가 되지는 않았던 점에 주목해야 한다.

## 2. 早田氏의 동향

對馬의 早田氏가 전기왜구를 대표하는 존재였다는 것은 주지의 사실이다. 早田氏가 對馬 왜구의 통술자이고, 船越(美津島町 小船越)과 土寄에 거점을 가지고 있던 점, 조선 초기에 조선으로 일시 귀화하여 향화왜가 되었던 점, 早田左衛門太郎이 宗貞茂 사후에는 도주를 능가하는 세력을 가졌던 점, 應永의 外寇 이후 조선과의 외교교섭을 행했던 점, 左衛門太郎의 아들 六郎次郎은 조선·琉球 사이를 왕래하는 상인으로 활동했던 점, 尾崎 早田 가문에 조선 국왕으로부터 받은 告身(임명서)이 있는 점 등은 일찍부터 밝혀졌다(田中 1959, 中村 1965, 田中 1975).

이러한 早田에 대하여 처음으로 논문을 쓴 것은 田村洋幸씨였다(田村 1967). 田村씨는 세종대를 중심으로 早田氏의 조선통교를 검토하고, 계보관계와 조선과의 통교 실태와 특색을 검토하였다. 또한 세종 20년대(1438) 이후 조선에 의한 통교통제의 강화와 早田氏의 명에 대한 침공이 무역가로서 早田氏의 몰락을 초래했다고 하였다. 그 후 有光友學씨는 田村씨가 복원한 早田氏의 계보도를 수정하고, 또한 15세기 후반 조선통교의 쇠미를

검토하였다(有光 1971). 한편 村井章介씨는 尾崎 早田文書 중에서 天文
19년(1550) 7월 少二殿副官平時羅盛恒書契의 사본을 발견하고, 三浦의
난 이후 早田氏의 조선통교에 대하여 추가로 검토하였다(村井 1995). 최근
에는 한문종씨가 早田氏의 조선통교에 대하여 포괄적으로 검토하고 있다
(한 2000).

　이상과 같은 연구에 의하여 土寄 早田氏의 조선통교가 사실관계에 대해
서는 거의 밝혀졌다고 해도 좋을 것이다. 여기서는 이들 선행연구에 의거하
여 早田氏의 조선통교에 관해서 개관해 두고자 한다. 먼저 早田氏의 계보
관계인데, 田村·有光 두 연구자의 복원으로 左衛門太郎의 아들 吾都音甫
侍를 추가하여 그림으로 보이면 다음과 같다.

### 早田氏系圖

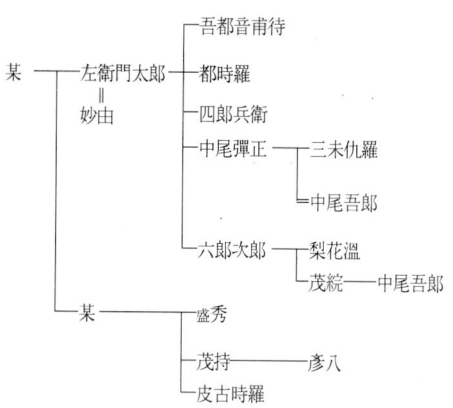

　左衛門太郎 - 六郎次郎 계통이 土寄 早田氏, 盛秀·茂持 계통이 船越
早田氏이다. 조선 사료에서 복원된 이 계보와 중세 早田文書의 인명을 어
떻게 연결할 것인지 과제로 남아 있다.

　左衛門太郎은 조선에 귀화하여 수직인이 되고 「林溫」이라고도 불렸는

데, 그 후 對馬로 돌아가 對馬의 호족으로 활동하였다. 左衛門太郎은 세종 10년(1428) 5월 조선에 아들을 파견하여 조선어를 배우게 하고 싶다고 청하여 허락받은 것이 주목된다(『세종실록』 10년 5월 무오조). 그 다음달에 「대마도의 소년 吾都首甫待가 지금 학습을 위하여 왔습니다. 청컨데 양식을 지급하고 사역원에 나가 글을 읽게 하소서」라고 보이는 對馬 小童 吾都音甫侍(같은 해 10년 6월 갑신조)가 그 아들에 해당할 것이다. 左衛門太郎의 시기가 조선통교의 전성기이며, 활발한 통교·외교를 전개하여 조선인 송환, 왜구정보의 통보, 禁賊, 일본 국내사정의 연락 등도 행하였다(田村 1967).

左衛門太郎은 세종 10년 무렵 죽었고, 통교는 아들 六郎次郎(也伊知)이 계승하였다. 六郎次郎은 수도서인이 되어 활발하게 조선과 통교했는데, 차츰 宗氏에게 밀려서 무역이 쇠퇴해 갔다. 六郎次郎에서 주목되는 점은 琉球에도 건너가 조선 – 對馬 – 琉球라는 무역 루트상에서 활동했다는 점이다. 참으로 海商이라고 할만한 광범위한 활동을 하고 있다. 그러나 조선에 대한 왜구활동은 정지되었지만 명에 대한 왜구활동은 여전히 행하고 있었으며(田村 1967), 평화로운 조선통교자라는 모습도 실제로는 일면적인 것이었다. 게다가 세종 10년 이후 早田氏는 쇠퇴하고 이어서 宗氏의 被官이 되어 갔다.

> 河內守之事, 不可有子細之狀如件
> 文安四
>
> 十一月十六日　　　　　　　　　　　　　(宗)
> 　　　　　　　　　　　　　　　　　　　貞盛 (花押)
> 早田河內守殿
>
> 　　　　　　　　　　　　　　　　(尾崎早田文書)

이 文安 4년(1447)의 宗貞盛官途狀은 土寄早田氏에게 河內守의 官途를 준 것인데, 형식에 약간 문제가 있다. 일반적인 官途狀의 充所에는 官途를 주기 이전의 통칭이 기록되는데 비하여 이 문서에는 받은 官途의 이

름이 기록되어 있다. 따라서 이 문서의 充所인「早田河內守」이전의 이름
이 불분명한 것이다. 다만 對馬 宗氏의 官途狀에는 이런 형식의 문서가 있
으며, 본 문서가 검토를 요하는 문서라고 할 수는 없다. 이 문서에서 早田
河內守가 도주 宗氏의 被官化되어 가는 것을 추정할 수 있다.

早田 河內守는「早田系圖」(尾崎早田文書)에서「盛昌」이라는 실명의 인
물로 되어 있지만,「早田 河內守」(宗貞盛官途狀)와「早田 河內守 盛昌」이
앞의 조선 사료에서 복원된 早田氏 系圖의 어느 인물에 해당하는지, 또는
해당하지 않는지에 대해서는 명확하지 않다고 할 수밖에 없다. 조선 사료에
자주 등장하는 左衛門太郎이나 六郎次郎은 尾崎早田文書와「早田系圖」
에는 명확한 형태로 나오지 않는다. 시기적으로는 六郎次郎의 아들「梨花
溫」의 時代에 해당하지만,「梨花溫」=「中尾」와 早田氏 系圖의 관계도 명
확하지 않다. 따라서 이 官途狀으로는 무로마치 중기에 早田 河內守가 宗
氏로부터 官途를 받고 宗氏의 被官이 되어 가는 것은 지적할 수 있어도,
土寄의 早田左衛門太郎 집안이 宗氏의 被官이 되었다고 단정할 수는 없
다는 것이 된다.

무로마치 중기의 早田氏의 활동에서 주목되는 사료가 있다. 『세종실록』
7년(1425) 10월 갑술조에 보이는 「禮曹에서 경상도 감사의 관문에 의거하
여 계하기를,

"대마도의 장사하는 倭船의 船主 所溫田知가 이미 기한이 지난 路引을
가지고 마음대로 다시 오니, 本道 사람 路引의 예대로 기한이 지난 뒤에는
곧 거두어서 함부로 이용함을 방지하도록 하소서"
하니 그래도 따랐다.」라는 기사이다. 여기서 「所溫田」이 早田이라는 것은
말할 필요도 없다(田村 1967).「對馬島興利倭船主」인 早田氏는 조선에서
「行販」=商賣에 사용했던「路引」=도항증명서를 여러번 부정하게 사용했
다는 것 때문에 경상감사로부터 규탄되어, 다음부터는 한번 사용한「路引」
은 바로 몰수하도록 제도가 바뀌었던 것이다. 요컨대 早田氏는 이른바 홍

리왜인으로서 조선에서 무역을 행하고 있었던 것이다. 이 早田氏는 土寄 또는 船越의 早田氏의 일족이라고 생각할 수 있다.

興利倭人(興利倭船)에 대해서는 조선에 사자를 파견하여 무역하는 使送 倭人과는 구별되었지만, 조선에서 무역을 하는 일본인으로 막연하게 생각 하고 있으며, 그 실태는 오랫동안 명확하지 않았다. 최근에 對馬의 어민이 직접 생산한 소금·생선을 가지고 조선의 미곡과 교역했던 것이 흥리왜선이 고, 삼포의 난까지는 조선에서 공인했으나 그 이후에 금지되기는 했지만 흥 리왜선의 활동은 그 후에도 계속되었다는 것이 증명되었다(長 1993). 早田 左衛門太郞·六郞次郞 부자는 조선에서의 흥리활동에 열심이었고, 左衛門 太郞의 요구로 일본 상선의 정박항이 내이포·부산포의 2항구에 염포가 추 가되어 三浦가 성립하였다(同前). 土寄 早田氏는 사송왜인으로서의 활동뿐 만 아니라 흥리왜인으로서의 활동도 활발하게 하였던 것이다. 그렇다면 무 로마치 시대에 早田氏와 조선의 관계를 受圖書人과 受職人이라는 측면만 으로 이해하는 것은 불충분하다는 것이 된다.

當國之公事免除之事, 無相違致扶持候, 幷山手·船之賣口買口·六地舟公
事·同高麗船之公事已下事, 讚州·同貞盛任御判旨, 臨時公役等致扶持候所
也, 仍狀如件,
　　長享二
　　　　三月六日　　　　　　　　　　貞國
　　早田治部左衛門尉殿
　　　　　　(「御舊判控」與良郡尾崎早田仁左衛門所持)

長享 2년(1488) 3월 6일, 宗貞國이 早田治部左衛門尉에게 對馬의 公事 를 면제한 것이다. 아울러 山手·船之賣口買口·六地舟公事·同高麗船之 公事 등 각종 公事도 先判대로 면제하고 있다. 이러한 것들은 모두 도주 宗氏가 부과했던 것이었는데, 知行的인 의미에서 宗氏는 早田氏에 대한 이들 각종 세금을 면제했던 것이다.

여기서 주목하고 싶은 것은 「六地舟公事」와 「高麗船之公事」 부분이다. 「六地舟」의 「六地」는 九州 본토를 의미하는 것이며, 「六地舟」란 ①九州에서 對馬로 온 배, ②對馬에서 九州로 가는 배라는 두 가지 해석이 가능하다. 한편 「高麗船之公事」의 「高麗船」를 早田氏에 맞추어 생각하면 對馬에서 고려(조선)로 가는 배라고 해석하는 것이 타당하다. 「高麗船」을 이렇게 해석하면 「六地舟」도 ②의 해석이 타당한 것이 된다. 어떤 쪽이든 파견의 주체는 모두 早田氏라는 해석이 된다. 따라서 早田氏가 당시 對馬 土寄를 거점으로 하고, 한편에서는 조선에 使船·흥리선 파견을, 한편에서는 九州에 아마도 상선을 파견했던 것이 분명해진다. 조선에 대한 사선·흥리선 파견은 조선 측 사료에서도 확인할 수 있는데, 이 문서는 조선 사료에 대응하는 것으로 평가할 수 있다.

## 3. 유통 거점으로서의 尾崎 지역

앞 절에서 무로마치 시대의 早田氏는 조선뿐만 아니라 九州 본토와도 무역활동을 했다는 것을 밝혔다. 尾崎 지역에서 이러한 활동을 한 것은 早田氏만이 아니었다.

> 陸地·高麗のあきないきてうの舟の御公事, 舟のうり□かい□·人のうり
> (商)　　(歸朝)
> □かい□：舟のやまての事, ふちとしてさしをく所也, 此旨を可存知狀如件,
> (扶持)
> 寬正六年
>
> 九月十日　　　　　　　　　成職
> 　　　　　　　　　　　　　(宗)
>
> 　　　小島よりあい中
> 　　　　(奇　合)
>
> 　　　　(「御舊判控」與良郡尾崎村小島六兵衛分)

つしまの國よらのこほりの內つちより三ヶ村よりかうらい・六ちへはた
（對馬）（与良）（郡）（土寄）（高麗）（地）
らき候するふねの一俵物□・木手・山中下人立より之事，　爲給分宛行所也，
（船）
任先例ちきやういたされへき如之狀件，
（知行）

　　　　應仁元
　　　　　九月廿九日

　　　　　　　　　　　　　　　　貞國（花押）
　　　　　　　　　　　　　　　（宗）
　　　　　草鹿部平次郎殿

　　　　　　　　　　　　　　（日下部文書）

　모두 尾崎 지역의 중세문서이다. 전자는 寬正 6년(1465)에 宗成職이 小
島寄合中에 대하여 각종 公事를 知行으로 면제한 것. 후자는 應仁 원년
(1467)에 宗貞國이 草鹿部平次郎에 대하여 각종 公事를 給分으로 지급한
것이며, 草鹿部平次郎은 그 수취권을 知行으로 받은 것이다. 따라서 같은
표현이면서 전자와 후자에서는 각종 公事와의 관계가 전혀 다르다.

　앞 사료에서는 小島寄合中이 육지(九州)와 고려(조선) 사이에서 상선을
왕래시키고 있었음을 알 수 있다. 뒤의 사료는 土寄 3개촌(土寄·水崎·假
宿?)에서 고려·六地로 도해하던 선박이 있었음을 말해주고 있다. 모두 土
寄 早田氏의 활동과 동일한 활동이었다고 생각된다.

## 맺음말

　무로마치 시대의 尾崎 지역에는 소영주들이 경영하던 조선·九州를 왕래
하는 상선이 집중되었던 것으로 생각된다. 그 당시의 尾崎 지역은 조선 –
對馬 – 九州를 잇는 유통의 거점이었다. 이것이 『海東諸國紀』에 호수가 많
다고 기록된 원인으로 생각할 수 있다. 요컨대 조선 초기의 회유정책에 따

라 尾崎 지역의 왜구들은 적어도 조선에 대해서는 평화로운 사송왜인이나 홍리왜인으로 변질되어 갔다. 그것은 早田氏에게서 전형적으로 볼 수 있는 것처럼 왜구세력의 海商化를 초래했지만, 그 결과로서 尾崎 지역은 조선 – 對馬 – 九州를 잇는 유통의 거점으로 변화했다고 할 수 있다.


## 참고문헌

有光友學, 「中世後期における貿易商人の動向」(靜岡大學人文學部, 『人文論叢』 21, 1971년)

長節子, 「興利倭船の硏究」(『朝鮮學報』 146, 1993년)

田中健夫, 『中世海外交涉史の硏究』, 東京大學出版會, 1959년

田中健夫, 『中世對外關係史』, 東京大學出版會, 1975년

田中健夫譯注, 『海東諸國紀』, 岩波文庫, 1991년

田村洋幸, 「對鮮貿易における早田一族の特質」(同, 『中世日朝貿易の硏究』 三和書房, 1967년)

對馬敎育會編, 『對馬島誌』, 對馬敎育會, 1928년

中村榮孝, 『日鮮關係史の硏究 上卷』, 吉川弘文館, 1965년

韓文鍾, 「朝鮮前期 對馬早田氏의對朝鮮通交」(『韓日關係史硏究』 12, 2000년)

村井章介, 「三甫の亂時のソウル倭館」(田中健夫編, 『前近代の日本と東アジア』, 吉川弘文館, 1995년)

# 제5절 국내외 유통 거점으로서의 쓰시마

## -쓰시마 교류사의 연구 동향-

　나가사키현 쓰시마는 한반도와 대단히 깊은 관계를 가지고 있다. 한반도 까지 50킬로미터 전후의 거리밖에 되지 않고, 예전부터 밀접한 교류가 있었 던 것은 잘 알려져 있다. 중세에 있어서도 당연히 그 교류는 계속되어 왔고, 조일관계에서 對馬의 자리매김에 대해서는 특히 제도사를 중심으로 꽤 많 은 연구의 축적이 있다.

　중세의 조일관계는 대체로 15세기 전반인 1430~40년대에 확립됐다고 한다. 이른바 文引制, 1443년의 癸亥約條, 또는 그 후의 歲遣船定約에 의 하여 對馬의 지위가 안정화되고 중요해 졌다. 이렇게 중세의 조일관계에서 對馬가 중요했던 것은 이미 상식이 되어 있지만, 한편으로 對馬와 중국과 의 관계, 또는 對馬와 동남아시아의 관계, 또는 九州 본토와의 관계에 대해 서는 아직 충분한 검토가 이루어졌다고 말하기는 어려우며, 對馬의 교류사 연구는 조선 방면만을 향해 간 경향이 강하다.

　최근 對馬에서는 중세 유적을 발굴했는데, 특히 주목받는 유적이 몇군데 있다. 이번에 다루는 것은 그 중 하나인 美津島町 尾崎의 水崎(假宿)유적 이다. 종래 水崎유적이라고 불렀는데, 잘 조사해 보니 假宿이라는 小字였 으므로 원래는 假宿유적이라고 부르는 편이 타당하다고 생각하지만 현재는 水崎(假宿)으로 부르고 있다. 이 水崎(假宿)유적의 조사 성과를 소개하고, 나의 전공인 문헌사학 – 문헌사료와 어떻게 일치하는지, 일치하지 않는지에 대하여 이야기하고, 對馬와 환지나해 세계, 특히 조선 – 對馬 – 九州를 연결 하는 교역 라인을 확인할 수 있다는 것을 알리고 싶다.

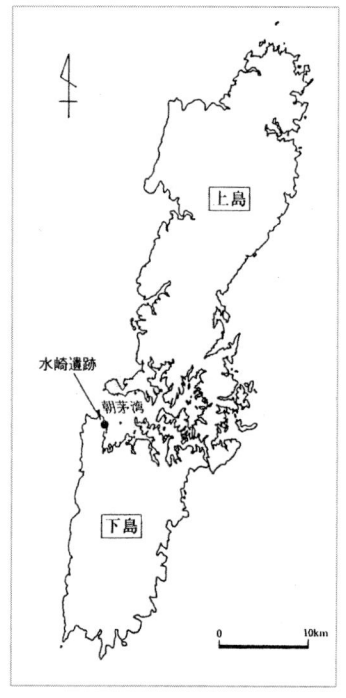

그림 1.  對馬의 水崎遺跡 위치도

먼저 水崎유적의 개요인데, 조사보고서는 『水崎遺跡』(1999년)과 『水崎(假宿)유적』(2001년)의 두책이 나와 있다.

먼저 장소를 확인하자. 대마는 九州島와 한반도의 사이, 약간 한반도쪽에 치우쳐 있다. 남쪽의 둥근 섬이 일기이다. 그림1에 있는 것처럼 對馬는 上島와 下島로 나뉘며, 그 사이에 淺茅灣이라는 리아스식 해안이 있다. 水崎는 下島 서안의 가장 북쪽에 있고, 淺茅灣의 서쪽 출입구에 해당하는 곳에 있다.

그러면 尾崎라는 尾字는 그 중 어디일까? 그림2를 보면 현재의 尾崎라는 커다란 지명 속에는 제일 아래쪽에 쯔찌요리자키(土奇崎)가 있고, 작은 만이 있다. 土奇는 왜구의 두목이던 소다(早田)氏의 근거지였다. 그 북쪽으로 약 500미터 정도 지점에 水崎(假宿)유적이 있다. 자세한 검토는 지면 관계상 하지 않겠지만, 『海東諸國紀』(1471년)에 표시된 위치관계가 비교적 잘 맞기 때문에 이를 참고하기 바란다. 보고서에서 이 水崎(假宿)유적이 어떠한 상황이었는가를 소개하겠다.

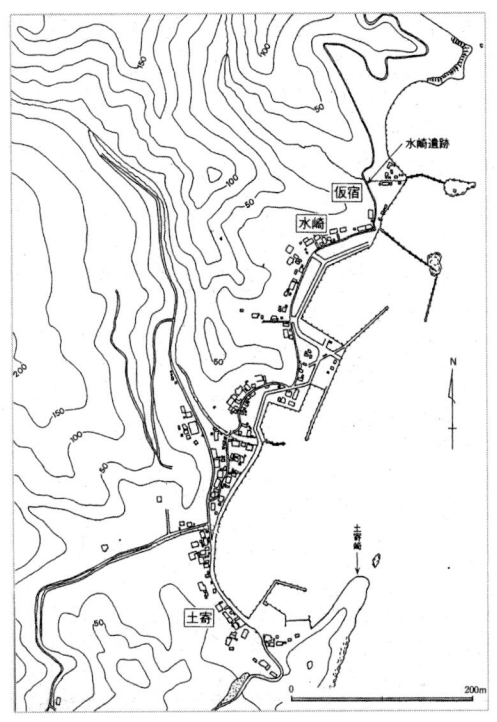

그림 2. 〈水崎遺跡 周邊圖〉

遺構로는 I층에서 Ⅷ층까지 합계 8층이 있다. 14세기 후반에서 15세기 전반이 주체이며, 16세기 후반에서 17세기 전반에도 약간 시대가 구분된다. 특히 Ⅳ층은 燒土層이다. 14세기 후반에서 15세기 전반의 燒土層이라고 할 수 있다. 1419년(應永 26) 應永의 外寇 때─조선의 대군이 對馬의 바로 이 土奇 주변, 淺茅灣 주변에 왔을 때의 燒土層은 아닐 것이라고 한다.

유물도 많고, 도자기는 중국이나 조선왕조의 물건, 동남아시아에서는 타이, 베트남의 물건이 출토되었다. 국내 유물로는 여러 가지 금속제품이 나왔다. 석기제품 이외의 장식품으로는 瑪瑙製 石帶가 1점 나왔다. 어느 곳의 물건인지는 알 수 없지만 일본에는 없는 타입이며, 아마도 한반도 계통일 것이라고 한다. 대단히 진귀한 물건이다. 조선 계통의 기와와 錢貨도 55 매가 나왔다. 錢으로는 大錢이 제법 많다. 게다가 大元通寶라는 파스파문자(八思巴文字)를 새긴 원나라의 大錢이 있다. 博多유적군에서 2점이 출토된 외에 달리 발굴된 예가 없으며, 국내에서 3번째 출토이다. 錢-그 중에서도 大錢이 많고, 대단히 진귀한 錢도 나왔다. 이 유적을 어떻게 평가할 것인지, 사실은 지금도 문제가 되고 있는 형편이다.

도자기의 수입에 관해서는, 도자기 전체에 있어서 조선왕조 도자기의 비율이 대체로 65%에서 70%전후이고, 중국 도자기가 남은 25%에서 26%를 차지하며, 동남아시아산 도자기가 약간 있는 것이 확인되었다. 즉 이 시대 -15세기에는 중국과 조선왕조의 도자기 비율은 대략 3대 7정도이다. 그러면 당시 對馬에서는 중국이 3, 한반도가 7이라는 비율로 무역을 하고 있었던 것일까? 나는 그렇지 않다고 생각한다. 왜냐하면 중국에서 일본으로 수입한 물품은 신안침몰선을 예로 들 것까지도 없이 막대한 양의 중국도기가 수입되고 있었지만, 한반도에서 수입한 물품 리스트에는 문헌상으로 도자기가 거의 나오지 않기 때문이다. 따라서 3대 7의 비율이 아니라 3대 70이거나 3대 700이 되며, 압도적인 조선무역의 성과가 이 숫자에 나타나 있다. 對馬는 압도적으로 조선무역에 의존하고 있었다는 의미가 되지 않을까? 70%라는 숫자 자체도 대단히 높은 편이지만, 그 이상의 비율로 조선무역에 의존하고 있었다는 것을 추정할 수 있다.

이 유적의 위치설정 문제는 먼저 왜구활동과의 관계를 예상할 수 있다. 尾崎의 土寄는 왜구 두목 早田氏의 본거지이다. 그러나 유물 또는 압도적인 조선왕조 도자기의 출토량이란 것이 모두 이 지역의, 특히 早田氏의 왜구활동 또는 그에 부수하는 경제활동의 소산인가 하면 반드시 그렇지는 않다는 것이 나의 생각이다. 내용을 보아도 조선왕조 도자기, 瑪瑙製 石帶(조선 제품?) 그리고 중국 도자기, 대형 중국 동전, 게다가 동남아시아산 도자기 등 이 지역 주민의 광범위한 교역활동을 추정할 수 있기 때문이다.

출토자료라는 것은 왜 그곳에서 나왔는가를 말해주지 못하는 경우가 많기 때문에, 문헌사료의 측면에서 이 지역의 교역활동에 대하여 간단히 살펴보고자 한다. 이 지역은 조선의 신숙주가 1471년에 편찬한 『海東諸國紀』 속에 나온다. 지명으로는 5곳 정도가 나오며 자료집에 그 일부를 인용하고 있는데, 3번째가 가리야도우라(可里也徒浦) 즉 假宿이며 이곳이 200여호, 그 아래가 빈사끼우라(敏沙只浦) 즉 水崎浦, 그리고 마지막이 쯔찌노우라(頭知洞浦) 즉 土寄가 200여호이다. 아마 이 假宿, 水崎, 土寄라는 세 촌락이 뒤에 나오는 土寄 3개촌에 해당하는 것으로 생각하는데, 원래 尾崎라는 커다란 지역 속에서 작은 촌락 단위로 분립하고 있었다는 것을 알 수 있다고 생각한다.

尾崎·假宿 지역에 대해서는 앞에서 언급한 것처럼 早田氏가 土寄로 가서 활발하게 조선과 통교하고 있었다는 것은 이미 문헌사학의 성과로서 잘 알려져 있다. 소다 사에몬타로(早田左衛門大郞)라는 인물은 왜구의 우두머리이며, 처음에 조선으로 귀화하여 향화왜가 되었다. 나중에 對馬로 돌아와서 그때부터 左衛門大郞과 자손들이 사송왜인이라던가 조선으로부터 관직을 받아 무역을 하는 수직왜인으로 활동하였다. 그밖에 左衛門大郞의 아들인 早田六郞次郞이 琉球에도 건너갔다는 것은 잘 알려진 사실이다.

또 하나 주목해야 할 것은 「對馬島興利倭船主所溫田知」의 조선통교이며, 그가 예전에 사용했던 文引을 가져 온 탓에 조선정부로부터 배척을 받았다는 사료이다(『세종실록』 7년 10월 갑술조). 이것이 어느 早田氏인지는 판단하기 어렵지만, 早田 일족 중에 사신을 보내서 무역을 행하거나(사송왜인), 아니면 조선측으로부터 관직을 받아서 무역을 행하는(수직왜인) 레벨의 통교자가 아니라 홍리왜인이라는 형태로 조선과 무역을 하던 인물이 있었음을 알 수 있다.

그런 사실이 일본측의 사료, 對馬島 안에 남은 중세문서에서 어떻게 밝혀질 수 있는가 하는 문제인데, 4점 정도의 사료를 검토하고자 한다(「宗家

御判物寫」).

　먼저 「六地船公事·同高麗船之公事」라는 것이 1488년(長享 2) 早田治部左衛門尉 앞으로 보낸 문서에 나온다(長享 2년 3월 6일 宗貞國書下). 이 해석은 꽤 어렵지만, 「六地」라는 표현은 對馬에서 九州 본토를 나타내는 말이다. 아마 土寄의 早田氏가 六地=九州와 고려(조선)에 배를 보내는 일에 관한 公事, 즉 세금일 것이라고 추정할 수 있다. 早田氏는 九州와 조선으로 배를 보내고 있었을 것이라는 내용이 국내사료에서도 확인할 수 있다.

　지금까지는 이 早田氏의 활동만이 강조되었지만, 주변의 토호층 속에서도 같은 형태를 보이는 자가 있다. 尾崎村·小島寄合中에 宗氏가 보낸 1465년의 문서에서 「陸地·高麗のあきない(商)きてう(歸朝)の舟」라는 표현이 있고, 尾崎村의 小島寄合中이 九州 및 조선과 장사를 하고 돌아오는 배를 내주고 있었다는 사실을 알 수 있다(寬正 6년 9월 10일 宗成職書下).

　이와 동일한 표현이 草鹿部平次郎에게 보낸 1467년의 문서에 「つしまの國よらのこをりの內、つちより(土寄)三カ村(「つちより三カ村」은 아마도 土寄, 水崎, 仮宿에 해당하는 것으로 생각할 수 있다)よりかうらい(高麗)·六地へはたらき候するふね(船)の一俵物」이라고 나온다(應仁 원년 9월 29일 宗貞國書下). 「一俵物」이 무엇인지 알기는 매우 어렵다. 어떤 물건에 대한 세금이라고 생각되지만, 이 표현에서 「つちより三カ村」, 즉 현재의 尾崎 지역에서 조선과 六地으로 움직이는=나가는 배가 존재했음을 알 수 있다. 정확하게 그것은 앞에서 예로 든 두 통의 문서와 동일한 표현이다.

　그러면 仮宿은 나오지 않는다는 것이 되는데, 앞의 草鹿部平次郎에게 보내는 문서 속에 아마 仮宿이 포함되어 있을 것이라고 하며, 그것을 보고 있었을 것이다. 大永 2년(1522)에 對馬 宗氏가 宗右衛門大夫에게 보낸 문서 ④이다(大永 2년 5월 5일 宗盛長書下). 右衛門大夫는 아마도 對馬 宗氏의 측근이었을 것으로 생각하는데, 이 3개 조목에 「おさき(尾崎)かり屋

と(假宿)の舟, 高麗江渡海之時, 鹽判(しおはん)・同いかり(碇)の公事の事, 幷(ならびに)大せん判(おおせんばん)之事」를 給所로 지급했다고 기록되어 있다. 아마 이것은 公事의 得分權을 가신에게 할당한다는 宗氏의 知行宛行의 패턴일 것이라고 생각한다. 분명히 이 사료에 假宿의 선박이 고려(조선)로 건너갔고, 그리고 그에 관한 여러 세금, 鹽判(對馬에서 생산한 소금을 고려로 반출하는, 수출하는, 그와 관련된 세금) 및 公事(이것은 아마 津料에 상당하는 물건일 것이다) 大せん判의 得分權을 給所로 지급했던 것이다. 假宿船도 「大せん」, 즉 한반도의 孤草島(현재 전라남도 거문도로 추정하고 있다) 해역에 출어했다는 것을 알 수 있다.

이 사료에서도 尾崎・假宿의 선박이 조선으로 건너갔고, 그 배에는 소금을 적재하였다. 또한 大せん, 즉 조선 孤草島 해역에도 출어하였다. 그와 같은 교역과 어업에 종사하고 있었다는 사실을 알 수 있는 것이다.

15세기에서 16세기의 尾崎・假宿 지역에는 이상과 같이 「六地・고려의 장사, 歸朝船」「고려・六地로 가서 활동하는 배」가 있었고, 九州・조선과의 교역을 담당하고 있었다. 또 그 주민 중 일부는 조선 孤草島 해역에도 출어하고 있었다. 교역의 내용은 「소지한 물고기・소금으로 민간의 미곡을 사다」(『태종실록』 17년 12월 辛丑條)라는 것이 주체였는데, 그밖에도 도자기 등 여러 가지 물품도 입수하고, 그것을 對馬에서 소비할 뿐만 아니라 九州・博多 방면에도 가져가는 활동을 행하고 있었다는 것이 문헌사료에서 추측할 수 있다고 생각한다.

이러한 것이 홍리왜선이라고 부르는 사람들의 활동이다. 이것은 실록에 자주 나오는 이른바 使船이 아니며 좀 더 저변의, 對馬島民의 매우 영세한 무역활동이라고 한다. 그러나 영세한 활동 뿐이라면 그것은 對馬島 안에서 소비하는 미곡만을 가져오면 충분하지만, 이들 尾崎・假宿 지방의 선박은 九州까지 나가고 있다. 조선과 對馬와 九州를 연결하는 루트를 확보하고 있다. 요컨대 홍리왜선의 활동 속에는 여러 가지 형태가 있으며, 종래부터 지적되고 있는, 매우 영세한, 對馬에서 생산한 소금 또는 생선을 가지고 한반도로 가서, 거기에서 미곡 및 식량과 교환하는 형태 외에 조선·對馬·九州를 연결하는 보다 넓은 교역루트 상에서 교역을 행하는 형태도 상정할 수 있는 것이 아닐까?

마지막으로 이러한 고려의 鹽判 또는 大せん判, 六地에 관한 중세문서가 對馬에 많이 남아 있는데, 아마도 그러한 활동이 하나 하나는 대단히 작겠지만, 尾崎·假宿 지방만이 아니라 도내의 다른 지역에서도 광범위하게 행해지고 있었다. 그 거점의 하나가 尾崎·假宿 유적이 아닐까? 尾崎·假宿 유적에서 출토한 물품은 첫째로 早田氏를 중심으로 하는 왜구활동 또는 경제활동에 의한 것이 당연히 포함되어 있지만, 조선·對馬·九州라는 보다 광범위한 교역으로 입수한 것 역시 상당히 포함되어 있다는 것이 나의 생각이다.

## 제6절 중세 후기 大浦宗氏의 조선통교

## 들어가는 글

중세에 있어서 일본과 조선의 관계는 보통 다음과 같이 시대구분할 수 있다.1) 제1기는 1392년(明德 3, 太祖 1)~1419년(應永 26, 세종 1)의 조선 성립부터 應永의 外寇(己亥東征)까지의 시대이며, 왜구가 종식되어 일본 각지의 통교자가 통제 없이 조선으로 건너갔던 시기이다. 제2기는 1419년~1450년(寶德 2, 세종 32)의 세종에 의한 평화통교정책의 시대로, 수많은 통교 통제규정이 정해지고, 또한 對馬와 조선 관계가 궤도에 올랐던 시기이다. 제3기는 1450년~1510(永正 7, 中宗 5)의 文宗 초기에서 三浦의 亂에 이르는 시기로 각종 통교제도는 완비되어 있었지만 무역이 막힌 상태에 달했던 시기이다. 제4기는 1510년~1592년(文祿 1, 宣祖 25)의 三浦의 亂에서 文祿의 役이 발발했던 시기로 宗氏의 조선통교권 독점이 진행되는 시기였다.

제2기 이후의 조선의 통교체제를 일본 측에서 담당했던 것이 對馬 宗氏이며,2) 宗氏惣領家는 조선 측이 통교체제를 위해 설치했던 受圖書 제도, 書契에 의한 통제, 文引 제도, 歲遣船 정약 등을 이용하여 도내 지배권의 확립을 지향하였다.3) 그러나 惣領家가 도내 지배권 및 조선통교체제권을 확립하기 위해서는 仁位宗氏 등 惣領家의 지배에 복종하지 않는 유력 庶

---

1) 田中健夫, 『中世對外關係史』 제4장.
2) 中村榮孝, 『日鮮關係史の硏究』 상권.
3) 中村榮孝, 『日本と朝鮮』, 113~120, 130~132쪽.

家를 복속시킬 필요가 있었다. 조선 통교의 측면에서 그것이 달성되는 것은 15세기 후반 宗貞國의 시대이다.[4]

지금까지 對馬와 조선의 교섭사 연구에서 검토했던 것은 주로 島主, 守護代, 郡主, 代官 계층 및 해적두목 早田氏의 조선통교였다. 지배층 뿐만 아니라 그들보다 하층 통교자의 실태를 추구하는 작업이 이후의 과제로 남아 있다.[5]

본고에서는 앞의 시대구분상 제3기에서 제4기에 걸쳐 조선과의 교섭에서 활약했던 大浦宗氏의 통교의 실태와 변천을 조선 측 사료와 일본 측 사료 양쪽에서 검토하고자 한다.

對馬島 내의 각 항구와 포구에는 많은 宗氏 일족이 거주했는데, 對馬의 최북단에 가까운 豊崎郡 大浦를 본거지로 하는 宗氏 일족이 있었다. 이들 중에는 유력한 國人으로 두 성씨가 있었고, 天文 15년 도내의 宗氏가 일제히 성을 바꿀 때 모두 大浦氏로 고쳤다. 근세가 되자 大浦는 大浦村과 河內村으로 나뉘는데, 두 성씨는 두 마을로 나뉘어 거주하였고, 유력한 給人으로서 下知役, 奉役 등을 역임하였다.[6] 본고에서 고찰의 대상으로 하는 大浦宗氏는 河內村에 거주했던 宗氏(大浦氏)이며, 양자를 구별하는 경우에는 大浦村大浦(宗)氏, 河內村大浦(宗)氏로 표기하겠다. 단순히 宗氏로 표기하는 경우는 島主인 宗氏 惣領家를 의미한다.

---

4) 長節子, 「對馬島主宗氏領國支配の發展と朝鮮關係諸權益」(『朝鮮學報』 39·40 합병호).

5) 中世 對馬史 연구의 개략에 대해서는 拙稿 「情報と動向 - 九州地方 - 」(『歷史公論』 104호)를 참조하기 바람.

6) 嘉永 3년의 「八鄕給人分限帳」에 의하면 河內村大浦氏는 4間 2尺 9分 6厘 4毛 2, 大浦村大浦氏는 3間 2尺 4寸 6分 8毛 4의 지방 知行을 받았으며, 寬文 3년에 전자는 石高 100석의 知行이 지급되었다. 河村에서는 각각 「河內親方」「大浦親方」이라고 불렀다.

## 1. 『海東諸國紀』에 보이는 大浦宗氏

『海東諸國紀』對馬島吾溫浦條에 다음과 같은 宗茂次·茂實 부자의 기사가 보인다.

> 司正所溫皮古破知
>
>   宗茂次子, 改名宗茂實, <sup>(1467=應仁 1)</sup>丁亥年因島主請受職
>
>   宗茂次
>
>     <sup>(1460=寬正 1)</sup>庚辰年救我漂流人來朝, 丁亥年又來稱對馬州上津郡追浦平朝臣宗伯耆守茂次,

이 기사에 의하면 上津郡 追浦=吾溫浦[7]=大浦에 사는 宗茂次라는 인물이 1460년 조선의 표류인을 구조하여 조선에 來朝하였고, 1467년에도 來朝하였다. 그의 아들 「所溫皮古破知」=宗彦八茂實은 1467년에 도주 宗貞國의 요청으로 조선의 관직 「司正」을 受職하였다. 즉 宗茂實은 1467년에 受職人이 되어 연간 1회의 조선 통교권[8]을 획득했던 것이다.

宗伯耆守 茂次는 文安 6년 6월 24일 島主 宗貞盛으로부터 「かうらいうるしゅう」에서 물러난 「しかゑもん四郎」의 「くはう」 상납을 독촉하도록 하명받았으며,[9] 文安 6년 6월 27일 마찬가지로 宗貞盛으로부터 對馬國 豊崎 大浦(おうの浦) 감나무밭 등의 소유권을 인정받은[10] 宗伯耆守와 동일인물이라고 생각된다.

宗茂實은 嘉吉 3년 11월 15일 宗貞盛으로부터 加冠을 받고 彦八茂實이라는 假名·實名을 받았다.[11] 寬正 4년 3월 6일에는 島主 宗成職으로부

---

7) 中村榮孝,「朝鮮初期の文獻に見える日本の地名」(『日鮮關係史の研究』상권).
8) 『日鮮關係史の研究』상권, 549~550쪽.
9) 大浦一泰家文書 文安 6년 6월 24일 宗貞盛書下(宗伯耆守宛).
10) 同文書 文安 6년 6월 27일 宗貞盛書下(宗伯耆守宛).

터 對馬國 豊崎郡 내 오우노우라(をうの浦) 감나무밭 등의 소유권을 인정
받았다.12)

　　宗茂次·茂實 부자는 국내사료에서도 對馬國 豊崎郡 大浦의 주인이며,
당시에 이미 宗氏의 被官化되어 있었음을 확인할 수 있었다.

〈표 1. 宗茂次·茂實 父子의 조선통교〉

| 연　　대 | 宗茂次 | 宗彦八 (茂實) | 出　　典 |
|---|---|---|---|
| 1460 (세조 6) | 救我漂流人來朝 | | 『海東諸國紀』 |
| 1461 ( 〃 7) | 遣人來獻上物 | | 동년 정월 신미조 |
| 1464 ( 〃 10) | 欲受圖書, 送書 | | 동년 7월 갑술조 |
| 〃 | 遣使來獻上物 | | 동년 9월 병자조 |
| 〃 | 遣使來獻上物 | | 동년 11월 갑자조 |
| 1466 ( 〃 12) | 遣人來獻上物 | | 동년 4월 계축조 |
| 〃 | 遣人來獻上物 | | 동년 5월 임신조 |
| 1467 ( 〃 13) | 來稱對馬州上津郡追浦平朝臣 宗伯耆守茂次 | 因島主請,受職(司正) | 『海東諸國紀』 동년 7월 임오조 |
| 1470 (성종 1) | 遣人來獻土宜 | | 동년 5월 기해조 |
| 1473 ( 〃 4) | 遣人來獻土宜 (受圖書) | | 동년 5월 병오조 |
| 1474 ( 〃 5) | 遣人來獻土宜 | | 동년 8월 갑오조 |
| 1475 ( 〃 6) | 遣人來獻土宜 | | 동년 11월 갑진조 |
| 1476 ( 〃 7) | | 陞職(司果→司直) | 동년 9월 무진조 |
| 1477 ( 〃 8) | 매년 1회 許入朝 | | 동년 9월 임진조 |
| 〃 | 遣人來獻土宜 | 島主亦請賜官爵, 除宣略將軍副護軍 | 동년 9월 갑오조 |
| 1478 ( 〃 9) | 遣人來獻土宜 | | 동년 8월 갑인조 |
| 1479 ( 〃 10) | 遣人來獻土宜 | | 동년 5월 신유조 |
| 1482 ( 〃 13) | 遣人來獻土宜 | | 동년 2월 기미조 |
| 〃 | 遣人來獻土宜 | 來朝(倭護軍) | 동년 3월 경진조 |
| 1483 ( 〃 14) | | 來朝 | 동년 정월 무신조 |
| 1484 ( 〃 15) | 遣人來獻土宜 | | 동년 2월 병술조 |
| 1485 ( 〃 16) | 遣人來獻土宜 | 來朝 | 동년 정월 경술조 |
| 1486 ( 〃 17) | 遣人來獻土宜 | | 동년 2월 신축조 |
| 1487 ( 〃 18) | | 來朝 | 동년 정월 병인조 |
| 1491 ( 〃 22) | | 來朝 | 동년 2월 임신조 |

---

11) 同文書 嘉吉 3년 11월 15일 宗貞盛加冠狀.
12) 同文書 寬正 4년 3월 6일 宗成職書下(宗彦八宛).

## 2. 大浦宗氏의 조선통교

『海東諸國紀』의 大浦宗氏 관계기사를 실마리로『조선왕조실록』[13]에서 宗茂次·茂實 부자의 조선통교 실태를 밝히고자 한다.

『해동제국기』『조선왕조실록』에서 宗茂次·茂實 부자의 조선통교를 일람표로 한 것이 <표 1>이다.

### 1) 宗茂次의 조선통교

표 1에서 宗茂次의 조선통교는 1460년부터 86년까지 27년동안 20회에 이르고 있음을 알 수 있다.[14] 이 宗茂次의 조선통교는 후술하는 두 번째 시기로 인하여 3기로 시기구분할 수 있다.

#### ① Ⅰ기 (圖書未給期)

세조 5년(1459) 8월, 조선은 일본에 통신사를 파견했지만 해상에서 조난 당했다.[15] 이들 일행 중 船軍 韓乙을 구해서 조선과 통교했던 것이 宗茂次 였다.[16] 이것이『海東諸國紀』의「庚辰年救我漂流人來朝」에 해당한다. 조선 측은 茂次를「優例接待」하였다.[17]

극히 우연한 사정으로 조선과 처음 통교했던 宗茂次는 그 후 통교권을 얻기 위하여 國書 획득을 의도하고 매년 조선에 사신을 보냈다. 세조 10년 (1464) 7월에는 조선에 서장을 보내 김해 표류인 4명을 구호·치료했다고 하

---

13)『中國·朝鮮の史籍における日本史料集成 李朝實錄之部』에 의한다.
14) 1477년 기사는 통교기사가 아니기 때문에 횟수에 넣지 않았다.
15)『세조실록』6년 정월 신사조.
16)『세조실록』10년 7월 갑술조.
17) 위와 같음.

며 접대를 요구했지만 조선 측은 「不可以一時之功, 開端接待」를 이유로 요청을 거절했다.[18] 茂次는 조선 측의 거절에도 불구하고 1460년부터 73년에 이르는 14년 동안 10회 통교하였다. 조선에 대한 정식 통교권을 보유하지 않은 채 茂次가 빈번하게 조선과 통교하였던 것에 주목하고 싶다.

### ② Ⅱ기 (受圖書期)

성종 4년(1473) 5월 茂次는 다음과 같은 書契를 조선에 보냈다.[19]

> 저의 증조부 대로부터 大國에 대해 비록 外護하는 충심은 있었으나, 마침내 전하의 尊意를 입지 못하였습니다. 전 태수 宗成職의 대에는 해마다 친자식인 宗右衛門을 보내었고, 大夫 宗國茂는 비록 숙배하기에 이르렀는데도 두 字의 圖書를 내리지 않으셨습니다. 저는 대대로 귀국의 배가 해안에 도착할 때마다 먼저 포구에 따라가서 충성과 절개를 다하였습니다. 엎드려 바라건대 두 자의 도서를 내려 주시어 해마다 藩臣의 例를 더할 수 있게 하여 주신다면 오직 다행이겠습니다.

宗茂次는 증조부 때보다 조선에 대하여 「外護之忠心」을 다 하고, 특히 조선의 使船이 對馬에 도착했을 때는 먼저 大浦에서 충절을 다 해 왔음을 근거로 「二字圖書」를 요구했던 것이다. 이 도서청구는 성공하여 茂次는 圖書를 하사받았다.[20] 이 결과 茂次는 受圖書人이 되고, 조선에 대한 통교권을 획득했던 것이다. 이후를 제Ⅱ기=受圖書期로 규정하고 싶다. 이 시기는 표1처럼 1474년, 75년 두 해에 각 1회씩 합계 2회 통교하고 있다.

---

18) 위와 같음.
19) 『성종실록』 4년 5월 기해조.
20) 위와 같음.

### ③ Ⅲ기 (歲遣船 定約期)

성종 8년(1477) 9월 조선은 圖書를 받았으면서 정약이 없는 자에 대한 조치로 受圖書人이면서 정약이 없는 藤原(那九屋)賴永·宗茂次·立石國長 3명에게 매년 1회의 入朝를 허락하였다.21) 이로써 조일통교에서 使船定數가 완비되었고, 사송왜선의 통제책이 정착된 것이다.22) 이 결과 宗茂次는 연간 1회의 세견선 정약자가 되고 조선 통교권이 강화되었다.『海東諸國紀』(1471년 성립)에 기재된 對馬 도내의 세견선 정약자는 표2와 같이 8명이며, 도주, 도주 근친, 郡主, 대관 계층이 차지하고 있다. 宗茂次는 그들에 준하는 지위를 얻은 셈인데, 豊崎郡 大浦의 일개 國人이 세견선 정약자가 되는 것은 표2에서 보아도 이례적인 일이었다. 이후를 제Ⅲ기=歲遣船 定約期로 본다.

표1처럼 이 시기(1477~86년)의 10년 동안에 8회 통교하였다. 성종 11년(1480), 12년(1483)처럼 통교기사가 없는 해도 있는 반면, 성종 12년(1482)처럼 2회나 통교한 해도 있다.『조선왕조실록』에서 볼 경우 반드시 1년 1회의 통교원칙을 지키지 않았다는 것도 지적해 두고 싶다.

〈표 2. 對馬島內의 歲遣船定約者〉(『海東諸國紀』에서)

| 인 명 | 役職 | 定約者 |
|---|---|---|
| 宗貞國 | 도주(守護) | 50 |
| 宗盛家 | 仁位郡主 | 7 |
| 宗貞秀 | 도주 장남 | 7 |
| 宗盛弘 | 伊奈郡主 | 4 |
| 宗茂世 | 豆酘郡主 | 3 |
| 宗盛幸 | 文引발행 담당자 | 1 |
| 宗國久 | 佐護郡 代官 | 1 |
| 宗彦九郎貞秀 | 守護代 | 1 |

---

21)『세조실록』8년 9월 무진조.
22)『日鮮關係史の研究』하권, 85쪽,『日本と朝鮮』, 154쪽.

## 2) 宗茂次의 조선통교

受職人 宗彦八茂實에 대해서 中村榮孝씨는 그 관직의 상승과정을 다음과 같이 정리하였다.23)

中村씨가 제시한 이 결과를 재검토함으로써 宗茂實의 조선통교의 실태를 검토하고 싶다.

### ① 司正

전술한 대로『海東諸國紀』에는 정해년(1467 =세조 13)에 도주 宗貞國의 청에 따라 司正을 守職했던 것이 보인다.

### ② 司果

中村씨는 성종 4년(1473)에 彦八이 이미 司果로 陞職했다고 하지만,『성종실록』4년조에는 宗彦八에 대한 소견이 없다. 따라서 中村씨가 이것을 어떤 사료에 근거하여 단정한 것인지 불분명하며, 그 타당성 여부를 보류하지 않을 수 없다. 본인의 의견으로는『성종실록』7년(1476) 11월 甲辰條에 보이는「司果所溫皮古破知」가 司果로서 유일한 소견이며, 司正에서 司果로의 昇任은 세조 13년에서 성종 7년 11월 사이로 생각하고 싶다.

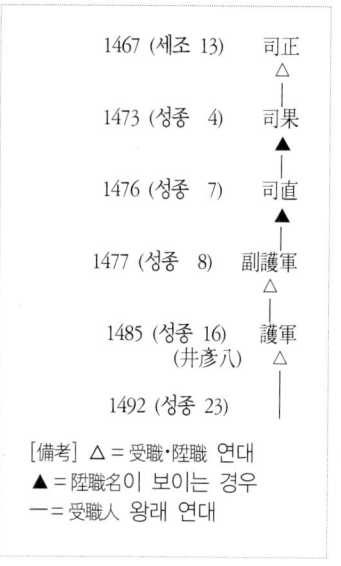

| | |
|---|---|
| 1467 (세조 13) | 司正 |
| | △ |
| 1473 (성종 4) | 司果 |
| | ▲ |
| 1476 (성종 7) | 司直 |
| | ▲ |
| 1477 (성종 8) | 副護軍 |
| | △ |
| 1485 (성종 16) | 護軍 |
| (井彦八) | △ |
| 1492 (성종 23) | |

[備考] △＝受職·陞職 연대
▲＝陞職名이 보이는 경우
一＝受職人 왕래 연대

---

23)『日鮮關係史の硏究』하권, 별표Ⅱ 受職倭人 일람.

### ③ 司直

성종 7년(1476) 2월, 조선의 禮曹는 성종에게 다음과 같이 말했다.[24]

> 왜의 中樞 平茂續과 僉知 平國忠이 말하기를, '우리들과 함께 온 司果 所溫
> 皮古破知는 도주의 族親입니다 섬의 첫머리에 살면서 使臣이 내왕할 때에 영접
> 하고 전송하기에 勤勞하였는데, 이제 陞職을 얻지 못하고 돌아가게 된다면 島主
> 가 우리들에게 허물을 돌릴 것이 뻔합니다.'고 하는데, 그 말이 이러하니, 청컨대
> 司直으로 올려 제수하도록 하소서.

같은 수직인인 平(早田)茂續[25]·平國忠[26]과 동시에 조선으로 도항했던
宗彦八은 두 사람을 매개로 「宗彦八은 島主의 族親으로 對馬島의 初面[27]
에 거주하고, 조선 使臣이 對馬를 왕래할 때는 迎送에 노력했다. 지금 陞
職하지 않고 對馬로 돌아간다면 도주가 우리를 반드시 벌할 것이다」라고
예조에 말하도록 하고 昇任을 요구했던 것이다. 이 주장의 근거는 앞서 茂
次가 제시했던 근거와 동일한 것이다. 예조는 司直에 昇任시킬 것을 제안
하고 허가받았다.

이때 도주의 의지가 배경에 존재하는 것을 명목으로 들고 있는 점, 平茂
續·平茂續이 彦八의 요구를 대변하고 있는 점이 주목된다. 같은 大浦에
거주하고 있던 皮古汝文의 아들 國忠과는 지연적으로 관계가 있어도 부자
연스러운 것은 아니지만, 大浦에서 멀리 떨어진 淺茅灣의 土寄(尾崎)에 사

---

24) 『성종실록』 7년 11월 갑진조.
25) 『海東諸國紀』 對馬烏頭知洞浦(현재 美津島町 尾崎土寄)조에 「中樞平茂續,
　　賊首早田之子, 曾來侍朝, 爲中樞, 今還本島」라고 되어 있다. 平成統은 「賊首」
　　早田六郞次郞의 아들이었다(田村洋幸, 『中世日朝貿易の研究』 252쪽).
26) 中村榮孝씨에 의하면 平國忠은 『海東諸國紀』 對馬島吾溫浦條에 보이고, 受職
　　人·受圖書人이었으며, 三浦恒居倭를 통치하던 護軍皮古汝文의 아들이었다(『日
　　鮮關係史の研究』 하권, 별표 Ⅱ).
27) 조선에서 가장 가까운 위치라는 의미일 것이다.

는 해적 早田六郎二郎의 아들 茂續과 관계를 가졌던 점에 대해서는 유의해야 할 것이다. 이상의 고찰에서 中村씨가 司直 부분의 기호를 ▲라고 한 것은 △의 잘못인 것이 판명되었다.

### ④ 副護軍

성종 8년(1477) 9월 예조는 성종에게 다음과 같이 말했다.[28]

> 지금 온 對馬州 上津郡 追捕 平朝臣 伯耆守 宗茂次 使人 所溫波古破知는 지난 병신년에 司直에 제수되었습니다. 이 사람은 도주의 同姓인 近親이고 族類가 강성하며, 또 우리 나라 使船이 도착하여 정박하는 땅에 사는데 도주도 官爵을 주기를 청하였으므로 들어주지 않을 수 없으니, 宣略將軍 副護軍을 재수하소서.

司直 昇任 다음해에 이미 彦八은 다시 상급 관직을 요구했던 것이다. 조선 측도 彦八이 도주와 같은 성씨의 근친이고, 族類는 强盛하며, 또한 조선 使船이 정박하는 땅에 거주한다는 인식을 가지고 있었고, 도주 宗貞國이 彦八을 위하여 상급 관직을 요구해 왔기 때문에 宣略將軍副護軍에 임명하고 싶다는 뜻을 계문했던 것이다. 中村씨의 지적처럼 그 요청은 성공하였다.

### ⑤ 護軍

中村씨는 성종 16년(1485)에 宗彦八이 護軍으로 昇任했다고 하는데,『성종실록』16년조에는 「倭護軍所溫皮古破羅<sup>(知 ?)</sup>等二人來朝」[29]라는 기사가 있

---

28)『성종실록』8년 9월 갑오조.

29)『성종실록』16년 정월 경술조. 「所溫皮古破羅」가 「所溫皮古破知」의 誤記라는 것은 ①당시 受職人중에 「所溫皮古破羅」라는 인물이 보이지 않는다. ②이때 彦八의 父 宗茂次도 동시에 통교하였고(표1참조), 茂次이 파견한 인물이 아들인 彦八이라고 생각되기 때문이다.

을 뿐이며 昇任 기사는 없다. 또 中村씨는 宗彦八과 井彦八을 동일인물로
간주하고 있는데, 大浦宗氏와 井氏는 본관도 다른 별개의 씨족이다.

宗彦八의 護軍으로서의 初見은 『성종실록』 13년(1482) 3월 庚辰條
의 「倭護軍所溫皮古破知等二人, 來朝」라는 기사이다. 그 이후는 전부
護軍으로 기록되어 있으니까 성종 13년 3월 이전에 副護軍에서 護軍
으로 昇任했다고 생각할 수 있다.[30]

受職人으로서 宗彦八茂實의 昇任 과정은 이상과 같다. 茂實의 조선통
교를 표1에서 보면 호군시대의 통교가 많다. 그러나 受職人은 관직 상당의
대우를 받으며, 1년에 1회 하사받은 관복·品帶를 걸치고 告身을 휴대하고
직접 입조하는데, 그 기회에 무역도 행했으므로[31] 1467년에 守職한 宗茂
實이 그 권리를 행사하지 않았다고는 생각되지 않는다.


## 3. 大浦宗氏의 조선통교의 특질

### 1) 大浦宗氏의 조선통교의 구조

이상의 결과를 기초로 大浦宗氏의 조선통교의 특질을 고찰하려고 한다.

첫째로 지적할 수 있는 것은, 일률적으로 大浦宗氏라고 해도 父 茂次와
子 茂實은 통교 형태가 전혀 달랐다는 것이다.

宗茂次의 통교는 우연한 통교→受圖書→세견선 정약이라는 통교권
강화의 방향을 거치고 있다. 그러나 茂實은 일관되게 受職人의 신분인 채
로 통교하고 있으며, 보다 높은 관직을 지향하였다.

---

30) 『성종실록』 10년(1479) 3월 을유조에는 「倭護軍皮古波知」라고 있는데, 이것이
    宗彦八인지는 단정할 수 없다.
31) 『日鮮關係史の硏究』 상권 164쪽, 『日本と朝鮮』 103쪽.

그러면 조선 통교에 있어서 이와 같은 부자간의 성격의 차이는, 大浦宗氏의 조선통교로서 총체적으로 포착할 경우, 어떻게 통일적으로 파악할 수 있는 것일까?

표1을 보면 宗茂次가 「遣人來獻土宜」했던 때와 동시에 아들 茂實이 「來朝」하고 있는 때가 있다. 전적으로 같은 날 통교하고 있는 것은 성종 13년 3월 庚辰과 성종 16년 정월 庚戌의 2회인데, 茂實이 副護軍에 서임된 성종 8년 9월 甲午는 茂次가 「遣人來獻土宜」했던 같은 해 9월 壬辰의 2일 뒤였으므로 이때도 동시통교라고 할 수 있다.[32] 그런데 성종 8년의 이 통교 기사에는 宗彦八을 「對馬州上津郡追捕平朝臣宗伯耆守茂次使人所溫波古破知」(방점은 인용자, 이하 같음)로 되어 있다.[33] 즉 이때 宗茂次는 아들인 受職人 宗茂實을 使人으로 조선에 파견하고, 茂實은 아울러 受職人으로서 조선에서 접대를 받는다는 효율적인 통교형태를 취했던 것이다. 양자가 동시에 통교하고 있는 2회도 이와 마찬가지일 것이다.

다음으로 그밖의 경우가 어떠한 형태였는지를 추론적으로 서술해 보겠다. 茂次의 통교를 보면, 첫회를 제외하고 전부 「遣人來獻」 또는 「遣使來獻」이며, 자신은 도항하지 않고 반드시 使人을 파견하는 것이 특색이다. 이 경우 「人」 「使」가 누구였는지 문제가 된다. 그래서 예상할 수 있는 것이 앞에서 인용한 성종 4년 宗茂次書契의 「前太守宗成職之代, 每歲遣眞子右衛門大夫國茂, 雖令致肅拜」라는 부분이다.[34] 宗茂次는 宗成職의 시대에는 「眞子」=자식인 右衛門大夫國茂를 使者로 파견했던 것이며, 茂次가 파견했던 「人」 「使」란 茂實의 조선 도항 기사의 유무와 상관없이 茂實과 國茂라는 한 집안의 자제였다고 추정할 수 있다. 또 彦八茂實과 右衛門大夫國茂는 동일인일 가능성이 있다는 점도 지적해 두고 싶다.[35]

---

32) 『海東諸國紀』 세조 13년 양자의 통교도 동시통교의 가능성이 있다.

33) 주 28) 참조.

34) 주 19) 참조.

이상의 고찰에서 宗茂次·茂實 부자의 조선통교에 있어서 2중 구조는 大浦宗氏로서 통일적으로 파악하는 경우 상호 보완적으로 기능하고 있었다고 할 수 있다.

---

35) 大浦一泰家文書「大浦家系圖」에서 중세분은 기술이 간략하며, 양자의 관계를 명백히 밝혀주는 기사는 없다. 동 문서에 의하면 宗彦八에 관한 소견의 하한은 寬正 4년 3월 6일 [주 12) 참조] 이고, 宗右衛門大夫에 관한 소견은 다음의 문서이다.
    右衛門大夫之事, 望之由被申候間, 不可有子細候,
      應仁貳年
          正月七日      貞國 (花押)
                        宗
            宗右衛門大夫殿
    宗貞國이 右衛門大夫라는 官途를 준 官途狀인데 일반적인 것과 다르며, 받은 官途가 이미 문서의 수신자에게도 사용되었기 때문에 이전의 官途 내지는 仮名이 불분명하다. 성종 4년(1473＝文明 5)과 應仁 2년(1468)은 근접한 시기이며, 宗右衛門大夫와「眞子右衛門大夫國茂」는 동일인으로 생각된다. 國茂라는 실명은 貞國의 一字書出일 것이다. 宗彦八茂實은 전술한 대로 寬正 4년 3월 6일에 父 茂次의 所領을 인정받았는데, 모년 6월 24일에는 宗右衛門大夫(國茂)가 對馬國內 곳곳을 대대로 御判形의 취지를 맡아서 宗貞盛에게 소유권을 인정받았다(大浦一泰家文書 6월 24일 宗貞國書下. 또한 이 문서의 연대는 貞國의 2통의 官途狀으로부터 應仁 2년 아니면 다음 해 文明 원년 중 하나이다). 右衛門大夫國茂가 大浦宗氏의 遺跡 계승자＝惣領이었던 것은 틀림없다. 文明 2년 卯月 13일에 宗右衛門大夫는 宗貞國으로부터 伯耆守에 임명되었다(大浦一泰家文書 동일자 宗貞國官途狀). 앞의 宗茂次의 서계에 의하면 마치 宗成職 대에 宗彦八茂實과 나란히 宗右衛門大夫國茂라는 인물이 있었던 것처럼 적혀 있지만, 右衛門大夫는 전술한 것처럼 應仁 2년 정월 7일부터 文明 2년 묘월 13일까지 사용된 官途이며, 宗茂次의 서계가 기록된 성종 4년 (文明 5) 정월 무렵에는 伯耆守 國茂로 바뀌어 있었던 것이다. 즉 茂次의 인명표기는 엄밀한 것은 아니었다는 것이 된다. 또 宗彦八茂實은 일관되게 宗彦八이란 가명으로 조선과 통교하고 있는데, 조선 통교자의 명칭이 종종 고정적이며, 반드시 실제 명칭과 일치하지 않는 사례가 많이 있다.
    이상의 고찰에서 볼 때 宗彦八茂實과 宗右衛門大夫國茂가 동일인임을 부정하는 사료는 존재하지 않는다.

## 2) 통교권 획득의 조건

大浦宗氏가 조선통교를 빈번하게 행했던 것은 중세 조일관계사상 제3기인 통교제도 완성기에 해당한다. 이 시기에 새로운 통교권을 획득하고, 그것을 강화하기 위해서는 조선 측의 승인이 필요했다. 그럴 경우 조선 측이 통교자(大浦宗氏)를 어떻게 인식하였는지가 중요하다. 그런데 조선 측이 大浦宗氏를 우대한 근거를 열거하면 ①표류인의 송환, ②「著岸大國之貴船之時, 先於追浦, 抽忠盡節者也」[36]=「使臣來往時, 勤勞迎送」[37]=「居我國使船到泊之地」,[38] ③도주의 친족이며, 게다가 친족의 세력이 강성하다는 것 등이다. ①은 「不可以一時之功, 開端接待」라고 조선 측이 단정하고 있는 것처럼 통교허가의 조건이 되어 있지는 않다. ③은 반드시 조선통교 허가의 조건이 될 수는 없지만, 조선이 가장 우려하는 왜구문제와 밀접하게 관련된 것으로 커다란 요인이 될 수 있다. 그러나 이 중에서 大浦宗氏가 가장 역설했고, 조선 역시 중시했던 것은 ②일 것이다. 조선 측은 조일교섭상 大浦宗氏의 현실적인 지위를 평가했기 때문에 宗氏被官으로서는 이례적으로 우대했던 것이다. 大浦宗氏가 조선 통교권을 획득하도록 했던 최대의 요인은 大浦宗氏가 「島之初面」,[39] 즉 對馬의 북단에 세력을 가지고 있었다는 지리적인 요인이었다고 생각된다.

## 3) 무역의 실태

다음으로 大浦宗氏의 복합적인 통교무역 구조의 내실이 검토되어야 하

---

36) 주 19) 참조.
37) 주 24) 참조.
38) 주 28) 참조.
39) 주 24) 및 27) 참조.

겠지만, 무역품에 대해서는「來獻土物」「來獻土宜」라고 되어 있을 뿐이며, 茂次가 조선에 헌상했던 土物·土宜의 내용이나 조선으로부터의 하사품에 대해서는 전혀 불분명하다.

연대는 불분명하지만, 宗盛貞은 宗國茂에 대해,「かうらいのふかくつ」(고려의 深沓)를 소망하고,[40] 國茂는 이것을 주었다.[41] 이러한 물품은 조선과의 교섭으로 大浦宗氏가 입수한 것이라고 추정된다.

다음 사료는 大浦宗氏의 유통에 대한 관여를 나타내고 있다.

> 我ともち候船の一へう物の事, 任先御判旨, 致扶持者也,
> 仍此由可被存之狀如件,
> 　(寬正 22년)　　(宗)
> 　三月六日　成職 (花押)[42]
> 　　　宗彦八殿

「船の一へう物」이란 조선과 九州를 왕래하는 상선의 積荷에 대한 과세라고 되어 있다.[43] 문서의 의미가 반드시 명료하지는 않지만, 大浦宗氏의 조선통교와 관련지어 이해해야 하는 사료일 것이다.

## 4. 16세기의 大浦宗氏와 조선

표1에서처럼 1491년(延德 3)을 마지막으로 조선 측 사료에는 大浦宗氏의 통교에 관한 기사가 없어진다. 그래서 16세기의 大浦宗氏와 조선의 관계를 국내사료에서 검토하고자 한다.

---

40) 大浦一泰家文書 6월 5일 宗盛貞書狀(宗伯耆守宛).
41) 同文書 6월 9일 宗盛貞書狀(宗伯耆守宛).
42) 大浦一泰家文書.
43) 黑田省三,「中世對馬の知行形態と朝鮮貿易權」(『國士館大學人文學會紀要』 3)

「宗左衛門大夫覺書」는 「永正 7년(1510)에서 永正 12년(1515)에 걸친 삼포의 난 후 임신약조 성립을 전후한 시기에 양국의 선박이 왕래하던 사정을 對馬 大浦의 宗左衛門大夫가 기록한 것44)」이다. 「此本文ハ豊崎郡大浦之村宗左衛門大夫其時分之儀認置候を此分候, 時于天文十四年卯月十日 書之, 以上十八帳也」라고 奧書에 적은 것으로 보아 처음에 大浦村의 宗左衛門大夫가 적어 둔 「본문」을 제3자가 天文 14년 卯月 10일에 복사했다는 것을 알 수 있다. 이 大浦村 宗左衛門大夫가 大浦宗氏의 일족인 것은 의심의 여지가 없지만, 어느 계통의 大浦宗氏였는지를 검토하겠다.

河內村 大浦宗氏의 家文書인 大浦一泰家文書에 의하면 永正 14년 卯月 21일 守護代 宗國親이 「ためとしか跡」 6町의 公事 상납을 명한 書下의 수신자가 「宗左衛門大夫」로 되어 있다. 그밖에 시대가 약간 내려오지만, 3통의 宗盛長書狀45)의 수신자에 宗左衛門大夫의 이름이 보인다. 이렇게 보면 「宗左衛門大夫覺書」의 저자 宗左衛門大夫는 본고에서 검토한 河內村 大浦宗氏였을 가능성이 크다. 宗左衛門大夫가 삼포의 난에서부터 임신약조 성립까지의 조일교섭을 大浦村에서 상세하게 기록한 것은 同家가 조선과 통교하고 있었다는 강한 관심에 따른 것이라고 추정된다.

중세 말기의 조일 관계사료인 「朝鮮送使國次之書契覺」46)에서 당시 對馬의 조선무역권 행사자로서 大浦內匠助·大浦修理亮·大浦中務丞·大浦主計允·大浦木工助·大浦大和守 등 6명의 大浦氏가 검출된다. 이 중에서 大浦修理亮은 大浦村大浦이고,47) 大浦中務丞·大浦大和守는 「申次」48)

---

44) 田中健夫, 『對外關係と文化交流』, 546쪽.

45) 大浦一泰家文書 5월 14일 宗盛長書狀, 6월 3일 宗盛長書狀, 10월 4일 宗盛長書狀. 또한 宗盛長의 島主 재임기간은 永正 17년에서 大永 6년까지로 되어 있다 (『長崎縣史』, 古代·中世編, 636쪽).

46) 『對外關係と文化交流』 所收.

47) 「朝鮮送使國次之書契覺」의 「印冠之跡付」에 의하면 大浦修理亮은 元龜 4년 3월 5일, 같은 해 8월 4일 두 번에 걸쳐서 「殿中之御送使」의 신청인이 되었다. 大浦村大浦氏인 大浦彌次郎賢治는 天文 19년 8월 14일 宗晴康으로부터 修理亮

를 행하고 있으므로 府中(嚴原)에 모여 살던 宗氏의 직계 가신으로 생각
할 수 있다. 다른 3명도 河内大浦氏는 아니다. 즉 이것은 16세기의 조선 측
사료에 大浦宗氏의 통교기사가 없는 사실과 대응하고 있다. 이 시기에 大
浦宗氏(河内大浦氏)는 조선통교권을 잃었던 것이다.

그런데 조선 통교권 상실 후 大浦宗氏는 조선통교와 어떤 관계를 가지
고 있었던 것일까.

> 就船之尺之儀, 兩使被下候間, 今度之儀ハ, 兩使として船之尺を可被定
> 候, 自今以後者, 其方兩人として, 船之尺を定可被申之由, 委主計允·四郎
> 左衛門尉被仰候, 然者, 被兩使之可被任指南候, 爲心得候, 田舍勘忍候て如
> 此之奉公候へ共, 外聞實儀尤存候間, 兩使參府之時同道候て, 尙々可被得
> 御意候, 委曲被兩人物語あるへく候, 船之尺ハ此方尺を定遺候間, 無別儀
> 候, 尙參府之時可申候, 恐々謹言,
>
> (元龜 3年)
> 壬二月二日                   義調 (花押)
>
>   (禮紙墨引)
>   比田勝彈正忠殿                      義調  49)
>   大浦左近助殿

이 사료는 이미 長正統이 검토했고,50) 元龜 3년에 宗義調가 조선으로
도항하는 船隻檢按의 尺繩을 정하고, 比田勝彈正忠·大浦左近助 두 사람

---

의 官途를 받아(大浦隆典家文書 同年同月日 宗晴康官途狀) 天正 2년에는 이
미 下野守를 칭하고 있다(동문서 天正 2년 10월 12일 大浦賢治·同康勝連署坪
付). 앞의 大浦修理亮과 동일인이라고 생각된다.
48) 「朝鮮送使國次之書契覺」.
49) 大浦一泰家文書.
50) 長正統, 「『朝鮮送使國次之書契覺』の史料的性格」(『朝鮮學報』 33집). 또한 이
    사료는 長正統의 논문 및 『長崎縣史』 史料編 1, 191쪽에 수록되어 있는데, 모두
    「宗家御判物寫」에 근거하고 있으며, 「宗家御判物寫」 성립시의 잘못된 필사가
    몇 군데 있다.

에게 그 尺繩으로 船隻檢按을 실시하도록 지령한 것이라고 한다. 이들 두
사람은 「印冠之跡付」의 필자, 즉 와니우라(鰐浦)에서 船隻檢按의 담당자
였으며,51) 比田勝彈正忠은 실명이 康次52)으로 豊崎郡 比田勝의 國人, 大
浦左近助은 실명이 康勝53)으로 河內大浦氏였다. 이들은 「선박의 대소를
막론하고 소홀이 했다가는 두사람 모두 용서할 없다.」라는 하명을 받고54)
尺量銀 미납분의 渡口로의 독촉55) 「なかす」「たてなかす」라는 「尺より
長キ船」의 도항 억제와 府中에 대한 보고56)도 그들이 맡은 업무였다. 즉
이때 大浦宗氏(河內大浦氏)는 比田勝宗氏(比田勝氏)와 함께 宗氏의 통교
통제를 현지(鰐浦)에서 담당하는 관리가 되어 있었던 것이다.

　와니우라(鰐浦)는 對馬의 최북단에 위치하며, 大浦와는 인접해 있고 比
田勝과도 가깝다. 또 河內大浦氏·大浦大浦氏·比田勝氏는 宗氏가 「豊崎
郡老」「豊崎郡長」「とよさきおとな」로 부르고 있었으며57) 豊崎郡의 유력
國人이었다. 宗氏는 조선으로 건너가는 「창구」=鰐浦 인근의 국인층에게
통교통제의 실무를 위임했던 것이며, 宗氏에 의한 豊崎郡 내 國人의 被官
化의 진전=가신단의 통제 강화와 島內 지배의 진전이 그 배경에 있다.

　그밖에 大浦宗氏가 조선통교에 관해서 어떠한 기능을 담당하고 있었는
지를 검토해 보겠다.

　　くれくれゆたん申ましく候, 懇ニはん(番)申へく候態一通くたし候, (中略)

---

51) 주 50) 長正統 논문.
52) 比田勝雋家文書 天文 15년 6월 17일 宗晴康加冠狀, 永祿 5년 3월 21일 宗義
　　調官途狀.
53) 大浦隆兵家文書 天正 2년 10월 13일 大浦賢治·同康勝連署坪付.
54) 大浦一泰家文書 3월 16일 宗義調書狀(比田勝彈正忠·大浦左近助宛)
55) 위와 같음.
56) 同文書 7월 28일 宗義調書狀, 9월 25일 宗務調書狀. 또 大浦左近助·比國勝彈
　　正忠宛.
57) 大浦一泰家文書, 大浦隆典家文書.

三印わにのうらに着岸すへく候間, 彼方二甲合わたし可申候, 其間者, 然<sup>(鰐)(浦)</sup>
と於其浦よくよくけいこ申へく候, ゆたん候てれうし候ハゝ, おのおのめ<sup>(警固)</sup>
んほくをうしなふへく候, 番之事ハ, 先日のことく申合, 郡内同心ニほんそ<sup>(聞屆)</sup>
う申へく候, くわしく善兵衛尉可達候, 恐々謹言,

　　八月廿五日　　　　　　　　　貞泰 (花押)<sup>58)</sup><sup>(宗)</sup>
　　宗与三兵衛尉殿
　　宗大膳亮殿
　　　　(礼紙墨引)


　三印이란 對馬島主 特送船을 의미하는 단어이며,59) 그 경비를 大浦宗
氏 등 鰐浦 근처의 國人에게 명령했던 것이다. 또한 天正期에 大浦下野
守·同左近助 두 사람은 宗一鷗(義調)로부터


　此方之船をかうらいに渡候間, 大浦ニつなきおかれへく候, 余浦ハしか<sup>(高麗)</sup>
しかたる者不 居候間, 申事候, かたく夜るハ村中衆立まハり, 船頭·水夫に
も可被申付候, 殊やきりなとしせんゆいなをし候ハゝ, 木竹なまのたくひ<sup>(矢切)</sup>
可被申付候, ゆたん候てハ曲事に候, しせんかけもとしなと候する時ハ, 船
さきに人をつかハし, けいこあるへく候, 順風能候て, はしり候ハゝ, きっ
と注進あるへく候, 郡代ハ若輩 候間, 両人にかたく申候, よりあい衆にも,
此之由可申付候,


라고 하명을 받았다.60) 大浦宗氏가 島主의 發遣船 경비를 담당했던 사정
과 경비상황을 알 수 있는 사료이다. 이 외에도 島主發遣船의 경비 관계
사료는 다수 존재하며, 그 경비가 豊崎郡衆 중에서도 大浦宗氏에게 중요
한 임무였다는 것을 알 수 있다.61)

---

58) 大浦一泰家文書.
59) 『對外關係と文化交流』, 546쪽.
60) 大浦一泰家文書 5월 13일 宗一鷗書狀.
61) 중세말의 對馬島內에서 경비와 조선무역의 관계에 대해서는 森克己「中世末·近

宗晴康 시대에 晴康은 조선에 보내는 말에 대해서 「조금이라도 이상이 생기지 않도록 노력해야 하며, 자신의 말은 임시 막사에 두고, 조선에 보낼 말은 본래의 마굿간에 잘 매어두어야 한다」라고 大浦民部大輔(河內大浦氏)에게 명했다.[62] 大浦氏는 宗氏가 조선에 보내는 말의 관리를 현지에서 담당했던 것이다. 말 관리에 대해서는 盛長 시대에도 소견이 있다.

> 態遣狀候, 仍三印馬の事, のほせ候, よりあひ中可然むまやに被立候て, 村中として涯分かわれへく候, 饗場平兵衛罷上候ハヽ, 可請取候, 又三印番の事, 如以前無油斷おのおの奉公候へく候, (中略)
>
> 　　壬三月廿八日　　　　盛長 (花押)[63]
> 　　　　(大永 3)　　　　 (宗)
> 　　　老若中
> 　　　(禮紙墨引)

特送船에 싣는 말의 관리가 村中의 의무였으며, 그것을 대리관리하는 것은 給人으로 구성 된 「寄合中」이었다. 또 이 사료에서 三印番=特送船의 경비가 당시 항례화되어 있었다는 것을 알 수 있다. 宗晴康은 또한 조선 漂流人에 관해서 다음과 같은 書狀을 제출하였다.

> 態一通下候, 仍先日思寄候ハぬ唐人流寄候, 彼者か事者, 誠數ならぬ儀候へ共, 高麗之かけとして上下共に身を過居候, 左候者, 彼國之御奉公に候, 他國に流候さへも求被渡候, 況爰元に候ヲ, 無沙汰候する儀有間敷候間, 如形賞翫候, (中略)
>
> 　　六月五日　　　　　晴康 (花押)[64]
> 　　　　　　　　　　　(宗)
> 　　　大浦民部大夫殿

---

世初頭における對馬宗氏の朝鮮貿易」(『續々日宋貿易の硏究』)에 자세하다.
62) 大浦一泰家文書 6월 8일 宗晴康奮狀.
63) 같은 문서.
64) 앞과 같음.

對馬에서 조선 漂流人 송환의 중요성을 서술하고 있는데, 조선에 대한 宗氏의 의식이 명료하게 표현되어 있다. 다만 그 논리의 배경에는 조선 측의 환심을 사서 제한된 무역을 부활하려는 宗氏의 의도가 존재하고 있었다. 그 때문에 漂流人의 취급을 比田勝·大浦 두 마을이 「異儀」「緩怠」했을 때 宗晴康은 장문의 書狀을 써서 그 잘못을 논하고 있다.[65]

## 맺음말

大浦宗氏와 조선의 관계를 조선 측 사료와 일본 측 사료에서 검토하였다. 이하 요약하면서 결론을 맺고 싶다.

중세 조일교섭사상의 제3기에 大浦宗氏는 조선과의 통교권을 획득하고, 宗茂次·茂實 부자는 빈번하게 조선과 통교하였다. 그 조선통교의 특질은 宗茂次의 우연적 통교→受圖書→歲遺船 定約이라는 방향과 受職人으로서 宗茂實의 관직 상승 지향이라는 2중구조가, 大浦宗氏로 총체적으로 파악하는 경우 통일된 것이었음을 지적하였다.

大浦宗氏가 조선으로부터 통교권을 인정받기까지는 여러 조건이 있었는데, 大浦宗氏가 조선남해안과 상대하는 對馬 豊崎郡 大浦를 본거지로 하는 有力 國人이었다는 점에 주된 요인이 있었다. 경작지가 아주 적고, 山野河海가 가지는 의미가 매우 컸던 對馬의 입장에서 國人이 해외교섭을 행하는 것은 領主權의 강화로 연결되었다고 추정되는데, 그 통교무역의 실체는 거의가 밝힐 수 없다. 大浦宗氏의 조선통교는 15세기말을 끝으로 사료상의 소견이 없어지게 되며, 제4기가 되면 통교권을 상실했다. 이 시기에 大浦宗氏는 도주의 조선통교 통제의 한 끝을 담당하게 되었다. 조선 통교

---

65) 앞과 같음, 7월 23일 宗晴康番狀(比田勝·大浦兩村宛).

권 획득의 근거가 되었던 지리적 요인이 도주 지배의 진전과 함께 이번에는 거꾸로 宗氏에게 이용당하는 결과가 되었던 것이다.

즉 元龜 3년에 河內大浦氏는 比田勝氏와 함께 도주의 통교 통제를 현지(鰐浦)에서 대행하는 관리인이 되었으며, 諸氏의 조선에 대한 發遺船隻의 검사, 渡口에서 尺量銀 미납분의 독촉, 규정 외의 船隻 도항 억제와 府中(宗氏)에 대한 보고 등을 그 직무로 하였다.

그밖에 大浦宗氏(河內大浦氏)는 大浦村大浦氏·比田勝氏 등 豊崎郡衆과 함께 島主 宗氏의 特送船과 歲違船 경비, 島主의 特送船과 歲造船에 실어서 조선으로 건너가는 말의 관리, 조선 표류민의 접대 등을 행하였다.

이상과 같이 조선 통교권 획득→통교권 강화→통교권 상실→宗氏의 통교 통제의 담당자라는 경로를 거치는 大浦宗氏와 조선의 관계는 조선에 의한 통교통제→對馬宗氏로의 무역권 집중이라는 조일관계의 동향과 대응하며, 그것을 전제로 하는 宗氏에 의한 領國 지배의 진전과 표리를 이루는 것이었다.

# 제7절 16세기에 있어서 후기왜구의 활동과 對馬 宗氏

## 들어가는 글

日明 勘合貿易이 大內氏의 멸망과 무로마치 막부의 약체화로 인하여 종말을 맞이하고, 한편으로 중국의 海商들이 활발하게 來日하여 무역을 하게 된 것은 16세기 중엽이다. 이들 중국해상은 해적이기도 했기 때문에 왜구라고 불렀다. 이른바 후기왜구이다. 16세기의 후기왜구는 「眞倭는 10중 3」(『明史日本伝』)이라는 말처럼 일본인이 주체가 아니라 중국인이 주요한 세력이 되어 있었던 것이다. 이 당시 동아시아를 에워싼 환중국해 세계는 중국해상과 일본왜구, 게다가 새롭게 진출한 포르투갈인들 때문에 필연적으로 대대적인 변화를 맞이하고 있었다. 명 정부는 중국의 연해지방을 거점으로 하는 海商=밀무역상인을 엄격하게 단속했기 때문에 중국을 피해서 일본에 정주하는 해상도 많았다. 이리하여 16세기 후반에는 九州를 중심으로 하는 각지에 唐人町이 형성되기에 이르렀다.[1]

한편, 같은 시기의 일본과 조선의 관계는 對馬에 의한 무역권 독점이 永正 7년(1510) 삼포의 난을 계기로 크게 진행되고 있었다. 도주 宗氏에 의한 대마도 지배는 비교적 안정되었고, 조선무역 독점이 진행되고 있었는데, 이 시기의 宗氏에게는 조선과의 관계에서 커다란 현안 사항이 있었다. 그것은 삼포의 난으로 인하여 크게 삭감되었던 조선무역권의 부활이다. 天文 16년 (1547)의 丁未約條, 弘治 3년(1557)의 丁巳約條 등으로 宗氏의 권익이 약

---

1) 中村質, 「近世の日本華僑」(箭內健次庇修, 『九州文化論集2 外來文化と九州』, 平凡社, 1973년)

간 회복되었지만, 무로마치 시기의 단계로 회복되는 것은 불가능했다. 宗氏가 조선 권익의 부활교섭에 힘을 쏟고 있었을 무렵 후기왜구의 창궐이라는 새로운 상황이 발생한 것이다. 후기왜구의 동향에 많은 관심을 기울인 것도 당연한 일이었다.

宗氏가 권익 부활 교섭을 유리하게 하기 위해 왜구정보를 조선정부에 열심히 전해 준 사실은 이미 명백하게 밝혀졌다.2) 특히 森克己씨는 對馬島 내의 중세문서를 사용하여 조선 측 사료에는 알려지지 않은 宗氏측의 실정을 분명하게 밝혔다. 본고에서는 森씨의 연구를 전제로 다시 한 번 많은 對馬측의 사료를 제시하면서 宗氏의 조선외교에의 대응, 왜구 기타의 對馬島 방위책, 宗氏에 의한 왜구정보의 입수라는 문제를 검토하고 종래의 연구를 분석하고자 한다.

## 1. 일본에서 후기왜구의 활동

중국해상은 일명 무역상인이라는 성격과 해적이라는 성격의 양면을 가지고 있었다. 그들이 일본에 와서 일본인과 접촉하게 된 것은 16세기 전반이었는데, 특히 1540년대 이후에 활발하였다. 日明 勘合貿易의 말기에 해당하는 시기이다. 예를 들면 중국해상의 대표적 존재인 王直이 처음 일본에 온 것은 天文 12년(1543)이라고도 하고, 天文 14년이라고도 한다.3) 王直은 일본에서 무역한 후, 博多의 助才門 일행을 데리고 귀국하였다. 후기왜구는 당초에는 博多 등의 일본상인과 접촉하였던 것이다. 天文 17년(1548),

---

2) 中村榮孝,「十六世紀朝鮮の對日約條更定」(同,『日鮮關係史の硏究』下, 吉川弘文館, 1969년) ; 森克己,「中世末·近世初頭における對馬宗氏の朝鮮貿易」(同,『統々日宋貿易の硏究』, 圖書刊行會, 1975년, 초판은 1951년)
3) 이하의 王直에 관한 사항은 田中健夫,『倭寇』(敎育社, 1982년)에 의한다.

王直은 명 정부의 공격을 피하기 위해 일본에 왔고, 五道를 근거지로 하여
활동하였다. 조선에 간 對馬 宗氏의 使者調久가 王直에 대해서「始以買賣
來日本, 仍結賊倭, 來往作賊」<sup>4)</sup>라고 말하고 있는 것은 중국해상의 일반적
인 패턴이라고 생각된다.

명 해상의 밀무역선은 九州 뿐만 아니라 瀨戶內나 關東·北陸에 이르는
일본 각지를 來航하였다. 이러한 지역에서 그들은 일본의 상인이나 해상세
력과 결탁하는 일이 많았고, 한편에서는 무역을 하면서 한편에서는 일본인
을 데리고 가서 명이나 조선을 공격하였다. 예를 들면 王直에 견줄만한 중
국해상인 徐海는 和泉·薩摩·肥前·肥後·攝津·對馬의 일본인을 거느리고
명을 공격하기도 하고, 陳東는 肥前·筑前·豊後·和泉·博多·紀伊의 일본
인을 거느리고 명을 공격하였다.<sup>5)</sup>

이러한 후기왜구의 활발한 활동에 촉발되어 일본인이 왜구화되는 상황을
예전의 전기왜구의 본거지 壹岐·對馬를 예로 들며 검토하겠다.<sup>6)</sup> 永祿 4년
(1561) 경, 對馬守護代 宗盛円은 壹岐島 주민의 對馬에 대한 5개조의 불
법행위를 지적하였다. 그 중에 「從貴島和多良津到朝鮮企賊船事」이라는
조문이 있다. 壹岐의 和多良津 (渡良津)의 배가 조선을 공격하였다는 것이
다. 壹岐島民의 왜구화를 알 수 있다. 더욱이 宗盛円은 壹岐島民이 對馬
시골의 연안부의 경작이 황폐해 진 것 또, 對馬의 남녀를 끌고가는 것을 지
적하고 있다. 식량의 입수와 사람의 약탈이 壹岐 왜구의 목적이었다.

永祿 3년 (1560), 對馬島主 宗晴康은 對馬 豊崎郡 大浦村의 國人에게
「그 마을에 있는 자들은 모두 八幡을 원한다고 들었다. 작년에도 그 郡民
들이 영리한 자들은 모두 건너가 끝내 행방을 모른다.」「한 명이라도 건너

---

4)「明宗實錄」11년(1556) 4월 기축조 (『中國·朝鮮の史籍における日本史料集成
李朝實錄之部』7권, 이하,「조선왕조실록」의 인용은 본서에 의한다).

5) 앞의 책, 田中健夫, 『倭寇』.

6)「諸家引着」28호 7월 26일 宗盛円書狀(西村圭子「對馬宗氏の『諸家引着』, 覺
書」『日本女子大學文學部紀要』34호, 1985년).

가서, 만약에 조금이라도 행운이 따라서 귀국하면 부러워서 이야기 거리가 된다고 한다.」라고 하였다.[7] 對馬 북단에 가까운 大浦村의 주민이 「ははん」(八幡), 즉 왜구로서 島外에서 활동하고, 그것을 지역 주민이 부러워하는 경향마저 있었다는 것을 나타내고 있다. 宗晴康은 「大唐へおもひたち候するものの跡」은 그것에 實子가 있어도 이것을 몰수하고, 「奉公けたいなきゃうに候する者」에게 준다고 명언하고 있다. 왜구화한 주민의 知行地나 경작지는 收公한다는 엄한 벌칙을 적용하지 않으면 주민의 왜구화를 막을 수가 없었던 것이다. 당시 조선에 왜구정보를 흘리고, 또한 자신들도 왜구 격퇴책을 강구하고 있던 對馬조차 이러한 상황이었다.

나중에 게재할 宗盛長 書契에 의하면 왜구들의 행장을 「奪取州郡之珍寶, 剽掠貴人之子孫」이라고 기록하고 있다. 珍寶을 탈취하는 것은 해적의 일반적인 활동패턴이지만, 귀인의 자손의 剽掠 즉 사람의 구인이 주목된다. 같은 시대의 對馬측 사료에서도 「或損村, 或被引人」[8] 「귀인의 자손이 끌려가고」, 「혹은 사람이 끌려가고, 혹은 선착장 등을 약탈당하지 않도록」[9]와 같이 왜구에 의한 人拘引의 기사가 여기저기 조금씩 보인다. 후기 왜구도 전기 왜구와 마찬가지로 현지인의 약탈을 활발하게 행하고 있었던 것이다.

對馬 宗氏가 가장 무서워했던 것은 「賊船이 은밀하게 조선에서 귀국하는 선박을 약탈하는 것」[10] 이었다. 왜구의 입장에서 볼 때 이러한 무역선은 꼭 맞는 표적이었다고 생각할 수 있지만, 歲遣船·特送船은 경비가 엄중하였기 때문인지 왜구가 습격했다는 기사는 보이지 않는다. 「ふなかゝり」나 배 자체도 왜구의 표적이었다. 나중에 살펴보겠지만, 宗一鷗가 배의 경계에

---

7) 大浦一泰家文書 65호 永祿 3년 9월 21일 宗晴康書狀(『上對馬町誌史料編』上 對馬町, 1997년).

8) 大浦一泰家文書 135호 5월 21일 宗一鷗書狀. 宗義調가 출가하여 一鷗라고 칭한 것은 天正 6년(1578)부터 同 16년(1588) 동안.

9) 大浦一泰家文書 136호 6월 4일 宗一鷗書狀.

10) 大浦隆典家文書 55호 6월 4일 宗一鷗書狀 (『上對馬町誌史料編』).

대하여 자세하게 제시하고 있는 것은 사람의 약탈과 함께 배의 약탈도 일상적인 일이었음을 알 수 있다.

## 2. 對馬 宗氏의 조선대책

16세기의 對馬 宗氏와 조선의 교섭은 中村榮孝씨의 연구에 자세하게 나타나 있다.11) 표1은 삼포의 난 이후 조선과 對馬의 관계를 나타낸 것이다. 宗氏의 조선에 대한 권익은 嘉吉 3년 (1443)의 癸亥約條로 확립되었다. 이에 따르면 대마도주 宗氏의 歲遣船은 연간 50척이고, 歲賜米豆는 200석이었다. 歲遣船 이외에도 긴급한 경우에는 特送船의 파견을 인정받았다. 그러나 삼포의 난 후의 壬申約條에서는 歲遣船도 歲賜米豆도 반감되었고, 特送船도 폐지되었다. 삼포지방에의 일본인 거주도 금지되어, 일본선이 건너오는 항구는 薺浦 1곳으로 한정되었다. 조선무역이 생명선인 對馬에 있어서 이것은 사활문제였다. 對馬 宗氏는 그 타개책으로 한편으로는 임신약조를 계해약조의 내용으로 회복하는 외교교섭을 행하고, 한편으로는 대마도 이외의 통교자의 통교권을 빼앗아 무역 독점을 지향하였다.

〈표 1. 三浦倭亂 이후 조선과 對馬의 관계〉

| 서 기 | 일본력 | | 조선력 | 월 | 사 항 |
|---|---|---|---|---|---|
| 1510 | 永正 | 7 | 중종 5 | 4 | 삼포왜란 발생 |
| 1512 | | 9 | 7 | 8 | 壬申約條 성립(도주 세견선 25척으로 반감 등) |
| 1521 | 大永 元 | | 16 | 8 | 왜인의 浦所가 釜山浦·薺浦 2곳으로 증가 |
| 1523 | | 3 | 18 | 9 | 도주 세견선 5척 加增 |
| 1544 | 天文 13 | | 39 | 4 | 蛇梁進倭變(통교단절) |
| 1547 | | 16 | 명종 2 | 2 | 丁未約條 성립 (도주 세견선 25척 등) |

11) 中村榮孝, 「十六世紀朝鮮の對日約條更定」, 同, 『日本と朝鮮』(至文堂, 1966년)

| 1552 | 21 | 7 | 11 | 조선, 九州諸酋의 受圖書·受職人 접대를 허가함 |
| 1555 | 弘治 元 | 10 | 5 | 達梁倭變 (王直 일행 조선 습격) |
| 1557 | 3 | 12 | 4 | 正使約條 성립 (도주 세견선 30척이 됨) |
| 1563 | 永祿 6 | 18 | 9 | 조선, 삼포왜란 이래 통교단절한 왜인 30여인 중 10인에게 圖書를 다시 발급함 |
| 1567 | 10 | 22 | 5 | 조선, 壬申約條 이래 통교단절한 왜인 20인 중 12인에게 圖書를 다시 발급함 |

* 中村榮孝, 『日本と朝鮮』, 『朝鮮史』 4-8에 의함

宗氏가 조선권익의 복귀를 실현하고 또한 조선무역을 독점하기 위해서는 무엇보다도 조선 측의 환심을 살 필요가 있었다. 그러기 위해서 宗氏는 조선 표류민을 극진하게 송환하고, 통교면에서 조선 측의 요구에 충실하게 응하는 노력을 하였고, 게다가 조선 측이 필요로 하는 정보 등의 입수에 분주하였다. 宗氏는 16세기 중기 후기왜구의 발흥을 살피고, 후기왜구에 관한 정보를 조선 측이 원하고 있다고 생각하였다. 표2는 明宗대 이후 宗氏가 조선에 전달한 왜구정보를 「조선왕조실록」에서 추출한 것이다. 이 시기의 「조선왕조실록」은 對馬 관계기사를 망라하고 있는 것이 아니기 때문에 실제의 정보 전달은 이 이상이었다고 생각된다.

예를 들면 明宗 8년(1553) 윤3월 대마도주 「宗盛長」은 다음과 같은 내용의 서계를 조선 예조에 보냈다.[12]

　　근년에는 西戎이 봉기하여 중국 상인과 합심 협력하여 明나라를 쳐서 州郡의 보물을 탈취하고 貴人의 자손을 잡아갔습니다. 해마다 이런 사정을 진술하였으나 귀국에서는 신들이 말을 터무니없는 거짓말로 여기니 부끄럽기 그지없습니다. 근년에 귀국 해변이 평안한 것은 신들의 힘입니다. 금년에는 서융이 수천 척의 배를 몰고 명 나라로 갔다는 말을 듣고 卞勅에 매복하였으니 귀국의 해변이 보호받을 수 있는 것입니다. 지금 일본의 소망을 다 들어주신다면 신들은 기쁜 마음으로 섬을 지켜 서해를 진압하여 충절을 바칠 수 있을 것입니다.

12) 「明宗實錄」 8년 윤 3월 丙辰條.

당시 宗盛長은 이미 죽었고, 도주는 2대 후의 宗晴康이었다. 對馬측은
도주의 이름조차 거짓이었던 것이다. 이 당시의 조일관계에서 宗氏에 의한
위사파견의 항상화가 진행되는 것을 상징하는 사실이라고 할 수 있을 것이
다. 이 서계에서 宗氏는 「西戎」이 명 상인과 힘을 합하여, 중국을 습격한
것에서 조선에서도 연해부의 방비를 튼튼히 하도록 진언하고 있는데, 조선
측은 그것을 과장이라고 믿지 않은 것을 알 수 있다. 宗氏는 자신의 노력으
로 조선 연안의 평화가 지켜졌다고 주장하고, 일본 측의 요망을 들어달라고
말하고 있는 것이다. 이 당시의 일본국왕사는 宗氏에 의한 僞使였기 때문
에 일본 측의 요망이라는 것은 對馬측의 통교무역 확대의 요망이었다. 왜구
정보의 전달과 對馬 근해에서 왜구의 방어노력이라는 것이 조선의 환심을
사기 위한 對馬측의 방책이었다. 서계 중에도 있는 것처럼 애초에 조선 측
은 宗氏측의 노력과 전달된 정보를 전혀 평가하지 않았다. 그러나 宗氏의
정보대로 왜구가 조선 연해를 스쳐가거나 직접 조선을 습격하게 되었다. 또
한 왜구의 활동과 병행하여 「荒唐船」[13]이라는 국적불명선의 활동도 활발
해진다.

조선은 점차 宗氏의 정보가 정확하다는 것을 인식하게 되었다. 명종 9년
(1554=天文 23) 무렵부터 「對馬島主書契似不虛」[14]라는 표현이 자주 보
이게 된다. 이 인식이 정착하고, 조선이 對馬측의 정보를 평가하게 되는 커
다란 계기는 명종 10년(1555) 5월 왜구에 의한 조선습격, 이른바 達梁의 倭
變이었다.

---

13) 高橋公明,「十六世紀の朝鮮·對馬·東アジア海域」(加藤榮一他編,『幕藩制國
家と異域·異國』校倉書房, 同,「一六世紀中期の荒唐船と朝鮮の對應」(田中
健夫編,『前近代の日本と東アジア』, 吉川弘文館, 1995년) 高橋씨에 의하면,
荒唐船의 활동은 1544~47년, 1552~54년 2번의 정점이 있었다고 한다.
14)「명종실록」9년(1554) 6월 정축조.

〈표 2. 대마도주 「宗盛長」의 조선에 대한 왜구정보 전달〉

| 서 기 | 일본력 | 내 용 | 출 전 |
|---|---|---|---|
| 1546 | 天文 15 | 조선으로 향하는 賊倭船 1척을 잡고 11명을 斬 | 명종 원·5·기미 |
| 1553 | 22 | 금년 西戎 수천척, 明으로 향함 | 8·윤3·병진 |
| 1554 | 23 | 西戎 봉기, 明을 침범한 배 수백척, 조선에도 갈 | 9·6·정축 |
| 1555 | | 것임 | |
| | 弘治 元 | 일본국 西戎, 10부터 금년 봄까지 명을 침범하고 | 10·3·을묘 |
| 〃 | | 조선 연안에도 나타남 | |
| 〃 | 〃 | 賊船 천여척 중 90여척, 조선으로 향함 | 10·6·정축 |
| 1556 | 〃 | 7월 26일, 賊船 4척 對馬를 통과함 | 10·8·갑술 |
| 1559 | 2 | 日本賊倭, 조선을 습격하려고 함 | 12·2·무오 |
| 1575 | 永祿 2 | 南海島賊船, 明으로 가려고 함 | 14·4·정미 |
| | 天正 3 | 금년 봄 賊徒 다수가 裝船함 | 선조 8·3·병진 |

『日本史料集成李朝實錄之部 7·8』에서

이것은 같은 해 5월 11일 왜선 70여척이 조선의 전라도 達梁을 습격한 사건으로, 이 대규모의 왜변에 조선 측은 놀라, 「대마도주의 말이 터무니 없는 것이 아닌 듯하다」, 「대마도주의 말이 과연 터무니없는 것이 아니었다」[15]라는 인식이 정착해 간 것이다. 對馬 宗氏는 이 해 3월에 명을 습격한 일본국 西戎이 조선연안을 통과하는 것을 경고한 것 뿐이었다.[16] 「조선왕조실록」에는 그다지 보이지 않지만, 이후 宗氏가 빈번하게 왜구정보를 조선에 전달한 것은 「朝鮮送使國次之書契覺」에 「賊船注進短書」의 기사[17]가 점점 보이는 것으로 보아도 분명하다.

---

15) 同 10년 5월 기유조.
16) 同 10년 3월 을묘조.
17) 「朝鮮送使國次之書契覺」 天正 8년(1580) 6월 18일 條 同 11년 윤 2월 16일 條,
   (田中健夫, 『對外關係と文化交流』, 思文閣出版, 1982년),

## 3. 對馬島 내의 방위 강화책

宗氏는 조선에 대하여 조선을 위해 對馬 근해를 왜구로부터 지키고 있다고 말하고 있지만, 宗氏가 왜구대책을 강구한 것은 조선을 위한 것만은 아니었다. 對馬 자체가 왜구 기타의 습격에 위험한 상태에 있었던 것이다. 전국 후기의 對馬 사료에는 「賊船」에 관한 기사가 빈번하게 등장한다. 宗氏는 賊船, 즉 왜구의 공격으로부터 對馬를 지키기 위하여 도내의 방위체제를 강화할 필요가 있었다. 그 대책은 守護所가 있는 府中(府內)과 八郡, 즉 섬 전체였다. 이하 府中과 八郡의 2개 영역으로 나누어 방위체제 강화의 실태를 살펴보겠다.

### 1) 府中의 방위 강화책

某年 宗晴康은 對馬 북단의 豊崎郡에 대하여 다른 군과 마찬가지로 많은 具足·矢·楯을 府中에 진상하도록 명하고, 다시 「一, 뒷산 사이에 도로를 내는 일, 一, 水邊 도로 44칸 2척, 一, 경사진 도로 22칸 2척, 一, 츠츠시 도로 47칸, 一, 고아수 도로 46칸 4척, 一, 이토카세 도로 19칸 2척, 이상 180간 정도」라고 기록하고 있다.18) 무엇 때문에 이런 명령을 내렸는지는 기록되어 있지 않지만, 각 군으로부터 무기의 진상과 府中 주변의 山道 정비를 의도했던 것이다. 宗義調는 豊崎郡中에 대하여 위의 賊船 4, 50척이 내려오고 있다는 정보를 전하고, 「八郡의 사람들이 모두 올라오도록 결정해야 하는지?」 「먼저 郡民이 담합하여 150명 정도가 근무하고 らうふつ· 무기 등을 임의로 가지고 올라와야 한다」, 「이러한 때는 무엇보다도 먼저

---

18) 大浦一泰家文書 83호 9월 4일 宗晴康書狀. 또한 宗晴康이 「晴康」을 칭한 것은 天文 12년(1453)에서 永祿 6년 (1563)의 사이.

阿須로 즉시 배를 준비해야 한다, 그 배는 즉시 兵船으로 쓰도록 船具등을
마련해서 (府中)으로 올라와야 할 것이다.」라고 하였다.[19] 宗氏는 왜구의
활동에 대하여 八郡의 무사가 兵具·兵船·兵糧을 정비하고 급히 府中으로
올라오도록 명령했던 것이다. 이 서계에 의하면 八郡衆은 府中 북쪽 인근
의 阿須와 남쪽 인근 久田道의 「番手」를 勤仕하고 있다. 府中과 그 주변
의 방비를 튼튼히 하기 위하여 府中 주변에 도로망을 정비하고, 八郡衆을
무장하여 上府시키고 府中과 그 주변의 수비를 맡긴 것이다.

永祿 말년 毛利氏가 九州에 출병했을 때, 宗義調는 八郡에 다음과 같이
명했다.[20]


   一, 別而楯·百矢可被調之事,
   一, 自然可有參府時之兵粮用意之事,
   (中略)
   一, 府內之各田舍下之間, 地下無人數之條, 五人番之事, 今月六日より堪
   忍之樣, 可有分別候, (下略)


북부 九州의 전투격화에 대응하여 宗氏는 對馬의 방비 강화를 도모했던
것이었지만, 이 방비책은 왜구대책과 공통되는 내용이 많다. 즉 宗氏의 왜
구대책은 臨戰체제와 마찬가지의 성격을 가지고 있었던 것이다.


## 2) 八都의 방비체제

宗氏는 「賊船蜂起之時分」에 즈음하여 八郡에 檢使를 파견하였다.[21]

---

19) 大浦隆典家文書 44호 6월 7일 宗義調書狀. 宗義調가 「義調」를 칭한 것은 天
    文 22년(1553)에서 天正 5년(1577)의 사이.
20) 大浦一泰家文書 110호 10월 2일 宗義調書狀.
21) 大浦一泰家文書 137호 6월 4일 宗一鷗書狀.

檢使의 역할은 八郡의 방비체제 조사와 지휘였다고 생각된다. 또 제1절에서 언급했지만, 賊船이 「朝鮮歸朝船」을 습격하는 것을 宗氏는 매우 경계하였다. 도주만이 연간 25척에서 30척의 세견선을 파견할 권리를 가지고 있었고, 왜구가 이것에 주목하지 않을 리 없었다. 이 시기에 세견선이나 특송선이 왜구에게 습격당했다는 기사는 보이지 않지만, 宗一鷗는 豊崎郡 長中에 대하여 「第1船은 순풍이 불 때 歸島하도록 하고, 다른 商船이 귀국하는 동안에는 모든 포구의 경비가 중요하다」[22]라고 말하고, 「浦浦の警固」를 명하고 있다.

　　態企一通候, 仍先日賊船船越口へ見え候條, 朝鮮へ注進候處, 於浦驚候由候間, 彼賊立退候由, 又々注進候, 然者, 爰許之樣体, 今より罷渡人等, 於浦可申之樣, かなかきをもて申下候, 以此心指南候てわたされへく候, 立石兵左衛門尉渡海之ときわたされへく候, 彼方より先ニ渡船の者候ハ丶, わたしくちのおのおののあやまりたるへきのよし,　立石善左衛門尉·大浦中務丞兩人申下候間, 彼方委可被申候,
　　一, 火立の事,
　　一, 道作の事,
　　一, 海邊の構の事,
　　是又兩人として, 精可被申候間, 不能細筆候, 恐々謹言,
　　　　　閏二月二十九日　　　　　　　　　　　　　　　　　　一鷗 (花押)
　　　　　　比田勝中務丞殿
　　　　　　大浦下野守殿
　　　　　　大浦左近助殿[23]

　이 宗一鷗書狀은 예전에 森克己씨가 검토하였고, 宗氏가 해적방어를 위해 매일 밤 火立·도로 건설·주변의 방비시설에 힘을 쏟았던 것을 밝혀주는 사료이다.[24] 森씨는 이 문서의 연대에 대하여 「義調가 재임 중 윤달이 2월

---

22) 앞의 문서, 大浦隆典家文書 55호.
23) 大浦一泰家文書 131호.
24) 森克己, 앞의 논문.

이었던 해는 없고, 윤3월이었던 해가 永祿 4년과 天正 8년 두 번 있었고, 아마 義調가 윤3월이라고 써야 할 곳을 실수로 윤2월이라고 쓴 것인지, 또는 2월을 윤달이라고 잘못 기억해서 발생한 오류여야 한다」고 하였다. 과연 이 이해는 타당한 것일까.

宗義調가 一鷗라고 칭하는 시기(天文 6~16년)에 일본에는 확실히 윤2월은 존재하지 않는다. 그러나 明曆에는 萬曆 11년(1583)에 윤2월이 존재한다.25) 일본의 연호로는 天正 11년에 해당한다. 과연 戰國 말기에 對馬 宗氏가 明曆을 사용했는지 여부를 검토하고, 이 문서의 연대를 比定해 보고자 한다. 「宗家御判物寫」26)에는 天正 11년 윤2월 20일자의 一鷗書下가 수록되어 있다. 더욱이 「朝鮮送使國次之書契覺」 天正 11년조에는 윤2월 초하루에서 같은 달 29일 날짜가 기록되어 있고, 宗氏가 天正 11년에는 明曆의 윤달을 사용하고 있는 것을 알 수 있다. 이 기록의 같은 해 윤2월 16일조에는 「1통, 賊船 침입을 보고하는 短書, 당시 使者는 江島左藤助」, 윤2월 29일조에는 「1통, 적의 퇴출을 보고하는 短書, 사자는 阿比留右衛門尉」라고 있고, 一鷗書狀 중에 「어제 賊船이 船越口에 나타났는데, 조선에 알렸습니다」라는 文言과 잘 부합한다. 對馬 宗氏가 어느 시기에 明曆을 사용했던 것은 분명해졌지만, 이것은 명의 영향이라기보다 조선의 영향이라고 생각된다. 戰國 시대의 宗氏는 이것 이외에는 거의 일본력의 윤달을 사용하고 있다.27) 조선과의 외교문서에서는 明曆을 사용했다고 생각되기 때문에 그 연장선상에서 이 해에 명의 윤달을 사용했던 것이다.

森씨도 지적하는 것처럼 賊船, 즉 왜구의 활동으로 宗氏는 火立·道作·海邊의 構를 豊崎郡衆에게 지시하였다. 이 내용에 대해서 더욱 검토를 하

---

25) 內務省地理局編, 『三正綜覽』(地人書館, 1965년).
26) 『長崎縣史史料編1』(吉川弘文館, 1963년).
27) 이 외 宗氏가 명력의 윤월을 사용한 예로서 元龜 3년 (1572) 윤 2월이 있다. (「印冠之跡付」).

고 싶다. 먼저 火立인데, 宗一鷗書狀28)에는 「每夜の火立, 無油斷可被申
候」라고 한 것처럼 매일 밤 火立를 행할 필요가 있었다. 다음으로 道作인
데, 이미 晴康 시기에 豊崎郡 내의 도로공사·도로개축을 행하고 있다.29)
도로망의 정비는 八郡의 방어를 위해서도 불가결했다.

또한 해변의 構란 연안부의 방비체제를 의미한다. 永祿 3년(1560) 윤3월
宗晴康는 豊崎郡中에 대하여 「멀리 떨어져 있는 섬 등도 전국 방방곡곡에
많은데, 순풍에 의해 어떻든 간에 와서 작은 마을 등의 한 포구에서라도 난
폭한 행동이 있다면, 마을의 장은 그곳에 내려가야만 한다. 진작부터 경계하
고 있었다면, 그렇게 깜짝 놀랄 일도 없을 것이 아닌가?」「방패와 많은 화살,
또는 군량미 등을 준비해 두고, 조심하라고 말해두어야 하며, 모든 군내에도
그 일을 알려야 한다.」30)라고 하였다. 먼저 포구들을 미리 경비할 것, 창·활
등 무기나 군량미를 비축해 둘 것을 명한 것이다. 무기·식량도 府中에 진상
할 것과 현지에서 비축해 둘 것이 있었다. 이 중 군량미는 왜구의 약탈 대상
이기도 했기 때문에 「이 兵糧은 당시 郡代에게 보관시킬 것인지, 반드시 선
착장에서 먼 곳에 작은 창고 하나를 지어 두어야 할 것이다」라고 宗一鷗는
명하고 있다.31) 왜구의 습격을 받기 쉬운 선착장에서 가능한 한 멀리 떨어진
장소에 군량미를 비축하는 창고를 짓도록 지시했던 것이다.

對馬의 취락은 포구=연안부에 집중되어 있기 때문에 특히 왜구 등의 습
격을 받기 쉬웠다. 해안부의 방비에는 세심한 주의를 기울여야 했다. 宗一
鷗의 書狀에 「海賊を打留候する事ハ万一有かたく候」32)라고 되어 있는
것처럼 군사력을 강화해도 실제로 해적을 퇴치하는 것은 어려웠다. 그래서
「만일 배의 모습이 보이면 사람을 끌어가거나 선착장 등이 약탈당하지

---

28) 앞의 大浦隆典家文書 55호.
29) 大浦一泰家文書 64호 8월 28일 宗晴康書狀.
30) 大浦一泰家文書 78호(永祿 3년) 윤3월 17일 宗晴康書狀.
31) 大浦一泰家文書 137호 6월 4일 宗一鷗書狀.
32) 大浦一泰家文書 136호 6월 4일 宗一鷗書狀.

않도록, 미리부터 그 준비를 해야 한다. 파수(遠見)를 두고, 선박을 감시하도록 지시를 내야 한다. 그리고 무역선 등도 주의하도록 지시를 내려야 한다」33)라고 하듯이 주의할 것과 경비를 두고 배를 감시하도록 강조하였다. 더욱이 「만일 밤이 되면 선박 관리가 가장 중요하다. 舟志에 큰 배가 있으면 포구 깊숙한 곳에 끌어 올려두어야 한다. 그밖에 東目의 배는 준비하여 밤에는 소금(바닷물)을 퍼 넣고 たふす를 올려 두어야 하며, 모두에게 알려야 한다」34)라고 선박 관리에 대해서도 자세하게 지시하고 있다.

밤에는 선박 관리가 중요한데, 큰 배는 미리 철수시켜 두고, 東目의 배는 야밤에는 바닷물을 배 안에 퍼 넣어 「たふす」를 세워 두어야 한다는 것이다.


## 4. 對馬 宗氏의 정보 네트워크

조선에 왜구에 관한 정확한 정보를 제공하기 위해서는 정보 네트워크가 필요하다. 宗氏는 섬 밖에 왜구정보 등을 발하는 거점을 가지고 있었다.


### 1) 壹岐 深江

戰國時代에 對馬와 壹岐의 관계는 비교적 양호했지만, 전국시대 말기에는 壹岐島 주민이 對馬에 대하여 불법행위와, 壹岐를 영유하기에 이르렀던 平戶松浦氏와 宗氏의 관계 악화로 인하여 미묘한 관계가 되었다. 그러한 가운데 壹岐 일각의 주민들이 對馬에 여러 가지 정보를 제공하였다.

---

33) 同前.
34) 大浦隆典家文書 49호 묘월 2일 宗一鷗書狀.

　(追而書省略)
　昨日ふかへ船參着申候, 壹州ニ一兩日も船をかけ候て, 此方へ參候, 壹
州よりも使僧近日渡海之由申候, 然者又壹州かた浦の者, 船を一そうこし
らへ, 一昨日かうらいニ參候とて出律之由申來候, 是ハさためてあれみな
との者の樣候て, ぬす人の用たるへきよし申候, されとも豊崎ハわたしく
ちの事候間, 返てはなされなと候する間, 浦々用心かんよふ存候, とかくい
まはと方々のけいこ船, 關より下ニ下候間, ゆたん候てハ無曲候, 態人を可
下覺悟候へとも, たまたま番かわりの衆下候間, 用一書候, 西東共ニ無油
斷, 浦この事, 可被申候, 郡代兩人共ニ若輩ニ候之間ニて申候, 恐々謹言
　　　　七月九日　　　　　　　　　　　　一鷗 (花押)
　　　(礼紙墨引)
　　大浦伯耆守殿　　　　　　　　　　　　　　　　　　　　閑齋35)

　이 서장에 의하면 머지않아 壹岐에서 對馬로 使僧이 건너온다, 壹岐의
포구 사람이 배 한척으로 고려(조선)로 향했다, 이것은 盜人 즉 해적행위를
하기 위함이라는 등 「ふかへ船」이 다양한 壹岐의 정보를 가져오고 있다,
더욱이 「ふかへ」船은 「壹岐에서 對馬포구 사람을 학대하려고 兵船이 온
다고 한다」36)라고 하는 壹岐 兵船의 對馬 공격 정보도 가져왔다. 이 정보
를 가져온 「ふかゑ」船은 「賣船」,37)즉 상선이었다. 이 「ふかへ(ふかゑ)」는
현재 壹岐 芦邊町의 深江로 추정된다. 壹岐 深江의 상선은 전국시대에 왜
구와 壹岐의 군사정보를 對馬 宗氏에게도 전하고 있었던 것이다. 상선이라
는 점에서 이 정보제공이 對馬와의 상업행위의 일환으로 이루어진 것이라
고 생각된다.

35) 大浦隆典家文書 53호.
36) 大浦一泰家文書 143호 12월 19일 宗一鷗自筆書狀.
37) 大浦一泰家文書 152호 12월 20일 宗一鷗書狀.

## 2) 博多

對馬와 博多는 중세 후기를 통해서 밀접한 관계였다. 조선에서 수입된 대량의 무역품을 국내 시장으로 보내준 것은 博多였으며, 조선에 대한 수출품이었던 남해산 물자의 입수도 주로 博多에서 거래된 것으로 생각된다. 이러한 관계로 인하여 對馬의 상선은 빈번하게 博多로 건너갔다.[38] 이러한 상황 아래서 博多에서 對馬로 왜구정보가 전달되었다. 모년 6월의 宗義調 書狀에 「지난 봄 이래 말씀드린 것처럼 賊船 4-50척이 움직이고 있습니다. 이번 달 중순에 아래쪽으로 내려온다고 하는데, 이달 3일에 하카다(博多)에서 연락이 있었습니다.」[39]라는 기록이 있다. 6월 3일에 上賊船 4-50척의 활동을 알리는 보고가 博多에서 있었던 것이다. 다른 宗義調書狀에는 「어제 島井宗叱로부터 전갈이 왔습니다. 上賊船 4-50척이 내려온다고 합니다. 틀림없이 촌락에도 올 것입니다. 이쪽에서는 이 섬을 노린다고 하니까 먼저 壹岐에도 내려온다고 하고 지시를 내리면 분명히 말을 전할 것입니다.」[40] 라고 하였고, 두 문서의 날짜와 내용을 비교하면 같은 정보라는 것이 판명된다. 즉 이때 왜구정보의 통보자는 博多상인인 島井宗叱(宗室)이었다. 島 井氏는 宗氏와 관계가 깊었고, 또한 조선무역에도 종사하고 있었던 博多의 豪商이었지만[41] 왜구정보도 제공하고 있었던 것이다. 이 배경에는 博多상인과 對馬의 경제적관계가 있다.

---

38) 佐伯弘次, 「中世都市出昨多の發展と息浜」(川添昭二先生還曆記今會編, 『日本中世史論攷』, 文獻出版, 1987년).

39) 大浦隆典家文書 44호 6월 7일 宗義調書狀.

40) 大浦一泰家文書 101호 6월 4일 宗義調自筆書狀.

41) 田中健夫, 『島井宗室』(吉川弘文館, 1961년).

## 3) 赤間關

長門國 赤間關(下關)에서 宗氏에게 해적정보를 보고하는 자가 있었다. 宗一鷗 書狀에 「어제밤 關表(赤間關)로부터 전갈이 왔습니다. 다수의 海賊들이 壹岐·對馬를 습격한다는 풍문이 있습니다. 그렇다면 은밀하게 준비하는 것이 가장 좋을 것으로 注進합니다.」[42]라고 한 것처럼 「せきおもて (關表), 즉 赤間關에서 다수의 해적이 壹州·對馬를 노리고 있다는 정보가 들어왔다. 下關에는 이러한 정보를 제공한 쪽의 사료가 남아 있다.

> 不存寄候處, 書音殊備後表一束到來, 祝着候, 然者近年上賊船下目二蜂
> 起, 節々注進心懸之通, 忠節無比類候, 當島之儀者得其心申付候, 併遠島云,
> 無人數而巴, 不任所存候, 於向後茂, 不相替可被申渡事專一候, 恐々謹言,
> 　　　八月廿一日　　　　　　　　　　　　　　　　　　　　一鷗 (花押)
> 　　　伊藤和泉守殿[43]

이 書狀은 宗一鷗가 伊藤和泉守의 해적정보 보고에 대하여 사의를 표하고 있는 것이다. 또는 앞의 宗一鷗書狀과 내용적으로 관련되는 것인지도 모르겠다. 伊藤氏는 赤間關의 國人이며, 예전에는 유력상인이기도 하였다. 아마 對馬와 무언가 경제적인 관계가 있었다고 추정된다.

이러한 對馬 宗氏와 赤間關 伊藤氏의 교섭을 보여주는 사료는 對馬측에도 남아 있다.[44]

> 爲上使道正次郎左衛門尉下向候間, 小船申付候, 一入可被添心事候之事,
> 不及申候, 彼船之事, 其境迄申付候, 早々歸島之儀賴入候, 猶期來音候,

---

42) 앞의 大浦一泰家文書 136호.
43) 伊藤家文書(下關市立長府縛物館編,『赤間關本陣伊藤家~海峽人物往來』, 향토문화재를 지키는 모임) 본 문서의 소재는 本多博之씨의 교시에 의한다.
44) 「諸家引書」135·136호.

恐々謹言,
　　　(永祿八年)正月廿八日　　　　　　　　　　　　　　　義調
伊藤与三右衛門尉殿

　去年者預音書候, 殊料紙十帖祝着候, 仍爲上使道正次郎左衛門尉殿上洛
候, 其境之儀, 息与三右衛門尉御取合賴入候由申候, 猶期來音候, 恐々謹言,
　　　(永祿八年)正月廿八日　　　　　　　　　　　　　　　義調
伊藤佐渡守殿


　이 2통의 義調書狀은 매를 구하기 위해 섬에 온 막부 上使가 귀국 할
때, 宗義調가 赤間關의 伊藤佐渡守·与三右衛門尉 부자에 대하여, 赤間
關에서「取合」と對馬船의「歸島之儀」를 의뢰한 것이다. 후자의 書狀에서
전년인 永祿7年(1564)에 伊藤氏와 宗義調의 사이에서 교섭이 행하여 진
것을 확인 할 수 있다.


## 4) 肥前

　무로마치 시대에는 이미 對馬國 商賣船이 肥前에 도항하고 있었다.[45]
도항지는 肥前의 연안부 松浦 지방이었다고 생각된다. 이 對馬 상선의 肥
前 내힝이 전국시대 말기까지 계속되고 있었던 것을 나타내 주는 것이 다
음 사료이다.


　於分領津々浦々, 諸公事向後所令赦免也,
　　天正二二年
　　　　　正月五日　　　　　　　　　　　　　鎭 (花押)
　　　武本左京進殿[46]

---

45) 平山家文書 28호 康正 2년(1456) 4월 28일 室町幕府奉行人連署奉書(『上對馬
　　町誌史料編』).
46)「宗家御判物寫」(『長崎縣史史料編 1』).

上松浦의 波多鎭 공사 면허장이며, 실질적으로는 過所였다고 생각된다. 永綠 3년(1560) 무렵 宗義調는 平戶의 松浦 肥前守에게 「於其境賊船多々罷下候由其開候, 不及是非候, 御要心肝要候」라고 써서 보냈다.[47] 이것은 宗氏가 松浦氏에게 왜구정보를 전달한 것이지만 肥前과 對馬와의 밀접한 관계에서 보자면 宗氏가 肥前 松浦 지방의 大名이나 상인으로부터 정보를 얻은 적도 있었음이 틀림없다.

이상과 같이 對馬 宗氏는 對馬를 둘러싼 각지의 인물로부터 왜구에 관한 정보를 입수하고 있었다. 전부 상인이 매개가 되었다는 것이 특색이다. 對馬의 왜구정보 네트워크는 對馬를 둘러싼 유통망 위에 성립되었다고 할수 있다.


## 맺음말

주로 對馬의 전국시대 史料를 사용하여 對馬 宗氏의 후기왜구에 대한 대응방법을 고찰하였다. 조선무역권의 복구를 의도했던 宗氏는 조선무역을 양적·질적으로 확대하기 위하여 왜구대책과 조선으로 왜구정보를 적극적으로 전달하였다. 宗氏의 왜구대책은 실제로는 對馬 자체를 방위하기 위해서였고, 府中과 八郡 전체의 방위 강화를 도모하였다. 그러나 이러한 방위 강화책은 조선에 대한 외교문서에서는 조선을 위한 왜구토벌이라는 취지로 변화하였다. 對馬를 방위하고 조선에 후기왜구의 정보를 제공하기 위해서는 島外에서 정보망의 설정이 필요하게 되었다. 그때 宗氏가 이용했던 것은 조선무역의 독점 강화로 형성된 對馬를 둘러싼 유통망이었다. 섬 밖으로 가는 對馬 상선으로부터 정보 입수는 물론 島外 각지의 상인이나 國人으

---

47) 「諸家引着」 2호 3월 9일 宗義調書狀.

로부터도 적극적인 정보를 입수하였다. 壹岐 深江·博多·赤間關 상인은 특히 적극적으로 賊船의 정보를 宗氏에게 통지하였다. 그것은 宗氏에 대한 충절이기도 하였지만 동시에 그것이 對馬와 상업행위의 안정 내지는 확대를 초래하는 것을 기대한 것도 있었을 것이다.

　宗氏가 조선에 전달한 정보는 처음에는 조선에서 신용하지 않았지만, 達梁倭變을 전후하여 격화된 후기왜구의 조선 습격에 따라 조선으로부터도 정확했다는 인식을 얻기에 이르렀다. 그러한 조선 측의 인식 변화는 對馬 宗氏의 조선무역상 입장의 강화를 어느 정도 초래하였다고 생각되지만, 癸亥約條의 내용으로 복귀하는 것은 끝내 불가능했다. 그러한 宗氏에게 놓인 딜레마는 점점 무역독점화로의 志向性을 강하게 했던 것임에 틀림없다.

# 제8절 對馬의 한 傳承과 중세 被虜人

## 對馬 佐賀의 전승

長崎縣 對馬 上島의 동해안에 있는 佐賀(峰町)에는 다음과 같은 전승이
남아 있다.

佐賀에는 예전에 S가라는 오래된 가문이 있었다. 옛날 S가의 사람이 조
선에서 여자를 데리고 왔다. 집에는 바로 데리고 돌아갈 수 없어서 S氏는
佐賀港 바로 앞에 있는 카마부타瀨에 정박하여 여자를 내려 두고, 佐賀에
서 여자를 데리고 집에 올 수 있는지 의논했다. 논의는 지연되었고, S氏가
가마부타瀨로 돌아왔을 때 여자는 파도에 휩쓸려 가버렸다. 그 후 S가에는
여자귀신이 나온다고 한다.

마지막은 오싹한 결말이지만 이 전승의 역사적 배경에 대해서 먼저 생각
해 보자.

## 무로마치 시대의 佐賀浦와 조선통교자

佐賀浦는 깊은 灣入을 가진 좋은 항구이다. 여성이 파도에 휩쓸려 간 카
마부타瀨(釜蓋瀨)는 항구에서 약 2킬로미터 떨어진 먼 바다 쪽에 있다.

佐賀는 宗貞國이 15세기 후반에 府中(嚴原)로 관사를 옮길 때까지 宗貞
茂, 貞盛, 貞國의 4대에 걸친 對馬島主의 관사가 있었다고 한다. 무로마치
시대 對馬의 중심지였다. 『海東諸國紀』(1471년)에 의하면 沙加(佐賀)浦는

「故島主宗成職居」라고 지도에 注記되어 있으며(그림 3), 500여 호의 인가가 있었다. 당시 對馬에서는 美女(三根)浦 650여 호에 다음가는 대규모 취락이었다. 長綠 2년(1458) 2월 7일 문서(『長崎縣史史料編1』 p757)에는 「一, 讚哥가 바란 바에 따라 佐賀 포구에 연락을 보낸 일에 대해서는 특별히 외국이든 일본의 선박이든 불문하고 명령을 내릴 것.」, 「一, 佐賀가 포구의 사정에 대해서는 宗上總守殿과 두 奉行이 관계하고 있으며, 그 이외에는 알고 있는 사람이 없다」라는 표현이 보인다. 무로마치 시대의 佐賀浦에는 여러 나라의 배가 왕래했다는 것을 추측할 수 있고, 「佐賀之津いち」를 「佐賀之津市」라고 해석하면 당시 佐賀浦에 市가 있었고, 이것을 宗氏의 奉行人이 관리하고 있었음을 알 수 있다.

『海東諸國紀』 시대에 佐賀浦에는 6명의 조선 통교자가 있었다(표1). 對馬의 여러 浦 중에서 가장 많은 통교자 수이다. 그러나 각각 지극히 개성적이었다.

〈표 1. 『海東諸國紀』에 보이는 佐賀浦의 조선통교자〉

| 인 명 | 출 신 | 通交年 | 受職 | 圖書 | 歲遣船 | 賜米豆 | 비 고 |
|---|---|---|---|---|---|---|---|
| 六郎洒文 | | 1459년 | ○ | ○ | | 10石 | |
| 阿馬豆 | 海賊首宮內四郎의 子 | 1458년 | ○ | ○ | | 10石 | 원래 壹岐島 毛都伊浦 거주 |
| | | 1464년 | ○ | | | | |
| 都羅馬都 | 六郎洒文의 子 | | | ○ | | | |
| 都羅而老 | 享和鐵匠 | 1457년 | | | ○ | 1船 | 현재 本島로 돌아옴 |
| | 干知沙也文의 子 | 1468년 | | | | | |
| 秦盛幸 | 원래 唐人 | | | | | | 島主 宗成職 때 書契文引 관장 |
| 職盛 | 故代官 宗盛直의 子 | | | | | | 父의 歲遣船을 不許함 |

六郎洒文(六郎左衛門)과 都羅馬都(虎松)는 부자이며, 모두 조선에서 관직을 받은 受職人이었다. 六郎洒文은 圖書(조선으로부터 받은 銅印. 통교자의 이름이 새겨져 있고, 통교할 때 외교문서에 찍는다)를 받았고, 조선과

통교하면 쌀과 콩을 합쳐 10석을 지급받는 특권을 가지고 있었다.

阿馬豆(후에 又四郎盛數로 개명)는 「海賊首」, 즉 왜구 두목 宮內四郎의 아들이며, 원래 壹岐島 毛都伊浦 주민이었다. 왜구 두목의 아들로서 壹岐에서 對馬의 佐賀로 이주했다는 수상한 인물이다. 對馬·壹岐의 구 왜구 세력은 회유책의 일환으로 조선에서 관직을 받아 수직인이 되는 자가 많았다. 阿馬豆도 그런 인물 중 하나이며 「護軍」이라는 관직을 명목상으로 받았다.

都羅而老(虎次郎)도 조금 색다른 경력의 소유자였다. 그는 「向化鐵匠」, 즉 조선에 투항하여 귀화한 鍛冶 干知沙也文(鍛冶左衛門)의 아들이며, 아버지를 따라 조선으로 귀화하였고, 司正이라는 관직을 받았다. 그러나 그 후 本島, 즉 고향인 對馬로 돌아와 佐賀浦에 거주했다고 한다.

秦盛幸은 무로마치 시대의 일조관계상 중요한 인물이다. 원래 「唐人」, 즉 明人이었다는 출신 자체도 이상하지만, 도주 宗成職의 시대에 書契(宗氏가 조선에 보낸 외교문서)와 文引(對馬도주가 조선의 의뢰를 받아 일본인 통교자에게 발행한 도항증명서) 발행을 담당했다. 따라서 당시 일본에서 조선과 통교하는 자는 일부 예외를 제외하고 반드시 佐賀에 들러 秦盛幸으로부터 文引을 받았다. 이처럼 중요한 역할을 담당하고 있었기 때문에 秦盛幸은 宗氏의 가신이면서 세견선(매년 조선에 파견할 수 있는 使船) 1척을 허락하였다. 盛幸은 조선의 외교문서 속에서 「海西路關處鎭守」로 칭하고 있다. 당시의 佐賀浦는 일본과 조선을 왕래하는 선박의 關所가 있고, 盛幸은 그곳의 「鎭守」, 즉 책임자였다.

職盛은 예전 對馬守護代 宗盛直의 아들이다. 몇 차례 조선에 遣使하였고, 아버지가 소유하던 세견선의 권리 승계를 요구했지만 도주의 서계를 지참하지 않았으므로 기각되었다.

이상과 같이 15세기 후반의 佐賀浦에는 宗氏의 조선통교사무를 행하는 代官, 宗氏의 일족, 부자 2대에 걸쳐 조선 통교권을 확보한 일족, 壹岐에서 이주한 해적의 아들, 조선에서 귀국한 향화왜 등 다양한 사람들이 거주하고 있었다. 島主의 관사가 있고, 조선 통교자에게 文引을 발행하는 關所가 있었던 것을 보면 다양한 형태로 조선과 관계를 가졌던 사람들이 다수 거주하고 있던 것은 오히려 당연한 일이었다.

## 傳承의 역사적 배경

다음으로, 佐賀浦에 거주하는 S가의 사람이 조선에서 여성을 데려왔다는 것은 어떠한 사정에 의한 것이었는지 검토해야 한다.

에도시대에는 對馬와 조선과의 왕래가 엄격하게 제한되었기 때문에 이러한 사건이 일어난다는 것은 생각할 수 없다. 하나의 가능성으로는 文祿·慶長의 役, 즉 임진왜란 때를 생각해 볼 수 있다. 이 두 차례의 전쟁에서 조선에 출전했던 여러 다이묘는 많은 현지인들을 잡아서 일본으로 끌고 왔다. 확실히 S氏도 宗氏의 가신으로서 조선에 출전했을지도 모른다. 그러나 이 傳承은 그러한 대규모의 출병 – 약탈이 아니라 S氏 단독에 의한 조선 도해와 현지 여성의 약탈을 상기시킨다.

따라서 임진왜란 이전인 무로마치 시대부터 전국시대에 걸친 에피소드를 생각하는 편이 타당할 것이다.

佐賀가 가지는 무로마치 시대의 조일통교상의 중요성에 더하여, S氏 자신도 중세에 조선과 관계를 가지고 있었음을 보여주는 사료가 있다. 「宗家御判物寫」에 정리되어 있는 S家 가문서 중에서 永正 18년(1521년)의 문서에 「高麗鹽判」, 「陸地一表物」 등 고려(조선을 말함)나 육지(九州 본토를 말함)의 관계를 나타내는 어구가 보인다. 「高麗鹽判」이란 조선으로 도항하는 상선에 적재한 소금(상품)에 대한 과세를 의미한다고 한다(長 1987). S氏는 중세에 조선이나 九州와 교역상의 관계가 있었던 것이다. S氏는 무역상인적인 요소를 가지는 佐賀浦의 재지영주였다고 생각할 수 있다.

따라서 S氏는 무로마치·전국시대에 소금 등의 교역을 위해 조선으로 갔을 때 현지의 여성을 데리고 돌아왔다고 생각할 수 있다. 이 추정이 맞는다면 S家는 수백 년에 걸쳐서 여성 유령에 시달렸던 것이 된다.

## 중세의 被虜人

이처럼 일본인 —대개의 경우 왜구이지만— 에 의하여 고려·조선이나 명으로부터 일본에 끌려온 사람들을 被虜人이라고 부른다. 중세 被虜人에 관한 연구는 戰前 이래 많은 축적이 있다(關 1991). 중세에 가장 많은 被虜人이 일본으로 끌려왔던 것은 14세기 후반이다. 그 수는 九州探題 今川了俊 1인이 2000명 가까운 被虜人을 고려·조선으로 송환하고 있는 것으로 보아 적어도 1만 명 이상일 것으로 추정된다. 이러한 被虜人은 일본 국내에서 전매되어, 서일본 일대에서부터 琉球까지 분포하고 있다. 일본에서 그들의 생활 상태는 정확히 알 수 없지만, 단편적인 사료에 따르면 노예로서 어업이나 목축 등에 종사하였다.

예를 들면 應永 26년(1419) 6월에 행했던 조선의 對馬 토벌=應永의 外寇 때 조선군은 對馬島의 淺茅灣 주변에서 명나라 사람 140여명, 조선인 8명을 발견하고 이들을 구출하였다(세종실록 원년 6월 壬寅條, 8월 甲午條). 이때 구출된 被虜人은 조선인보다 명나라 사람이 많은 것이 주목된다. 對馬에 있던 被虜人은 對馬의 재지영주와 민중에 의하여 하인으로서 농업이나 어업 등에 사역되고 있었다고 생각되는데, 이러한 被虜人의 소유에 대하여 島主 宗氏는 과세를 하고 있었다는 것이 밝혀졌다(黑田 1971).

한편 노예적인 신분과는 달리 승려로써 활동하거나 通詞나 장군·守護大名 등의 외교브레인이 된 被虜人도 있었다. 應永 말년 明에서 왜구에게 끌려와 平戶 및 對馬에서 거주하다가 博多로 이주하였고, 그곳에서 「仁人」
에게 팔렸다가 출가 후 상경한 張德廉은 전자의 대표이다(玉村 1976). 명나
라 사람으로 왜구에게 끌려와서 일본・조선・명 세 나라를 왕래하며 결국 通
詞로서 일본에 영주하였고, 足利義滿을 모셨다는 魏天이나 對馬의 秦盛
幸은 후자의 대표적인 존재이다.


## 被虜人의 송환과 외교교섭

14,5세기 고려・조선・명의 일본에 대한 중요한 외교상의 과제 중 하나가
왜구 금압과 被虜人 송환이었다. 일본에 왔던 각국의 사자는 예외없이 이
문제를 일본(무로마치 막부)에 요구했다. 무로마치 막부는 이 요구에 응하여
문서를 각 領國의 守護에게 보냈는데, 被虜人 송환 요구에 적극적으로 응
했던 것은 서일본의 守護大名과 國人들이었다. 그들은 직접 왜구세력과 상
대하는 입장에 있었고, 領內의 被虜人을 모으는 것도 가능했다.

특히 그들이 열심히 이행했던 것은 被虜人의 송환이다. 大內氏, 今川氏,
宗氏, 島津氏 등 서일본의 守護・國人은 고려・조선에 대하여 활발하게 被
虜人을 송환하였다(石原 1956). 그러나 그것은 결코 인도적인 관심에서 송
환했던 것은 아니었다. 被虜人을 송환함으로써 그에 상응하는 보상이 있었
던 것이다. 송환자가 노골적으로 물품을 요구하는 일도 많았다(同前).

명에 대해서는 守護・國人이 직접 사신을 보낼 수 없었다. 그 때문에 명
의 被虜人 송환은 무로마치 막부(「일본국왕」 足利氏)가 행했다. 또 조선을
경유하여 명으로 귀국하는 被虜人도 있었다.

외교사절 중에는 일본에서 직접 被虜人을 요구하는 자도 있었다. 應永
30년(1423)에 足利義持가 요청한 대장경을 보내기 위하여 일본에 왔던 조
선 사절 朴熙中은 귀국하는 길에 被虜人 송환을 요구하기 위하여 博多에

머물렀다(세종실록 5년 10월 庚申條). 博多가 대외관계상의 요지이며, 게다가 많은 被虜人이 이곳에서 전매되고 있었기 때문일 것이다.

## 동아시아의 국제 관계와 被虜人

왜구와 被虜人은 고려·조선과 명과의 관계에서 역사상 등장했던 것이다. 같은 해적행위라도 일본과 대등한 외교관계를 맺으려고 하는 고려·조선과, 동아시아 세계의 종주국 역할을 하던 명과는 대응방법에 차이가 있었다.

해안 방어를 엄중히 하고, 또한 외교교섭으로 왜구 금압·被虜人 송환을 실현하려고 했던 것은 양쪽이 공통적이다. 그러나 명이 종주국의 입장에서 조공국인 일본에 대하여 왜구·被虜人 대책을 요구했던 것에 비하여 조선은 보다 현실적인 대책을 실시했다. 왜구에 대하여 투항을 인정하거나, 관직을 주거나, 자유로운 사신 파견과 통상을 인정하면서 왜구를 회유하고 있었던 것이다. 그 결과 15세기 전반에 왜구들은 조선에 대해서는 평화로운 통교자로 변화해 갔다.

그러나 명은 「人臣에게 외교 없다」는 외교정책을 취하고, 왜구대책으로서 海禁政策을 취했기 때문에 왜구세력을 직접 회유하거나 왜구를 통교자로 받아들이는 것은 불가능했다. 왜구대책은 명 국내에서 이들을 격퇴하는 이외에는 일본국왕이 해야 하는 것이었다.

이러한 명의 왜구정책은 足利義持에 의하여 일명관계가 단절되었을 때 커다란 오해를 낳게 되었다. 명의 永樂帝가 應永 26년(1419) 足利義持에게 조공의 재개를 요구했던 국서 중에 「足利義持는 해적을 이용하여 명을 공격하고 있다」고 말했다. 당시 왜구가 명을 활발하게 습격했던 일을 조공을 거부하고 명의 명령에 따르지 않는 足利義持의 지시에 의한 것으로 오해했던 것이다. 足利義持의 조공 거부와 왜구의 명 공격은 모두 명의 화이질서를 부정하는 것이었기 때문에 永樂帝는 모두 足利義持의 소행으로 인식했던 것이다. 그러나 조공 단절과 명에 대한 왜구활동의 격화는 사실상 완전히 차원이 다른 것이었다.

足利義持에 의하여 단절된 明日관계는 足利義教에 의하여 재개되었다. 이에 따라 永享 6년(1434) 오랫만에 明使가 일본에 왔다. 이 사신은 무로마치 막부에 대하여 3개조의 「訴訟」을 했다(『滿濟准后日記』 永享 6년 6월 17일조).

제1조는 「賊船事」이다. 앞으로 이들을 엄중히 방지하도록 언급하고, 「賊船用心」을 위하여 부단히 경계를 해야 하지만, 이것은 중국에게 번거로운 일이며, 만민이 이 일을 한탄하고 있다고 하였다.

「賊船」이란 말할 필요도 없이 왜구문제이다.

제2조에서는 「一, 賊船二被取唐人共, 都鄙二散在歟, 被召集, 悉可被歸唐之條, 可畏入」라고 하였다. 「賊船二被取唐人共」은 명의 被虜人을 의미한다. 일본 각지에 산재하는 被虜人을 불러 모아 명에 송환하도록 요구했던 것이다. 앞에서 말한 張德廉은 永享 6년의 遣明船을 타고 명으로 귀국했다(玉村 1976).

이것은 명 측의 요구에 무로마치 막부가 응했던 결과라고 생각해도 좋을 것이다.

당시 조선반도에서는 왜구의 활동이 상당히 진정되었고, 일본인 통교자의 통제가 중요한 외교과제가 되어 있었다. 중국에서는 왜구의 활동이 여전히 활발하였고, 被虜人도 아직 대량으로 존재했다. 應永의 外寇 때 조선군이 對馬의 淺茅灣 주변에서 구출했던 被虜人 중 명나라 사람이 압도적으로 많았던 것은 이 사실을 반영하는 것으로 생각할 수 있다.

요컨대 일찍이 동아시아를 활동무대로 하던 왜구들은 조선에서는 평화로운 통교자로 활동하고, 명에서는 전시대와 변함없이 왜구행위를 행하고 있었던 것이다. 명·조선 양국의 외교정책의 차이에 기초한 왜구와 守護大名들의 대응의 차이가 이러한 결과를 초래했다고 생각할 수 있다.

## 참고문헌

石原道博,「倭冦と朝鮮人浮虜の送還問題」(1)(2)(『朝鮮學報』9·10輯, 1956년)
長節子,『中世日朝關係と對馬』, 吉川弘文館, 1987년
黑田省三,「中世對馬の知行形態と朝鮮貿易權－『宗家判物寫』の研究－」(國士
　　　　館大學人文學會紀要』3호, 1971년)
關周一,「倭冦による被虜人の性格をめぐって」(『日本歷史』, 519호, 1991년)
玉村竹二,「囚はれの明人張德廉」(同,『日本禪宗史論集』上, 思文閣出版, 1976년)

제4장

# 사료와 연구사

# 제1절 『海東諸國紀』의 일본·琉球圖와 『琉球國圖』

## 들어가는 글

『海東諸國紀』[1]는 1471년 조선의 신숙주가 왕명으로 편찬한 일본과 琉球에 관한 책이다. 특히 이 책에는 조선과 통교하는 일본인이 다수 기록되어 있으며, 15세기 중반~후반기의 조일관계사에 관한 기본사료가 되어 있다. 이 사료에는 일본지도를 포함한 복수의 지도가 수록되어 있는 점에서 地圖史의 분야에서 일찍부터 주목되어 왔다.

또한 최근에 沖繩縣立博物館에 소장된 「琉球國圖」가 『海東諸國紀』에 실린 지도와의 유사성으로 인하여 주목을 받고 있다.[2] 『海東諸國紀』에 수록된 일본·琉球圖와 「琉球國圖」의 관계에 대해서는 다른 곳에서 논한 적이 있지만,[3] 지면 관계 등으로 충분히 생각한 바를 나타내지 못한 점도 있으므로 여기서 다시 논하고 싶다.

---

1) 田中健夫 校注, 『海東諸國紀』(岩波文庫, 岩波書店, 1991년) 등.
2) 深瀨公一郎·渡邊美季, 「沖繩縣立博物館所藏 『琉球國圖』」(科學硏究費補助金 硏究成果報告書, 『琉球と日本本土の遷移地域としてのトカラ列島の歷史的位置づけをめぐる總合的硏究』, 琉球大學法文學部, 硏究代表者高良倉吉, 2004년) ; 安里進, 「太宰府神社舊藏『琉球國圖』にみる一五世紀の琉球王國」(『浦添市立圖書館紀要』15호, 2004년) ; 上里隆史·深瀨公一郎·渡邊美季, 「沖繩縣立博物館所藏 『琉球國圖』」(『古文書硏究』 60, 2005년) 등. 또한 『浦添市史第二卷 資料編I』(浦添市敎育委員會, 1981년)에도 本圖의 부분도가 수록되어 있다.
3) 佐伯弘次, 「中世の日本圖と海東諸國總圖」(『Museum Kyushu』 78호, 2004년) ; 同, 「『海東諸國紀』の地圖と『琉球國圖』」(『中世東アジア海道』 國立歷史民俗博物館, 2005년). 후자에는 「琉球國圖」 전체의 컬러사진이 수록되어 있다.

# 1. 『海東諸國紀』의 일본·琉球圖의 내력

『海東諸國紀』는 9점의 지도를 수록하고 있다. 그것을 열거하면 「海東諸國總圖」, 「日本本國之圖」, 「日本國西海道九州之圖」, 「日本國一岐島之圖」, 「日本國對馬島之圖」, 「琉球國之圖」, 「熊川薺浦之圖」, 「東萊富山浦之圖」의 9점이다. 처음의 「海東諸國總圖」에서 「琉球國之圖」까지가 일본·琉球에 관한 것이며, 나머지 3점이 조선에 있던 일본인을 위한 무역항·三浦 지도이다.

이 일본지도에 관해서는 조선의 回禮使 朴淳之가 大內義弘의 가신 平井詳助(道助) 家藏의 것을 베긴 일본지도와 博多상인 道安이 1453년 조선에 헌상했던 「日本·琉球兩國地圖」가 기초가 되었다.[4) 朴淳之는 洪武 30년(1397) 일본에 사신으로 갔을 때 平井詳助가 淳之에게 회견을 청하고 淳之를 위로하였다. 이때 淳之가 일본지도를 보고싶다고 했기 때문에 詳助는 家藏했던 하나를 가지고 와서 이것을 淳之에게 보여주었다. 이 일본지도는 매우 상세한 것이었지만, 壹岐·對馬 두 섬의 지도가 빠졌기 때문에 淳之가 두 섬을 보충해서 模寫하고 1399년에 귀국했다.[5)

永樂 18년(1420) 淳之는 이 지도를 예조판서 許稠에게 보냈다. 이 해는 應永의 外寇(己丑東征) 이듬해이며, 송희경이 사신으로 일본에 파견되었던 해에 해당한다. 己亥東征으로 일본에 대한관심이 높아졌던 점이 이 日本地圖 기증의 배경이 되었다고 생각되는데, 피기증자가 외교를 담당하는 예조의 장관이었다는 점에서 송희경의 일본 파견이 직접적인 계기였을지도 모른다. 許稠는 다음해 이 지도에 장정을 입히고 정부에 기증하였다,

---

4) 田中健夫, 「『海東諸國紀』の日本·琉球圖」(同, 『東アジア通交圈と國際認識』, 吉川弘文館, 1997년). 또한, 『海東諸國紀』의 지도에 대해서는 應地利 明, 『繪地圖の世界像』(岩波新書, 岩波書店, 1996년)참조.

5) 『세종실록』 20년(1438) 2월 계유조. 또한 여기에 朴惇之의 來日年代는 잘못되어 있다.

宣德 10년(1435) 5월, 국왕 세종은 예조에 명하여 다시 模寫하도록 했다. 이것이 『海東諸國紀』에 실린 일본지도의 소재 중 하나가 된 것이다.

『海東諸國紀』의 「日本本國之圖」는 이른바 行基式 日本圖인데, 해상에서 선박의 항로와 里程을 기록하고 있는 것이 큰 특징이다. 이것은 博多의 道安이 기존의 行基圖에 가필하여 작성한 것으로 생각되고 있다.[6] 또 이 里程은 朝鮮里(中國里＝日本里의 10분의 1)가 아니라 日本里라는 것도 이미 밝혀졌다.[7]

博多상인 道安이 조선정부에 지도를 헌상했던 사정은 다음과 같은 것이었다.[8] 1453년 琉球국왕사로서 표류민을 조선으로 송환했던 道安은 5월 11일 예조의 축하연에 초대받았다. 그 자리에서 道安은 「琉球國은 薩摩國과 和好하고 있기 때문에, 博多 사람은 薩摩를 경유해서 琉球國으로 가는 길에 방해되는 것은 없었다. 근년 이래 琉球國과 薩摩國이 화목하지 않아 모두 薩摩의 포로가 되었다. 이 때문에 大洋(동지나해)을 통해서 가지만 매우 어려움을 겪고 있다. 지금 우리들이 琉球에서 올 때도 상선 2척을 빼앗겼다」고 말하면서 「博多·薩摩·琉球相距地圖」를 보여주었던 것이다. 琉球와 薩摩가 화목하지 못하게 되고, 琉球로 건너가는 博多상인이 薩摩에서 나포당하게 되었기 때문에 博多 선박은 薩摩를 경유하지 않고 직접 동지나해를 건너가게 되었다. 道安은 이것이 매우 어려운 일이라고 말하는 것이다. 즉 「博多·薩摩·琉球相距地圖」를 헌상했던 것은 博多(또는 조선)와 琉球를 왕래하는 것이 얼마나 큰 일인지를 보여주는 의미가 있다는 것이 된다.

이 해 7월 예조는 일본 승려 道安이 가져온 「博多·薩摩·琉球相距地圖」를 4장 模寫하여 장정을 입히고, 1부를 궁중에, 나머지는 의정부·춘추관·예

---

6) 앞의 주 4) 田中 논문.
7) 東恩納寬惇, 「申叔舟の海東諸國紀に現れたる琉球國圖について」(『東恩納寬惇全集3 黎明期の海外交通史』第一書房, 1979년, 초판은 1937년).
8) 佐伯弘次, 「室町 後期の博多商人道安と東アジア」(『史淵』 140집, 2003년).

조에 보관할 것을 상신하고 허가를 받았다.9) 이리하여 道安이 헌상한 지도
는 조선정부 내에서 엄중하게 보관되어 『海東諸國紀』의 일본·琉球圖의
중요한 소재가 되었던 것이다.


## 2. 『海東諸國紀』의 日本·琉球圖


「海東諸國總圖」에는 한반도 남단의 三浦 주변과 일본·유구가 그려져
있다. 朝鮮國圖 일부와 日本圖·琉球圖를 합친 지도이다. 조선과 일본·유
구의 위치관계를 명료하게 나타냈다는 점에서 이 지도는 확실히 해동제국
의 총지도이며, 동아시아 지도사상 중요한 지도라고 할 수 있다.

이 지도를 보면 몇 가지 점이 눈에 띈다. 먼저 일본지도는 行基圖이다.
夷島(현재의 北海道)가 매우 작게 그려져 있고, 그것과는 대조적으로 壹
岐·對馬가 이상하리만치 크게 그려져 있다. 중세 일본에서 일본의 동쪽 경
계는 津輕의 바깥이 濱으로 인식되고 있었으며, 夷島가 작게 그려진 이유
는 잘 이해할 수 있다. 壹岐·對馬가 이상하게 큰 것은 당시의 조일관계에
서 두 섬이 차지하는 위치가 컸기 때문이라고 생각된다.10)

문제는 이처럼 이상하게 큰 壹岐·對馬가 어느 시점에서 크게 그려졌는가
하는 점이다. 朴淳之가 두 섬의 지도를 日本圖에 덧붙인 시점인지, 또는
1453년에 道安이 조선에 헌상한 시기인지, 그렇지 않으면 신숙주가 『海東
諸國紀』를 편찬한 시점인지 하는 문제이다. 첫 번째 견해는 朴淳之 또는 淳
之에게 정보를 제공했던 자의 인식이 되며, 두 번째 생각은 博多상인 道安
의 인식이 된다. 세 번째 생각으로는 편찬자 신숙주의 인식이라는 것이 된다.

모두 가능성이 있는데, 朴淳之가 귀국했던 이듬해에 조선에서 작성된 「混

---

9) 『단종실록』 원년(1453) 7월 기미조.
10) 長沼賢海, 「海外航路上の壹岐」(동, 『日本海事史硏究』, 九州大學出版會, 1976년).

一疆理歷代國都之圖」[11])에는 역시 일본을 行基圖로 기록하고 있지만, 壹岐·對馬가 특별히 크게 그려져 있지는 않다. 이것은 朴淳之가 가지고 돌아간 일본지도도 마찬가지였다는 것을 암시해 주고 있다. 博多상인 道安은 博多를 거점으로 琉球 – 博多 – 조선이라는 교역루트 상에서 활동했던 무역상인이다. 사료를 근거로 하는 한, 道安은 조선무역보다 琉球무역에 비중을 두고 있었던 것으로 생각되고 있다.[12] 博多에 살았고, 琉球에서 조선에 이르는 해상루트를 잘 알았으며, 壹岐·對馬도 당연히 숙지하고 있었을 道安이두 섬의 크기를 과대하게 기록했다고는 생각하기 어렵다.

그렇다면 가장 가능성이 큰 것은 신숙주의 인식이라는 것이 된다. 앞에서 말했듯이 『海東諸國紀』에는 「日本國一岐島之圖」「日本國對馬島之圖」를 수록하고 있다. 모두 내용이 상세하고 郡·鄕과 각 포구의 지명까지 상세하게 기록하고 있다. 이것은 『海東諸國紀』의 다른 지도에는 없는 특색이며, 두 섬의 지도가 다른 지도와는 별도로 작성되었다는 것을 말해 주고 있다. 특히 對馬의 지도는 보다 정밀하여 80곳 가까운 포구 명칭을 기록한 것 외에 섬의 형태도 독특한 형태로 그려져 있다. 「海東諸國總圖」의 壹岐·對馬의 형태와 「日本國一岐島之圖」, 「日本國對馬島之圖」 두 섬의 형태는 기본적으로 동일하며, 양자 사이에 상관관계가 있는 것은 틀림없다. 더욱이 일본 국내에서 기록된 지도에는 「日本國對馬島之圖」와 같은 독특한 형태의 지도는 없으며, 조선 측의 인식이 지도에 짙게 반영되어 있다는 것을 말해 주고 있다. 두 섬의 지도는 아마도 來日 경험이 있는 신숙주 개인의 지식에, 조선에 다녀온 일본인의 정보를 가미하여 특별하게 작성되었다고 생각하는 것이 타당하다.[13]

---

11) 본서는 일본에는 龍谷大學 소장본과 島原本光寺 소장본 2권의 책이 전래한다. 둘 다 기본적인 구도는 같지만, 일본열도를 그린 방법(방향)이 크게 다른 것이 특색이다.

12) 앞의 주 8) 佐伯 논문, 佐伯弘次, 「十五世紀後半以降の博多貿易商人の動向」(『東アジアと日本交流と變容』 2호, 2005년).

「海東諸國總圖」나「日本本國之圖」에는 일본의 주변에 작은 섬이 많이 그려져 있다. 그 중에는 앞에서 서술한「夷島」외에「佐渡州」,「隱岐州」,「大島」(伊豆大島) 등과 같이 실제로 존재하는 섬도 있지만,「女國」,「羅刹國」,「扶桑國」등 실재하지 않는 섬도 많이 그려져 있다. 이들 중에는 稱名寺本「日本圖」[14]에 나오는 지명도 있으며, 중세 일본인의 지리관을 보여주고 있다. 아울러서「三佛齊」처럼 동남아시아에 있는 섬(國家)도 기록되어 있으며, 다양한 세계관이 혼재하고 있는 것도 알 수 있다.

『海東諸國紀』에 수록된 지도에서 한 가지 주목되는 점은 해상에 기록된 흰 선이다. 이 선은 일본 국내외의 항만을 연결하고 있으며, 선박의 항로라는 것을 한 눈에 알 수 있다. 이들 지도는 중세의 항로=해상교통로(유통로)를 기록한 것으로서 매우 귀중한 것이다. 항로는「海東諸國總圖」에는 기록되어 있지 않고, 三浦圖를 제외한 다른 지도에 기록되어 있다. 『海東諸國總圖』는 다른 지도와는 성격이 다르며, 『海東諸國紀』의 지도를 대표하는 상징적인 지도라고 생각할 수 있다. 이에 비하여 三浦圖를 제외한 다른 지도는 原圖가 실용성을 가진 것이었다고 추정된다.

기록된 선박의 항로를 보면, 서일본에서 九州·壹岐·對馬·琉球 일대에는 기록되어 있지만 동일본에는 기록되어 있지 않다. 이것은 博多상인의 활동범위를 기록한 것이라고 해석할 수도 있고, 조선정부가 가장 관심을 가졌던 것은 조선(三浦)에서 각국의 國都(京都·首里)에 이르는 항로이며, 畿內까지가 주요한 관심의 범위였다는 점에도 기인하는 것으로 생각할 수 있다. 특히 瀬戸內海 주변에는 항로가 종횡으로 달리고 있으며, 이에 대한 해석이 앞으로 필요하다고 생각된다.

---

13) 앞의 주 4) 田中 논문.

14)『金澤文庫の名寶』(神奈川縣立金澤文庫, 1994년, 54쪽) 등에 컬러사진 수록. 黑田日出男,『龍の棲む日本』(岩波新書, 岩波書店, 2003년) 참조.

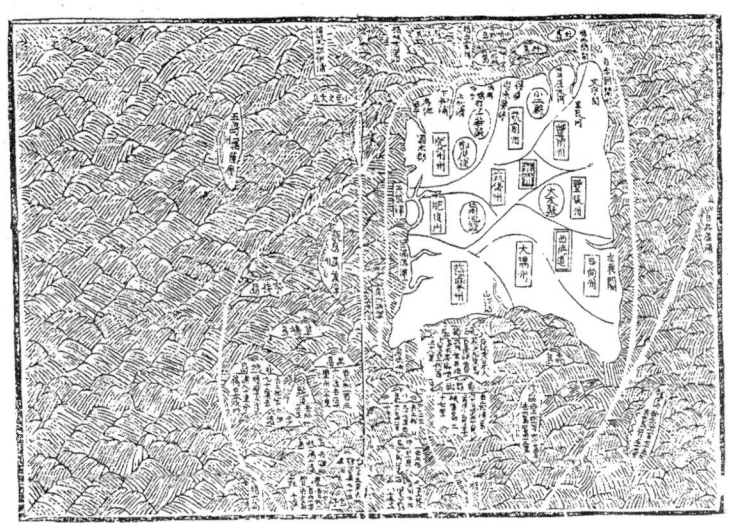

그림 1. 『海東諸國紀』日本國西海道九州之圖

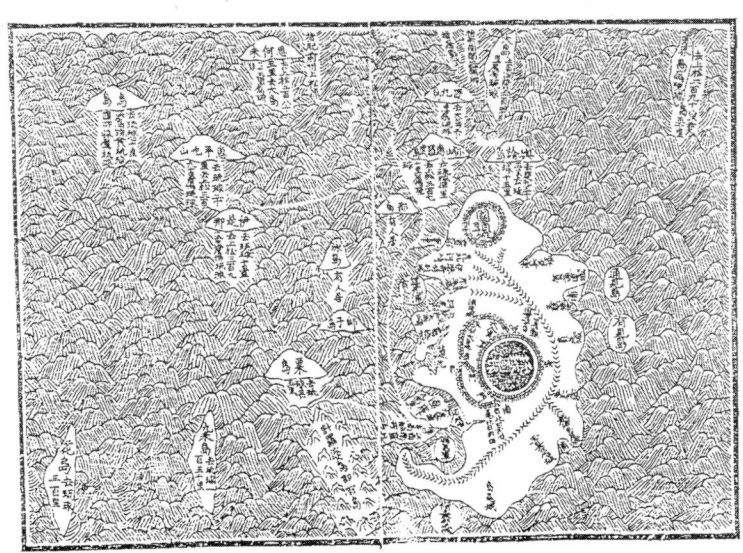

그림 2. 『海東諸國紀』琉球國之圖

다음으로 九州 주변의 항로와 거리에 대해서 살펴보자. 북부 九州 항로
의 주요한 기점은 博多이다. 博多에서는 4개의 항로가 각지로 뻗어 있다.
그 중에서 3항로에는 「指赤間關(赤間關을 가리킴)」, 「指出雲州(出雲州를
가리킴)」, 「指岐世渡浦(岐世渡浦를 가리킴)」라는 注記가 있으며, 長門國
赤間關을 거쳐 瀨戸內海로 가는 루트, 出雲을 경유하는 일본해 루트, 壹
岐世渡(瀨戸)浦에서 對馬를 거쳐 조선 三浦에 이르는 조선도해 루트의 존
재를 나타내고 있다. 또 注記는 없지만 上松浦로 가는 항로도 흰 선으로
기록되어 있다. 북부 九州에서 壹岐에 이르는 항로는 博多에서 世渡(瀨戸)
浦를 경유하여 風本(勝本)浦에 이르는 루트와, 上松浦에서 毛都伊(本居)
浦를 거쳐 風本浦에 이르는 루트가 있었다(「日本國一岐島之圖」). 전자는
외교사절도 자주 이용했던 공적인 루트이며, 후자는 松浦黨 등이 이용했던
일상적인 루트라고 생각된다. 風本浦에서는 對馬의 訓羅串(船越＝ 현재
對馬市 美津島町 小船越)으로 도항하고, 최북단의 完尼老浦(鰐浦)를 거쳐
서 三浦로 건너간다. 외교사절이라면 佐賀(현재 對馬市 峰町 佐賀)나 府
內(현재 對馬市 嚴原町)에서 宗氏가 발행하는 文引(도항증명서)을 입수할
필요가 있었다.

「日本國對馬島之圖」에서는 또 하나의 조선도해 루트가 기록되어 있다.
그 길은 訓羅串의 반대쪽 해안에서 淺茅灣을 거쳐, 「指乃而浦(乃而浦를
가리킴)」라고 注記되어 있는 것처럼 薺浦(乃而浦)에 이르는 루트이다. 현
재의 小船越에 가면 對馬의 동해안에 있는 小船越 항구에서 작은 통로를
통과하면 바로 「西漕手」라고 부르는 淺茅灣의 동쪽 끝이 나온다. 즉 이 지
도가 기록된 기점은 對馬 동쪽 해안의 訓羅串이라고 해석할 수 있다. 조일
양국을 왕래하는 외교사절이 이 서해안 루트를 통과했다는 사료는 없다. 그
러나 訓羅串(船越)과 尾崎라고 하는 淺茅灣의 동서 출입구는 바다의 호족
早田氏가 모두 막고 있었으며, 尾崎 방면에서는 三浦의 亂(1510년)이나 蛇
梁의 變(1544년) 때는 병선이 조선으로 건너갔다. 동해안 루트가 공적인 루

트라면 서해안 루트는 일상적인 교역루트라고 할 수 있다. 15세기 후반의
尾崎 주변에는 조선·對馬·九州를 연결하는 교역루트에서 활동하는 廻船
이 존재하였다.15)

　다음으로 九州에서 琉球로 건너가는 루트를 살펴보자. 上松浦에서 九州
서해안을 따라 남하하고, 坊津을 거쳐 섬에서 섬을 따라 大島(奄美大島)를
경유하여 琉球의 那波(那覇)에 이르는 루트와, 平戶 부근에서 직접 동지나
해를 종단하여 大島로 가고, 그곳에서 섬을 따라 琉球·那波에 이르는 루트
가 있다. 여기서 앞에서 기록한 道安의 말을 상기하면, 전자가 통상의 항로
이며, 후자는 島津氏가 琉球 渡海를 방해하기 시작한 뒤부터의 항로라는
것을 알 수 있다. 당시 동지나해를 縱斷해서 항해한다는 것은 매우 어려운
항해였다고 생각되며, 道安이 「매우 難苦하다」고 말한 이유도 잘 이해할
수 있다. 이 「日本國西海道九州之圖」에는 道安의 말이 그대로 시각화되
어 있는 것이다. 道安이 예조에 제시했던 것은 「博多·薩摩·琉球相距地
圖」이며, 『海東諸國紀』에 수록된 지도 중에서도 「日本國西海道九州之
圖」와 「琉球國之圖」의 2점은 道安의 색채가 가장 강한 부분이다.

　이 2점의 지도에는 거리가 자세히 기록되어 있는 점에서도 주목된다. 예
를 들면 坊津에서 大島로 가는 중계점으로 그려져 있는 惠羅式(永良部島)
부분에는 「去上松浦一百六十五里, 去大島一百四十五里, 去硫黃島二十
七里」라고 되어 있다. 惠羅式으로 가는 거리는 上松浦에서 165리, 大島에
서 145리, 硫黃島에서 27리라는 것이다. 上松浦에서 硫黃島까지의 거리는
138리이므로 숫자의 조리가 맞고, 上松浦에서 大島까지의 거리는 313리라
는 것이 된다. 이 313리라는 어중간한 숫자가 사실은 중요한 의미를 가지고
있다. 小崎惠羅式島(沖永良部島)에서 上松浦까지 370리, 琉球까지가 40
리이며, 惠平也島(伊平屋島)에서 上松浦까지가 390리, 琉球까지 20리라고
기록되어 있으므로 上松浦에서 琉球까지의 거리는 410리로 산출된다는 것

---

15) 佐伯弘次, 「國內外流通の據点としての對馬」(『中世都市硏究』 10호, 2004년).

을 알 수 있다. 이처럼 북부 九州에서 琉球에 이르는 항로로서 博多 - 上松
浦 - 薩摩(坊津) - 奄美大島 - 琉球라는 해상루트가 선과 숫자로 표시되어
있는 것이다. 특히 上松浦와 大島가 루트상의 거점으로 기록되어 있는 것
이 특색이다. 上松浦가 기점이 된 것은 중세의 上松浦가 교통상의 중요한
거점이었기 때문이라고 한다.16)


## 3. 『海東諸國紀』 日本·琉球圖와 『琉球國圖』

최근 주목을 받고 있는 沖繩縣立博物館 소장 「琉球國圖」는 元祿 9년
(1696)에 福岡 藩士가 모사한 琉球國 지도이다. 『海東諸國紀』에 수록된
지도와 「琉球國圖」를 비교하면, 후자는 전자의 「日本國西海道九州之圖」
아랫 부분의 절반과 「琉球國之圖」 전체를 합친 범위를 그렸으며, 구도상으
로도 선박의 항로와 지명·거리 등의 기재내용도 매우 비슷하고, 양자가 원
래 가까운 관계에 있다는 것을 알 수 있다. 『海東諸國紀』에 수록된 지도
중 九州에서 琉球에 걸친 부분은 道安의 색채가 강하며, 道安이 1453년에
헌상했던 지도가 原圖가 되었다고 생각된다. 「琉球國圖」에 이 지도와 일치
하는 부분이 많다는 것은 「琉球國圖」 역시 道安이 헌상한 지도와 깊은 관
계가 있다는 것이 된다. 이것을 먼저 확인해 두고 싶다.

양자의 기재내용을 비교하면, 일치하는 부분과 일치하지 않는 부분이 있
다.17) 특히 시각적으로 눈에 띄는 상이점은 산을 그리는 방식과 바다를 그
리는 방식이다.

『海東諸國紀』가 산, 특히 산맥을 V자를 겹친 형태로 묘사한 것에 비하
여 「琉球國圖」는 통상의 산의 모습으로 채색해서 그리고 있다. 또한 전자

---

16) 村井章介, 『東アジアのなかの日本文化』(放送大學敎育振興會, 2005년, 123쪽)
17) 앞의 주 2)의 세 번째 논문에서는 모두 두 지도의 기재내용을 비교하고 있다.

가 바다 전체를 물결 형태로 조밀하게 표현한 것에 비하여, 후자는 일부만
물결 모양으로 표현했을 뿐이다. 전자의 산을 그리는 방법은 일본의 중세
지도에서는 볼 수 없는 형식이며, 조선식 묘사법이라고 생각된다.[18] 또 전
자의 바다를 그리는 방식은, 예를 들면 『新續東國輿地勝覽』에 수록된 지
도 작성법과 전적으로 동일하며, 이것 역시 조선식 묘사법이다. 요컨대 매
우 유사한 두 지도이지만, 조선 서적에 수록된 전자와 일본에 전래된 후자
에서는 표현법에 크게 차이가 있는 것이다. 道安이 헌상했던 지도는 당연히
일본식으로 묘사되었다고 생각할 수 있기 때문에, 바다·산의 묘사법에서 보
는 한 「琉球國圖」 쪽이 道安이 헌상했던 지도와 유사한 것이 된다.

또한 문자로 기재된 내용도 일치하는 부분과 전혀 일치하지 않는 부분이
있다. 種子島 부분을 예로 들면, 『海東諸國紀』에서는 「去上松(浦)一百七
十五里, 去大島一百五十五里」라고 되어 있는데 비하여, 「琉球國圖」에는
「自博多百七十七里, 至大島百五十五里」라고 기록되어 있다. 전자는 上
松浦가 기점이지만 후자는 博多가 기점이 되어 있는 것이다. 양자의 기록
내용을 비교하면 그 원칙은 일관되게 博多와 上松浦의 관되를 기계적으로
2리로 계산하고 있다. 이것은 어떤 이유 때문일까?

몇 가지 가능성이 있는데, 우선 ①처음부터 博多 기점과 上松浦를 기점
으로 하는 두 종류의 지도가 있었다, ②上松浦 기점의 지도가 처음에 만들
어지고, 나중에 博多 기점의 거리로 수정한 지도가 만들어졌다, ③博多 기
점의 지도가 처음 만들어지고, 나중에 上松浦 기점으로 수정된 지도가 만
들어졌다는 세 종류의 해석이 가능하다.

먼저 ①의 가능성인데, 道安이든 다른 사람이든 두 종류의 지도를 만들
필요는 없으며 가능성은 희박하다. 앞에서 바다·산을 그리는 방식으로 보아
「琉球國圖」 쪽이 道安이 헌상했던 오리지널에 가깝다는 것을 지적하였다.
이들 거리는 道安이 기록했을 가능성이 높으며, 道安이 조선에 헌상했던

---

18) 『古地圖』 54·64쪽(韓國國立中央博物館, 2005년)에 비슷한 표현이 있다.

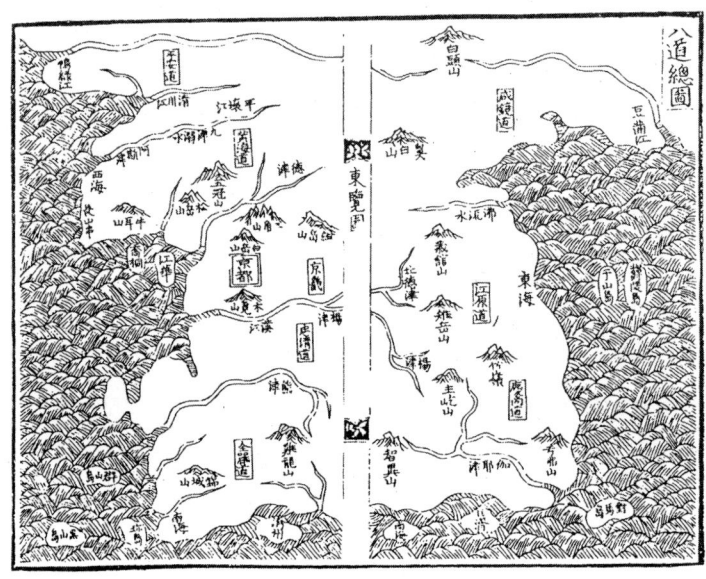

그림 3. 『新續東國輿地勝覽』 八道總圖

지도는 「博多·薩摩·琉球相距地圖」라고 기록했다는 점에서 博多 기점의 「琉球國圖」 쪽이 道安이 헌상했던 지도에 부합한다. 요컨대 ③이 정답이 라는 것이 된다.

그렇다면 오리지널은 博多를 기점으로 기록했는데, 『海東諸國紀』에서는 왜 上松浦 기점으로 수정했는지 거듭 문제가 된다. 그것은 『海東諸國紀』 자체에 博多 기점이 아니라 上松浦 기점이 아니면 안 되는 이유가 있었다 고 생각하지 않을 수 없다. 그러한 관점에서 『海東諸國紀』를 보면 「琉球 國紀」의 기사가 주목된다. 그 중의 「道路里程」에는 조선에서 琉球까지의 行程이 기록되어 있다. 그것을 보도록 하자.

朝鮮·富山浦→(四八里) 對馬島·都伊沙只(豊崎)→(一九里) 對馬·船越浦→ (四八里) 一岐島·風本浦(勝本)→(五里) 一岐島·毛都伊浦(本居)→(一三里) 肥前 州·上松浦(一六五里) 惠羅式(永良部)→(一四五里) 大島(奄美大島)→(三〇里)

度九島(德之島)→(五五里) 興論島(與論)→(一五里) 琉球國都(都計五四三里)

여기에는 道安 등 博多 상인이 통상 지나가는 조선 三浦→對馬→壹岐→博多→薩摩→琉球라고 하는 도항 루트가 아니라, 博多를 경유하지 않고 壹岐에서 직접 上松浦로 건너가는 루트가 기록되어 있는 것이다. 博多를 경유할 필요가 없으면 이 루트가 가장 짧은 루트였다. 이 里數의 기록은 『海東諸國紀』「琉球國之圖」의 里數와 전적으로 일치한다. 『海東諸國紀』의 기재가 博多 기점에서 上松浦 기점으로 수정된 것은 본문에서 도로 里數가 이와 같이 기록되어, 道安의 博多 기점의 里數와 맞지 않게 되었기 때문이라고 추정된다. 이 때문에 신숙주는 博多 기점을 上松浦 기점으로 바꾸고, 里數도 기계적으로 2리를 뺐던 것이다. 「琉球國圖」의 里數도 博多와 上松浦의 거리를 2리로 계산하면 정확하게 일치한다.

博多-上松浦 사이를 2리(약 8킬로미터)로 환산하고 있는 점에도 주목해야 한다. 博多와 唐津사이는 직선거리로 약 40킬로미터(10리)이다. 현지의 지리적 관계를 잘 아는 사람은 이렇게 환산하지는 않을 것이다. 이것도 博多에서 上松浦로 바꾸어 쓴 것인데, 현지의 지리적 관계를 잘 알지 못하는 자, 즉 조선 관인이 기계적으로 계산했다는 것을 방증하고 있다. 지도의 내용이 『海東諸國紀』 본문의 기사와 깊은 관련이 있기 때문에, 본문과 지도의 내용을 통일하기 위하여 『海東諸國紀』를 편찬할 때 道安의 지도에 수정을 가했던 것으로 생각할 수 있다.

## 맺음말

이상과 같이 생각하면, 「琉球國圖」는 元祿 시대의 복사이기는 하지만, 道安이 헌상했던 「博多·薩摩·琉球相距地圖」의 실태를 보여주는 대단히 귀중한 지도라고 자리매김할 수 있다. 이 지도에는 墨書가 있어서 대략적인 작성 경위는 알 수 있지만, 유감스럽게도 어떤 지도를 기초로 작성된 것인지 불분명하다. 道安의 지도와 깊은 관련이 있다는 점에서 博多 내지 福岡 부근에서 모사되었을 가능성이 높다고 생각되지만 자세한 것은 알 수 없다. 그러나 道安이 조선에 헌상했던 지도와 동일한 것이 元祿 연간까지 국내에 전래되었다는 것은 확실할 것이다.

이 「琉球國圖」는 元祿 연간에 어디에 어떠한 형태로 남아 있었던 것일까? 그 소장자는 15세기 후반에 琉球·조선무역에서 활약했던 博多상인 道安과 어떻게 연결되어 있었을까? 薩摩·大隅의 이북 부분은 어떠한 것이었을까? 모두 그 실마리가 발견될 것을 기대하며 본고를 끝맺겠다.

[付記]
「琉球國圖」의 사진 게재에 대해서는 沖繩縣立博物館의 각별한 배려가 있었다. 감사의 뜻을 표한다.

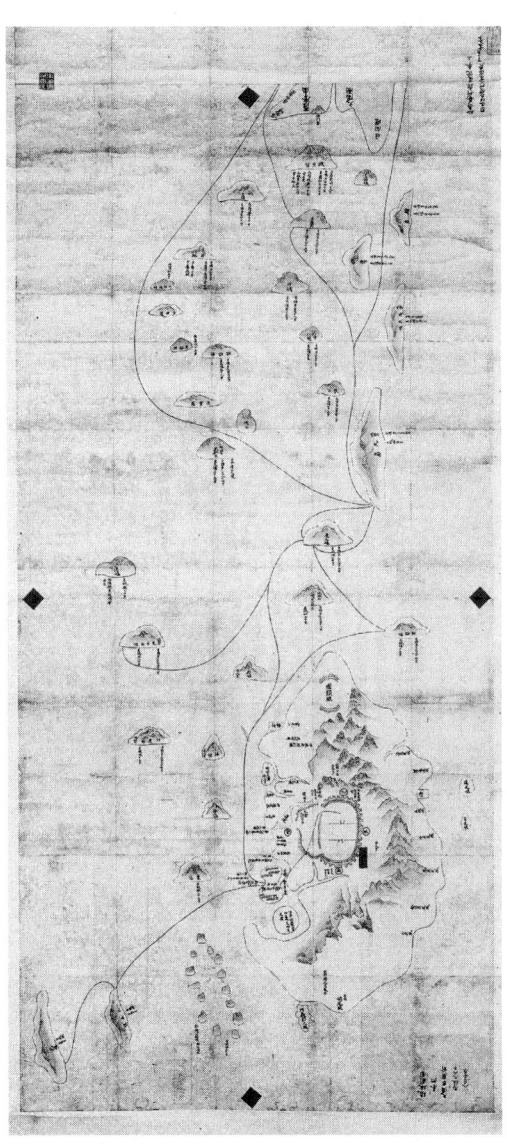

그림 4. 「琉球國圖」(沖繩縣立博物館所藏)

# 제2절 對馬宗家文書의 중세사료

## 들어가는 글

　長崎縣立對馬歷史民俗資料館의 宗家文書에는 다수의 근세·근대문서, 和書, 漢籍이 있다. 그 주체는 근세의 藩政史料이며, 일기 3379책, 기록류 22685책은 이미 정리·공개되었지만, 약 4만점 정도의 書簡類는 아직도 정리가 끝나지 않았다. 그밖에도 宗家文書는 근대 이후 여러 곳으로 유출되어 현재 宗家文庫 외에 東京大學史料編纂所, 국립국회도서관, 게이오대학도서관, 동경국립박물관, 문화청, 대한민국 국사편찬위원회 등에도 소장되어 있다.[1] 이들 사료를 종합해도 근세 藩政史料가 宗家文書의 주체인 것은 변함이 없다. 이러한 藩政史料에 섞여서 전체로 보자면 약간이기는 하지만, 양적으로는 상당한 분량의 중세사료가 존재한다. 본고에서는 宗家文書 속에 존재하는 중세사료를 추출하여 그 소개를 하고자 한다. 학계에도 알려진 「宗家御判物寫」에 관해서는 1점마다 목록을 제시하고, 伝本의 상호관계를 표시하겠다. 아울러서 그 사료들의 근세에서 현대에 이르는 전래과정을 추구함으로써 宗家文書의 정리·보관과 이동의 역사의 일부를 밝혀보겠다. 그 작업은 宗家文書史 뿐만 아니라 근세에서 근대에 걸친 大名文書史의 한 단면이 되기도 한다고 생각한다.

---

1) 田代和生, 「『對馬宗家文書』について」(『마이크로필름版對馬宗家文書 第Ⅰ期 朝鮮通信使記錄 別册上』ゆまに書房, 1998) ; 佐伯弘次, 「宗家文書漂流關係史料目錄解題」(平成八年度科學硏究費補助金硏究成果報告書, 『漂流·漂着からみた環東シナ海の國際交流』 1997년).

## 1. 宗氏의 中世家文書

對馬는 중세문서의 寶庫라고 하는데, 宗氏의 家文書는 享祿 원년(1528) 宗盛治의 난으로 居館·池館이 소실되었을 때 함께 소실되었다고 한다. 그러나 享祿 원년 이후의 家文書도 전하는 것이 별로 없기 때문에 豊臣期 이전의 家文書는 여러 차례에 걸친 화재나 전란 등으로 소실·분실된 것으로 생각할 수 있다.

對馬宗家文庫에는 중세의 原文書는 없다. 그러나 예전의 宗家文書에는 중세文書의 원본이 존재한다. 武田勝藏氏가 전쟁 전에 소개했던 것이 있으므로 2) 거기에서 인용하겠다.

A. 大內義隆書狀
爲乘福寺建立, 至朝鮮國差渡德雲軒候, 每時被副心候者, 可爲喜悅候也, 恐々謹言,
　　　十二月二十六日　　　大宰大貳義隆 (花押)
謹上　　宗讚岐守殿(晴康)

B 足利義昭御內書
義之字並官途事申間, 任言上, 差下大館兵部少輔候, 次大鷹所望條, 可然 若鷹令到來者, 可喜悅, 仍小袖·小鞍一口作紋桐/梨地遣之, 猶昭光可申候也,(眞木島)
　　　七月廿一日　　　　　　　　(花押)(足利義昭)
　　　宗刑部太輔とのへ

C 足利義昭御內書
就宗彥七望儀, 差下大館兵部少輔候, 仍大鷹所望由申遣條, 若鷹到來樣 馳走可悅喜, 猶昭光可申候也,
　　　七月廿一日　　　　　　　　(花押)(足利義昭)

---

2) 武田勝藏, 「宗家文書の中より」(『史學』 五-三, 1926년).

　　　　佐須彦十郎とのへ

　D　日高喜書狀
　　御書忝頂戴仕候, 抑上松浦表江御使者被仰付候之條, 賀部島迄小船送申候, 何時茂相當之御用等可被仰聞候, 此由可預御披露候, 誠恐誠惶謹言,

　　　　林鍾三日　　　　　　　甲斐守喜 (花押)
　　　　　　　　　　　　　　　　　　(日高)
　　　　進上　佐須彦十郎殿

　E　日高勝秀書狀
　　畏而言上仕候, 抑就御弓箭立柄, 不顧私慮, 愚意分御老中迄申上候之處, 被成一鷗樣御納得之由被仰下候, 播面目候, 此之謂道可親子江申聞候之處, 誠欣悅無極之通被申事候, 就夫神岡山法印被差渡候, 彌以御分別, 向後御深甚之御返事可目出候, 隨而白砂糖五十斤, 茶碗五束進上仕候, 奉表御祝言計候, 此旨被伺御氣色, 可然樣可預御披露候, 誠恐誠惶謹言,

　　　　十月十八日　　　　　　信介勝秀 (花押)
　　　　進上　佐須兵部少輔殿
　　　　　　　　　　人々御中

　F　松浦道可書狀
　　　　從是以一人, 万々可遂御礼候,
　　如仰舊冬以神間法印, 互二可申承之地盤, 顯神文申入候之處, 預御懇報候, 懃悅至極候, 自今已後, 兩島無二万代不易可申談候, 殊唯今御使僧以長壽院, 御心底之通細碎承候, 畏入存候, 將亦鷹一居·太刀一腰持被掛御意, 自愛此事候, 猶細々御使僧可爲御演說候條, 令省略候, 恐々謹言,
　　　　　　　　　　　　　　　　(松浦隆信)
　　　　四月二日　　　　　　　道可 (花押)
　　　　宗刑部大輔殿
　　　　　　參御返報

　이 6통의 중세문서는 宗氏와 주변의 大名, 무로마치 막부와의 교류를 말해 주는 사료인데 현존 유무는 불분명하다. 근세 고문서·기록류의 收藏目錄인「御系圖御長持御書物目錄」3)에는「一, 將軍義昭公より義調公江之

　3)『宗家文庫史料目錄 記錄類Ⅲ』(嚴原町敎育委員會, 1988년), 21書籍目錄47.

御書壹通井佐須彦十郎江被成下候御書壹通」,「一, 太宰大貳大內義隆よ
り讚岐守晴康樣へ來り候御狀一通」,「一, 壹州之領主道可与御入魂被仰
合候御狀三通」이라는 기술이 있다. 각각 B·C, A, D~F의 사료에 해당한다.
즉 宗家 전래의 중세문서는 근세에는 家譜·秀吉文書·家康을 비롯한 역대
將軍判物·『海東諸國紀』 등의 가장 중요한 사료와 함께 「御系圖長持」에
수록되어 있는 것이 판명되었다.

   宗家文庫에는 근세에 성립한 「小番帳寫」 2책[4]이 있다. 그 첫머리에 永
正 5년(1508)의 「定壹晝夜番之事」라는 제목의 문서가 있다. 이 문서는 明
治期의 사본인 「永正五年龍龍院殿之時小番帳」[5]에도 수록되어 있다. 龍
源院이란 戰國時代의 對馬島主 宗義盛(初名 盛順)이다. 양자는 동일한
사료이지만, 문언에 약간의 차이가 있다. 성립이 빠른 전자를 底本으로 하
고, 후자에 약간의 문언을 보충하여 소개하겠다.


定                        (宗盛順)
                         (花押影)
壹晝夜番之事次第/不同
一番                         宗伊豆守
                    宗安房守
二番                         宗下總守
                    宗進士允
三番                         中原修理進
                    清水右馬助
四番                         宗大和守
                    宗織部佐
五番                         薦野淡路守
                    森戶勘解由左衛門尉
六番                         唐坊肥前守
                    藤佐藤兵衛尉

---

 4) 『宗家文庫史料目錄 記錄類Ⅲ』 18与頭關係 / D家中奉公 / ⑤番方1~2.
 5) 『宗家文庫史料目錄 記錄類Ⅳ』(嚴原町敎育委員會, 1990년) 近代Ⅰ歷史21.

| | |
|---|---|
| 七番 | 立石長門守 |
| | 津江右馬五郎 |
| 八番 | 黑木兵庫助 |
| | 津原木工左衛門尉 |
| 九番 | 小田宮內大輔 |
| | 薦野三郎次郎 |
| 十番 | 俵佐渡守 |
| | 中原彦五郎 |
| 十一番 | 立石平左衛門尉 |
| | 小林神左衛門尉 |
| 十二番 | 梅野和泉守 |
| | 平田彦三郎 |
| 十三番 | 島屋隱岐守 |
| | 內山玄蕃允 |
| 十四番 | 津原右衛門尉 |
| | 立石彦五郎 |
| 十五番 | 古川山城守 |
| | 宗采女正 |
| 十六番 | 宗右馬允 |
| | 宗次郎太郎 |
| 十七番 | 俵帶万丞 |
| | 村山彌八郎 |
| 十八番 | 宗大膳亮 |
| | 俵式部少輔 |
| 十九番 | 宗彦三郎 |
| | 饗場彦七郎 |
| 廿番 | 河野平左衛門尉 |
| | 宗彌次郎 |
| 廿一番 | 宗常陸守 |
| | 宗彦右衛門尉 |

右, 無懈怠可被相勤者也,
永正五年戊辰正月一日

永正 5년 정월 1일, 도주 宗盛順이 「一晝夜番」을 정하고, 21번까지 家臣을 편성한 것이다. 이 「一晝夜番」이란 島主館의 一晝夜 경호일 것이다. 『海東諸國紀』(1471 성립) 對馬州에도 「(도내의 무사들은) 3조로 편성되어 7일마다 교대로 도주의 집을 지키고 있다」고 기록되어 있으며, 文明 8년 對馬에 온 조선사절 金自貞도 「소속 무사를 5番으로 나누고, 각 番은 8~9명이다. 스스로 식량을 준비하여 5일 교대로 근무하면서 명령에 대비하고 있다」고 기록했다.6) 이러한 對馬 8郡의 무사들이 각 조에 편성되어 島主館을 경호한다는 文明期의 제도에 더하여 永正期가 되면 21조로 편성한 경호가 실시되기에 이른다. 이 사료에 보이는 中原·唐坊·立石·津江·平田·古川 등 여러 성씨는 근세의 상급 城下 사족이 되어 가는 집안이며, 宗氏의 直臣団이라고 할 수도 있는 존재가 되어 간다. 이 사료는 戰國大名 宗氏의 家臣団法이며, 宗氏 直臣団의 형성과정을 검토함에 있어서 중요한 사료가 될 것이다.

동경국립박물관 소장 德川宗敬 기증본 속에 宗家 舊藏 사료가 포함되어 있다. 그 중에 「家康公命和睦朝鮮對馬送使約條相定次第幷對馬私記」(表書札方, 2책)7)이 있다. 이것은 對馬藩이 國元에 있는 同書를 복사하여, 弘化 4년(1847) 9월 江戸藩邸로 보낸 것이다. 본서의 親本은 宗家文庫에는 현존하지 않는다.

본서는 戰國期에서 근세에 이르는 조선 관계사료를 다수 포함하고 있다. 그 중에 義調 시대의 吹擧의 文例가 기록되어 있다. 吹擧란 文引이라고도 하며, 조선의 위탁을 받아 조선으로 건너가는 일본인 사절에게 宗氏가 발행했던 도항증명서이다. 「國王殿吹擧」, 즉 日本國王使(將軍 足利氏의 사자)에 대한 文引의 文例를 보자.

---

6) 『성종실록』 7년(1476) 7월 정묘조. 佐伯弘次, 「國境の中世交渉史」(『海と列島 文化 玄界灘の島々』, 小學館, 1990년) 참조.
7) 『藏書目錄(和書2)』(東京國立博物館, 1957년)과 7443.

　　　對馬州太守　平朝臣宗　　義調　謹呈
　　　上
　朝鮮國禮曹大人足下
　　共惟
　　日本國王　今歲遣聘所騎大船也,
　進上　登用者多幸,　恐憧不宣,
　　年号　平朝臣宗　　義調

　義調 때의 일본국왕사는 宗氏가 꾸민 僞使였기 때문에 실질적으로는 對
馬島 내부의 사람에게 발행된 文引이었다. 그러나 宗氏가 발행한 文引 원
본은 현존하지 않으며, 중세의 文引 형식을 보여주는 귀중한 文例라고 할
수 있다.


## 2. 「宗家御判物写」

　「宗家御判物寫」는 對馬藩이 藩內의 御判物을 수차례에 걸쳐서 쓴 것
이다.「御判寫」,「御判形之寫」,「御判物帳」,「御判物寫帳」,「御舊判控」,
「御判物控」등 여러 가지 명칭이 많지만, 여기서는「宗家御判物寫」또는
「御判物寫」라고 칭하겠다.「宗家御判物寫」의 개요에 대해서는 竹内理三
씨[8], 黑田省三씨[9]가 이미 지적하였고,『長崎縣史 史料編第一』[10]에 일부
가 활자화되었으므로 학계에도 알려졌다. 또「宗家御判物寫」는 延寶 2년
(1674)·貞享 4년(1678)·寶永 6년(1707)·享保 8년(1723)·文化 11년(1814)
등 여러 차례에 걸쳐서 편찬했던 점[11], 복사 상태는 그다지 좋지 않고, 문서

---

8) 竹内理三, 「對馬の古文書－慶長以前の御判物－」(『九州文化史研究所紀要』
　　一, 1951년).
 9) 黑田省三, 「『宗家判物寫』管見」(『國士舘大學創立五十周年記念論文集』1967년).
10) 吉川弘文館, 1963년.
11) 竹内理三, 주 8) 논문.

원본과 비교할 때 문자에도 문제가 있다는 점12)이 이미 지적되었다. 그러나 宗家文庫와 그 이외의 장소에 몇 책의 「御判物寫」가 존재하는지, 그리고 상호관계는 어떠한지, 이런 점에 대해서는 잘 알려지지 않은 형편이다.

## (1) 對馬宗家文庫本

宗家文庫 사료목록에는 152점의 「御判物」이 목록화되어 있다.13) 그러나 그 중에는 「御判物被下候帳」(万治 1~4년)처럼 근세의 藩主가 가신에게 발급했던 判物의 부본(控)이 다수 포함되어 있다. 이들은 「宗家御判物寫」와는 성격이 전혀 다른 사료이다. 또 明治 이후에 작성된 문서 사본도 다수 있지만, 이것 또한 「宗家御判物寫」는 아니다. 이처럼 성격을 달리하는 사료를 제외한 「宗家御判物寫」의 목록은 다음과 같다(번호는 목록번호, *는 追錄, [ ]는 仮題).

5 「御判形之寫　町六十人中」(延寶 2년)
6 「御判形之寫　町六十人中」(延寶 2년)
7 「御判形之寫　町六十人中」(延寶 2년)
8 「御判形之寫　町中」(延寶 2년)
9 「御判形之寫　町中」(延寶 2년)
10 「与良郡府內八幡社中」 ○洲藻村·尾崎村·黑瀨村·加志村
11 「酘豆郡 永去寺·金剛院·耕月庵」
12 「酘豆郡」 ○酘豆村
13 「社家 府內·慶知·黑瀨·木坂·賀志·竹浦·尾崎·志多留」(貞享 4년)

12) 黑田省三, 주 9) 논문.
13) 『宗家文庫史料目錄 記錄類Ⅱ』(嚴原町敎育委員會, 1985년).

14 「豊崎郡, 大浦村·河內村·西津屋村」

15 「伊奈郡 伊奈村·越高村·味噌村·犬賀村·茂木村」

16 「伊奈郡 下樫嶽村·下里村·餇所村·中久留須村·瀨田村」

17 「伊奈郡 伊奈村·小鹿村」

18 「伊奈郡 女連村·一夜村·久原村·葦見村」

19 「峰郡 吉田村」

20 「峰郡 笠村·口江村·狩尾村·靑見村·佐賀村」

21 「峰郡 小峰村」

22 「峰郡 木坂村」(表紙毀)

23 「仁位郡 佐志賀村·鑓川村·佐保村·大津奈村·小津奈村」

24 「仁位郡 曾村·田村·海船村」

25 「仁位郡 仁位村·多田村·貝口村·小千尋藻村·大千尋藻村」

31 [仁位郡御判物寫] (表紙 결락) (貞享 4년) ○廻村·唐洲村·嵯峨村·
   志多浦村

26 「与良郡 小山村·小船越村·吉野浦村·橫浦村·賀谷村·畵浦·見方村·
   福貴崎村」

27 「与良郡 洲藻村·加志村·慶知村·根緒村·尾崎村」

28 「与良郡 內院村·久和村·內山村·久田村」

29 「佐須郡 阿連村·今里村·久根村·瀨村」

30 「佐須郡 樫根村·下原村·小茂田村·椎根村」

61 [御舊判控 佐須郡 椎根村·後突村·久根村·阿連村·小茂田村·樫根
   村·久根浜村] (貞享 4년)

32 「對州八郡寺社御判物寫帳」(貞享 4년)

33 「府內山伏法者御判物帳」

34 「步行御判物帳」

35 「集御判物帳」

36 「町人御判物帳」 ○府內

37 「府內大工御判物帳」

44 「府內田舍寺社所持之御判物幷執權より之御奉書之寫」(寶永 6년)

50 「給人寺社足輕百姓御判物寫 豊崎鄕」(享保 8년) ○大浦村·鰐浦
村·豊村·泉村·西泊村

51 「給人百姓御判物寫帳 豊崎鄕」(享保 8년) ○古里村·網代村·比田
勝村·富浦村·唐舟志村·浜久須村·大增村·舟志村·五根緖村

52 「給人足輕百姓御判物寫 豊崎鄕」(享保 8년) ○西津屋村·河內村

53 「御判物寫帳 伊奈鄕」(享保 8년) ○伊奈村·琴村·志多留村

54 [御判物寫 伊奈鄕] (前 결락) (享保 8년) ○小鹿村·鹿見村·葦見村·
伊奈村·一重村·志多留村·刈生村·越高村·御園村·伊奈村·瀨田村·
下里村·飼所村

55 「三根鄕給人寺社足輕百姓御代々御判物寫」(享保 8년) ○佐賀村·
櫛村·吉田村·賀佐村·狩尾村·木坂村

56 「佐護鄕給人寺社足輕百姓御判物寫」(享保 8년)

57 [仁位鄕給人寺社足輕百姓御判物寫 一] ○仁位村

58 [仁位鄕給人寺社足輕百姓御判物寫 二] ○仁位村

59 [仁位鄕給人寺社足輕百姓御判物寫 三] ○曾村·廻村·大綱村·貝口
村·卯麥村·唐洲村·貝鮒村·佐保村·佐志賀村·嵯峨村·田村

60 [仁位鄕給人寺社足輕百姓御判物寫 四] ○田村·小網村·千尋藻村·
鑓川村·志多浦村·銘村

61 [御判物寫 与良鄕 ○女連村·賀谷村·洲藻村·大船越村·小船越村·
尾崎村·畫浦村·加志村·內山村·黑瀬村·竹敷村·与良內院村·久和
村·大山村·鷄知村·芦浦村

84 「給人幷寺社足輕百姓御代々御判物寫帳」(文化 11년)

91 「御舊判控 豊崎鄕」 ○河內村

*46 「御舊判控 豊崎鄕」 ○唐舟志村·舟志村·久須村·大增村·五根緒村

*47 「御舊判控 豊崎鄕」 ○比田勝村·網代村·古里村·西泊村·豊村·泉村·鰐浦村

*39 「御舊判控 佐護鄕」 ○深山村·惠古村·友谷村·仁田村·井口村·久須村·佐須奈村·佐護村·湊村

92 「御舊判控 伊奈鄕」 ○琴村·小鹿村

93 「御舊判控 伊奈鄕」 ○女連村·一夜村·久原村·葦見村

94 「御舊判控 伊奈鄕」 ○下樫嶺村·下里村·貝所村·中久留須村·瀨田村

95 「御舊判控 伊奈鄕」 ○伊奈村·越高村·味噌村·犬賀村·茂木村

96 「御舊判控 伊奈鄕」 ○志多留村·狩獵村

97 「御舊判控 伊奈鄕」 ○鹿見村

*48 「御舊判控 峰鄕」 ○笠村·口江村·狩尾村·靑見村·佐賀村

*49 「御舊判控 峰鄕」 ○木坂村

*50 「御舊判控 峰鄕」 ○吉田村

*51 「御舊判控 峰鄕」 ○志多賀村

*52 「御舊判控 峰鄕」 ○小峰村

*35 「御舊判控 仁位郡」 ○仁位村·多田村·貝口村·小千尋藻·大千尋藻

*36 「御舊判控 仁位郡」 ○佐志賀村·鑓川村·佐保村·大津奈村·小津奈村

*37 「御舊判控 仁位郡」 ○廻村·唐洲村·嵯峨村·下之村·荷船村·有麥村·奴賀村

*38 「御舊判控 仁位郡」 ○曾村·田村·海船村

*40 「御舊判控 与良鄕」 ○小山村·小船越村·吉野浦村·橫浦村·賀谷村·晝浦村·見方村·福貴崎村

*41 「御舊判控 与良鄕」 ○洲藻村·加志村·慶知村·根緒村·尾崎村

*42 「御舊判控 与良鄕」 ○內院村·久和村·內山村·久田村

*43 「御舊判控 与良鄕」 ○社家

*44 「御舊判控 佐須鄕」 ○樫根村·下原村·小茂田村·椎根村

*45 「御舊判控 佐須鄕」 ○阿連村·今里村·久根村·瀨村

  98 「御舊判控 酘豆鄕」 ○酘豆村

  99 「御舊判控 酘豆鄕」 ○永泉寺·金剛院·耕月庵

100 「御馬廻御判物控 壹」

101 「御馬廻御判物控 貳」

102 「御馬廻御判物控 四」

103 「御馬廻御判物控 五」

104 「御馬廻御判物控 六」

105 「御馬廻御判物控 七」

106 「大小姓御判物控」

*31 「御徒士御判物控」

107 「六拾人御判物控 壹」

108 「六拾人御判物控 貳」

109 「与良郡社家」

110 「寺社御判物帳」

*57 「享祿年迄馬廻御判物帳」


　이상의 88책이 宗家文庫의 御判物寫이다. 단 1책은 표지만 있기 때문에 실질적으로는 87책이 된다. 5~9의 5책은 延寶 2년(1674) 書上의 府內 町人의 御判物寫이다. 10~37의 29책은 모두 같은 양식으로 貞享 4년(1678) 書上의 御判物寫이다. 단 29·30과 *61은 내용적으로 중복이 있으며, 본래는 동일 사본이었을 것이다. 44는 寶永 4년(1707)의 書上으로 1책만이 현존한다. 50~61의 12책은 享保 8년(1723) 書上의 御判物寫이다. 八鄕분 밖에 없지만 貞享書上보다도 필사가 바르고 또한 花押까지 모사하고 있는 점이 특색이다.

八鄕 중 佐須鄕·酘豆鄕 분은 현존하지 않는다. 또 현존하는 六鄕 분도 완전하게 남아 있는 것은 아니다. 84는 文化 11년(1814)의 書上으로 1책밖에 현존하지 않는다. *20은 근세 후기의 書上이다. 91~110의 39책은 같은 양식으로 天保 5년(1834)에 對馬藩 家老를 지낸 古川將監質寬이 藩의 「官庫」에 있던 御判物寫를 베낀 것이다. 明治 때 유출된 것을 향토사가 川本達이 구입하여 宗家文庫에 기증했다는 내력을 가지고 있다. 107·108의 「六拾人御判物控」 2책(延寶書上) 이외에는 전부 貞享書上이라고 생각할 수 있다. 대부분이 明治 43년(1910) 對馬의 향토사가 內野對琴이 필사한 취지를 기록한 奧書가 있다. 이것은 후술하는 「反故酒裏見」에 수록된 御判物寫와 짝을 이룬다.

이상 對馬에 현존하는 사료에 한정해서 볼 때, 對馬藩에 의한 「宗家御判物寫」의 편찬은 延寶 2년에 府內町人, 貞享 4년에 八鄕給人·百姓·寺社와 府內의 藩士·町人·寺社, 寶永 6년에 府內·八鄕의 寺社, 享保 8년에 八鄕의 給人·寺社·足輕·百姓, 文化 11년에 佐護鄕의 給人·寺社·足輕·百姓을 각각 대상으로 작성되었다는 것을 알 수 있다.

그 중에는 古川質寬의 필사본이나 「反故酒裏見」에 수록된 사본도 있으며, 貞享書上의 숫자가 가장 많다. 宗家文庫本 貞享書上의 많은 표지에는 「共二十八」이라는 문자가 적혀 있다. 이 28책이라는 숫자는 八鄕(八郡) 분의 御判物寫의 총수를 나타내고 있다. 「反故酒裏見」에 수록된 사본에 의하면 그 내역은 豊崎鄕(4冊)·佐護鄕(1冊)·伊奈鄕(6冊)·峰鄕(5冊)·仁位鄕(4冊)·与良鄕(4冊)·佐須鄕(2冊)·酘豆鄕(2冊)이다. 貞享書上은 22책(与良郡 府內 八幡社中 포함)이 있지만, 표지가 없는 1책과 佐須鄕의 중복된 1책을 제외하면 실질적으로 20책이 현존하는 것이 된다. 古川質寬 필사본과 「反故酒裏見」에는 합계 27책의 八鄕分이 복사되어 있고, 豊崎鄕 1책 분이 결본이다. 그러나 이 결본 1책은 貞享書上에 남아 있으며(사료번호 14),

양자를 합하면 貞享書上의 八鄕 분은 전부 있는 것이 된다.

　府內 분에 관해서는 馬廻(完本 7册)·大小姓(完本 1册)·徒士(步行)(完本 1册)가 있다. 馬廻는 古川質寬 필사본에 6책이 현존하고, 「反故迺裏見」에는 7책 전부가 복사되어 있다. 貞享書上에 步行 1책, 古川質寬 필사본과 「反故迺裏見」에 大小姓·徒士 각 1책 분이 현존한다. 따라서 古川質寬 필사본과 「反故迺裏見」를 합하면 藩士 분 합계 9책은 완비된 것이 된다. 또 藩士 이외로는 集·町人·大工·山伏法者의 것이 각 1책씩 貞享書上에 남아 있다.

　寺社 분에 대해서는 八鄕·府內의 분과 별도로 書寫된 것이 있고, 貞享書上에 社家(府內·八鄕)·八郡寺社의 것이 각 1책이 있으며, 古川質寬 필사본에 寺社 1책이 있다.

## (2) 內野對琴 「反故硒裏見」에 수록된 御判物寫

　「反故迺裏見」은 明治期 對馬의 향토사가 內野運之助(對琴)가 편찬한 對馬에 관한 자료집이다.[14] 현지에서 듣고 쓴 것이나 고문서의 사본을 다수 수록하고 있어서 귀중하다. 전부 26책이며, 제24책·25책의 2책이 결본이다. 그밖에 목록 등을 기록한 別卷 1책이 있다. 이들 전체 26책 중에는 원문서 외에 川本達이 소장하고 있던 古川質寬 필사본 「宗家御判物寫」를 필사하여 수록하고 있다. 이것은 對馬宗家文庫本의 古川質寬 필사본 奧

---

14) 宮崎五十騎, 「內野對琴編纂溫知視聽反故迺裏見について－實地踏査による 對馬のエンサイクロペディア的記錄－」(『文獻』 11, 1966년) ; 中村正夫, 「內野對琴著 『財部家編年略』」, 九州大學敎養部, 『社會科學論集』 9, 1969년) ; 同, 「對馬漁業聞書(1)～(3)」(『社會科學論集』 15·17·18, 1975～78년) ; 田中健夫, 「內野對琴と『反故迺裏見』」(同, 『前近代の國際交流と外交文書』, 吉川弘文館, 1996년, 초판은 1948년). 본고에서는 원본 및 長崎縣立圖書館 소장 마이크로필름(第二册地之卷·二十四册·二十五册 결본)에 의하였다.

書와 짝을 이루는 것이다.

　별권인「對馬故談舊蹟討査輯收筆記書反故洒裏見目錄」(內題는「對馬 古談舊蹟全集反故洒裏見目錄」)에는 각 책마다 목록이 제21책까지 기록되 어 있다. 이제부터「宗家御判物寫」를 발췌하여 살펴보겠다.


○第16冊 (張之卷)

「御馬廻御判物寫」 1~7 (全7冊)

「大小姓御判物寫」 全1冊

○第17冊 (寒之卷)

「御舊判控」仁位鄕 (4冊 중)

曾村·田村·貝鮒村·佐志賀村·鑓川村·佐保村·大綱村·小綱村

「御舊判控」与良鄕 (4冊 중)

小山村·畫浦村·吉ノ浦·橫浦·賀谷·箕形·吹崎·內院村·久和村

「御舊判控」三根鄕 (2冊 중)

賀嵯村·口江村·狩生村·靑見村·佐賀村·木坂村

「御舊判控」豊崎鄕 (全4冊 중 2冊)

河內村·比田勝村·網代村·古里村·西泊村·豊村·泉村·鰐浦村·富ヶ 浦村

○第18冊 (來之卷)

「御舊判寫」伊奈鄕 (6冊 중)

琴村·小鹿村

「御舊判控」佐護鄕 (全1冊)

深山村·惠古村·友谷村·仁田村·井口村·田舍久須村·佐須奈村·湊

「御舊判控」伊奈鄕 (6冊 중, 완결)

女連村·一夜浦·久原村·葦見村·仁田村·鹿見村·志多留村·伊奈村· 越高村·御園村·犬ヶ浦·茂木村

「御舊判控」 峰郷の續き (5冊 중, 1冊 부족)

小峰村·志多賀村

「御舊判控」 仁位郷の續き (4冊 중, 완결)

廻村·唐洲村·嵯峨村·下ノ浦·荷船村·有麥村·ぬか村·仁位村·多田村·貝口村·小千尋藻村·大千尋藻村

「御舊判控」 酘豆郷 (2冊 중, 1冊 부족)

酘豆村

「御舊判控」 佐須郷 (全2冊, 完尾)

阿連村·今里村·久根村·瀬村·樫根村·下原村·小茂田村·椎根村

「御舊判控」 与良郷の續き (4冊 중, 미완)

須茂村·加志村·慶知村·根緒村·尾崎村

○第19冊 (暑之巻)

「御舊判控」 与良郷の續き (4冊 중, 미완)

社家之部

「六拾人御判物控」(全2冊 중 2)

義成樣御代ヨリ六拾人所持仕御判形寫 / 豊前へ奉公仕其後御判致頂戴居候者

「六拾人御判控」(其1巻, 完)

古來六十人所持仕御判形寫 / 義智樣御代より六十人所持仕候御判形寫

「御徒士御判物控」(全1冊, 完)

「御舊判控」 峰郷の續き (완결)

吉田村

○第20冊 (往之巻)

「御舊判控」 豊崎郷の續き

唐舟志村·舟志村·久須村·大增村·五根緒村

그밖에 제21책에는 「豆酘鄕 2」가 복사되어 있다. 古川質寬 필사본에서 八鄕 분 27책·馬廻 7책·大小姓 1책·徒士 1책·六十人 2책 합계 38책을 복사하였다. 「御馬廻御判物寫」 권3은 古川質寬 필사본에 없어서 귀중하다. 단 후술할 국사편찬위원회본에는 같은 책 7책의 완본이 있다.

## (3) 九州大學九州文化史資料室本

九州大學九州文化史資料室(구 九州文化史硏究所)에는 대량의 고문서 본 외에 九州 각지의 고문서 사본이 있다. 그 중 昭和 11년(1936)에 宗家文庫本을 長沼賢海 교수가 등사시킨 「宗家御判物寫」가 있다.[15) 이 문서들은 『長崎縣史 史料編 第1』에 수록한 「宗家御判物寫」의 底本이 된 것이다. 이하 목록을 표시하겠다(번호는 「B30 嚴原藩」 중 문서번호).

11 「宗家御判物寫 伊奈郡」  ○女連浦·一夜浦·久原村·葦見村·伊奈村·越高村·味噌村·犬賀浦·茂木村·下樫嶺村·下里村·貝所村·中久留須村·瀨田村

12~13 「宗家御判物寫 仁位郡御判形 上·下」
    2冊(享保 8년 복사)

14 「宗家御判物寫 仁位郡」  ○曾村·田村·海船村·仁位村·多田村·貝口村·小千尋藻·大千尋藻·佐志賀村·鑓川村·佐保村·大津奈村·小津奈村

15 「宗家御判物寫 佐須郡」  ○樫根村·下原村·小茂田·椎根村·阿連村·今里村·久根村·瀨村·椎根村·後突村·久根村·小茂田村·樫根

---

15)『九州文化史硏究所所藏古文書目錄 三』(九州大學九州文化史硏究所, 1958년) B30嚴原藩.

村·阿連村·今里村·久根浜村

16 「宗家御判物寫　峰郡」　○加佐村·口江村·狩尾村·靑見村·佐賀村·
　　小峰村·吉田村

17 「宗家御判物寫与良郡」　○小山村·小船越村·吉野浦村·横浦村·賀
　　谷村·畫浦·見方村·福貴崎村·洲藻村·加志村·慶知村·根緖村·尾
　　崎村·內院村·久和村·內山村·久田村·府內八幡社人中

18 「宗家御判物寫　豆酘郡」　○豆酘郡·永泉寺·金剛院·耕月庵

19~20 「宗家御判物寫　上·下」(享保 8년 복사)
　　○阿連村·內山村·黑瀨村·竹敷浦村·久和村·大山村·鷄知村

21~22 「宗家御判物寫　上·下」(享保 8년 복사)
　　○伊奈鄕

23 「宗家御判物寫　社家」(貞享 4년 복사)
　　○府內·慶知·黑瀨·木坂·賀士山·竹浦·尾崎·志多留

24 「宗家御判物寫　町人」(貞享 4년 복사)

25 「宗家御判物寫　步行·集」(貞享 4년 복사)

26 「宗家御判形之寫　町中」(延寶 2년 복사)

27 「御判形之寫　町中」(延寶 2년 복사)　○大工·鍛冶·紺屋·船頭·法者·
　　山伏·外樣之又者

28 「御判形之寫　町六十人中」(延寶 2년 복사)

29 「嚴原藩馬廻御判物帳」　○馬廻·大扈從·步行

30 「嚴原藩八郡御舊判寫」(貞享 4년 복사)

31 「對州八郡寺社御判物帳」(貞享 3년 복사)

57 「給人足輕百姓御判物寫　豊崎鄕」(享保 8년 복사)　○西津屋村·河
　　內村

58 「給人百姓御判物寫帳　豊崎鄕」(享保 8년 복사)　○古里村·網代村·
　　比田勝村·富浦村·唐舟志村·浜久須村·大增村·舟志村·五根緖村

59~60 「給人足輕百姓御判物寫帳 豊崎鄕 上·下」(享保 8년 복사) ○大
　　　浦村·鰐浦村·豊村·泉村·西泊村

61 「給人寺社足輕百姓御判物寫 佐護鄕」(享保 8년 복사)

62 「給人幷寺社足輕百姓御代々御判物帳」(文化 11년 복사)

63~64 「三根鄕給人寺社足輕百姓御代々御判物寫 上·中·下」(享保 8
　　　년 복사)

66 「府內田舍寺社所持之御判物幷執權より之奉書之寫」(寶永 6년 복사)

67 「府內山伏法者御判物帳他」(貞享 4년 복사) ○府內山伏·法者·大工

　　이상 32책의 「宗家御判物寫」 사본이 있다. 앞에서 보인 宗家文庫本과
비교하면, 題名은 등사할 때 새롭게 부기한 것이 많으며, 또한 합본으로 한
것이 많다. 延寶書上·貞享書上·寶永書上·享保書上·文化書上·近世後期
書上을 각각 등사하였는데, 古川質寬 필사본은 전부 복사하지 않았다. 또
貞享書上은 등사하지 않은 것이 약간 있다. 이것은 享保書上과 내용적인
중복에 따라 복사하지 않은 것으로 추정된다. 예를 들면 「嚴原藩八郡御舊
判寫」는 宗家文庫本 32의 「對州八郡寺社御判物寫帳」과 동일하듯이 九州
文化史資料室 복사본은 대부분 宗家文庫本과 짝을 이룬다. 예외는 29와
48이며, 宗家文庫本이나 다른 사본에 없는 문서를 일부 수록하고 있다.[16]

## (4) 한국국사편찬위원회본

　　大正 15년(1926)에 朝鮮總督府 朝鮮史編修會의 소장이 된 宗家文書는
현재 한국 국사편찬위원회가 소장하고 있다. 그 중에 「宗家御判物寫」가 있
다는 것은 예전부터 알려져 있었다.[17] 1990년 국사편찬위원회가 소장한 宗

---

16) 太宰府市史編纂室編, 「宗家御判物寫文書目錄」에 의하였다.

家文書 중 기록류 목록이 간행되어 한국에 있는 宗家文書 기록류의 전모
가 밝혀졌다.18) 이 목록에서 御判物寫로 생각되는 것을 추출하면 다음과
같다(번호는 문서 번호. [ ]는 假題).

1973 〔判物控〕
3927 〔御判物控〕 ○伊奈郡鹿見村
3928 〔御判物控〕 ○佐護郡
3929 〔御判物控〕 ○伊奈郡琴村·小鹿村
3930 〔御判物控〕 ○佐須郡阿連村·今里村·久根村·瀨村
3931 〔御判物控〕 ○佐須郡樫根村·下原村·小茂田·椎根村
3932 〔御判物控〕 ○豊崎郡唐舟志村·舟志村·浜久須村·大增村·五根
　　　　　　　　緖村
3933 〔御判物控〕 ○豊崎郡大浦四郎右衛門
3934 〔御判物控〕 ○豊崎郡比田勝村·網代村·古里村·西泊村·豊村·
　　　　　　　　泉村·鰐浦
3935 〔御判物控〕 ○酘豆郡
3936 〔御判物控〕 ○酘豆郡永泉寺·金剛院·耕月庵
3937 〔御判物控〕 ○与良郡內院村·久和村·內山村·久田村
3938 〔御判物控〕 ○与良郡洲藻村·加志村·慶知村·根緖村·尾崎村
3939 〔御判物控〕 ○与良郡小山村·小船越村·吉野浦村·横浦村·賀谷
　　　　　　　　村·畫浦·見方村·福貴崎村
3940 〔御判物控〕 ○仁位郡曾村·田村·海船村
3941 〔御判物控〕 ○仁位郡廻村·唐洲村·嵯峨村·下之村·荷船村·有
　　　　　　　　麥村·奴賀村

---

17) 黒田省三,「在韓對馬史料について」(『古文書研究』6, 1973년).
18) 『對馬島宗家文書記錄類目錄集』(國史編纂委員會, 1990년)

3942 〔御判物控〕 ○仁位郡仁位村·多田村·貝口村·小千尋藻·大千尋藻

3943 〔御判物控〕 ○峰郡木坂村

3944 〔御判物控〕 ○峰郡志多賀村

3945 〔御判物控〕 ○峰郡笠村·口江村·狩尾村·靑見村·佐賀村

3972 「馬廻御判物帳 三」(貞享 4년 / 七冊之內)

3973 「馬廻御判物帳 二」(貞享 4년 / 七冊之內)

3974 「峰郡御判物帳」(貞享 4년 / 八冊之內)

3977 「馬廻御判物帳 四」(延寶 6년 / 七冊之內)

3980 「佐護郡御判物帳」(貞享 4년 / 八冊之內)

3981 「海士之者御判物之寫」(享保 7년)

3986 「馬廻御判物帳 五」(貞享 4년 / 七冊之內)

3987 「馬廻御判物帳 六」(貞享 4년 / 七冊之內)

3988 「馬廻御判物帳 七」(貞享 4년 / 七冊之內)

3989 「馬廻御判物帳 一」(貞享 4년 / 書改二成古帳)

3990 「馬廻御判物帳 一」(貞享 4년 / 七冊之內)

3991 「馬廻御判物帳 七」(貞享 4년 / 書改二成古帳)

3992 「大扈從御判物帳」(貞享 4년)

3994 「仁位郡御判物帳」(貞享 4년 / 八冊內)

3995 「豊崎郡御判物帳」(貞享 4년 / 八冊之內)

3996 「伊奈郡御判物帳」(貞享 4년 / 八冊之內)

3997 「酘豆郡御判物帳」(貞享 4년 / 八冊內)

3998 「与良郡御判物帳」(貞享 4년 / 八冊內)

3999 「步行御判物帳」(貞享 4년)

4000 「佐須郡御判物帳」(貞享 4년 / 八冊內)

4001 「府內寺庵御判物帳」(貞享 4년)

6546 〔佐護 与良 佐須 酘豆〕〔享祿以前御舊判書拔〕

이상 42책이 목록에서 판명된 국사편찬위원회소장「宗家御判物寫」이다. 3926(1)은「豊崎鄕·佐護鄕[諸家知行覺書]」라는 제목이 붙어 있지만 안에 중세문서를 수록하고 있으며, 御判物寫일 가능성도 있다. 3977은 전후의「馬廻御判物帳」과 연속된 것으로 생각할 수 있으므로 연대는 延寶 6년(1678)이 아니라 貞享 4년일 것이다.

3927~3945의「御判物控」은 宗家文庫本의 貞享書上과 郡·村名이 일치하기 때문에 貞享書上이다. 八郡의 貞享書上은 합계 28책이기 때문에 9책이 부족하다. 이것을 보충한 것이 모두「八册之內」라고 기록된 貞享 4년의 八郡御判物帳이다. 8郡 8册의 完本이지만 宗家文庫本 貞享書上과의 내용적인 관계는 불분명하다. 어쨌든 국사편찬위원회본의 대부분은 書上이라고 할 수 있다.

「馬廻御判物帳」이 많이 남아 있는 점도 주목할 만하다.「七册之內」로 기록된「馬廻御判物帳」은 7책의 완본이며 古川質寬 필사본의 底本이라고 생각할 수 있다. 또한 이 7책본 외에「古帳」으로 기록된「馬廻御判物帳」 2책이(卷1·7) 존재한다. 이것은 7책 완본의 親本의 일부일 것이다. 또한 3981「海士之者御判物之寫」와 4001「府內寺庵御判物帳」은 宗家文庫本과「反故酒裏見」, 九州文化史資料室本에는 존재하지 않아 귀중한 것이다.

예전에는 동일 사료군이었던 宗家文庫本과 국사편찬위원회본의 비교·검토와 활자화가 앞으로의 과제로서 남아 있다.

## 3. 이전에 宗家文庫에 존재했던 중세사료

宗家文庫의 근세·근대 사료를 보면 뜻밖에도 중세사료가 이전부터 宗家文庫에 존재했다는 것을 알 수 있다.

『海東諸國紀』는 중세 조일관계사 연구의 기초자료인데, 이전부터 그 고

활자본이 宗家에 존재하였다.19) 이 책은 對馬藩政의 중추였던 表書札方의
관할 아래 있으며,「御系圖御長持」안에 중요자료로서 보관되어 있었는데,
正德 5년(1715)에 國元에서 江戸藩邸로 보냈다.20) 『海東諸國紀』는 1926
년 宗家文書와 함께 朝鮮史編修會의 소장이 되었고, 1933년 同會에서 복
제본이 간행되었다. 현재는 국사편찬위원회가 소장하고 있다.21)

宗家文庫에는 다수의 문서·서적목록이 있는데, 그 중에 表書札方이 보
관하고 있던 문서류 목록이 있다.「年寄中預御書物長持入日記」라는 제목
으로 古帳22)과 新帳23)이 있다. 古帳은 明和 2년(1765)에 성립하였고 天
明 5년(1785)의 書物修復의 朱書가 첨부되어 있다. 新帳은 文化 10년
(1816)에 성립하였고, 그 후 기록이 조금 더 이어지다가 明治期의 追筆이
있다. 양자의 내용은 중복이 많다.

古帳에 기록된 사료는 對馬藩이 가장 중요하다고 인식했던 사료로 생각
된다. 그 대부분이 秀吉 이후의 근세사료인데, 중세 이전의 사료도 약간 수
록하고 있다.

```
    * 一番御書物長持
    「 一. 一鷗樣御代諸家引着 一箱」
    「 一. 盛國公御影贊一軸, 玄森筆」
    * 二番御書物長持
    「 一. 聖武天皇御筆切物一枚
      一. 光源院殿義輝公御筆小色紙六枚」
```

19) 中村榮孝, 『日鮮關係史の硏究』(吉川弘文館, 1965년), 339~380쪽.

20) 正德五年,「御系圖御長持之內より江戸表江御持越被成候御書物目錄控」(『宗
　　家文庫史料目錄 記錄類Ⅰ』, 嚴原町敎育委員會, 1982년, 表書札方 ○④1).

21) 田中健夫, 「『海東諸國紀』の日本·琉球圖:その東アジア史的意義と南波本の
　　紹介」(『海事史硏究』 45, 1988년), 『朝鮮後期通信使と韓日交流史料展』(韓國
　　史學會, 1991년).

22) 『宗家文庫史料目錄 記錄類Ⅰ』, 表書札方 ○④6(1).

23) 同前 表書札方 ○④6(2).

「 一. 天正之時分朝鮮國次書契幷跡付共一册
    外二他邦之書翰寫一卷」
「 一. 大永享祿之比御狀幷書狀之跡付一册
    右一袋」

聖武天皇御筆을 제외한 5점에 대해서 그 이동과정을 살펴보겠다.

### ①「一鷗樣御代諸家引着」

一鷗는 戰國 말의 對馬島主 宗義調의 법명이다. 이 사료는 통상「諸家引着」이라고 부르는 것이며, 戰國 말의 對馬宗氏가 島外의 제씨에게 제출한 書狀控이다. ④⑤와 함께 중세 宗家文書의 귀중한 잔존사료라고 할 수 있다. 對馬藩 表書札方의 一番長持에 보관되어 있던 「諸家引着」은 新帳의 注記에 의하면 明治 10년(1878) 1월 동경의 宗家에게 보내졌다.[24] 그 후 다른 宗家文書와 함께 朝鮮史編修會의 소장이 되었는데, 현재 국사편찬위원회에는 등사본 밖에 없다고 한다. 이 등사본을 底本으로 하여 활자화되었다.[25] 원본의 소재는 불분명하다.

### ②「盛國公御影賛」

盛國이라는 인물은 역대 宗氏 중에서 가마쿠라 말기의 總領家 當主와, 무로마치 시기의 豊崎郡主가 있다. 이 「盛國公」은 후자일 것이다. 豊崎郡主 宗盛國의 畫像은 宗氏의 江戶 菩提寺였던 養玉院에 현존하는데, 여기에는 賛이 없다. 宗盛國의 畫像賛으로는 「順叟大居士卽月大姉肖像賛幷序」가 있다.[26] 「盛國公御影賛」이란 以町庵 輪番僧 蘭室玄森이 對馬藩

24) 『宗家文庫史料目錄 記錄類Ⅳ』(嚴原町敎育委員會, 1992년) 近代E4-15, 明治 11년「東京送御品帳」에도「一鷗樣御代諸家引着」의 이름이 보인다.
25) 西村圭子,「對馬宗氏の『諸家引着』覺書」(『日本女子大學文學部紀要』34, 1985년).
26) 泉澄一,「室町時代·對馬における仰之梵高和尙について－對朝鮮交易書契僧

主 宗義眞의 명을 받아「順叟大居士卽月大姉肖像贊幷序」를 교정한 것이라고 한다.[27]

新帳에 의하면 이「御影贊」도 明治 11년 1월 동경으로 보냈다. 국사편찬위원회에는 朝鮮史編修會가 1929년에 작성한 사본이 있다고 한다.[28] 원본의 소재는 불분명하다.

### ③「光源院殿義輝公御筆小色紙」

將軍 足利義輝의 色紙이다. 宗晴康 시대 이후, 宗氏와 무로마치 막부의 교섭이 활발해졌다. 이러한 교류 속에서 宗氏에게 전래된 것으로 추정된다. 이 色紙는 明治 8년(1875) 4월「聖武天皇御筆切物」과 함께 對馬에서 동경으로 보냈다.[29] 그 후의 소재는 불분명하다.

### ④「天正之時分朝鮮國國次書契幷跡付」

이 사료는 통상「朝鮮送使國次之書契覺」이라고 부르는 사료이다.「跡付」라는 것은 이 書契覺에 첨부되어 있는「印冠之跡付」이다. 모두 對馬가 독점했던 중세 말기 조선무역의 실태를 보여주는 기본사료로 알려져 있다. 新帳에 의하면 이 사료는 明治 11년 1월 동경으로 보냈다. 그 후 朝鮮史編修會의 소장이 되었고,[30] 중세 조일관계의 중요사료라는 것이 판명되었다. 전후 國史編纂委員會가 소장하게 되었다고 하는데,[31] 그 기록류 목록에서

---

の始祖」(『對馬風土記』10, 1973년) ; 長節子, 『中世日朝關係と對馬』(吉川弘文館, 1987년), 20~21쪽.

27) 長節子, 주 26) 앞의 책, 33쪽.

28) 同前.

29) 新帳および, 『宗家文庫史料目錄 記錄類Ⅳ』近代E4-13, 明治 8년 4월, 「東京より倉掛直三郎へ御含ニ依り差上候品々控」.

30) 黑田, 주 17)논문, 田中健夫, 『對外關係と文化交流』(思文閣出版, 1982년) 548쪽.

31) 中村榮孝, 『日鮮關係史の研究』(吉川弘文館, 1967년), 217쪽.

는 발견되지 않는다. 따라서 현재의 소재는 분분명하다. 東京大學史料編纂所에는 본 사료의 사진이 있어서 그것을 기초로 翻刻되었다.[32] 「他邦之書翰寫一卷」은 내용·소재 모두 불분명하다.

### ⑤ 「大永享祿之比御狀幷書狀之跡付」

이 사료는 大永·享祿 무렵, 對馬 宗氏가 島外의 제씨에게 제출한 書狀控이다. 시기상으로는 ①의 사료보다 이전에 해당한다. 이것도 明治 11년 1월에 동경으로 보냈다. 그 후에 역시 朝鮮史編修會의 소장이 되었으며,[33] 東京大學史料編纂所에서도 등사본을 만들고, 이것을 底本으로 활자화되었다.[34] 현재는 국사편찬위원회가 소장하고 있다.[35]

新帳에는 이상의 사료 외에 一番長持의 말미에 「蒙古襲來詞書二卷一箱」이 기록되어 있다. 「蒙古襲來詞書」라는 것은 竹崎季長의 「蒙古襲來繪詞」일 것이다. 요컨대 宗家本 「蒙古襲來繪調」가 존재했던 것이다. 이 繪詞의 模本은 20권 정도가 알려졌지만,[36] 宗家本이 현존하는 模本의 어느 것에 해당하는지, 또는 현존하지 않는 것인지에 대해서는 불분명하다. 이 繪詞가 表書札方의 관리 아래 들어간 것은 古帳에 朱書가 기입된 天明 5년(1785)부터 新帳이 성립한 文化 10년(1813) 사이이며, 이 사이에 對馬藩이 입수했던 것으로 생각된다. 이 시기는 확실히 熊本에 있던 「蒙古襲來繪詞」 원본의 模本이 활발하게 작성되던 시기이며, 그 중의 한 권을 몽골 침략과 관계가 깊은 對馬藩이 입수했던 것으로 추정된다.

新帳의 注記에 따르면 이 「蒙古襲來詞書」는 明治 11년 1월에 동경으로

---

32) 田中健夫校訂, 『朝鮮送使國次之書契覺』(九州史料刊行會, 1955년), 同, 『對外關係と文化交流』에 증보한 후 再錄.

33) 黑田, 주 17) 논문.

34) 田中健夫, 주 30) 앞의 책 수록(초판은 1976년).

35) 『對馬島宗家文書記錄類目錄集』 6592.

36) 堀本一繁, 「蒙古襲來繪詞の模本について」(『福岡市博物館硏究紀要』 9호, 1998년).

보내졌다. 그밖에 明治 8년(1875) 무렵 동경으로 보냈던 「蒙古襲來之圖一卷」이 존재한다.[37]

　宗家文庫에는 明治 시기에 對馬에서 東京으로 문화재 등을 보낸 기록이 다수 존재한다. 예를 들면 東京大學史料編纂所의 宗家史料 안에 있는 「表書札方每日記」(天保 2년~明治 4년)에는 明治 28년(1895)에 93책을 동경으로 보냈다는 기록이 있다.[38] 家史 편찬 때문이었을까? 마찬가지로 「古筆手鑑壹箱」, 「賴朝卿仮名文壹箱」, 「一鷗樣御筆和漢朗詠集一箱」[39]이나 「伊勢家伝授書」[40]와 같은 자료도 존재했지만 모두 東京으로 보냈고, 현재로서는 소재를 확인할 수 없다.


## 맺음말


　이상 對馬宗家文書 안에서 중세 관계 사료를 소개하였다. 이하 요점을 서술하면서 끝맺고자 한다.

　對馬 宗氏의 家文書인 중세문서는 전쟁 전에 6통이 확인되었지만 현재는 소재가 불분명하다. 근세에 있어서 그 문서들은 宗家의 가장 중요한 사료로 평가되었으며, 藩의 表書札方이 엄중하게 보관하고 있었다. 그밖에도 사본과 文案으로서 약간의 중세문서가 전래되었지만, 가마쿠라 시대의 地頭代, 南北朝 이후의 島主·守護의 家文書로서는 매우 적다. 여러 차례에 걸친 전란·화재 등으로 대부분이 소멸된 것으로 생각된다.

　「宗家御判物寫」는 대량의 중세문서를 수록하고 있다는 점에서 주목된

---

37)『宗家文庫史料目錄 記錄類Ⅳ』, 近代E4-13「東京御送り之御品入合覽」.
38) 同前, 近代E4-24「御物遞送書留」.
39) 주 (37) 사료.
40)『宗家文庫史料目錄 記錄類Ⅳ』, 近代E4-13(1)「御品取調下帳」.

다. 宗家文庫에는 원본(延寶·貞享·寶永·享保·文化의 각 書上)과 古川質
寬 필사본(대부분 貞享書上)의 두 계통이 있다. 후자는 원래 家老 古川家
에 전래되고 있던 것이며, 內野對琴「反故酒裏見」에는 그것을 轉寫한 것
이 수록되어 있다. 九州大學九州文化史資料室 소장본은 전자를 전쟁 전
에 등사한 것이다. 한국 국사편찬위원회 소장본은 朝鮮史編修會 소장본을
이어받은 것이며, 본래는 宗家文庫 원본과 같은 계통이다.「宗家御判物
寫」는 宗家文庫의 원본과 그것을 모사한 古川質寬 필사본이 기본사료이
지만, 이 두 종류의 판본이 모두를 망라하고 있는 것은 아니다. 국사편찬위
원회본과 九州文化史資料室本에는 다른 곳에는 없는 부분이 존재한다.

　　宗家文庫에 현존하는 중세사료 외에 근세·근대의 사료 목록 중에 유출
된 중세사료가 드문 드문 존재한다. 그 중에는 중세의 조일관계나 宗氏와
島外 제씨와의 교섭을 구체적으로 보여주는 중요사료가 포함되어 있다. 그
러한 사료들은 현존 소재가 불분명한 것이 많으며, 재발견이 기대된다.

　　　　[付記]
　　이 글은 예전에「宗家文庫の中世史料」라는 제목으로 水邨朴永錫敎授華甲
紀念論叢刊行委員會編『韓國史學論叢 下』(탐구당, 1992년, 서울)에 게재했던
것을 증보한 것이다. 게재서의 성격상 일본인 연구자의 눈에 발견된 적이 거의 없
는 사료와 새로 발견된 사료를 바탕으로 이번에 대폭 증보하기로 한 것이다. 관계
사료를 조사할 때는 아래의 기관과 여러분께 신세를 졌다. 여기에 적어서 감사의
뜻을 표한다.
　　長崎縣立對馬歷史民俗資料館·東京國立博物館·蓋信祐爾·米谷均·長崎
縣立圖書館·九州大學九州文化史資料室·韓國國史編纂委員會·李薰·太宰
府市史編纂室·朱雀信城
　　또 본고는 平成9~10年度九州國立博物館設置促進財団硏究助成「前近代
對外關係資料·文化財の所在調査」, 및 平成十~十二年度文部省科學硏究費
補助金(基盤硏究B2)「宗家文庫資料の總合的硏究」(代表：佐伯弘次)의 성과
의 일부이다.

[追記]

　본고는 『九州文化史研究所紀要』 44호(2000년)에 수록한 것이다. 재록에 즈음하여 中世文書 A·D·E·F의 4통을 國史編纂委員會 소장 宗家文書 記錄類 6513 「古文書秘籍」(米谷均씨의 가르침에 의한다)에 따라 교정하고, 일부 수정을 가하였다.

# 제3절 전후 일본에서의 중세 한일관계사 연구
## -1980년대를 중심으로-

## 머리말

본고는 戰後의 중세 한일관계사 연구를 개관하는데 특히 1980년대 이후를 중심으로 다루기로 한다. 본고에서는 중세 한일관계라고 하는 경우 14세기 중반 이후의 전기 왜구 시대부터 1592년의 임진왜란 직전까지를 상정하고 있다. 또 문제로 삼을 대상으로는 일본어로 된 연구문헌으로 한정한다.

## 1. 연구사 정리와 연구문헌 목록

중세 일조관계사에 관한 연구사를 정리한 것으로는 田中健夫(1959), 동(1963), 中村榮孝(1960), 川添昭二(1986), 關周一(1994) 등이 있다. 이것들은 연구동향을 파악하기에는 모두 유익하고 특히 關周一(1994)는 최근의 연구동향을 잘 정리하고 있다.

연구문헌 목록으로 정리된 것으로 石井正敏·川越泰博(1976)와 그 증보판(1996)이 있다. 또 川添昭二편(1999~2000)은 고대·중세의 博多에 관한 연구 목록 문헌인데 수많은 대외관계사 연구문헌을 수록하고 있다.

## 2. 사료집의 간행

戰前의 京城帝國大學판 『조선왕조실록』을 토대로 한 學習院大學판 『조선왕조실록』이나 國史編纂委員會판 『조선왕조실록』이 중세 일조관계 사 연구의 기초사료가 된다. 이들을 토대로 한『중국・조선 사적에 있어서의 일본사료집성 이조실록부(中國・朝鮮の史籍における日本史集成 李朝實 錄之部)』(國書刊行會, 현재 11권 간행)는 약간의 수록 누락이 있지만 아주 편리한 사료집이다. 일조관계사의 기초사료인 宋希璟 『老松堂日本行錄』 이나 신숙주의 『海東諸國紀』가 활자본이나 복제본, 문고본(村井章介 교주 1987, 田中建夫 역주 1991) 등으로 간행된 것도 중요하다.

일본 측의 사료로서는 16세기 후반의 일조관계사 기초사료인 『朝鮮送使 國次之書契覺』이 田中建夫 교정(1955)의 등사본으로 간행되고, 후에 「大 永享祿之比御狀之跡付」(宗家文書)와 함께 田中建夫(1982)가 수록하였다. 또 대마의 중세문서인 『宗家御判物寫』의 일부가 『長崎縣史史料編一』(長 崎縣史編纂委員會편, 1963)에 수록되고 對馬豊玉町의 중세문서가 『豊玉 町의 고문서(豊玉町の古文書)』(豊玉町教育委員會編, 1995)에 수록되었다. 일조관계에 있어서 대마의 위치의 중요성에 대해서는 주지하는 바와 같고 중세문서가 더욱 활자화되는 것이 기대가 된다. 이 외에 외교문서를 집성한 『善隣國寶記・續善隣國寶記』(田中建夫 편, 1995)도 역주를 붙여 간행되었 다. 『對馬關係史總合年表』(1999)는 극히 상세한 연표이다. 앞으로 일본 자 료의 집성과 조선 자료의 발굴(米谷均, 1998)이 과제이다.

또 한국에서 『조선왕조실록』의 전문 텍스트 베이스화(CD – ROM)는 주목 된다.

## 3. 1980년대 이후의 일조관계사 연구

1980년대 이후의 연구는 中村榮孝(1965~69)나 田中健夫(1959, 1975)·
中村榮孝(1976), 小葉田淳(1976) 등으로 대표된다. 중세 일조관계사의 큰
흐름이나 전기 왜구의 실태, 일조관계의 제도적 측면, 지역별의 조선과의
교류사, 무역사 등에 있어서 큰 성과가 있었다.

1980년대 이후가 되면 田中健夫(1982, 96, 97), 長節子(1987), 村井章介
(1988), 閔德基(1994), 川添昭二(1996), 李領(1999) 등이 잇달아 연구서를
간행하였다. 또 젊은 연구자에 의한 연구도 활발히 발표하게 되었고 급속하
게 진전되었다. 이하 최근의 연구 조류나 논쟁에 대하여 설명하고자 한다.

### 1) 세계사적 스케일로 대외관계를 보는 시각

종래는 「日朝關係」,「日明關係」,「日流(日琉)關契」 등 「線」적인 연구가
주류였던 것에 대하여 최근에는 「面」적으로 교류사를 연구하는 필요성이
지적되었다. (村井章介, 1988) 그리고 「環支那海世界」,「環日本海世界」라
는 廣意의 지역개념도 제창되었다. (村井章介, 1987) 이러한 새로운 방향성
은 일본사 연구에 있어서 세계적인 (또는 동아시아적인) 스케일로 일본사
상을 다시 봐야 되는 것과 軌를 같이 하고 있다. 『아시아 속의 일본사』전
6권 (東京大學出版會)의 간행은 그런 방향성을 단적으로 보여주고 있다.
다만 면적인 연구가 중요한 것은 물론이지만 선적인 연구, 예를 들어서 「일
조관계」라는 테두리도 결코 중요성을 잃지 않았음을 부언해 두고 싶다.

## 2) 국경을 넘는 지역, 마지널 맨

村井章介씨는 한반도 남안에서 북부 九州에 이르는 지역은 국가라는 테두리를 넘어간, 이른바 「국경을 넘는 지역」이고, 거기서 생활하는 민중이나 領主는 경제적인 인간유형인 「마지널 맨」이라고 규정하고 있다. (村井章介, 1993) 村井씨가 말하는 마지널 맨이란 왜구, 일본에서 조선에 갔던 통교자, 피로인, 제주도 해민, 조선의 왜통사라는 바로 국경을 넘는 사람들이었다. 마지널 맨들의 활동은 「諸民族雜居」라는 상태를 만들어 낸다고 한다. 이러한 국경 지역이나 거기를 왕래하는 사람들을 보는 방법은 지극히 참신하며 종래의 대외관계관에 큰 수정을 요구하는 것이다. 「마지널 맨」「諸民族雜居」의 실태에 대해서는 더욱 연구를 깊게 할 필요가 있다. 이러한 연구와 같은 방향성을 가지는 연구로 藤田明良씨의 연구가 있다.

## 3) 국가적 수준에서의 연구

무로마치막부나 「일본국왕」 足利氏와의 외교라는 국가적 수준의 연구도 크게 진전되었다. 이는 문제가 일조관계만으로 그치지 않기 때문에 일조관계나 日琉관계도 시야에 둔 연구가 많다. 우선 일조관계에 한정해 보면 高橋公明(1982), 田中健夫(1982, 96), 閔德基(1994), 關周一(1997), 橋本雄(1997, 98) 등의 연구가 있다. 외교문서나 통교분석에서 일조관계의 특질을 국가적인 수준으로 규명하려는 것이 많다. 足利氏의 조선통교에 관해서는 사실관계의 규명에 대해서도 연구할 여지가 있고 조선사료와 일본사료와의 비교·대조 연구도 필요하다.

## 4) 지역 수준의 연구

중세 일조관계의 특질의 하나는 조선과 일본인 통교자와의 방사상적인 외교관계이다. 따라서 국가적인 수준 뿐 만이 아니라 지역 수준의 관계사 연구도 중요하다. 주된 것으로는 대마 宗氏에 관한 연구 (長節子 1987, 佐伯弘次 1985, 關周一 1998), 壹岐·松浦지방에 관한 연구 (關周一 1991, 本多美穂 1998, 松尾弘毅 1999), 博多상인에 관한 연구 (佐伯弘次 1999, 關周一 1997, 橋本雄 1997), 九州探題에 관한 연구 (川添昭二 1996), 山陰지방에 관한 연구 (關周一 1990, 藤川誠 1999) 등이 있다. 이러한 연구는 지역사료의 발굴과 가일층 개별연구의 축적이 기대된다.

## 5) 제도사적 연구

중세 일조관계에 있어서의 제도사연구는 中村榮孝씨의 일련의 연구로 정점에 도달한 감이 있다. 또 제도사 연구가 아닌 교류사연구의 필요성이 지적되고 있지만 제도사연구의 필요성이 결코 없어진 것이 아니다. 長節子씨의 孤草島釣魚禁約(1990, 기타), 興利倭人(1993) 일조사무역(1997) 등에 관한 연구, 橋本雄씨의 牙符制에 관한 연구(1998) 등은 중요한 성과이다. 이러한 기초적 연구와 국경을 넘는 마지널 맨이라는 새로운 연구가 잘 연결되는 것이 바람직하다.

## 6) 타카하시·무라이 논쟁

중세 일본인의 조선관을 둘러싼 논쟁으로 高橋公明씨와 村井章介씨 사이에서 일어난 논쟁이 있다. 高橋씨의 일본인 통교자가 「朝鮮大國觀」을 갖고 있었다는 설(高橋公明 1987, 기타)에 대하여 村井씨는 중세 일본에 조선을 한 단계 낮게 보는 의식이 존재했던 것을 지적하며, 일본인 통교자가 활발하게 통교한 것은 회사품에 대한 기대가 있었기 때문이라고 하며, 高橋씨의「朝鮮大國觀」을 비판했다(村井章介 1988, 기타). 이 논쟁에 網野善彦씨도 말려들어 활발한 논의가 전개되었다. 이 논쟁은 중세 일본인의 조선관이나 통교의식, 더구나 僞使라는 중요한 문제와 관련되는 것이며, 결과적으로는 평행선이었지만 유익한 논쟁이었다.

## 7) 전기 왜구의 구성원을 둘러싼 논쟁

종래 일본인이 주체이라는 것이 정설이었던 전기왜구 구성원에 대하여 일본인과 조선(고려)인의 연합 또는 조선인만의 집단이라는 새로는 설이 田中健夫씨에 의하여 제기 되었다. (田中健夫 1987) 역시 高橋公明씨도 왜구 중에 제주도 해민들이 있었음을 지적했다.(1987) 이러한 전기왜구에 대한 새로운 견해에 대하여 李領씨는 이것을 비판하여 그 설을 부정했다. (李領 1999) 왜구에 관한 일차 사료는 극히 적고 그 실태 규명은 어렵지만 이후의 논의 전개를 기대하고 싶다.

## 8) 僞使 문제와 夷千島王을 둘러 싼 논쟁

중세 일조관계 저류에 항상 존재했고, 동시에 어떤 시기엔가 체제화 되었던 것이 위사였다. 종래는 1510년 三浦의 亂 이후에 대마 宗氏에 의하여 위사가 恒常化되었다는 것이 통설이었다. 근년의 연구에서는 그 이전에도 꽤 많은 위사가 존재한 것이 밝혀져 왔다. (村井章介 1987, 長節子 1995, 橋本雄 1997).『海東諸國紀』는 15세기 중·후기의 일조관계사 기본사료로

자주 사용됐지만, 이 사료에도 꽤 많은 위사가 존재하고 있다. 따라서 일조
관계 실태규명을 위해서는 위사 검토가 불가결한 것이다.

이 위사문제와 관련된 것으로 1482년에 조선에 파견된 夷千島王의 평가
를 둘러싼 논쟁이 있다. 북방사 연구자 사이에서는 夷千島王파견의 주체를
津經의 安藤氏로 보는 견해가 강하다. (海保 1995 기타) 이에 대하여 長節
子씨는 安藤씨설을 비판하여 대마에 의한 위사라고 규정하였다(長節子
1995). 이 夷千島王의 견사를 어떻게 규정할지는 당시의 일조관계의 규정
그 자체에 관한 중요한 문제이다. 앞으로 논의가 기대된다.

## 9) 도서 발견과 16세기대의 일조관계사 연구

근년 대마 宗氏가 소지·사용하고 있던 도서(통교인)가 대량 발견되어(田
代和生·米谷均 1995), 16세기의 대마와 조선의 관계가 관심을 끌게 되었
다. 『朝鮮送使國次之書契覺』에 의하여 알려진 16세기 대 일조관계의 실
태가 도서라는 물적 자료로 더욱 구체적으로 밝혀졌다(米谷均 1997).

이 외에 16세기 중·후기의 환 지나해 해역에 관하여 『荒唐船』이라는 정
체 불명한 해적선의 활동(高橋公明 1995), 후기 왜구에 대한 대마 宗氏의
대응(佐伯弘次 1997), 일본 은의 생산과 동아시아로의 유통 (村井章介
1997) 등의 연구가 축적되어 있다. 「왜구적 상황」이라는 약간 막연한 개념
의 실태가 다면적으로 밝혀져 있다.

## 10) 외교사절의 연구

근세의 조선통신사연구가 활발화된 것에 비하여 중세의 외교사절 연구는
늦었다고 할 수 있다. 15세기의 조선사절에 관한 연구가 몇 편 있다(三宅英

利 1984, 中尾宏 1980). 또 외교관으로의 선승에 관한 연구(伊藤幸司 1999, 기타)나 선승이 담당한 교류의 실태에 관한 연구(村井章介 1995, 기타)도 나오고 다양한 수준의 사자의 실태 규명이 기대된다.


## 맺음말

이상 1980년대 이후의 연구동향을 토픽을 중심으로 보았다. 이후에도 다양한 시각, 제목, 방법으로 연구가 진전될 것이라고 예상된다. 특히 15세기대의 위사연구가 초점의 하나가 된다고 생각된다.

또 대외관계사 연구는 문헌사학 뿐만 아니라 고고학이나 미술사 등 인접한 여러 분야의 성과도 흡수해야 하는 단계에 이르고 있다. 방법적으로 더 깊게 해야 된다.

젊은 연구자가 많이 나온 것은 이 분야의 연구 진전에 있어서 밝은 요소이다. 일본과 한국, 또는 다른 나라의 연구자 간의 학술교류가 앞으로 진전되는 것이 기대가 된다.


### 참고문헌

石井正敏·川越泰博, 1976, 『日中·日朝關係研究文獻目錄』, 國書刊行會
_____, 1996, 『增補改訂日中·日朝關係研究文獻目錄』, 國書刊行會
川添昭二, 1986, 「中世の對外關係」(『日本史研究の新親貼』, 日本歷史學會 編, 吉川弘文館)
川添昭二編, 1999~2000, 「古代·中世博多研究文獻目錄稿 (1·2)」 『博多研究會誌』 7·8, 博多研究會
小葉田淳, 1976, 『金銀貿易史の研究』, 法政大擊出版局
長崎縣史編纂委員會編, 1963, 『長崎縣史史料編一』, 吉川弘文館

田中健夫, 1959, 『中世海賊史研究の動向』(『中世海外交涉史の研究』, 東京大學出版會)

_____, 1959, 『中世海外交涉史の研究』, 東東京大學出版會

_____, 1963, 「中世對外關係史研究の動向」(『史學雜誌』 72-3)

_____, 1975, 『中世對外關係史』, 東京大學出版會

田中健夫校訂, 1955, 『朝鮮送使國次之書契覺』, 九州史料叢書, 九州史料刊行會

田村洋幸, 1967, 『中世日朝貿易の研究』, 三和書房

豊玉町敎育委員舍編, 1995, 『豊玉町の古文書(中世文書)』 豊玉町敎育委員會

中村榮孝, 1960, 「日鮮貿易史の研究について」(『具體例による歷史研究法』, 吉川弘文館)

_____, 1965~69, 『日鮮關係史の研究上·中·下』, 吉川弘文館

## 中世日朝關係史研究文獻目錄 −1980년 이후−

相田洋, 1986, 「東アジア奴隷貿易と倭寇」, 牒維藻·奧崎裕司·王仲準·小林一美編, 『東アジア世界史探究』, 汲古書院

荒野泰典·村井章介, 1990, 「前近代の對外關係史研究をめぐって」 『歷史評論』 480

有井智德, 1982, 「李朝初期向化倭人考」 『村上四男博士和歌山大學退官記念 朝鮮史論文集』, 開明書院

有井智德, 1985, 「14·15世紀の倭寇をめぐる中韓關係」, 同, 『高麗李朝史の研究』, 國書刊行會

伊川健二, 2000, 「中世後期における外交使節と遣外國使節」 『日本歷史』 626

伊藤幸司, 1998, 「中世後期地域權力の對外交涉と禪宗門派 − 大內氏と東福寺聖一派の關わりを中心として−」 『古文書研究』 48

伊藤幸司, 1999, 「15·6世紀の日明·日朝交涉と夢窓派華藏門派 − 日本國王使の外交僧をめぐって−」 『朝鮮學報』 171

伊藤幸司, 1999, 「中世後期の臨濟宗幻住派と對外交流」 『史學雜誌』 108-4

井上寬司, 1985, 「中世山陰における水運と都市の發達」, 有光友學編, 『戰國期權力と地域社會』, 吉川弘文館

李領, 1999, 『倭寇と日麗關係史』, 東京大學出版會

上田純一, 1992, 「妙樂寺と博多商人 − 應永の外寇をめぐって−」, 地方史研究協議會編, 『異固と九州−歷史における國際交流と地域形成−』

太田弘毅, 1987,「倭寇と結託した朝鮮人 −「賦諜」·「奸民」·「詐倭」−」『藝林』36-3

太田弘毅, 1987,「李朝の倭寇防衛と艦船材缺乏問題 −松木を中心に−」『藝林』36-4

長節子,  1982,「16世紀對馬の朝鮮通交獨占體制の一考察 −牧山源正印を中心として」『村上四男博士和歌山大學退官記念朝鮮史論文集』, 開明書院, 同, 『中世日朝關係と對馬』に再錄

長節子, 1984,「松浦党研究と朝鮮史料」『松浦党研究』7

長節子, 1987,『中世日朝關係と對馬』, 吉川弘文館

長節子, 1989,「15世紀朝鮮南部沿岸海域における倭人の漁場」『九州産業大學敎養部紀要』26-1

長節子, 1990,「孤草島釣魚禁約」『海と列島文化3玄界灘の島々』, 小學館

長節子, 1990,「孤草島釣漁の變容」『年報朝鮮學 』1

長節子, 1993,「興利倭船の研究」『朝鮮準報』146

長節子, 1993,「夷千島王遐叉の朝鮮への書契にみえる『野老浦』」『地方史研究』43-4

長節子, 1995,「夷千島王遐叉の朝鮮遐遣使をめぐって(l)」『紀要』(九州産業大學·國際文化) 1

長節子, 1995,「夷千島王遐叉の朝鮮遐遣使をめぐって(2)」『紀要』(九州産業大學·國際文化) 2

長節子, 1995,「朝鮮へ遣使した「夷千島王」の王名」『西南地域史研究』10

長節子, 1997,「15世紀後半の日朝貿易の形態」, 中村質編,『鎖國と國際關係』, 吉川弘文館

貝英幸,  1998,「中世後期における地域權力の對外交涉と寺院 −交涉實務を中心に−」, 佛敎大學總合研究所紀要別册,『宗敎と政治』

海保嶺夫, 1982,「「夷千島王」の對朝鮮交涉 −幕藩制成立以前における夷千島·扶桑·朝鮮王國の「國」意識−」『地方史研究』180

川添昭二, 1982,「今川了俊の對外交涉」『九州史學 』75, 同, 『對外關係の史的展開』, 文獻出版 1996に再錄

川添昭二, 1986,「中世の對外關係」『日本史研究の新視點』, 古川弘文館, 同, 『九州の中世世界』, 海鳥枇 1994に再錄

川添昭二, 1996,『對外關係の史的展開』, 文獻出版

北島萬次, 1990,『豊臣政權の對外認識と朝鮮侵略』, 校倉書房

北島萬次, 1989,「中世の日朝關係」, 歷史準研究會編,『日朝關係史を考える』,

青木書店

金永徹, 1993,「李朝の綿作の動向と對日織物貿易及び日本の初期綿作の特質について」『日本研究』7

金光哲, 1994,「南北朝·室町期における朝鮮觀の中心思想-「朝鮮通信使」善隣友好觀批判をかねて-」『東アジア研究』6

金光哲, 1999,『中近世における朝鮮觀の創出』, 校倉書房

金光哲, 2000,「高麗大藏經と室町幕府」『東アジア研究』28

金柄徹, 1997,「倭誌と「以船爲家」」『紀要』(東京大學大學院超域文化科學) 2

近藤純義, 1984,「平戸と倭寇」『長崎縣地方史だより』24

財前司一, 1988,「防長地方と朝鮮」『美称市歷史民俗資料館調査研究報告』4

佐伯弘次, 1984,「中世の對馬と朝鮮」『ミュージアム九州』13

佐伯弘次, 1985,「中世後期における大浦宗氏の朝鮮通交」『歷史評論』417

佐伯弘次, 1990,「國境の中世交涉史」『海と列島文化3玄界灘の島々』, 小學館

佐伯弘次, 1992,「海賊論」『アジアのなかの日本史Ⅲ 海上の道』, 東京大學出版會

佐伯弘次, 1996,「中世都市博多と「石城管事」宗金」『史淵』133

佐伯弘次, 1997,「一六世紀における後期倭寇の活動と對馬 宗氏」, 中村質編, 『鎖國と國際關係』, 吉川弘文館

佐伯弘次, 1997,「外國人が見た中世の博多」, 村井章介編,『境界の日本史』山川出版社

佐伯弘次, 1998,「中世對馬海民の動向」, 秋遁智彌編,『海人の世界』, 同文館

佐伯弘次, 1999,「室町期の博多商人宗金と東アジア」『史淵』136

佐伯弘次, 2000,「中世博多と地域交流」, 研究代表者安藤保,『前近代東アジア海域における交易システムの總合的研究』(平成9年度~平成11年度科學研究費補助金研究成果報告書)

佐々木銀彌, 1994,『日本中世の流通と對外關係』, 吉川弘文館

申基碩, 1986,「15世紀の韓日通交-三浦恒居(常住)倭人の問題を中心に-」『アジア公論』15-2

杉原隆, 1983,「日朝交涉史における山陰地方の位置(補遺)」『島根縣立大田高等學校研究紀要』8

杉原敏, 1985,「倭寇の島·對馬」『歷史地理敎育』383

關周一, 1986,「15世紀における「日本海沿岸地域」の交流」『日本史學集錄』3

關周一, 1990,「15世紀における山陰地域と朝鮮の交流-石見國周布氏の朝

鮮通交を事例として-」『史境』20

關周一, 1991, 「15世紀における朝鮮人漂流人送還體制の形成」『歷史學研究』617

關周一, 1991, 「壹岐·五島の交流と朝鮮-中世領主の朝鮮通交-」『年報中世史研究』16

關周一, 1991, 「倭窓による被虜人の性格をめぐって」『日本歷史』519

關周一, 1991, 「壹岐·五島の交流と朝鮮-中世領主の朝鮮通交-」『年報朝鮮學』16

關周一, 1992, 「香料の道と日本·朝鮮」『アジアのなかの日本史Ⅲ海上の道』, 東京大學出版會

關周一, 1992, 「15~16世紀アジア交流の變動とヨーロッパ」『史境』24

關周一, 1993, 「中世の日朝關係-倭寇·朝鮮遣使ブーム·三浦-」『歷史と地理』457

關周一, 1994, 「倭人送還交渉と三浦の形成」「社會文化史學」33

關周一, 1994, 「中世山陰地域と朝鮮の交流」, 內藤正中編, 「山陰地域における日朝交流の歷史的展開」

關周一, 1994, 「中世「對外關係史」研究の動向と課題」『史境』28

關周一, 1995, 「中世後期における「唐人」をめぐる意識」, 田中健夫編, 『前近代の日本と東アジア』, 吉川弘文館

關周一, 1995, 「朝鮮半島との交流對馬」『中世の風景を讀む』7, 新人物往來社

關周一, 1997, 「室町幕府の朝鮮外交-足利義持·義敎期の日本國王使を中心として-」, 阿部猛編, 『日本社會における王權と封建』, 東京堂出版

關周一, 1997, 「東アジア海域の交流と對馬·博多」『歷史學研究』703

關周一, 1998, 「封馬·三浦の倭人と朝鮮」『朝鮮史研究會論文集』36

關周一, 1999, 「倭寇」『歷史と地理』552

關周一, 1999, 「朝鮮王朝官人の日本觀察」『歷史評論』592

對外關係史總合年表編集委員會編, 1999, 『對外關係史總合年表』, 吉川弘文館

高橋公明, 1981, 「夷千島王遐叉の朝鮮遣使について」『年報中世史研究』6

高橋公明, 1982, 「外交儀禮よりみた室町時代の日朝關係」『史學雜誌』91-8

高橋公明, 1982, 「外交文書,「書」·「咨」について」『年報中世史研究』7

高橋公明, 1984, 「日本猿, 朝鮮へ行く」『年報中世史研究』9

高橋公明, 1985, 「室町幕府の外交姿勢」『歷史學研究』546

高橋公明, 1986, 「朝鮮軍の對馬島襲擊-應永の外寇-」, 田中健夫編, 『海外視鮎日本の歷史』7 ぎょうせい

高橋公明, 1986, 「『海東諸國紀』の時代とその終焉－平和的通交と三浦の亂」, 田中健夫編, 『海外視點日本の歷史』7  ぎょうせい

高橋公明, 1987, 「中世東アジア海域における海民と海流－淸州島を中心として－」『名古屋大學文學部研究論集史學科』33

高橋公明, 1987, 「朝鮮遣使ブームと世組の王權」, 田中健夫編, 『日本前近代の國家と對外關係』, 吉川弘文舘

高橋公明, 1987, 「朝鮮外交秩序と東アジア海域の交流」『歷史學研究』573

高橋公明, 1989, 「16世紀の朝鮮·對馬·東アジア海域」, 加藤榮一·北島高次·深谷克巳編, 『幕藩制國家と異域·異國』, 校倉書房

高橋公明, 1990, 「濟州道出身の官僚高得宗について」『名古屋大學文學部研究論集史學』36

高橋公明, 1992, 「中世の海域世界と濟州道」『海と列島文化』4, 小學館

高橋公明, 1995, 「十六世紀中期の荒唐船と朝鮮の對應」『前近代の日本と東アジア』

高橋公明, 1997, 「外園人が見た中世日本」, 村井章介他編, 『境界の日本史』, 山川出版社

田代和生·米谷均, 1995, 「宗家舊藏「圖書」と木印」『朝鮮學報』156

田中健夫, 1982, 「「前期倭寇」と「後期倭寇」という呼び方について」『日本歷史』404

田中健夫, 1982, 『倭寇－海の歷史－』, 教育社

田中健夫, 1982, 『對外關係と文化交流』, 思文閣出版

田中健夫, 1984, 「『續善隣國寶記』について－所收史料の特質と撰述の經緯－」『東洋大學文學部紀要』38

田中健夫編, 1987, 『日本前近代の國家と對外關係』, 吉川弘文館

田中健夫, 1987, 「倭寇と東アジア通交圈朝」, 朝尾直弘他編, 『日本の社會史』1, 岩波書店

田中健夫, 1988, 「『海東諸國紀』の日本·琉球圖－その東南アジア史的意義と南波本の紹介－」『海事史研究』45

田中健夫, 1990, 「漢字文化圈のなかの武家政權」『思想』796

田中健夫譯注, 1991, 『海東諸國紀』, 岩波文庫, 岩波書店

田中健夫, 1993, 「『조선왕조실록』雜話」『日本歷史』536

田中健夫, 1993, 「相互認識と情報」『アジアのなかの日本史Ⅴ 自意識と相互理解』, 東京大學出版會

田中健夫, 1995,「15世紀日朝知識人の相互認識」, 同編,『前近代の日本と東アジア』, 吉川弘文館

田中健夫編, 1995,『前近代の日本と東アジア』, 吉川弘文舘

田中健夫, 1996,『前近代の園際交流と外交文書』, 古川弘文館

田中健夫, 1997,『東アジア通交圈と國際認識』, 吉川弘文館

田中健夫, 1997,「戰後の中世對外關係史研究(上)」『日本歷史』586

田中健夫, 1997,「戰後の中世對外關係史研究(下)」『日本歷史』587

田村洋幸, 1980,「中世日朝貿易史の動向」『經濟經營論叢』14-1

田村洋幸, 1983,「中世の對馬と韓國との貿易」『月刊韓國文化』5-5

田村洋幸, 1985,「李朝初期における日朝國際經濟條約の成立過程(l)」『經濟經營論叢』20-2

田村洋幸, 1985,「李朝初期における日朝國際經濟條約の成立過程(2)」『經濟經營論叢』20-3

田村洋幸, 1986,「倭寇, 朝鮮半島に出現」, 田中健夫編,『海外視點日本の歷史』6 ぎょうせい

田村洋幸, 1990,「高麗倭寇および初期日朝貿易に關する史的方法論序說」『經濟經營論叢』25-1

田村洋幸, 1992,「中世日朝貿易の基本的性格と研究史の動向」『經濟經營論叢』27-1

外山幹夫, 1983,「大友氏の對鮮貿易」, 同,『大名領園形成過程の研究』, 雄山閣出版

仲尾宏, 1984,「室町時代の朝鮮使節と京都」『木野評論』15

仲尾宏, 1986,「室町時代の日韓善隣外交(2)－義持の有鮮政策と宋國禮使－」『月刊韓國文化』8-3

仲尾宏, 1986,「室町時代の日韓善隣外交(3)－세종の對日外交と義敎時代－」『月刊韓國文化』8-4

仲尾宏, 1986,「室町時代の日韓善隣外交(終)－義政の時代·禪文化の興隆－」『月刊韓國文化』8-5

仲尾宏, 1989,『前近代の日本と朝鮮－朝鮮通信使の軌跡－』, 明石書店

仲尾宏, 1991,「室町時代と朝鮮王朝」『季刊靑丘』8

仲尾宏, 1994,「『蔭涼軒日銀』にみる「高麗」記事と「日本國王使」の性格』『うりゅう』16

中村和之, 1999,「北の「倭寇的狀況」とその擴大」, 入間田宣夫他編,『北の內

海世界北奥羽·蝦夷ケ島と地域諸集團』, 山川出版社

中村榮孝, 1981, 「己酉約定再考」『朝鮮學報』101

西村圭子, 1985, 「對馬 宗氏の『諸家引付』覺書」『日本女子大學文學部紀要』34

盧載玉, 1995, 「朝鮮初期繪畵と室町墨書」『同志社大學文化學年報』44

河宇鳳, 1991, 「朝鮮初期對日本使臣の日本認識」『コリアナ』4-1

河宇鳳, 1997, 「申叔舟と『海東諸國紀』-朝鮮王朝前期のよる「國際人の營爲-」,
　　　大隅和雄·村井章介編, 『中世後期における東アジアの國際關係』, 山川
　　　出版社

橋本雄, 1996, 「中世日朝關係史の再檢討-枠組み·時期區分·相互認識-」『朝
　　　鮮史硏究會會報』125

橋本雄, 1997, 「朝鮮への「琉球國王使」と書契·割符制-15世紀の僞使問題と
　　　博多商人-」『古文書硏究』44·45合倂號

橋本雄, 1997, 「「遣朝鮮國書」と幕府·五山-外交文書の作成と發給-」『日本
　　　歷史』589

橋本雄, 1997, 「中世日朝關係における王城大臣使の僞使問題」『史學雜誌』
　　　106-2

橋本雄, 1998, 「室町幕府外交の成立と中世王權」『歷史評論』583

橋本雄, 1998, 「遣明船と遣朝鮮船の經營構造」『遙かなる中世』17

橋本雄, 1998, 「室町·戰國期の將軍權力と外交權-政治過程と對外關係-」
　　　『歷史學硏究』708

浜中昇, 1996, 「高麗末期倭寇集團の民族構成」『歷史學硏究』685

浜中昇, 1997, 「高麗末期·朝鮮初期の禾尺·才人」『朝鮮文化硏究』4

韓文鍾, 1995, 「朝鮮前期の受職倭人」『年報朝鮮學』5

平木實, 1994, 「朝鮮時代前期における胡椒交易をめぐって」『朝鮮學報』153

平瀨直樹, 1994, 「守護大名大內氏と海邊の武裝勢力-海賊·警固衆·倭寇-」
　　　『山口縣地方史硏究』71

藤川誠, 1999, 「石見國周布氏の朝鮮通交と僞使問題」『史事硏究』226

藤田明良, 1992, 「日本中世史における近年の「東アジア海域」硏究について-日
　　　朝民衆の交流とその背景-」『朝鮮史硏究會會報』106

藤田明良, 1993, 「15世紀の鬱陵島と西日本海域の交流」『神戶大學史學年報』8

藤田明良, 1993, 「15世紀朝鮮政府の『海禁』政策と沿岸住民·倭人の動向」『朝
　　　鮮史硏究會會報』110

藤田明良, 1997, 「「蘭秀山の亂」と東アジアの海域世界」『歷史學硏究』698

藤田明良, 1998,「9世紀～16世紀の黑山島と朝鮮國家」『新しい歴史學のために』230·231合併號

藤田明良, 1998,「東アジアにおける「海域」と國家」『歴史評論』575

堀池春峰, 1982,「中世·日鮮交渉と高麗版大藏經－大和·円成寺柴弘と增上寺高麗版－」『南都佛教史の研究』下

堀池春峰, 1982,「室町時代における藥師·長谷兩寺再興と高麗船」『南都佛教史の研究』下

本田美穗, 1998,「肥前名護屋の中世と近世」『九州史學』120

松尾弘毅, 1999,「室町期における壹岐藤九郎の朝鮮通交」『九州史學』124

三宅英利, 1984,「室町時代の朝鮮通信使－通信使の初期形態－」『北九州大學文學部紀要』16

閔德基, 1994,『前近代東アジアのなかの韓日關係』, 早稻田大學出版部

閔德基, 1989,「朝鮮朝前期の「日本國王」觀－「敵趨」的觀點より」『朝鮮學報』132

村井章介, 1985,「建武·室町政權と東アジア」『講座日本歴史』中世2 東京大學出版會, 同,『アジアのなかの中世日本』に再錄

村井章介, 1985,「中世日本列島の地域空間と東アジア」『思想』732

村井章介, 1986,「倭寇と朝鮮」勝維藻·奧崎裕司·王仲犖·小林一美編,『東アジア世界史探究』, 汲古書院, 同,『アジアのなかの中世日本』に再錄

村井章介, 1987,「中世における東アジア諸地域と交通」『日本の社會史』1, 岩波書店, 同,『東アジア往還』に再錄

村井章介, 1987,「高麗大藏經のゆくえ」『歴史地理教育』410

村井章介, 1987,「朝鮮に大藏經を求請した僞使について」, 田中健夫編,『日本前近代の國家と對外關係』, 吉川弘文館, 同,「アジアのなかの中世日本』に再錄

村井章介, 1987,「春屋妙葩と外交－室町幕府初期の外交における禪僧の役割－」『木宮泰彥生誕100年記念論文集』, 學校法人常葉學園, 同,「アジアのなかの中世日本』に再錄

村井章介譯注, 1987,『老松堂日本行錄－朝鮮使節の見た中世日本－』, 岩波書店

村井章介, 1988,「中世人の朝鮮觀をめぐる論爭歷」『歴史學研究』576, 同,「アジアのなかの中世日本』に再錄

村井章介, 1988,「アジアへの視線」『民衆史研究』35

村井章介, 1988,「漂風高麗人と禪僧」, 昭和62年度科學研究費補助金研究成果報告書,『北日本中世史の總合的研究』, 東北大學, 同,『東アジア

往還』に再錄

村井章介, 1988,『アジアのなかの中世日本』, 校倉書房

村井章介, 1989,「國家を超える視角－日本中世史の立場から－」『朝鮮史研究會論文集』26

村井章介, 1992,「中世日朝貿易における經典の輸入」, 東京大擊・ソウル大學校校第1回シンポジウム報告書,『日韓の交流と比較－歷史と現在－』東京大學文學部, 同,「國境を超えて』に再錄

村井章介, 1993,「中世の倭人たち」『九州史學』107

村井章介, 1993,『中世倭人傳』, 岩波書店

村井章介・荒野泰典・高橋公明・孫承喆, 1993,「三浦から釜山倭館へ－李朝時代の對日交易と港町－」『靑丘學術論文集』3

村井章介, 1994,「倭人たちのソウル(上・下)」『韓國文化』16-6・7, 同,「國境を超えて』

村井章介, 1995,「三浦の請しのソウル倭館」, 田中健夫編,「前近代の日本と東アジア』, 吉川弘文館

村井章介, 1995,「日韓文化交流と五山禪林－詩畫軸を中心に－」『日本の佛敎』2

村井章介, 1995,『東アジア往還－漢詩と外交』, 朝日新聞社

村井章介, 1996,「朝鮮史料にあらわれた『忍び』」『古文書硏究』43

村井章介, 1997,「倭寇の多民族 性をめぐって－國家と地域の視點か－」, 大隅和雄・村井章介編,『中世後期における東アジアの國際關係』, 山川出版社

村井章介, 1997,『悔から見た戰國日本－列島史から世界史へ－』, 筑摩書房

村井章介, 1997,『國境を超えて－東アジア海域世界の中世－』, 校倉書房

村井章介, 1997,「鐵砲傳來再考」『東方學會五十周年記念論文集』, 東方學會

村井章介, 1998,「＜地域＞と國家の視點」『新しい歷史學のために』230・231合倂號

村井章介, 1999,「壬辰倭亂の歷史的前提－日朝關係史における－」『歷史評論』592

村井章介, 1999,『中世日本の內と外』, 筑摩書房

義江彰夫, 1992,「朝廷・幕府の分立と日本の王權－高麗・李朝王權との比較を通して－」『アジアのなかの日本史Ⅱ外交と戰爭』, 東京大學出版會

吉田德夫, 1998,「室町幕府の對外觀念と神國思想」, 大阪大學文學部日本史硏究室編,『古代中世の社會と國家』, 清文堂出版

米谷均, 1997,「異園を見た日本人と朝鮮人－15世紀から16世紀の事例を中

心に-」村井章介他編,『境界の日本史』, 山川出版社

米谷均, 1997,「16世紀日朝關係における僞使派遣の構造と實態」『歷史學研究』697

米谷均, 1997,「漂流民送還と情報傳達からみた16世紀の日朝關係」『歷史評論』572

米谷均, 1998,「中世後期, 日本人朝鮮渡海僧の記錄類について」『靑丘學術論集』12

米谷均, 1998,「東大史料編纂所架藏『日本關係朝鮮史料』」『古文書研究』48

# 찾아보기

**사에키코지(佐伯弘次)**

1955년 일본 長崎縣 출생.

九州大學 문학부 사학과 졸업. 동 대학원 박사과정 수료.

福岡大學 조교수를 거쳐, 1992년부터 九州大學 대학원 인문과학연구원 교수.

전공은 일본중세사, 특히 중세일본과 동아시아 교류사 연구.

주요저서는 ≪福岡平野の古環境と遺跡立地≫(九州大學出版会, 1998년)

≪日本の中世9- モンゴル襲來の衝擊≫(中央公論新社, 2003년)

≪街道の日本史49 壹岐·對馬と松浦半島≫(吉川弘文館, 2006년)

≪中世都市博多を掘る≫(海鳥社,共編著, 2008년)

≪對馬と海峡の中世史≫(山川出版社, 2008년) 등


**손승철(孫承喆)**

성균관대학교 사학과 동 대학원 졸업

　(문학박사)

(현) 강원대학교 사학과 교수

≪조선시대 한일관계연구≫

≪近世の朝鮮と日本≫

≪근세조선의 한일관계연구≫

≪한일관계사료집성≫(전32권) 외 다수


**김강일(金剛一)**

동국대학교 사학과 졸업

(현) 강원대학교 대학원 박사과정 수료

<조선후기 倭館의 정보수집에 관한 연구>

<蘭出, 조선의 고민과 그 대책>

<전근대 한국의 해난구조와 표류민 구조시스템> 등

# 조선 전기 한일관계와 博多·對馬

초판 1쇄 발행 ‖ 2010년 6월 20일
초판 2쇄 발행 ‖ 2011년 10월 10일

저　자 ‖ 佐伯弘次
편　역 ‖ 손승철·김강일
펴낸이 ‖ 한정희
펴낸곳 ‖ 경인문화사
출판등록 ‖ 1973년 11월 8일 제10-18호
편　집 ‖ 신학태 문영주 김지선 안상준 김송이 맹수지 김우리
영　업 ‖ 이화표　관리 ‖ 하재일

주　소 ‖ 서울특별시 마포구 마포동 324-3
전　화 ‖ 718-4832　팩스 ‖ 703-9711
홈페이지 ‖ www.kyunginp.co.kr / 한국학서적.kr
이메일 ‖ kyunginp@chol.com

ISBN 978-89-499-0723-9　93910
값 25,000원